司馬光全集

宋司馬文正公年譜

司馬光資料彙編

（清）陳弘謀——撰　侯體健——點校

戎默——編

王水照——主編

上海人民出版社

國家古籍整理出版專項經費資助項目
上海市文教結合「高校服務國家重大戰略出版工程」項目

本册目録

宋司馬文正公年譜

（清）陳弘謀——撰
侯體健——點校

宋司馬文正公年譜

後學桂林陳弘謀輯

唐宋以來，名臣文集之後，類皆刊載年譜。蓋古大臣立言制行，皆深繫乎當時世道人心，後之人欲知其人，尤當論其世，有年譜而其世可考，其人更可知矣。司馬文正公爲北宋第一等人物，而集後年譜闕焉。弘謀既校刊全集，復購得明馬巒所纂年譜，心竊喜之。及考之史傳暨公文集，頗多舛遺，因詳加參訂，悉爲改正，删其繁冗，補其闕略，與公之本傳、行狀、碑志並刊於《傳家集》之後，俾讀公之書者得有所考，而弘謀亦少申「高山景行」之慕云。

乾隆六年秋八月陳弘謀謹識

公姓司馬氏，諱光，字君實，號迂夫，晚號迂叟，世稱涑水先生，陝州夏縣人。本程伯休父之後，秦漢以上，世系綿遠。晉安平獻王孚，出封河内，遂爲河内人。王之裔孫征東大將軍陽，始葬夏縣涑水鄉高堠里，子孫因家焉。高祖林，曾祖政，贈太子太保，皆以五代衰亂不仕。祖炫，始舉進士，試祕書省校書郎，知耀州富平縣事，贈太子太傅，累世同居。父池，舉進士，以文學行義事真宗、仁宗，爲轉運使、御史知雜事、三司副使，歷知鳳翔、河中、同、杭、虢、晉六州，終尚書吏部郎中充天章閣待制，贈太師，追封温國公。清直仁厚，聞於天下，爲寶元、慶曆間名臣。曾祖母薛氏，祖母皇甫氏，母聶氏，皆贈温國太夫人。

宋真宗天禧三年己未　公生

天章公爲光山令，十月十八日生公於官舍。葉佑之撰《光山祠記》。

公生光州，因以爲名。《黄氏日鈔》。

光山縣學内有司馬井，世傳公生時，汲井水以浴之，故名。後人建涑水書院祀公。舊記有云：「光雖僻陋，而生司馬温公，則光之爲光也大矣。」《一統志》。

四年庚申　公年二歲

五年辛酉　公年三歲

公性不喜華靡，自爲乳兒，長者加以金銀華美之服，輒羞赧，棄去之。《傳家集》。

乾興元年壬戌　公年四歲

仁宗天聖元年癸亥　公年五歲

二年甲子　公年六歲

父兄教之書。《傳家集》。

按，《邵氏後録》云：「予見温公親書一帖：『光年五六歲，弄青胡桃，女兄欲爲脱其皮不得。女兄去，一婢子以湯脱之。女兄復來，問脱胡桃皮者，光曰：「自脱也。」先公適見，訶之曰：「小子何得謾語！」光自是不敢謾語。』」《名臣言行録》。

三年乙丑　公年七歲

凜然如成人，聞講《左氏春秋》，愛之，退爲家人講，即了其大旨。羣兒戲於庭，一兒登甕，足跌没水中，衆皆棄去，公持石擊甕，破之，水迸，兒得活。其後，京洛間畫以爲圖。《宋史》本傳，并《自警編》。

四年丙寅　公年八歲

五年丁卯　公年九歲

六年戊辰　公年十歲

七年己巳　公年十一歲

八年庚午　公年十二歲

九年辛未　公年十三歲

公序《迂書》云：「余生六齡而父兄教之書，又七年，始得稍聞聖人之道。」《傳家集》。

明道元年壬申　公年十四歲

二年癸酉　公年十五歲

書無所不通，文辭醇深，有西漢風。《行狀》。

景祐元年甲戌　公年十六歲

天章公加直史館，復知鳳翔府。《長編》。

二年乙亥　公年十七歲

三年丙子　公年十八歲

四年丁丑　公年十九歲

天章公當任子，次及公，公推與二從兄，然後受補郊社齋郎，再奏將作監主簿。《行狀》。

寶元元年戊寅　公年二十歲

中進士甲科。聞喜宴獨不戴花，同列語之曰：「君賜不可違。」乃簪一花。除奉禮郎。時天章公知杭州，公辭所遷官，求簽書平江軍判官事，以便親，許之。娶張氏，冀州信都人，禮部尚書存之女。《行狀》及《宋史》、《長編》。

范純甫言：「公初宦時，年尚少，家人每每見其卧齋中，忽蹶起，着公服，執手版，危坐。久之，率以爲常，莫識其意。純甫嘗從容問之，答曰：『吾時忽念天下事。』夫人以天下安危爲念，其可不敬耶？」《名臣言行録》。

二年己卯　公年二十一歲

康定元年庚辰　公年二十二歲

母夫人錢塘君聶氏卒。夫人，祕閣校理震之女，才淑孝睦，稱於鄉族。公時簽書平江軍節度判官事，以内艱去任。《天章府君碑》。

慶曆元年辛巳　公年二十三歲

冬十二月，天章公以疾終於晉州之安靖堂，壽六十有二。公繼丁外艱，偕兄旦泣護旅櫬，歸於故鄉。《天章府君碑》。

二年壬午　公年二十四歲

秋八月，葬天章公於涑水南原之晁村，以從先塋，先夫人曹氏、母夫人聶氏祔。龐莊敏公籍撰隧碑，冬十月，建石墓道。《天章府君碑》。

三年癸未　公年二十五歲

四年甲申　公年二十六歲

執喪累年，毁瘠如禮。服除，簽書武成軍判官事。《行狀》。

五年乙酉　公年二十七歲

六年丙戌　公年二十八歲

是年冬，罷滑臺從事，即武成軍判官。至京師。《傳家集》。

七年丁亥　公年二十九歲

改大理評事，補國子直講，遷本寺丞。《宋史》及《行狀》。

八年戊子　公年三十歲

子康生。

皇祐元年己丑　公年三十一歲

樞密使龐籍薦公召試館閣校勘，同知太常禮院。中官麥允言死，詔給鹵簿。公言：「孔子不以名器假人，繁纓以朝，且猶不可。允言，近習之臣，非有元勳大勞，不宜贈以三公之官，給以一品鹵簿。」《本傳》并《行狀》。

秋八月，公受詔，同范鎮讎校賢良方正及武舉進士策卷。《傳家集》。

十一月，表上《古文孝經指解》，詔送秘閣。《長編》。

二年庚寅　公年三十二歲

請假焚黄省展墳墓。《傳家集》。

張貴妃伯父堯佐，一日除宣徽、節度、景靈、羣牧四使。臺諫唐介、包拯等論之，不聽。十二月，公上狀：「乞亟召諫官，使竭其所聞，闢忠讜之路，塞僥倖之門。不然，自今以往，事有大於堯佐者，在列之臣噤默拱手，非朝廷之福也。」《傳家集》及《宋史》。

三年辛卯　公年三十三歲

五月，上狀請增修方丘，從之。《傳家集》。

夏竦卒，賜謚文正。是歲七月，公言：「謚之美者極於文正，竦何人，可以當此？」書再上，改謚文莊。《行狀》、《本傳》。

遷殿中丞。《行狀》及《傳家集・祭郭侍讀文》。

除史館檢討，修日曆，改集賢校理。《行狀》。

范鎮上書議樂，自謂得古法，公不以爲是，數與論難，竟不能決。《宋史》。

四年壬辰　公年三十四歲

五年癸巳　公年三十五歲

至和元年甲午　公年三十六歲

龐丞相鎮鄆州，辟公爲幕僚，典州學。《傳家集》。

皇祐、至和間，公名未甚輝赫，吕正獻公曰：「若君實者，可謂實過其名也。」後温公隆名蓋代，而知於衆人未知之前者，龐丞相與正獻公二人而已。《自警編》。

二年乙未　公年三十七歲

龐丞相徙知并州，辟公爲判官。《行狀》。

嘉祐元年丙申　公年三十八歲

仁宗始不豫，國嗣未立，天下寒心而不敢言，惟范鎮首發其議。公時通判并州，聞而繼之，疏言：「願陛下擇宗室賢者，使攝儲貳，以待皇嗣之生。」疏三上，其一留中，其二付中書。公又與鎮書：「此大事，願公以死争之。」於是鎮言益力。《名臣言行録》。

二年丁酉　公年三十九歲

麟州屈野河西多美田，夏人蠶食其地，爲河東患。龐公籍命公按視，公請建築二堡，以制夏人，募民耕之。籍從其策。麟將郭恩引兵夜渡河，不設備，没於敵。籍得罪去。公三上書自引咎，不報。《宋史》本傳。

改太常博士、祠部員外郎、直祕閣，判吏部南曹。《行狀》。

序《迂書》。《傳家集》。

三年戊戌　公年四十歲

遷開封府推官，賜五品服。《行狀》。

公三上狀，乞虢州或慶成軍，庶得近便灑掃先塋。《傳家集》。

六月丁卯，交趾貢異獸，謂之麟。公言：「誠僞不可知。使其真，非自至不爲瑞；若僞，爲遠人笑。願賜而還之。」因奏賦以諷。《行狀》。

四年己亥　公年四十一歲

五年庚子　公年四十二歲

遷度支員外郎，判句院，擢修起居注，五辭而後受。《行狀》。

六年辛丑　公年四十三歲

同判尚書禮部。五月，有司奏：「六月朔，日當食。」公以故事食不滿分或京師不見皆賀，因上言：「京師不見，四方必有見者。食不滿分，乃曆官術數不精，當治其罪，非所以爲賀也。」帝從之，後遂以爲常。《行狀》及《宋史》。

六月，遷起居舍人、同知諫院。《宋史》。公以三劄上殿：其一論君德，曰仁、曰明、曰武；其二論御臣，曰任官、曰信賞、曰必罰；其三論揀軍，言養兵之術務精不務多。上以其一留中，其二送中書，其三送樞密院，戒檢軍官。《宋鑑》。

八月，公奏：赦書害多而利少，非國家之善政。又進五規：一曰保業，二曰惜時，三曰遠謀，四曰謹微，五曰務實。帝深納之。《宋鑑》。

公上狀，論取士之道當以德行爲先，其次經術，其次政事，其次藝能，乞天下聽舉孝廉有差。又明經乞以《周易》、《尚書》、《毛詩》爲一科，三《禮》爲一科，《春秋》三傳爲一科，皆習《孝經》、《論語》爲帖經。又説書一科，乞與明經並置。策試應制舉人，詔公赴崇政殿後覆考試卷。公言：「上等三人，所陳國家大體，社稷至計，伏望下之中書，擇其合於時務者，奏而行之。」又蘇轍對策指陳得失，無所顧慮，考官黜之。公言：「朝廷設直言極諫之科，轍不宜以切直被黜。」詔寘末級。《傳家集》。

閏八月，奏乞分十二等以進退羣臣。若上等有闕，即於次等擇才以補之。其不能稱職者，則移易黜廢。有罪者，貶竄刑誅。《傳家集》。

公奏：「臣昔通判并州所言三章，願陛下果斷力行。」時仁宗簡默不言，雖執政奏事，首肯而已，聞公言，沉思久之，曰：「得非欲選宗室爲繼嗣者乎？此忠臣之言，但人不敢及耳。」因令公以所言付中書，公曰：「不可。願陛下自以意諭宰相。」是日，公復言江淮鹽事，詣中書白之。宰相韓琦問公：「今日復何所言？」公曰：「所言宗廟社稷大計也。」琦喻意，不復言。至九月，公復上疏面言，上大感悟，曰：「送中書。」公至中書，見琦等，曰：「諸公不及今定議，異日夜半禁中出寸紙，以某人爲嗣，天下莫敢違。」琦等拱手曰：「敢不盡力。」《行狀》及本傳、《言行録》。

九月，御史裏行陳洙卒，公上狀言：「洙資性忠果，憂公忘私，垂殁之際，猶上章奏，乞賜矜恤，以示褒直勸忠始終之恩。」《傳家集》。

公言：「故事：凡臣僚上殿奏事，悉屏左右内臣。近日不遵舊制，或有進至板幛門以裏，不過去御座數步，恐洩漏機事。」詔自今止令御藥使臣及扶持四人立殿角，以備宣唤，餘悉屏之。《長編》。

又上言：「今歲以來，災異屢臻，日食、地震，江淮騰溢，風雨害稼。而道路之言皆云近日宫中燕飲過多，賞賚萬計，非所以承天愛民、輔養聖躬之道。」《傳家集》。

環州熟户蕃部屯聚攻劫，殺傷民兵。公言：「宜詔陝西監司體量致亂之由，更選良將能吏有方略者，使之鎮遏。」又狀言：「蘇安靜年未五十，充内侍省押班，隳壞舊章，望陛下追寢新命。」《傳家集》。

邊人訛言西夏點兵犯境，秦鳳安撫使張方平調兵自救，關隴騷然。公言：「方平怯懦輕易，取笑戎狄，望更擇人，以代其任。」《傳家集》。

先是，公奉敕與三司詳定均税條約，下諸路監司施行。公言：「職方員外郎秦植，均税平允，望優加酬獎，其餘官吏，宜隨其功過，量加懲勸。」《傳家集》。

十二月，復豐州。公上言：「慶曆初，拓跋元昊攻陷州城，州民及蕃族盡爲所虜，掃地無遺，今州城但有丘墟瓦礫。若建以爲州，勞費甚大，此所謂徇虚名而受實弊也。不若遷永寧堡於豐州故城，但擇使臣有材略者使守之，俟民物繁庶皆如其舊，然後升以爲州。」《傳家集》。

是歲，淮南兩浙水災，飢民販鬻私鹽，有與官軍拒鬭者。公上言：「赤子濱於溝壑，奈何尚與爭錙銖之利？宜稍弛鹽禁，嚴督盜賊，以弭未形之亂。」又言：「勸農莫如重穀，重穀莫如平糴。今歲河北、河東沿邊穀賤，國家所宜留意。」從之。

公薦并州盂縣主簿鄭揚庭研精《易》道，成《易測》六卷，不泥陰陽，不涉怪妄，專用人事，指明六爻，乞加旌異。又薦并州鄉貢士劉廱，撰成《邊議》十卷，援據古今，指陳得失，乞加甄奬。

又論知壽州張叔詹，資性庸下，老而益昏，乞令致仕，或授散職，勿使親民。又皇城司巡察親事官奏報，有百姓殺人，開封府推鞫，無實，欲勾元初巡察人照勘，皇城司庇護不付。公言：「妄執平民，加之死罪，豈可不推問本情？」詔親事官杖配。並《傳家集》。

七年壬寅　公年四十四歲

正月，劄論：「上元觀燈，本非典禮，正以時和年豐，欲百姓同樂。去歲，諸州多罹水旱，鰥寡孤獨，流離道路。伏望比之每歲特減游觀之所，以憫恤下民，安養聖神。」又論：「有司宴飲，酒食相饋，皆集累成過，詆以峻法。知鎮戎軍曹修，受鄰州所送公用酒，已而自首，法官處以贓罪，請勿論。」又論：「駕御宣德門，令婦人相撲，贏戲於前，望因此斥去。」又狀論：「去歲貢院出題，離合句讀，故相迷誤。或取卷末經注字數，以爲問目，雖有善記誦之人，亦不能對。是則罪在貢院出題官，不在諸處發解官也。今舉人被黜，發解之官亦坐停替，非所以省刑罰、隆經術也。望特與免罪，仍敕將來科場依條出義，毋得詭僻苛細。」《傳家集》。

兖國公主下嫁李瑋，以驕恣聞。公主不安於李氏，詔出瑋衛州，母楊歸其兄璋，主入居禁中。公言：「陛下追念章懿太后，故使瑋尚主。今乃母子離析，家事流落，瑋既出，主安得無罪？」帝悟，降主沂國，待李氏恩不衰。《行狀》及本傳。

屯田員外郎張田，充荆湖南提點刑獄，公兩上狀，論其傾邪險薄，真小人之雄傑，遂改知湖州。《傳家集》。

三月，判檢院、權判國子監、除知制誥，辭至八九，乃從之。《言行録》。

五月，改天章閣待制兼侍講，賜三品服，仍知諫院。公上狀，謂：「集賢校理馮浩，端良恬澹，臣實不如，今舉自代。」上謝官劄子：「以方今國家之得失，生民之利病，大要不過擇人、賞罰、豐財、練兵數事而已。臣前忝諫官，已嘗略言之，伏願特留聖心，則天下幸甚。」《傳家集》。

時朝政尚姑息，公上疏言：「經略安撫使以便宜從事，出於兵興權制，非永世法。及將相大臣典州者，多以貴倨自持，凌忽轉運使。朝廷務省事，行姑息之政。至於胥吏讙譁而逐御史中丞，輦官悖慢而退宰相，衛士凶逆而獄不窮奸，澤加於舊，軍人駡三司使而法官以爲非犯階級，疑於用法。其餘有一夫流言道路，而爲之變法推恩者多矣，皆凌替之漸，不可不正。」《行狀》及《傳家集》。

七月，公疏論：「公私財用，率皆窮窘，必當早爲之謀。乞隨材用人，使久於其任，務農通商，以蓄息財物，節省賜予，裁損浮費。又以宰相總領計吏之職，察其能否，考其功狀，以奏而誅賞之。望與公卿大臣定議，早賜施行。」《傳家集》。

壬子，詔以季秋有事於明堂。公言：「國家修舉舊禮，乃是常典，況今庶官濫溢，經費窘竭，望明降指揮，更不覃恩轉官，以絶徼倖之望。」論轉運使等官，乞於政迹尤異及功效著明者，采擇用之，不當以所歷差遣推用。劄言：「皇姪宗實召知宗正寺，首尾十月，辭讓不肯受職，乞更遣近上内臣，往傳聖意，責以禮法，彼宜不敢不受。」並《傳家集》。

詔立宗實爲皇子，賜名曙，封鉅鹿郡公，稱疾力辭。辛丑，公上疏言：「皇子辭不貲之富，至三百餘日不受命，其賢於人遠矣。然臣聞父召無諾，君命召不俟駕，願以臣子大義責皇子，宜必入。」英宗遂受命。《行狀》。

初，通判麟州，夏倚因嘉祐二年麟將郭恩輕狂，致屈野河殁於敵，倚一例獲罪。公言：「倚公忠材智，不可以一眚掩其衆善。」《傳家集》。

充媛董氏薨，贈淑妃，輟朝成服，定謚，行册禮，葬給鹵簿。丁卯，公言：「古者婦人無謚，近制惟皇后有之。鹵簿本以賞軍功，未嘗施於婦人。唐韋庶人令妃主葬日，皆給鼓吹，非令典，不足法。」《行狀》。

時明堂降赦節文，内「四京寺觀院舍，蓋屋近百間以上者，特賜名額」，公言：「釋老之教，無益治世。國家法令，有創造寺觀一間以上者，科違制之罪，仍即時毁撤。今擅造及百間以上，而又錫之寵名，是勸之也。伏望改追前命，更不施行。」

論權知開封府賈黯，區斷乖方，怨嗟盈路，乞量其所能，授以他職。

論新差知萊州王逵，暴戾凶狡，殘害民物，乞勒令致仕。又言：「臣僚多以私意奏赦前事，或更特行編配，重於不經赦之人，百姓何所取信？自今犯罪之人，情理巨蠹，必不可赦者，乞於豫降約束敕内明白言之，其餘並從赦文處分。」並《傳家集》。

先是，八月丁亥，奉真宗御容於壽星觀，内臣吴知章求展觀地，别建更衣殿，費踰數千萬。公率同列言：「知章妄希恩澤，恣爲誣罔，興造事端，陷朝廷於非禮，乞下所司取勘，窮治姦狀。所有創添屋宇，一切寢罷。」《傳家集》。

初，福州處士陳烈，好學篤行，廷臣薦之。福建提刑王陶言：「烈貪汙險詐，爲妻林氏所訟，乞奪所授恩命。」辛卯，公率同列上言：「若烈平生操守出於誠實，雖有迂闊之行，不合中道，猶當保而全之。若其懷姦飾詐，沽釣聲利，則薦舉之人安可置而不問？望委别路監司，體量虚實。若止夫婦不相安諧，則聽其離絶，毋使節行之士，爲横辱所挫。」陶説遂不行。《宋史·陳烈傳》及《傳家集》。

時有司新定後宫封贈法，皇后與妃皆贈三代。乙未，公言：「别嫌明微，妃不當與后同。天聖親郊，太妃止贈二代，而況妃乎？」《行狀》。

上再幸天章閣，召宰輔侍從徧觀瑞物及先帝御書、御集。又幸寶文閣，爲飛白書，分賜從臣，遂宴於羣玉殿。公爲《瞻彼南山》詩七章以獻。《宋鑑》及傳。

八年癸卯　公年四十五歲

春正月，公同翰林學士范鎮知貢舉。《長編》。

二月，帝不豫。公言：「乞自入假以後，每隔日許兩府及知雜御史以上一次問聖體，仍召兩府入對便殿。所貴中外共知聖體康寧，各獲安心。」《傳家集》。

三月丙午，故相龐籍卒，公升堂，拜其妻如母，撫其子如昆弟，時人賢之。《宋鑑》及《行狀》。

辛未，仁宗崩。四月壬申朔，英宗即位。乙亥，上不豫。己卯，詔請慈聖光獻皇太后同聽政。公上皇太后疏言：「大臣忠厚如王曾，清純如張知白，剛正如魯宗道，質直如薛奎者，當信用之；鄙猥如馬季良，讒諂如羅崇勳者，當疏遠之，則天下服。」《長編》。

時，公所得仁宗遺賜珠金，直百餘萬。丙戌，率同列三上章，言：「國有大憂，中外窘乏，若遺賜不可辭，則宜許侍從以上進金錢，佐山陵費。」不許。公乃以所得珠爲諫院公使錢，金以遺其舅氏。又上皇帝疏，言：「漢宣帝不追尊衛太子、史皇孫，光武亦不追尊鉅鹿都尉、南頓君，惟哀、安、桓、靈追尊其父祖，天下非之，願以爲戒。」並《行狀》。

初，英宗疾甚，舉措或改常度，遇宦者尤少恩，左右共爲讒間，兩宫遂成隙。壬辰，上兩宫疏，言：「骨肉至親，當以恩意相厚，不當較量錙銖之是非。萬一姦人欲有關說，涉於離間者，當立行誅戮，以明示天下。」《傳家集》。

七月乙丑，論：「監司諸州軍等，遣親屬進賀登極表，推恩皆得一官，此承姑息之弊。今乞五服内親等第授一官，其餘量賜金帛，以救濫官之失。」《傳家集》。

八月，上言：「陛下向者聖體未安，今御殿聽政，而於萬幾未加裁決，伏望詢訪利害，議論是非，使四方翕然，瞻仰聖德。」《傳家集》。

九月，公言：「醫官宋安道等四人，方術無驗，並乞發遣。僧志緣本不曉醫，但以妖妄惑人，今亦出入禁庭，乞奪去紫衣，放歸本州。」又劄奏：「陝西、京西兩路，夏末少雨，官司務爲聚斂，望特降詔旨，寬其租税，敢有抑塞旱狀者，嚴加譴責。」又劄奏：「今月十九日，以大行皇帝謚號奏告天地、宗廟、社稷，皇地祇止於圜丘望告。乞今後祭告，遣兩府官一員，詣北郊行事，庶合禮意。」又劄奏：「趙滋剛愎狂妄，不宜使再知雄州，乞授滋别路一閒慢差遣。」又劄奏：「大行皇帝梓宫在福寧殿，自啓菆以來，每日裝飾尼女，傅以粉黛，衣之綺繡，狀如俳優，黷慢神威，伏望速去。」尋得旨依。並《傳家集》。

十一月丙午，虞祭仁宗，上使宗正卿攝事。公言：「木主已達京師，未至卒哭，尚有三虞，望陛下親行其禮。」有旨依奏。已而上復不出，公復奏云：「來日雖聖體小有不康，亦當勉强行禮，以解中外之惑。」又劄奏：「山陵祔廟大禮俱畢，先帝後宫非御幸有子及位號稍貴者，皆給與粧奩，放遣出外，歸其親戚，或任便適人。」又言：「内臣年未五十，不得充内侍省押班。近除張茂則，年方四十八，一開此例，人人相效，不若正之於事初也。」上皇太后疏云：「皇帝踐祚之初，遽嬰疾疹，舉措言語不能自擇，左右一一上聞，以致兩宫之間，微相責望。伏以皇帝内則仁宗同堂兄之子，外則殿下之外甥壻，自童幼鞠育宫中，仁宗立爲皇子，孝謹温仁，動由禮法。今以疾疹，亂其本性，願特加愛念，包容其過失。」又上皇帝疏云：「陛下自髫齔之年，爲皇太后所鞠育，恩亦至矣。向者聖體未安，舉措言語或有差失。既愈之後，伏望親詣皇太后閤，克己自責，温恭朝夕，使大孝之美，純粹光顯，則上下咸悦，宗社永安矣。」並《傳家集》。

劄奏乞開講筵，詔從之。始御邇英閣，召侍臣講讀經史。《長編》及《宋史》。

鄜延路經略安撫使程戡，加安武軍節度使，令再任。公言：「戡素無才術，況今老病，昏懦尤甚。陛下踐祚之初，而戡首蒙濫賞，臣竊惜之。」

劄奏：「近歲後宫等級寖多，致有軍營、市井下俚婦女雜處其間，宜依約古禮，使後宫共爲幾等，等有幾人。選擇良家性行和謹者，方得入宫，爲萬世法。」

乙亥，皇子淮陽郡王頊出閤，詔以直史館王陶充伴讀，祕閣校書孫思恭充説書。公劄言：「望多置皇子官屬，博選學行之士以充之，使日與皇子居處燕遊，輔成懿德。大理評事趙彦若，孝友温良，謹潔正固，博聞强記，難進易退；國子直講李實，好學有文，修身慎行；祕書校理孟恂，清純愷悌，始終如一。望擇此三人，及廣求其比，以備皇子官屬。」

又乞詔：「侍從近臣，每日輪一員直資善堂，夜則宿崇文院，以備非時宣召。其餘羣臣進見者，望細加訪問，以開廣聰明，裨益大政。」並《傳家集》。

英宗治平元年甲辰　公年四十六歲

春正月辛酉，詔以仁宗配享明堂，公與吕公著議：「《孝經》曰：『嚴父莫大於配天，周公其人也。』孔子以周公有聖人之德，成太平之業，制禮作樂，而文王適其父也，故引之以證聖人之德，莫大於孝。非謂凡有天下者，皆當以其父配天，然後爲孝也。」《長編》。

三月，公上言：「陛下在藩邸，事濮王備盡孝道。宫中之事，濮王委陛下幹之，無不平允。陛下事皇太后，當一如濮王然後可；視天下之政，當一如宫中之事然後可。」公又言：「近聞中旨，於永昭陵側别建一寺，逆理傷孝，蠹財勞人，竊爲朝廷不取也。願陛下與皇太后，汲汲於富國安民，息此無益之事。」《傳家集》。

判國子監吕公著奏乞科場不用詩賦，專以論策升黜。公言：「進士只試論策太簡，乞今後省試，除論策外，更試《周易》、《尚書》、《毛詩》、《周禮》、《儀禮》、《春秋》、《論語》大義，共十道，爲一場。御前除試論外，更試時務策一道。如此，則舉人皆習經術，不尚浮華矣。」公上言：「陛下踐祚逾年，京城百姓未聞屬車之音。今春少雨，苗麥枯旱，願車駕早出，爲民祈雨，以副中外顒顒之望。」劄奏：「朝廷近年民間有犯惡逆以上者，州縣之吏專務掩蔽縱釋，遂使頑民益無顧憚。望委提點刑獄官，常切覺察，有不依正法斷遣者，隨其輕重，以故出人罪論。」《傳家集》。

五月，有旨：感慈塔拆修五層。公以今歲旱災，請罷修此塔，其餘不急之費，一切寢罷，以彰愛民之意。戊申，皇太后還政。庚戌，上始日御前後殿。公上言：「臣聞治身莫先於孝，治國莫先於公。仁宗以四海大業授之陛下，登極之後，骨肉至親獨有皇太后與公主數人，陛下所當日夜盡心供承撫養，以副仁宗之意。陛下奮發宮邸，入纂皇極，舊恩宿怨，豈能盡無？然皆不可置於聖慮，以害至正也。凡人君之要道，在於進賢退不肖，賞善罰惡而已。願不以己之私心，蓋天下之公議。」《傳家集》。

兩府議皇太后所須，內侍録聖旨付有司，覆奏即行。公言：「萬一使者懈慢，有司泥文，皇太后緩急欲得藥餌什器細小之物，不能應時，而至有傷慈母之心。皇太后所取物色，一如陛下聖旨所取，晝時供應。仍令每日將本閣使臣文字，進呈皇太后，以防矯僞，則尊卑之體正，孝養之禮盡。」又劄奏：「陛下欲加曹佾使相，皇太后再三不許。又聞有旨令皇后本家分析親的骨肉，亦與推恩。臣以爲，皇太后既抑損外親，則后族亦恐未宜褒進。」公上皇太后疏曰：「竊聞皇帝、皇后或時進見，殿下雖賜之坐，如待疏客，母子婦姑之恩，如何得達？宮省之內，必有讒邪之人，造飾語言，互相間構。願殿下斥遠其人，勿置左右。皇帝、皇后進見之際，賜以温顔，留之從容。此則殿下坐享孝養，心平氣和，眉壽無疆，名譽光美，垂於無窮矣。」《傳家集》。

閏五月，詔輔臣進爵一等。公劄言：「先帝親選聖明，傳以天下，今欲歸功大臣，臣知其必不敢當也，願聽其辭。」避不聽。已而，内侍任守忠等一例遷官。公復奏，請追還恩命。《傳家集》。

初，仁宗未有繼嗣，内侍都知任守忠建議，欲援立昏弱以邀大利。及帝即位，又乘帝疾，交構兩宮。至是，擅取奉宸庫金珠數萬兩，獻遺中宮。公疏發其姦，乞明示典刑，以謝天下。公又言：「近者，夏國屢起事端，爲備之要，在於擇帥。伏見鄜延路經略使程戡，資性姦回；涇原路經略使施昌言，老病昏昧。一旦警急，必敗大事。伏望朝廷早擇智勇之將，以代其任。二人並令致仕，以安邊境之民。」《傳家集》。

八月，劄奏：「臣屢上言，乞詔侍從之臣，每日一員輪值，曾面奉德音，云『俟秋涼，當頻有宣召』。今已秋涼，未聞有被召之人。竊意内外之臣，必有欺惑天聽，沮難此事，願斷自聖志，行之不疑。」公再劾内侍任守忠之姦，詔竄守忠於蘄州。公上言：「守忠離間兩宮，陛下逐之，中外抃悦。願陛下與中宮親詣皇太后閤，頓首陳謝，具言從來爲守忠等所誤，今願與皇太后母子之情，一如舊日。然後朝夕與中宮侍養左右，承順顔色。若左右之人，尚有敢相離間者，願陛下立行誅竄。」又奏：「嚮時，内臣差遣一切委之都知司，臣已奏其非便，今任守忠斥逐，願收還威福之柄，親加選擢。」《傳家集》。

九月，上諭令初五日後，逐日講，至重陽節住講。公言：「陛下始初清明，方宜鋭精學問，數日之間，未宜遽罷。」從之。又言：「《尚書》者，爲政之成規，稽古之先務，將來《論語》既畢，宜講《尚書》。」《傳家集》、《長編》。

京東、京西災傷，有敕貧民偷盗斗斛因而盗財者，減等斷放。公上言：「此勸民爲盗也，乞多方擘畫，救濟飢民，有劫奪者，立加擒捕。」《傳家集》。

十一月，公言：「近歲，主兵臣僚好施小惠，軍中有犯階級者，務行寬貸，漸成陵替之風，伏望申明階級之法，有敢輒行寬貸者，嚴加罪罰。」韓魏公建議於陝西刺義勇，凡三丁刺一，共得二十餘萬人。深山窮谷，無得脱者，人情驚撓，而民兵紀律疏略，終不可用。公上疏，極論其害，謂：「康定、慶曆間，籍陝西民間鄉弓手，已而刺爲保捷指揮。民被其毒，兵終不可用，遇敵先北，正兵隨之，每致崩潰。縣官知其坐食無用，汰遣歸農，而惰游之人，不能復反南畝，强者爲盗，弱者轉死，父老至今流涕也。今義勇何以異此？」又奏：「古者，兵出民間，耕桑之所得，皆以衣食其家。今既賦斂農民之粟帛以贍正軍，又籍農民之身以爲兵，是一家獨任二家之事也。以臣愚見，河北、河東已刺之民，猶當放遣，况陝西未刺之民乎？」章六上，不從。公上殿，奏：「乞將臣僚所舉之人，隨其資敘，各置一簿，留之禁中。若陞陟以後，職事敗闕，罪其舉主。」《傳家集》。

十二月，公以陝西義勇事所言不行，乞罷諫職，不許。持劄子至中書，魏公曰：「兵貴先聲後實，諒祚方桀驁，使聞陝西驟益兵，豈不震慴？」公曰：「兵之曰先聲，獨可以欺之於一日間耳，少緩，則敵知其情。今吾雖益兵，然實不可用，不過十日，西人知其詳，不復懼矣。」魏公不能答。復曰：「公但見慶曆陝西鄉兵初刺手背，後皆刺面充正兵，憂今復然耳。今已降敕榜，與民約，永不充軍戍邊矣。」公曰：「光終不敢奉信。」魏公怒，曰：「君何相輕甚耶？」公曰：「相公長在此坐，可也。萬一他人在此，因相公見成之兵，遣之運糧戍邊，反掌間耳。」魏公默然，竟不爲止。其後不十年，義勇運糧戍邊，率以爲常，一如公之言。《行狀》并《言行録》。

二年乙巳　公年四十七歲

正月，公言：「陝西都轉使陳述古，昨因巡邊，妄奏邊鄙寧靜。後聞副總管劉几稱，西人將謀入寇，述古恐與前奏相違，奏稱不協軍務，擅移几知鳳翔府。數日之間，西人果大舉犯邊，述古亦不即時發兵救援，致陷没數千户，當投荒裔，以禦魑魅。」公言：「近詔於初任、二任通判中，選人權發遣三司判官公事，九年之後，擢爲職司。然非奇材異績，非可當此舉也。竊見尚書都官員外郎皮公弼，以貪饕致富，資性狡猾，在京則造請不倦，在外則書啓相尋，致舉主三十餘人。一旦膺此選，乃是開此徼倖之門，恐非朝廷之福也。」《傳家集》。

王廣淵除直集賢殿，公言：「廣淵姦邪，不可近。當仁宗之世，私自結於陛下，豈忠臣哉？願出之，以厲天下。」《行狀》。

朝廷於在京及諸路，廣招禁軍，又於災傷之處，招飢民以充廂軍。公言：「自西邊用兵，朝廷廣加召募，冗兵逾衆，國力逾貧。臣願選擇將帥訓練，以備四夷，不患不足。」《傳家集》。

執政建言：濮安懿王德盛位隆，宜有尊禮。太常禮院與兩制議，翰林學士王珪等相顧不敢先，公獨奮筆立議，曰：「爲之後者爲之子，不敢復顧其私親。今日所以崇奉濮安懿王，宜一準先朝封贈期親尊屬故事。」議成，珪即敕吏以公手稿爲案上奏，宜稱皇伯而不名。參知政事歐陽修引《喪服大記》，以爲：「爲人後者，爲其父母服，降三年爲期，而不没父母之名。若改稱皇伯，歷考前世，皆無典禮。請下尚書，集三省、御史臺議奏。」詔下，而太后手詔詰責執政，以不當議稱皇考。帝乃詔曰：「如聞集議不一，權宜罷之，令有司博求典故以聞。」《行狀》及《宋鑑》。

公言：「臣近蒙恩給假，至陝州焚黄，竊見緣路諸州，倉庫錢糧例皆闕絶，所不到處，料皆如此。願聖心從容擘畫，使上下豐足。」又言：「近年以來，西夏雖稱臣奉貢，而内蓄奸謀，窺伺邊境，將帥之臣又多懦怯，願陛下明諭中外，訪問治兵禦戎之策。」《傳家集》。

五月，劄奏：「近日大内修造稍多，倉庫疏漏未葺，萩帛之類，大有損敗，緩急先後，未得其宜。又皇子年未及冠，宜示以樸素，而所修規模侈大，非所以納之於義方也。」《傳家集》。

初，西夏遣使致祭，指使高宜押伴，傲其使者。明年，夏人犯邊。趙滋知雄州，專以猛悍爲治，朝廷以知雄州李中祐爲不材，將代之。公言：「國家當戎狄附順時，好與之計較末節，及其桀驁，又從而姑息之。近者，西禍生於高宜，北禍生於趙滋。時方賢此二人，故邊臣皆以生事爲能。今若選將代中祐，則來者必以滋爲法，而以中祐爲戒，漸不可長。宜敕邊吏，疆埸細故，徐以文檄往反，若輕以矢刃相加者，罪之。」《行狀》及本傳。

八月，京師大水，下詔求言。公上疏曰：「陛下初得疾之時，聞皇太后於先帝梓宫前，叩頭祈請，額爲之傷，豈可謂無慈愛之心？不幸讒賊離間，兩宫有隙，就使皇太后有不慈於陛下，陛下爲之子，安可遂生忿恨乎？先帝擢陛下於衆人之中，升爲天子，惟以一后數公主屬於陛下。而梓宫在殯，已失皇太后之懽心，長公主數人，皆屏居閒宫，此陛下所以失人心之始也。陛下凡百奏請，不肯與奪，知事之非不能改，知事之是不能從，或非才而驟進，或有罪而見寬，此天下所以重失望也。國家置臺諫之官，爲天子耳目，防大臣壅蔽，今乃復付之大臣，此乃陛下所以獨取拒諫之名，而大臣坐得專權之利者也。」《宋鑑》。

公劄奏：「國家公私窮窘，復遇大災，願陛下側身克己，痛自節約，出六宫冗食之人，止諸處不急之役，凡百浮費，一切除去。」又奏請：「内殿起居，常令朝臣兩人轉對，在外臣僚上書言事者，不得壅滯。陛下親加省覽，試其功效，則天下之才可以器使矣。」公又言：「政府之臣，欲尊濮王爲皇考，巧飾詞說，熒惑聖聽，願上稽古典，下順衆志，以禮崇奉，如王珪等所議，亦和天人之一事也。」《傳家集》。

九月，公言：「屬者暴雨爲災，五稼漂没，陛下將有事於南郊，羣臣請上尊號，願拒而弗受，以承答天譴。」上從之。由是羣臣五上表，終不允。《傳家集》。

十月，除依前尚書吏部郎中、充龍圖閣直學士，判流内銓，改右諫議大夫。公三上狀，固辭，尋得旨，免諫職，餘如前，降指揮。《行狀》及《傳家集》。

加環慶路經略使孫長卿集賢院學士、充河東路都轉運使。公言：「長卿前在環慶，不曉邊事，舉措煩苛，致熟户蕃部叛亡幾盡。不意今日更褒以寵名，授以重任，伏望速改前命。」《傳家集》。

十二月，公言：「資蔭出身人，請委審官院、流内銓試《孝經》、《論語》大義三道，更將所對義，面加詢問。若義理精通者，特爲一等；義理稍通者，依常調；不通者，且令修學，周年再試，試中方出官。如此，則公卿子弟皆嚮學知道，亦近於教胄子之術也。」《傳家集》。

三年丙午　公年四十八歲

正月丁丑，詔立濮安懿王園廟。太后手詔，尊濮王爲濮安懿皇，稱親，夫人並稱后。自是，公論愈激，中外詾詾。御史吕晦、傅堯俞、范純仁、吕大防、趙鼎、趙瞻等皆爭之，相繼降黜。公言：「陛下至公，初無過厚於私親之意，今忽聞傅堯俞等諸人相繼皆出，中外之人，無不驚愕，此蓋政府欲閉塞來者，使不敢言。伏望陛下召見堯俞等，下詔更不稱親。」不從。公又奏：「臣與傅堯俞等七人，共論典禮。今堯俞等六人，盡已外補，伏望依臣前奏，早賜降黜。」凡四奏，卒不從。《長編》、《行狀》。

四月，上命公編《歷代君臣事迹》，公奏曰：「紀傳之體，文字繁多，嘗欲上自戰國，下至五代，正史之外，旁採他書，凡關國家之盛衰，生民之休戚，善可爲法，惡可爲戒，帝王所宜知者，略依《左氏春秋傳》體，爲編年一書，名曰《通志》。其上下貫穿千餘載，固非愚臣所能獨修。伏見翁源縣令劉恕，將作監主簿趙君錫，皆有史學，欲望特差二人與臣同修。」詔從之。其後，君錫父喪，不赴，命太常博士劉攽代之。《宋鑑》。

十一月，羣臣請上尊號，公言：「災異迭見，請卻尊號勿受。更下詔深自咎責，廣開言路，求所以事天養民、轉災爲福之道。」《傳家集》。

四年丁未　公年四十九歲

春正月丁巳，英宗崩，神宗即位。參知政事歐陽修薦公：「德性淳正，學術通明，讜言嘉謀，著在兩朝。自仁宗至和服藥之後，羣臣便以皇嗣爲言，五、六年間，言者雖多，未有定議。最後，光以諫官，極論其事，感動主聽，仁宗豁然開悟，遂決不疑。由是先帝入爲皇子。曾未踰年，仁宗奄棄萬國，先帝入承大統，蓋以人心先定，故得天下帖然。今以聖繼聖，遂傳陛下，光可謂社稷之臣也。而其識慮深遠，性尤慎密。臣以忝在政府，因得備聞其事，知而不言，是謂蔽賢掩善。光忠國大節，隱而未彰，臣既詳知，不敢不奏。」《歐陽文忠公集》。

二月，知貢舉。公等上言：「所考試合格進士許安世以下三百五人，分四等；明經諸科二百一十一人，分三等。詔賜及第、出身有差。」《長編》。

閏三月，擢翰林學士，公力辭，不許。公曰：「臣不能爲四六。」上曰：「卿能舉進士、取高等，而云不能四六，何也？」公趨出，上遣内臣至閤門，强公受告，拜而不受。趣公入謝，至廷中，以告置公懷中，不得已乃受。《行狀》。

夏四月辛酉，詔内外官所上封事，委公及翰林學士承旨張方平，詳定利害以聞。《長編》。

御史中丞王陶，論宰相不押常班爲跋扈。帝謂陶過毁大臣，罷知陳州，而以公權御史中丞。公言：「宰相不押班，細故也，陶言之過。然愛禮存羊，則不可已。自頃宰相權重，今陶復以言宰相罷，則中丞不可復爲，臣願俟宰相押班，然後就職。」上曰：「可。」陶至陳州，謝表詆宰相不已，執政議再貶陶。公言：「陶誠可罪，然陛下欲廣言路，屈己受陶，而宰相獨不能容乎？」乃已。《行狀》。

公既除中丞，上疏論修心之要三：曰仁、曰明、曰武；治國之要三：曰官人、曰信賞、曰必罰。其説甚備，且曰：「臣昔以此獻仁宗，其後以獻英宗，今以獻陛下，平生學之所得，盡在是矣。」《長編》。

龍圖閣直學士韓維、侍御史吕景，俱補外。己丑，公言：「維沉靜方雅，景渾厚剛直，請留之。若不可留，乞更不舉人，只於舊臺官吕大防、郭源明、馬默等數人内，選擇一人，以補其闕。所貴得質直之人，克厭衆心。」公又言：「京城雖已得雨，竊慮四方州縣有未霑足之處。凡臣僚遠來者，皆乞訪以彼中雨水多少，穀價貴賤，互相參考，以驗虚實。」《傳家集》。

六月，劄論直龍圖閣王廣淵爲姦邪之尤者，望首加斥逐。已而，廣淵出知齊州，帶舊職，仍賜章服。公言：「此賞之，非黜之也。望盡奪職名章服，與遠地監當。」《傳家集》。

上初即位，内臣以覃恩遷官者，皆補外職，獨留御藥院高居簡等四人。公言：「居簡姦回讒佞，罪惡甚多。」上曰：「祔廟畢，自當去。」公曰：「闈闥小臣，何繫山陵先後？」《長編》。

朝廷差官，支撥粳米於永泰等關，遇有河北流民，大者支米一斗，小者支米五升，令速往豐熟州軍存活。公言：「如此處置，止可延數日之命。莫若謹擇公正之人，爲河北監司，且救土著農民，各據版籍，次第賑濟。居者既安，則行者思返矣。」又劄奏：「臣與張方平詳定中外封事，望陛下擇其精者，決意行之，其識慮出衆者，特賜召對，考其虛實。」《傳家集》。

秋七月，高居簡罷御藥院，除供備庫使。公累劾居簡，難兩留，求外郡，請對。時，公立殿下，上指之曰：「已來矣。」吕公弼曰：「陛下欲留居簡，必逐光；欲留光，必逐居簡。居簡内臣，光中丞，願審其重者。」《長編》。

公論高居簡姦邪，乞加遠竄，章五上，上爲盡罷寄資内臣，居簡亦補外。已而，復留陳承禮、劉有方二人，公復爭之。又言：「近者王中正往陝西，知涇州劉涣等諂事中正，而鄜延鈐轄吴舜臣違失其意。已而，涣等進擢，舜臣降黜。權歸中正，謗歸陛下。」上手詔問公所從知，公曰：「臣得之賓客，非止一人。若無此事，臣不敢避妄言之罪，萬一有之，不可不察。」《長編》。

詔用潛邸直省官郭昭選等四人爲閤門祇候。公言：「陛下既承大統，而獨私於東宫之人，則所與親者，至狹矣。又聞昭選等，因昌王入言，得此特旨，尤爲不可。陛下之於昌王，但當極其友愛，至於官爵刑賞，昌王不當關預，陛下亦不當聽從。」《傳家集》。

八月，公奏：「臣竊聞陛下好令内臣采訪外事，及問以羣臣能否。陛下内有兩府、兩制、臺諫，外有提、轉、牧、守，皆腹心耳目，股肱之臣也。陛下誠能精擇其人，使之各舉其職，則天下之事，猶一堂之上，陛下何患於不知哉？今詢於近習之臣，不驗虛實，即行賞罰，臣恐讒邪得以逞其愛憎，而陛下受其譏謗也。」癸酉，葬英宗於永厚陵。詔公充儀仗使，賜箔金五十兩、銀合三十兩。公三上章辭，從之。《長編》。
九月，劾奏山陵都護宋守約、鈐轄張若水挾詐不公，乞嚴行責降。《傳家集》。
先是，邊吏薛向、种諤上言：「西戎部將嵬名山欲以横山之衆，取諒祚以降，詔邊臣招納其衆。」壬寅，公對延和殿，言：「趙諒祚稱臣奉貢，不當誘其叛臣以興邊事。」上曰：「此外人妄傳耳。」公曰：「陛下知薛向之爲人否？」上曰：「固非端方士也，但以其知錢穀及邊事耳。」公曰：「錢穀誠知之，邊事則未知也。」又言：「張方平姦邪貪猥，不當用爲參知政事。」上曰：「有何實狀？」公曰：「請言臣所目見者。」上作色曰：「朝廷每有除拜，衆言輒紛紛，非朝廷好事。」公曰：「此乃朝廷好事也。況陛下新即位，萬一用一姦邪，若臺諫循默不言，陛下何從知之？」上曰：「吴奎附宰相否？」公曰：「不知也。」上曰：「結宰相與結人主，孰爲賢？」曰：「結宰相爲姦邪，然希意迎合，覦人主趨向而順之者，亦姦邪也。」上曰：「兩府孰可留，孰可用？」公曰：「此乃陛下威權所當采擇，小臣豈敢與聞？然居易俟命者，君子也；由徑求進者，小人也。」又上疏極論，以爲：「名山之衆，未必能制諒祚，幸而勝之，滅一諒祚，生一諒祚，何利之有？若其不勝，必引衆歸我，不知何以待之？若名山餘衆尚多，窮無所歸，必將突據邊城。陛下獨不見侯景之事乎？」上不聽，遣种諤發兵迎之，取綏州，費六十萬。西方用兵，蓋自是始。《長編》。
癸卯，復以公爲翰林學士兼侍讀學士。公言：「臣昨論張方平參知政事不協衆望。若臣言果是，則方平當罷；若其非是，則臣當遠貶。今兩無所問，而臣仍加美職，未曉所謂新命，未敢祗受。」告敕下通進銀臺司，吕公著具奏封駁。上手詔諭公曰：「朕以卿經術行義，爲世所推，今將開延英之席，得卿朝夕討論，敷陳治道，以箴遺缺，故命進讀《資治通鑑》，此朕之意。吕公著所以封還者，蓋不知此意耳。」於是取誥敕直付閤門，趣公令受。公著亦具奏：「所降敕誥，須經由本司，臣雖可罪，而此職終不可廢。」他日登對，上獨留公著，謂曰：「朕以司馬光道德學問，欲常在左右，非以其言事也。」又謂公著曰：「光方直，如迂闊何。」公著曰：「孔子上聖，子路猶謂之迂；孟軻大賢，時人亦謂之迂。大抵慮事深遠，則近於迂矣。願陛下更察之。」《長編》。

是月，劄奏：「鄉户衙前之弊，請下諸路州縣，各具利害奏聞，隨其所便，别立條法。」《傳家集》。

冬十月，公初進讀《資治通鑑》，上製序，自書以授公，令候書成日寫入。又賜潁邸舊書二千四百二卷。《言行録》、《長編》。

神宗熙寧元年戊申　公年五十歲

權知審官院。邇英進讀《資治通鑑》三葉畢，上更命讀一葉半。讀至蘇秦約六國從事，上曰：「蘇秦、張儀掉三寸舌，乃能如是乎？」公曰：「秦、儀爲縱横之術，無益於治，臣所以存其事於書者，欲見當時風俗，專以辯説相高，人君委國而聽之，此所謂『利口覆邦家』者也。」上曰：「卿進讀，每存規諫。」公曰：「非敢然也，欲陳著述之本意耳。」上曰：「朕聞卿進讀，終日忘倦。」《言行録》、《長編》。

夏六月，命公與滕甫同看詳裁減國用制度。公登對，言：「國家所以用不足者，在於用度太奢，賞賜不節，宗室繁多，官職冗濫，軍旅不精。此五者，非愚臣一朝一夕所能裁減。」上深開納，明日即罷裁減司。《長編》。

秋七月，羣臣表上尊號。公疏言：「上尊號之禮，非先王令典，起於唐武后、中宗之世，遂爲故事，因循至今。先帝親郊，不受尊號，天下莫不稱頌。願陛下追用先帝本意，不受此名。」上大悦，手詔答公曰：「非卿，朕不聞此言。」遂終身不復受尊號。《長編》、《行狀》。

執政以河朔災傷，國用不足，乞今歲親郊，兩府不賜金帛，送學士院取旨。公言：「宜自文臣兩省，武臣、宗室敕使以上，皆減半。」公與王珪、王安石同對，公言：「救災節用，宜自貴近始，可聽兩府辭賜。」安石曰：「常衮辭賜饌，時議以爲衮自知不能，當辭位，不當辭禄。且國用不足，非當今急務。」公曰：「衮辭禄，猶賢於持禄固位者。國用不足，真急務。安石言非是。」安石曰：「國用不足者，以未得善理財者故也。善理財者，不加賦而上用足。」公曰：「財貨百物，止有此數，不在民則在官。不加賦而上用足，不過設法陰奪民利，其害甚於加賦。」爭議不已。王珪進曰：「救災節用，宜自貴近始，司馬光言是也。然所費無幾，恐傷國體，王安石言亦是。惟明主裁擇。」上曰：「朕意與光同，然姑以不允答之。」會安石當制，遂引常袞事責兩府，兩府亦不復辭。《言行録》。

邇英進讀已，召公問以河北災變，公對以宜多漕江淮之穀以濟之。上因論治道，言州縣長吏多不得人，政府不能精擇。對曰：「人不易知，但能擇十八路監司，使之擇所部知州而進退之，知州擇所部知縣而進退之，得人多矣。」又問諫官難得人，對曰：「凡擇言事官，當以三事爲先：第一不愛富貴，次則重惜名節，次則曉知治體。具此三者，誠亦難材。鹽鐵副使呂誨，不畏强御，執節不回。侍御史呂景，見得知恥，臨義不疑。此兩人似堪其選。」尋以呂晦同知諫院，用公之言也。《長編》、《傳家集》。

冬十月，上問講讀官富民之術。公言：「凡富民之本在得人。縣令最爲親民，欲知縣令能否，莫若知州，欲知知州能否，莫若轉運使。陛下但能擇轉運使，使轉運使按知州，使知州按縣令，何憂民不富也？」《長編》。

詔以公兼史館修撰。十一月甲午，公入辭，因請河陽、晉、絳。上曰：「汲黯在朝，淮南寢謀，卿未可去也。」《長編》。

詔公與張茂則同相視二股河及土隄利害。公用都水監丞宋昌言策，乞於二股之西置土隄，約水東流，若東流日深，北流自淺，薪芻漸備，乃塞其北，放出御河、胡盧河下流，以紓恩、冀、深、瀛以西之患。時議者多不同，公於上前反覆論難甚苦，卒從之。《行狀》。

二年己酉　公年五十一歲

二月，公登對，乞一州。上不許，曰：「君子、小人皆知卿方正。呂公著使契丹，亦問有司馬光者，其人甚方正，今爲何官。名爲夷狄所知，奈何出外。」《長編》。

六月，詔公爲都大提舉修二股工役。呂公著言：「朝廷遣光相視董役，非所以褒崇近職，待遇儒臣也。」乃止。《宋史・五行志》。

八月，公上言，極論創制三司條例司、分遣使者往治外事，及於禁中出手詔指揮外事之弊。《長編》。

侍御史劉琦監處州鹽酒税，御史裏行錢顗監衢州鹽税。初，御史知雜劉述及琦、顗等言：「王安石參知政事，專肆胸臆，輕易憲度。」公言：「皮公弼貪，閻充國猥，二人得罪，而出皆爲知州。今琦、顗止以忤犯大臣，遂降監當。然則狂直之罪重於貪猥，得罪大臣甚於得罪陛下也，乞予本資。」不報。《長編》。

上嘗問公：「外議説陳升之如何？」公曰：「二相皆閩人，二執政皆楚人，風俗如何得近厚？」又問：「王安石如何？」公曰：「天資僻執好勝，不曉事。」上首肯微笑。又嘗稱吕惠卿美才，公曰：「使江充、李訓無才，何以動人主？」《道山清話》。

二股河北流閉，賜敕獎諭，并對衣、金帶、鞍馬，公上表謝。《傳家集》。

冬十月，上問可爲諫官者，公薦：「龍圖閣直學士陳薦忠厚質直，直史館蘇軾文學富贍、勁直敢言，職方員外郎王元規志操堅正，集賢校理趙彦若强學懿行、遇事剛勁，此四人者，可備諫職。」《傳家集》。

十一月，邇英進讀蕭何、曹參事，公曰：「參不變何法，得守成之道。故孝惠、高后時，天下宴然，衣食滋殖。」上曰：「漢常守蕭何之法不變，可乎？」公曰：「何獨漢也，使三代之君常守禹、湯、文、武之法，雖至今存可也。漢武帝用張湯言，取高帝法紛更之，盜賊半天下；元帝改宣帝之政，而漢始衰。由此言之，祖宗之法不可變也。」吕惠卿進講，因言：「先王之法，有一年一變者，『正月始和，布法象魏』是也；有五年一變者，巡守考制度是也；有三十年一變者，『刑罰世輕世重』是也；有百年不變者，父慈子孝，兄友弟恭是也。前日光言非是。」上問公，公曰：「布法，何名爲變？若四孟月朔屬民讀法，爲時變月變邪？諸侯有變禮易樂者，王巡守則誅之，王不自變也。刑，新國用輕典，亂國用重典，平國用中典，是爲世輕世重，非變也。且治天下，譬如居室，弊則修之，非大壞不更造也。大壞而欲更造，非得良匠美材不成。今二者皆無有，臣恐風雨之不蔽也。三司使掌天下財，不才而黜可也，不可使兩府侵其事。今爲制置三司條例司，何也？宰相以道佐人主，安用例？苟用例，則胥吏足矣。今爲看詳中書條例司，何邪？」惠卿不能對，則詆公曰：「光爲侍從何不言？言而不從何不去？」公作而對曰：「是臣之罪也。」上曰：「朝廷每更一事，舉朝洶洶，何也？」公曰：「青苗出息，平民爲之，尚能以蠶食下户，至飢寒流離，況縣官法令之威乎？」惠卿曰：「青苗法，願取則與之，不願，不强也。」公曰：「愚民知取債之利，不知還債之害。非獨縣官不强，富民亦不强也。臣聞『作法於涼，其弊猶貪，作法於貪，弊將若之何』。昔太宗平河東，立和糴法，後物貴而和糴不解，遂爲河東世世之患。臣恐異日之青苗，猶河東之和糴也。」上曰：「陝西行之久矣，民不以爲病。」公曰：「臣陝西人也，見其病，不見其利。」上一日在講筵，既罷講，賜茶，甚從容，因謂講筵官：「數日前因見司馬光《王昭君》古風詩甚佳，如『宫門銅鐶雙獸面，回首何時復來見。自嗟不若住巫山，布袖蒿簪嫁鄉縣』，讀之使人愴然。」時公病足，在假已數日矣。吕惠卿曰：「陛下深居九重之中，何從而得此詩？」上曰：「亦偶然見之。」惠卿曰：「此詩不無深意。」上曰：「卿亦嘗見此詩耶？」惠卿曰：「未嘗見此詩，適但聞陛下舉此四句耳。」上曰：「此四句有甚深意？」《道山清話》。

三年庚戌　公年五十二歲

帝欲大用公，王安石沮之。韓琦上疏論青苗之害，上感悟，欲罷其法，安石稱疾求去。二月，乃拜公樞密副使。公上章力辭至六七，曰：「上誠能罷制置條例司，追還提舉官，不行青苗、助役等法，雖不用臣，臣受賜多矣。不然，終不敢受命。」安石起視事，青苗法卒不罷，公亦卒不受命。《行狀》。

王安石既稱疾家居，公再爲批答，曰：「今士夫沸騰，黎民騷動，乃欲委還事任，退取便安。」安石即抗章自辯，固請罷，上固留之。《長編》。

上諭公以依舊供職，公曰：「臣自知無力於朝廷，朝廷所行皆與臣言相反，臣言條例司不當置，又言不宜多遣使者外撓監司，又言散青苗錢害民，豈非相反？」上曰：「言者皆云法非不善，但所遣非其人耳。」公曰：「以臣觀之，法亦不善，所遣亦非其人也。」上曰：「元敕不令抑勒。」公曰：「敕雖不令抑勒，而所遣使者皆諷令抑勒。如開封府界十七縣，惟陳留、姜潛張敕榜縣門及四門，聽民自來，請自給之，率無一人來請。以此觀之，十六縣恐皆不免於抑勒也。」上敦諭再三，公再拜固辭，上曰：「當更思之。」《言行録》。

公謁告之六日，上復趣令入見，公言：「臣近上疏未聞采録，若臣言果是，乞早賜施行；若臣言果非，乞早收還樞密副使敕誥。」庚寅，詔收還樞密副使誥敕。先是，上欲置公西府，王安石曰：「如光者，異論之人倚以爲重，今擢在高位，則是爲異論之人立赤幟也。光朝夕所與切磋琢磨者，乃劉攽、劉恕、蘇軾、蘇轍之徒而已，其人可知也。」遂罷之。《長編》。

初，公辭樞密使，上許之，知通進銀臺司范鎮封還詔書，曰：「臣所陳大抵與光相類，而光追還新命，則臣亦合加罪責。」上令再送鎮行下，鎮又封還，曰：「陛下自除光爲樞密副使，士大夫交口相慶，稱爲得人，至於坊市細民，莫不歡喜。今一旦追還誥敕，非惟詔命反汗，實恐沮光讜論忠計。」上不許，以詔書直付公，不復由銀臺司行下，鎮遂乞解銀臺司，許之。《長編》。

公初除樞副，竟辭不受。時韓忠獻公在魏，聞之，亟遣人賫書與潞公，勉之云：「主上倚重之厚，庶幾行道，道或不行，然後去之可也，似不須堅讓。」潞公以書呈公，公云：「自古被這般官爵引得壞了名節爲不少矣。」後得寬夫書云：「君實作事，今人所不可及，須求之古人。」《言行録》。

公既辭樞密副使，名重天下。韓魏公元臣舊德，猶加歆慕，在北門與公書云：「聞執事以宗社生靈爲意，屢以直言開悟上聽，懇辭樞密，必冀感動。大忠大義，充塞天地，横絶古今，固與天下之人歎服歸仰之不暇，非於紙筆一二可言也。」《東萊詩話》。

三月，公移書王安石，三往反，開諭切至，猶幸安石之聽而改也。且曰：「忠信之士，於公當路時，雖齟齬可憎，後必徐得其力；諂諛之人，於今誠有順適之快，一旦失勢，必有賣公以自售者。」意謂吕惠卿。對賓客，輒指言之曰：「覆王氏者，必惠卿也。」其後六年，而惠卿叛安石，由是天下服公先知。《行狀》。

公嘗謂王安石曰：「介甫行新法，乃引用一副當小人，或在清要，或爲監司，何也？」安石曰：「方法行之初，舊時人不肯向前，因用一切有才力者。候法行已成，即逐之。」公曰：「介甫誤矣。君子難進易退，小人反是。若小人得路，豈可去也？必成讎敵，他日將悔之。」介甫默然，後果有賣荆公者。《元城語録》。

四月，公奏：「近日，臺諫上言條例司害民及吕惠卿姦邪者，率被責降。若使大臣自擇所親，以代其任，是必得庸懦阿諛、附下罔上之人而後止，豈社稷之福也？願陛下自擇公正剛直者，布之言路，勿使爲羣下所欺蔽。」《傳家集》。

公讀《資治通鑑》漢賈山疏，因言從諫之美、拒諫之禍。上曰：「舜塈讒説殄行，若臺諫爲讒，安得不黜？」吕公著言藩鎮欲興晉陽之甲，豈非讒説殄行？」公曰：「公著平居與儕輩言，猶三思而發，何故上前輕發乃爾？外人多疑其不然。」上曰：「王安石不好官職及自奉養，可謂賢者。」公曰：「安石誠賢，但性不曉事而愎，此其短也。又不當信任吕惠卿。惠卿姦邪，而爲安石謀主，故天下并指安石爲姦邪也。」上曰：「今天下洶洶者，孫叔敖所謂『國之有是，衆之所惡』也。」公曰：「然。陛下當察其是非，然後守之。今條制司所爲，獨安石、韓絳、吕惠卿以爲是，天下皆以爲非也。」《長編》。

公讀《通鑑》張釋之論嗇夫利口，因曰：「孔子稱『惡利口之覆邦家』，夫利口何至覆邦家？蓋其人能以是爲非，以非爲是，人君苟以爲然，則邦家之覆，誠不難矣。」時吕惠卿在坐，公蓋指之也。《宋鑑》。

秀州判官李定，以阿附王安石，拜御史裏行。知制誥蘇頌、李大臨、宋敏求等言定不由銓考，封還制書。劄下舍人院，須令草詞。五月，公上言：「朝廷知大臨等累次封還詞頭，今復草之，則爲反覆，必難奉詔。因欲以違命罪之，則自非偷合苟容者，皆不得立於朝。政令或有得失，陛下何從知之？」《傳家集》及《宋鑑》。

壬寅，詔公詳定轉對封事。《宋史》。

八月，公對垂拱殿，乞知許州或西京留司御史臺、國子監。上曰：「卿何得出外？朕欲申卿前命。」公曰：「臣舊職且不能供，況當進用？」上曰：「王安石素與卿善，何自疑？」公曰：「臣素與安石善，但自其執政，違迕甚多。今迕安石者，如蘇軾輩，皆毁其素履，中以危法，臣不敢避削黜，但欲苟全素履。臣善安石，豈如吕公著？安石初舉公著云何？後毁之云何？」上又曰：「青苗已有顯效。」公曰：「兹事天下知其非，獨安石之黨以爲是爾。」上曰：「蘇軾非佳士，卿誤知之。」公曰：「軾雖不佳，豈不賢於李定？不服母喪，禽獸之不如。安石喜之，乃欲用爲臺官。」

朝辭進對，猶乞免本路青苗、助役。《行狀》。

公求補外，上猶欲用公，公不可。九月壬子，以端明殿學士出知永興軍。《長編》。

奏請范祖禹同修《資治通鑑》。《傳家集》。

四年辛亥　公年五十三歲

宣撫使下令，分義勇四番，欲以更戍邊，選諸軍驍鋭，募閭里惡少爲奇兵，調民爲乾糧皴飯，雖内郡不被邊，皆修城池樓櫓如邊郡，且遣兵就糧長安、河中、邠州，三輔騷然。正月，公上疏極言：「方凶歲，公私困弊，不可舉事，而永興一路，城池樓櫓皆不急，乾糧皴飯昔嘗製造，後無用，腐棄之。宣撫使令，臣皆未敢從。若乏軍興，臣坐之。」於是一路獨得免。《行狀》。

宣撫使又請添屯軍馬於長安、河中、邠州。公言：「歲凶，乞罷添屯。」不許。又提舉司所散青苗錢，將本倉陳米，依在市貴價折作見錢支散，預定將來粟麥，以賤價徵收，計散白米一石，折納新小麥一石八斗七升五合，新粟三石。公上狀，力陳其弊。又奏乞災傷地方所欠青苗錢，許重疊倚閣，仍牒所部八州軍，不得催理。詔不許，公遂乞判西京留守司御史臺，不報。又上章，曰：「臣先見不如吕誨，公直不如范純仁、程顥，敢言不如蘇軾、孔文仲，勇決不如范鎮。若臣罪與范鎮同，即乞依鎮例致仕。若罪重於鎮，或竄或誅，所不敢逃。」帝必欲用公，召知許州，令過闕上殿。謂監察御史程顥曰：「卿度光來否？」顥對曰：「陛下能用其言，光必來；不能用其言，光必不來。」帝曰：「未論用其言，如光者，常在左右，自可無過。」公果辭召命，固請留臺。四月，乃從其請。公既歸洛，自是絶口不論事。《傳家集》及《行狀》。

五月，吕晦獻可病，公日就卧内問疾。一日，手書託公以墓銘，公亟省之，已瞑目矣。公呼之曰：「更有以見屬乎？」獻可復張目，曰：「天下事尚可爲，君實勉之。」獻可卒，公誌其墓。河南監牧使劉航仲道自請書石，既見其文，遲回不敢書，仲道之子安世曰：「成吾父美，可乎？」代書之。仲道又陰祝獻可諸子：「勿摹本，恐非三家之福。」蔡承禧爲西京察訪，厚賂鐫工，得本以獻安石，掛之壁間，謂其門下士曰：「君實之文，西漢之文也。」後公薨，獻可之子由庚作輓詩，云：「地下若逢中執法，爲言今日再昇平。」記其先人臨歿之言也。《言行録》。

九月辛卯，大享明堂，公以恩加上柱國。《行狀》。

洛下新第初遷入，一日步行，見墻外暗埋竹簽數十，問之，則曰：「此非人行之地，將以防盜也。」公曰：「吾篋中所有幾何？且盜亦人也，豈可以此爲防？」命亟去之。《道山清話》。

公閒居西京，一日，令老兵賣所乘馬，語云：「此馬夏月有肺病，若售者，先語之。」老兵竊笑其拙。朱彧《可談》。

公居洛，嘗同范景仁登嵩頂，由轘轅道至龍門，涉伊水至香山，憩石樓，臨八節灘。凡所經從，多有詩什，自作序，曰《遊山録》，士大夫爭傳之。公不喜肩輿，山中亦乘馬，路險策杖以行，故嵩山題字云：「登山有道，徐行則不困，措足於平穩之地則不跌。」慎之哉。《言行録》。

五年壬子　公年五十四歲

居於洛。程子曰：「熙寧中，洛陽以清德爲朝廷尊禮者，大臣曰富公、韓公，侍從曰司馬温公、吕申公；士大夫位卿監以清德早退者，十餘人；好學樂善，有行義者，幾二十人。康節隱居謝聘，皆相從，忠厚之風，聞於天下。里中後生，皆知畏廉恥，欲行一事，必曰：『無爲不善，恐司馬端明、邵先生知。』」《程氏遺書》。

潞公謂公曰：「彦博留守北京，遣人入大遼偵事，回云：『見虜主大燕羣臣，伶人劇戲作衣冠者，見物必攫取懷之，有從其後以鞭朴之者，曰司馬端明邪？』君實清名，在夷狄如此。」公愧謝。《言行録》。

六年癸丑　公年五十五歲

居於洛。劉元城先生父與公爲同年契，故元城從學於公，熙寧六年，舉進士，不就選，徑歸洛。公曰：「何爲不仕？」劉公舉漆雕開之語，以對公説。劉公問盡心行己之要，可以終身行之者，公曰：「其誠乎？」劉公問：「行之何先？」公曰：「自不妄語始。」自是拳拳勿失，終身行之。《言行録》。

公於國子監之側，得故營地，創獨樂園，自傷不得與衆同也。以當時君子自比伊、周、孔、孟，公乃以種竹、澆花事自比唐晉間人，以救其弊也。《元城語録》。

洛俗，春月放園，園子得茶湯錢，與主人平分。一日，園子吕直納公錢十千，公令持去，再三欲留，公怒，乃持去，回顧曰：「只端明不愛錢。」後十餘日，吕直創一井亭，問之，乃用前日不受十千也。《黄氏日鈔》。

公依《禮記》作深衣、冠簪、幅巾、紳帶。每出，朝服乘馬，用皮匣貯深衣隨其後，入獨樂園，則衣之。《聞見録》。

七年甲寅　公年五十六歲

居於洛。三月，上以天下旱蝗，詔求直言，公讀詔泣下，欲默不忍。四月，乃復上疏言：「方今朝之闕政，其大者有六而已。一曰廣散青苗錢，使民負債日重，而縣官無所得；二曰免上户之役，斂下户之錢，以養浮浪之人；三曰置市易司，與細民爭利，而實耗散官物；四曰中國未治而侵擾四夷，得少失多；五曰團結保甲，教習凶器，以疲擾農民；六曰信狂狡之人，妄興水利，勞民費財。若其他瑣瑣米鹽之事，皆不足爲陛下道也。」尋有詔，言新法已行，必不可動。公自是閉口，不言時事者十有一年。《長編》及《行狀》。

八年乙卯　公年五十七歲

居於洛。公兄旦，字伯康，清直强敏，歷官十七遷，至太中大夫，以是年致仕。與公尤友愛，終始無間言。公居洛，旦居夏縣，皆有園沼勝概。公歲一往省旦，旦亦間至洛視公，凡公平時所與論天下事，旦有助焉。《宋史》列傳。

伯康年將八十，公奉之如嚴父，保之如嬰兒，每食少頃，則問曰：「得無飢乎？」天少冷，則拊其背，曰：「衣得無薄乎？」《小學》。

帝訪人才之可用者，直學士院陳襄薦三十三人，以公爲首，謂公素有實行，忠亮正直，博通史學，可備顧問。安石惡之，出知陳州。《宋鑑》及《古靈文集》。

九年丙辰　公年五十八歲

居於洛。

十年丁巳　公年五十九歲

居於洛。夏四月，公與吴丞相充書，言：「今日救天下之急，保國家之安，苟不罷青苗、免役、保甲、市易之法，息征伐之謀，而欲求其成效，是猶惡湯之沸而益薪鼓橐，欲適鄢郢而北轅疾驅也。」充不能用，公亦卒不起。《長編》。

秋七月癸丑，康節先生邵雍卒。公與康節同時居洛，二人純德，尤鄉黨所慕嚮，父子昆弟每相飭曰：「毋爲不善，恐司馬端明、邵先生知。」至是，康節病，公晨夕候之，卒不起。《宋鑑》。公問康節曰：「光何如人？」曰：「君實腳踏實地人也。」公深以爲知言。康節又曰：「君實九分人也。」其重之如此。《言行録》。

冬十二月乙亥，横渠先生張載卒，門人欲謚爲明誠，質於明道先生。先生疑之，訪於公，公以書答曰：「子厚平生用心，欲率今世之人復三代之禮。孔子之殁，哀公誄之，不聞弟子復爲之謚也。與其以陳文範、陶靖節、王文中、孟貞曜爲比，其尊之也，曷若以孔子爲比乎？」《伊洛淵源録》。

周全伯喪嫡母，次所生母死，疑其爲服爲位，伊川不能決，以問於公，公答曰：「今之律令，嫡繼慈養，與母同例，皆應服齊衰三年。而《喪服小記》云『妾祔於妾祖姑』，蓋與女君尊卑雖殊絶，設位於他所，可也。」《聞見後録》。

公以高才全德，大得中外之心，士大夫識與不識，稱之曰「君實」，下至閭閻畎畝，匹夫匹婦，莫不能道司馬公之名。退十有餘年，而天下之人日冀其復用於朝，故蘇子瞻爲公《獨樂園詩》曰：「先生獨何事，四海望陶冶。兒童誦君實，走卒知司馬。」蓋紀實也。《澠水燕談》。

吕正獻公守河陽，公與范蜀公往訪，吕公具燕設口號，有云：「玉堂金馬，三朝侍從之臣；清洛洪河，千古圖書之奥。」《東萊詩話》。

於時，館於府之後園，既去，吕晦叔名其館曰「禮賢」。《傳家集》。

元豐元年戊午　公年六十歲

居於洛。初，公辭樞副，名冠一時，天下無賢不肖，浩然歸重。吕申公亦以論新法不合，罷歸。熙寧末，吕公起知河陽，明道先生以詩送行，復爲詩與公，蓋恐其以不出爲高也。及申公自河陽乞在京宫祠，神宗大喜，召登樞府。人以二公出處爲優劣，曰：「吕公世臣，不得不歸見上；司馬公諍臣，不得不退處。」《程氏遺書》。

二年己未　公年六十一歲

居於洛。知湖州蘇軾，坐作詩怨謗，逮赴臺獄，詩案引及公，謂：「司馬光在西京葺一園，名

『獨樂』，軾作詩寄之，言『四海望光執政，陶冶天下』，以譏見任執政不得其人。又言：『兒童走卒，皆知其姓字，終當進用。』緣光曾言新法不便，軾亦曾言新法不便。意謂朝廷終當用光，改變此法也。」軾既貶，公亦坐罰銅。《宋鑑》及《詩林》、《長編》。

三年庚申　公年六十二歲

居於洛。集天章公遺文、手書及碑誌、行狀，共爲一櫝，寘諸影堂，作《先公遺文記》。《傳家集》。

四年辛酉　公年六十三歲

居於洛。

五年壬戌　公年六十四歲

居於洛。提舉西京嵩山崇福宫。春正月，作《洛陽耆英會序》。時，文潞公以太尉留守西都，慕白樂天「九老會」，乃集洛中公卿大夫年德高者，爲「耆英會」。公年未七十，潞公素重其人，用唐九老狄兼謩故事，請入會。洛陽多名園古刹，有水竹林亭之勝，諸老鬚眉皓白，衣冠甚偉，每宴集，都人隨觀之。《言行録》。

是月，夫人清河郡張氏終於洛陽。三月，葬涑水先塋。夫人柔和敦實，公敘其行存於家。元祐入相，追贈温國夫人。《傳家集》及《宋史》。

是秋，公忽得語澀疾，自疑當中風。乃預作遺表，大略如六事熙寧七年所陳者。加詳盡，感慨親書，緘封置卧内，且死，當以授所善范純仁、范祖禹，使上之。《行狀》。

公任崇福，春夏多在洛〔一〕，秋冬在夏縣。每日與本縣從學者十許人講書，用竹簽，上書學生姓名，講後一日即抽簽令講，講不通，則公微數責之。公每五日作一暖講，一盃、一飯、一麪、一肉、一菜而已。公先隴在鳴條山，墳所有餘慶寺，公一日省墳，止寺中，有父老五六輩，欲獻薄禮，乃用瓦盆盛粟米飯，罐盛菜羹，真飯土簋、啜土鉶也，公享之如太牢。既畢，復前啓曰：「某等聞端明在縣，日爲諸生講書，邨人不及往聽，今幸講説。」公即取紙筆，書《庶人章》講之。既已，復前白曰：「自《天子章》以下，各有《毛詩》四句，此獨無有，何也？」公默然，少許，謝曰：「某平生慮不及此，當思其所以奉答。」邨父笑而去，每見人曰：「我講書曾難倒司馬端明。」馬永卿《嬾真子録》。

帝嘗語輔臣，有無人材之歎，尚書左丞蒲宗孟對曰：「人才半爲司馬光邪説所壞。」帝不語，

〔一〕「多」，原作「冬」，據《嬾真子》卷一改。

直視久之，曰：「蒲宗孟乃不取司馬光。即未論别事，只辭樞密一節，朕自即位以來，惟見此一人，他人則雖迫之使去，亦不肯矣。」宗孟慚懼。元豐官制成，帝曰：「官制將行，欲取新舊人兩用之。」又曰：「御史大夫，非光不可。」蔡確進曰：「國是方定，願少俟之。」王珪亦助其説，遂寢。及除公第四任提舉崇福宫，詔滿三十箇月，即不候替人，發來赴闕。蓋將復用公也。《言行録》、《長編》。

六年癸亥　公年六十五歲

居於洛。公與范忠宣公皆好客而家貧，相約爲「真率會」，脱粟一飯，酒數行[二]，過從不間，洛中詫以爲勝。《言行録》。

公無姬侍，張夫人既亡，公常忽忽不樂，時至獨樂園，於讀書堂危坐終日，作小詩，隸書梁間云：「暫來還似客，歸去不成家。」其回人簡有云：「草妨步則薙之，木礙冠則芟之，其他任其自然。相與同生天地間，亦各欲遂其生耳。」可見公存心也。《道山清話》。

〔二〕「酒」，原作「數」，據《宋名臣言行録》後集卷十一改。

七年甲子　公年六十六歲

居於洛。十二月戊辰，公上《資治通鑑》總二百九十四卷，《考異》、《目録》各三十卷。帝諭輔臣曰：「前代未嘗有此書，過荀悦《漢紀》遠矣。」詔以公爲資政殿學士，降詔獎諭。公薦奉議郎范祖禹：「智識明敏而性行温良，好學能文而謙晦不伐，操守堅正而圭角不露。臣於熙寧三年奏祖禹同修《資治通鑑》，至今一十五年。由臣頑固，編集此書，久而不成，致祖禹淹回沈淪，不早聞達。今所修書已畢，伏望特賜采拔。或使之供職祕省，觀其述作；或使之入侍經筵，察其學行。自餘進用，繫自聖衷。」《傳家集》。

詔以祖禹及公子康爲館職。時，帝初感疾，語宰輔曰：「來春建儲，以司馬光、吕公著爲師保。」《宋鑑》、《言行録》。

致堂胡氏曰：「公六任冗官，皆以書局自隨。歲月既久，又數上書論新法之害。小人欲中傷之，而公行義無可訾者，乃倡爲浮言，謂書之所以久不成，緣書局之人利尚方筆墨、絹帛及御府果餌、金錢之賜耳。既而，陰行檢校，乃知初雖有此旨，而未嘗請也。公於是嚴課程，省人事，促修成書。其表有云：『日力不足，繼之以夜，簡牘盈積，浩於淵海，其間牴牾，不敢自保。』今讀其書，蓋自唐及五代，采取微冗，日月或差，良有由也。」《文獻通考》。

孟和甫曰：「固在西府，親見神宗晚年，以事無成功，當宁太息，欲召司馬君實用之。時王禹玉、蔡持正並在相位，相顧失色。禹玉憂不知所出，持正密議，欲於西邊深入，探虜巢穴。以爲此議若行，必不復召君實，雖召，將不至。自是，西帥入討夷狄，被害死者無算。」《自警編》。

八年乙丑　公年六十七歲

公居洛十五年，再任留司御史臺，四任提舉崇福宫。是歲二月，任滿。公奏：「臣年六十有七，動多差謬，臨繁處劇，必恐敗事。但臣前後宫觀四任，坐享俸禄，全無所掌。竊見西京留司御史臺及國子監，比於宫觀，粗有職業，望於兩處差遣内，除授一任。」《行狀》及《傳家集》。

三月戊戌，神宗崩，哲宗立。公聞孫固、韓維皆集闕下。時程顥在洛，亦勸公行，乃赴闕。衛士見公入，皆以手加額，曰：「此司馬相公也。」民遮道呼曰：「公無歸洛，留相天子，活百姓。」所在數千人聚觀之。公懼，會放辭謝，遂徑歸洛。太皇太后聞之，詰問主者，遣使勞公，問所當先者，公言：「近歲士大夫以言爲諱，閭閻愁苦於下，而上不知；明主憂勤於上，而下無所訴。此罪在羣臣，而愚民無知，歸怨先帝，宜下詔，首開言路。」《長編》、《行狀》。

公元豐末來京師，都人疊足聚觀，即以相公目之，馬至不能行。謁時相於私第，市人登樹騎屋窺瞰，人或止之，曰：「吾非望而君，所願識者，司馬相公之丰采耳。」呵叱不退，屋瓦爲之碎，樹枝爲之折，其得人心如此。王明清《揮麈録》、張淏《雲谷雜記》。

夏四月，公上疏曰：「昔仁宗皇帝擢臣知諫院，臣初上殿，即言人君之德三，曰仁、曰明、曰武；致治之道三，曰官人、曰信賞、曰必罰。英宗皇帝時，臣曾進《歷年圖》，其後序言人君之道一，其德有三，其志亦猶所以事仁宗也。大行皇帝新即位，臣初上殿，言人君修心治國之要，其志亦猶所以事英宗也。今陛下新承大統，猥蒙訪咨，謹復以人君修心治國之要爲獻，其志亦猶所以事大行皇帝也。臣近乞下詔書，開言路，伏望早賜施行。」《長編》。

又上疏曰：「先帝勵精求治，以致太平。不幸所委之人，不足仰副聖志，多以己意輕改舊章，謂之新法。邊鄙之臣，行險僥倖，輕動干戈，深入敵境。又有生事之臣，建議置保甲、户馬、保馬，以資武備，變茶鹽、鐵冶等法，增家業侵街商税錢，以供軍稩，皆非先帝本志也。先帝升遐，奔喪至京，蒙太皇太后、陛下特降中使，訪以得失。既而，聞有旨罷修城役夫，撤詗邏之卒，止御前造作，斥退近習之無狀者，戒飭有司奉法失當、過爲煩擾者，罷物貨等場及民所養户馬，又寬保馬年限。四方之人，無不鼓舞聖德。新法之弊，天下之人，無貴賤愚智，皆知之〔一〕。是以陛下微有所改，而遠近皆相賀也。然尚有病民傷國、有害無益者，如保甲、免役錢、將官三事，皆當今之急務，釐革所宜先者。」《長編》。

〔一〕「皆」，原脱，據《續資治通鑑長編》卷三五三補。

是月，起公知陳州。《行狀》。

五月，御前劄子催赴闕廷，使者勞問，相望於道。公至京，拜門下侍郎，公力辭，不許。數賜手詔，公不敢復辭，以覃恩遷通議大夫。既而，蘇軾自登州召還，緣道人相聚呼號，曰：「寄謝司馬相公，毋去朝廷，厚自愛以活我。」如是者，千餘里不絶。《行狀》。

初，公被門下侍郎召，固辭不拜。兄旦引大義語之，曰：「生平誦堯舜之道，思致其君，今時可而違，非進退之正也。」公幡然就位。《宋史》列傳。

公與姪書云：「近蒙聖恩，除門下侍郎，舉朝忌者甚衆，而以愚直處其間，如黄葉在裂風中，幾何不墜？是以受命以來，有懼無喜，汝輩當識此意。」《黄氏日鈔》。

五月，詔百官言朝政闕失。初，詔中設六事以禁切言者，曰：「若陰有所懷，犯非其分，或扇搖機事之重，或迎合已行之令，上以觀望朝廷之意，儌倖希進，下以眩惑流俗之情，干取虚譽。若此者，必罰無赦。」公在洛，太皇太后封詔草以問公，公曰：「詔書始末之言，固盡善矣。中間逆以六事防之，臣以爲人臣惟不言，苟上言，則皆可以六事罪之矣。或於羣臣有所褒貶，則可以謂之陰有所懷；本職之外，微有所涉，則可以謂之犯非其分；陳國家安危大計，則可以謂之扇搖機事之重；或與朝旨暗合，則可以謂之迎合已行之令；言新法之不便，當改，則可以謂之觀望朝廷之意；言民間愁苦可憫，則可以謂之眩惑流俗之情。是詔書始於求諫，而終於拒諫也。

乞删去中間一節，使天下之人，各盡所懷，不憂黜罰。」時，太府少卿宋彭年、水部員外郎王諤皆應詔言事，有欲借此二人以懲天下言者，皆以非職而言，贖銅三十觔。公具論其情，且請改賜詔書行之。至是，榜於朝堂，四方吏民言新法不便者數千人。《長編》、《行狀》。

秋七月，公言：「臣伏見臣僚民庶上言朝政闕失、民間疾苦，奏狀必多，乞降付三省，委執政官分取看詳，擇其可者，取用黄紙簽出再進入，或留置左右，或降付有司施行。」從之。《長編》。

九月，公言：「近降農民訴疾苦實封狀王嗇等一百五十道，除所訴重複外，俱已簽貼進入。切惟四民之中，惟農最苦，蠶婦治繭、績麻、紡緯，其勤極矣。農蠶者，天下衣食之源，是以聖王重之。切聞太宗嘗遊金明池，召田婦數十人於殿上，賜席使坐，問以民間疾苦，賜帛遣之。太宗興於側微，民間事固無不知，所以然者，恐富貴而忘之故也。真宗乳母秦國夫人劉氏，本農家也，喜言農家之事，真宗自幼聞之，及踐大位，咸平、景德之治，爲有宋隆平之極。《景德農田敕》，至今稱爲精當。自非大開言路，使畎畝之民皆得上封事，則此曹疾苦，何由有萬分之一得達天聽哉？」《長編》。

丙午，公與吕公著同舉程頤：「力學好古，安貧守節，言必忠信，動遵禮義。年逾五十，不求仕進，真儒者之高蹈，聖世之逸民。伏望擢以不次，足以矜式士類，裨益風化。」《傳家集》。

公又言：「劉摯公忠剛正，趙彦若博學有父風，傅堯俞清立安恬，范純仁臨事明敏，唐淑問行己有恥，范祖禹温良端厚，此六人者，若使之或處臺諫，或侍講讀，必有裨益。」《長編》。

公上言：「新法之弊，陛下微有所改，而遠近皆相賀，不可泥『三年不改於父道』之説。」而當時進言者，欲稍稍損其甚者，公毅然爭之，曰：「先帝之法，其善者，雖百世不可變也。若安石、惠卿等所建，爲天下害，非先帝本意者，改之當如救焚拯溺，猶恐不及，況太皇太后以母改子，非子改父。」衆議乃定。公以爲，治亂之機，在於用人，邪正一分，則消長之勢自定。每論事，必以人物爲先。朝廷清明，人主始得聞天下利害之實。遂罷保甲團教，依義勇法，歲一閲。保馬不復買，見在者還監牧給諸軍。廢市易法，所儲物皆鬻之，不取息。民所欠錢，皆除其息。京東鑄錢，河北、江西、福建、湖南鹽及福建茶法，皆復其舊。獨川、陝茶，以邊用，未即罷，遣使相視，去其甚者。户部左右曹錢穀，皆領之尚書。凡昔之三司使事，有散隸五曹及寺監者，皆歸户部，使尚書周知其數，量入以爲出。於是天下釋然，曰：「此先帝本意也，非吾君之子，不能行吾君之意。」《行狀》。

公既改新法，或謂公：「元豐舊臣，如章惇、吕惠卿輩，皆小人。他日有以父子之意間上，則朋黨之禍起矣，不可不懼。」公正色曰：「天若祚宋，必無此事。」《聞見録》。

是月，上令秘書省正字范祖禹及公子康，重校《資治通鑑》。《傳家集》。

冬十一月，以鮮于侁爲京東轉運使，公謂：「鮮于侁之賢，不宜使外。顧齊魯之區，凋弊已甚，須侁往救之，安得如侁百輩〔二〕，布列天下乎？」《宋鑑》。

十二月壬戌，開經筵，公進所撰《古文孝經指解》。《傳家集》。

神宗祔廟禮畢，遷公正議大夫，公上言：「不與顧命，不敢祗受。」詔不許。《行狀》。

哲宗元祐元年丙寅　公年六十八歲，是秋公薨

正月，公始得疾，詔公與尚書左丞呂公著朝會，與執政異班，再拜而已，不舞蹈。《傳家集》。

公疾益甚，時青苗、免役、將官之法猶在，而西戎之議未決，公歎曰：「四患未除，死不瞑目矣。」折簡與呂公著云：「光以身付醫，以家事付愚子，惟國事未有所託，今以屬公。」公力疾上疏，論免役五害，乞直降敕罷之，率用熙寧以前法，詔即日行之。又論西戎大略，以和戎爲便，用兵爲非，時異議者甚衆，公持之益堅。其後，太師文彦博議與公合，衆不能奪。又論將官之害，詔諸將兵皆隸州縣，軍政委守令通決之。《行狀》。

公言：「復行差役之初，州縣不能不小有煩擾，伏望朝廷執之堅如金石，雖有小小利害未備，徐爲更改，勿以人言輕壞利民良法。」《長編》。

〔二〕「侁」，原作「洗」，據《宋史·鮮于侁傳》改。

閏二月，以公爲尚書左僕射，疾稍間，將起視事，詔免朝覲，許以肩輿三日一入都堂或門下尚書省。公不敢當，曰：「不見君，不可以視事。」詔公肩輿至内東門，子康扶入對小殿，且曰毋拜。公惶恐入對延和殿，再拜。遂罷青苗錢，專行常平糶糴法。《行狀》。

賜子康章服，公上劄辭。《傳家集》。

公言：「天聖中，諸路止各有轉運使一員，亦無提點刑獄。王安石欲力就新法，諸路始置提點常平、廣惠、農田水利官，又增轉運副使、判官等。請自今諸路轉運使，只置使一員，副使或判官一員，其諸路提舉官並罷。提點刑獄，分兩路者，合爲一路，共差文臣兩員。本路錢穀財用事，悉委轉運使。刑獄、常平、兵甲、賊盗事，悉委提點刑獄司管幹。」《長編》。

公乞令提點刑獄司指揮，逐縣令、佐專一體量鄉村人户有闕食者，即將本縣義倉及常平倉米穀，直行賑濟。將來夏秋成熟，令隨税送納，更無利息。逐縣令、佐，有能用心存恤并不流移者，優與酬奬，其全不用心賑貸，致户口多有流移者，取勘奏聞。《長編》。

公作相日，親書榜稿，揭於客位，曰：「訪及諸君，若覩朝政闕遺，庶民疾苦，欲進忠言者，請以奏牘聞於朝廷，光得與同僚商議，擇可行者進呈，取旨行之。若但以私書寵諭，終無所益。若光身有過失，欲賜規正，即以通封書簡，分付吏人，令傳入，光得内自省訟，佩服改行。至於整會官職差遣，理雪罪名，凡干身計，並請一面進狀，光得與朝省衆官公議施行。若在私第垂訪，不請語及。光再拜咨白。」《容齋隨筆》。

遼人、夏人遣使入朝，與吾使至虜中者，虜必問公起居。及爲相，遼人敕其邊吏曰：「中國相司馬矣，慎毋生事開邊隙。」《粹德碑》。

公爲相，每詢士大夫私計足否，人問之，公曰：「倘衣食不足，安肯爲朝廷而輕去就耶？」《自警編》。

龔深之言：「公作相，除李公擇爲户部尚書，門人問：『公擇文士，恐於吏事非所長。』公曰：『天下爲朝廷急於利久矣，舉此人爲户部，使天下知朝廷意，且息貪吏聚斂掊刻之心。』」《自警編》。

公爲相，欲知選事問吏部，欲知財利問户部，凡事皆與衆人講求，便者存之，不便者去之，此天下所以受其惠也。范祖禹《上哲宗疏》。

公手鈔諸子書，名《徽言》，題其末曰：「余此書，類舉人鈔書，然舉子所鈔，獵其詞；余所鈔，覈其意。舉人志科名，余志道德。」蓋在相位時也，方機務填委，且將屬疾，而好學不厭，克勤小物如此。小楷端謹，百世之下，使人肅然起敬。《文獻通考》。

公對賓客，無賢愚長幼，悉以疑事問之。有草簿數枚，常置坐間，苟有可取，隨手記録。或對客即書，率以爲常，其書字皆真謹。《元城譚録》。

公言：「太師致仕文彦博，宿德元老，宜起以自輔。」四月，詔彦博平章軍國重事，班宰相上。《宋鑑》。

公薦：「奉議郎張舜民讀書能文，剛直敢言；通直郎孫準學問優博，行義無闕；河南府左軍巡判官劉安世才而自晦，愿而有立。其人並堪充館閣之選。」《傳家集》。

公薦劉安世充館職，因謂劉公曰：「知所以相薦否？」劉公曰：「獲從公遊舊矣。」公曰：「非也。光居閒，足下時節問訊不絶；光位政府，足下獨無書。此光之所以相薦也。」《言行録》。

上命取已校到《資治通鑑》定本，逐旋送國子監鏤板。公上言：「祕書省校書郎黄庭堅，好學有文，欲差令與范祖禹及臣男康同校定《資治通鑑》，所貴早得了當。」《傳家集》。

公以人主不可以不觀史，顧以載籍浩博，宜提其綱目，撮其精英，然後可以見治亂存亡之大略也。先於英宗時，采獵經史，上自周威烈王二十三年，盡周世宗顯德六年，爲《歷年圖》上之。又於神宗朝，受詔修《國朝百官公卿表》，自建隆元年至治平四年，各記大事於上方，書成，上之。至是，更討論經史，上自伏羲，下至周威烈王二十二年，略序大要，以補二書之缺，合爲二十卷，名曰《稽古録》，以進。《傳家集》。

命公提舉編修《神宗皇帝實録》。《長編》。

王安石卒。公在病中聞之，簡呂申公曰：「介甫無他，但執拗耳，贈卹之典宜厚。」《言行録》。

初，神宗崩，夏主秉常遣使吊祭，且求蘭州、米脂等五砦。公言：「此乃邊鄙安危之機，不可不察。既許其内附，若靳而不與，彼必以爲恭順無益，不若以武取之，小則上書悖慢，大則攻陷新城。當此之時，其爲國家恥，無乃甚於今日乎？願決聖心，爲兆民計。」太后許之。七月乙丑，秉常卒，子乾順立，遣使來告哀，詔：「自元豐四年用兵所得城砦，待歸我永樂陷執民，當盡畫以給還。」《宋鑑》。

公言：「知人之難，聖賢所重，莫若使在位達官人舉所知。欲乞朝廷設十科舉士，一曰可爲師表科，二曰可備獻納科，三曰可備將帥科，四曰可備監司科，五曰可備講讀科，六曰可備顧問科，七曰可備著述科，八曰善聽獄訟科，九曰善治財賦科，十曰能斷請讞科。應職事官自尚書至給、舍、諫議，寄禄官自開府儀同三司至太中大夫，職自觀文殿大學士至待制，每歲須得於十科内舉三人。」從之。《長編》。

又言：「故秘書丞劉恕，臣往歲初受敕編修《資治通鑑》，首先舉恕同修。恕博聞强記，尤精史學，討論編次，多出於恕。至於十國五代之際，非恕精敏，他人莫能整治。今書成奏御，獨恕一人不得霑恩，降爲編户，良可矜憫。欲乞除一子官，使其平生苦心竭力，不爲虚設。」《傳家集》。

子瞻以公論薦，寵眷甚厚，議者且爲執政矣。公力言：「蘇軾爲翰林學士，其任已極，如用文章爲執政，則國朝趙普、王旦、韓琦未嘗以文稱。」又言：「王安石在翰苑爲稱職，及居相位，天下多事，若欲以軾爲輔佐，願以安石爲戒。」《談圃》。

八月辛卯，詔復常平舊法，罷青苗錢。初，公以疾在告，范純仁以國用不足，請再立常平給散出息之法。臺諫劉摯等極論其非。公謂：「先帝散青苗，並取情願，今禁抑配，則無害也。」中書舍人蘇軾奏曰：「熙寧之法，未嘗不禁抑配，而其爲害至此，非良法也。」會臺諫王巖叟等交章請罷青苗，公大悟，力疾入對，太后從之。詔青苗更不支俵，除舊欠二分之息，元支本錢，分料次隨二税輸納。《宋鑑》。

薦鄆州處士王大臨，通經術，安仁樂義，貧不易志，老不變節，伏望寘之學宫，爲士類矜式。《宋鑑》。

公自見言行計從，欲以身殉社稷，躬親庶務，不舍晝夜。賓客見其體羸，舉諸葛亮食少事煩以爲戒。公曰：「死生，命也。」爲之益力。數月，復病，病革，不復自覺，諄諄如夢中語，然皆朝廷、天下事也。九月丙辰朔，公薨。太皇太后聞之慟，與帝即臨其喪，明堂禮成，不賀。贈太師、温國公，襚以一品禮服，賻銀絹七千。詔户部侍郎趙瞻、内侍省押班馮宗道護其喪，歸葬夏縣，謚曰「文正」，碑曰「忠清粹德」。京師人罷市往弔，鬻衣以致奠，巷哭以過車，四方來會葬者蓋數萬。嶺南、封州父老，亦相率具祭。都中及四方皆畫像以祀，飲食必祝焉。京師民畫其像，刻印鬻之，家置一本，四方皆遣人購之京師，時畫工有致富者。《宋史》本傳及《行狀》、《粹德碑》。

方其病也，猶肩輿見吕申公，議改都省。臨終，牀簀蕭然，惟枕間有《役書》一卷，故申公爲輓詞云：「漏殘餘一榻，曾不爲黄金。」《談圃》。

公忠信孝友，恭儉正直，出於天性。居處有法，動作有禮，自少及老，語未嘗妄，自言：「吾無過人者，但平生所爲，未嘗有不可對人言者耳。」博學無所不通，音樂、律曆、天文、書數，皆極其妙。晚節尤好禮，爲冠、婚、喪、祭法，適古今之宜。不喜釋、老，曰：「其微言不能出吾書，其誕吾不信也。」不事生産，買第洛中，僅庇風雨。有田三頃，喪其夫人，質田以葬。惡衣菲食，以終其身。《行狀》、本傳。

公有文集八十卷，《資治通鑑》二百九十四卷，《考異》三十卷，《歷年圖》七卷，《通曆》八十卷，《稽古録》二十卷，《本朝百官公卿表》六卷，《翰林詞草》三卷，《注古文孝經》一卷，《易説》三卷，《注繫辭》二卷，《注老子道德經》二卷，《注太玄經》八卷，《大學中庸義》一卷，《注揚子》十三卷，《文中子補傳》一卷，《河外懿目》三卷，《書儀》八卷，《家範》四卷，《續詩話》一卷，《遊山行記》十二卷，《醫問》七篇。其文如金玉、穀帛、藥石也，必有適於用，無益之文，未嘗一語及之。《行狀》。

公所服之布衾，隸書百有十字，曰「景仁惠」者，端明殿學士范公之所贈也；曰「堯夫銘」者，右僕射高平公之所作也。元豐中，公在洛，蜀公自許往訪之，贈以是衾。先是，高平公作《布衾銘》以戒學者，公愛其文義，取而書其衾之首。及寢疾，東府治命斂以深衣，而覆以是衾。又以圓木爲警枕，小睡則枕，轉而覺，乃起讀書，蓋恭儉勤禮，出於天性，自以爲適，不勉而爲。與二范公爲心交，以直道相與，以忠告相益，其誠心終始如一。居洛十五年，若將終身焉，一起而功被天下，内之嬰童婦女，外之蠻夷戎狄，莫不敬其德，服其名，惟至誠故也。范淳夫撰《布衾銘》。

雜録

范蜀公《東齋記事》曰：「君實，予莫逆之交也，惟議樂爲不合。往在館閣時，決於同舍，同舍不能決，遂弈棊以決之，君實不勝，乃定。其後二十年，君實在西京爲留臺，予往候之，不持他書，惟持所撰《樂論》八篇示之。爭論者數夕，莫能決，又投壺以決之，予不勝，君實懽曰：『大樂還魂矣。』凡半月，卒不得要領而歸。」《言行録》。

熙寧、元豐間，士大夫論天下賢者，必曰君實、景仁。其道德風流，足以師表當代；其議論可否，足以榮辱天下。二公蓋相得歡甚，皆自以爲莫及，曰：「吾與子，生同志，死當同傳，而天下之人，亦無敢優劣之者。」二公既約更相爲傳，而後死者則誌其墓。故君實爲景仁傳，其略曰：「呂獻可之先見，景仁之勇決，皆予所不及也。」蓋二公用舍大節，皆不謀而同。如仁宗時論立皇嗣，英宗時論濮王稱號，神宗時論新法，其言若出一人，相先後如左右手。故君實嘗謂人曰：「吾與景仁，兄弟也，但姓不同耳。」然至於論鐘律，則反復相非，終身不能相一，君子是以知二公非苟同者。蘇文忠撰《蜀公墓誌》。

温公在相位，韓持國爲門下侍郎，二公舊交相厚。温公避父之諱，每呼持國爲秉國。有武人陳狀省中，詞色頗厲，持國叱之曰：「大臣在此，不得無禮。」温公作惶恐狀，曰：「吾曹叨居重位，覆餗是虞，詎可以大臣自居邪？秉國此言失矣，非所望也。」持國愧歎久之。於此亦見公之不自矜也。王明清《揮麈後録》。

公在留臺，每出，前驅不過三節。後官宫相，乘馬或不張蓋，身持扇障日。伊川程先生謂公曰：「公無從騎，有未便者。」公曰：「光惟求人之不識耳。」《景仰撮書》。

司馬温公中年無子，夫人爲置一妾，公殊不顧，夫人疑有所忌也。一日歸寧，令妾捧茶以進。公方讀書，妾乘閒請曰：「此何書也？」公拱手，正色曰：「《尚書》。」而讀書自若，妾逡巡而退。《人譜類記》。

公在永興，一日行國忌香，幕次中客將有事，欲白公，誤觸燭臺，倒在公身上，公不動，亦不問。《人譜類記》。

人傳公家舊有一琉璃盞，爲官奴所碎，洛尹怒，令糾録，聽温公區處。公判云：「玉爵弗揮，典禮雖聞於往記；彩雲易散，過差宜恕於斯人。」《許彦周詩話》。

公家一僕，三十年止稱君實秀才，蘇子瞻學士來謁，聞而教之。明日，改稱大參相公，公驚問，以實告。公曰：「好一僕，被蘇東坡教壞了。」《輟耕録》。

公薨，門人或欲遺表中入規諫語，程正叔云：「是公生平未嘗欺人，可死後欺君乎？」《程子鈔釋》。

程子每與君實説話，不曾放過。如范堯夫，十件事只爭得三四件便已。先生曰：「君實只爲能受盡人言，儘人忤逆，更不怒，便是好處。」《程氏遺書》。

程子曰：「君實之語，自謂如人參甘草，病未甚時，可用也，病甚，則非所能及。觀其自處，必是有救之之術。」《程氏遺書》。

紹聖初，御史周軼首論公誣謗先帝，盡廢其法，章惇、蔡卞請發塚斲棺，門下侍郎許將獨無言。卞等退，哲宗留將，問曰：「卿不言，何也？」將曰：「發人之墓，非盛德事。」哲宗曰：「朕與卿同。」乃不從，止令奪贈謚，仆所立碑。而惇言不已，追貶清遠軍節度副使，又貶崖州司户參軍。徽宗立，復太子太保。蔡京擅政，復降正議大夫。京撰《姦黨碑》，令郡國皆刻石。長安石工安民當鐫字，辭曰：「民，愚人，固不知立碑之意，但如司馬相公者，海内稱其正直，今謂之姦民，不忍刻也。」官府怒，欲加罪，泣曰：「被役，不敢辭，乞免鐫安民二字於石末，恐得罪於後世。」聞者愧之。《宋史》本傳、《自警編》。

朱子曰：「温公可謂知仁勇，他那治國救世處，是甚次第！其規模稍大，又有學問，其人嚴而正。」《性理大全》。

南軒張氏曰：「司馬温公改新法，或勸其防後患，使他人答之，必曰『苟利社稷，遑恤其他』，只如此説已自好，使某答之，亦不過如此。温公乃曰：『天若祚宋，必無此事。』更不論一己利害。想其平日所養，故臨事發言，能如是中理，雖聖人，不過如此説，近於終條理者矣。」《性理大全》。

張氏無垢曰：「司馬温公與王介甫，清儉廉恥，孝友文章，爲天下學士大夫所宗仰，然二公所趨，則大有不同。其一以正進，其一以術進。介甫所學者申、韓，而文之以六經；温公所學者周、孔，亦文之以六經。故介甫之門多小人，而温公之門多君子。温公一傳而得劉器之，再傳而得陳瑩中，介甫一傳而得吕太尉，再傳而得蔡新州，三傳而得章丞相，四傳而得蔡太師，五傳而得王太傅云。」張無垢所撰《劉元城盡言集序》

慈溪黄氏曰：「温公之得人心，生榮死哀，自堯舜三代之佐，皆無其比者，何哉？嗚呼，事蓋有因變而彰者矣。王安石行新法，天下苦之，公以爭新法不便，辭樞副不拜。退居洛十五年，人心感其我愛而悲其身之退者爲何如？一旦二聖臨御，順民心之所欲相而相之，凡天下之所苦於安石者，一洗而盡，人心之鬱於久望而快於一遂者爲何如？望之十五年之久，慰之一旦之頃，而俄薨背於三月之遽，人心之伸於久鬱而驚其忽逝者又何如？嗚呼！温公之得人心，蓋有因事變而彰者矣。堯舜三代之佐，始終與天下相忘於無事，帝力且不知其有，況相臣乎？蘇子不此之言而歸之天，要其歸皆天也，其論高矣。公之事業不於安石欺神廟之日，而伸於二聖更新法之初，蘇子不特歸重二聖之進用，而尤歸重神廟之深知，尤高論哉。」《黄氏日鈔·論東坡粹德碑》。

劉忠定公安世乞不就試狀云：「王景興師事楊賜、傅燮，以郡將嘗舉孝廉，後聞其喪，皆去官行服。臣少學於司馬光，晚蒙推薦，今光薨謝，臣既不能效古人之節，去官送喪，而遽飾固陋之辭，以干榮進，實所未安。」《自警編》。

公薨，子康治喪，皆用《禮經》家法，不爲世俗事。得遺恩，悉以與族人。康爲人廉潔，口不言財。初，公立神道碑，帝遣使賜白金二千兩，康以費皆官給，辭不受。不聽。遣家吏如京師納之，乃止。《言行録》。

公子康服除，召拜右正言，以親嫌，未就職。康居喪，蔬食，寢於地，遂得腹疾。因賜告。且殆，猶具疏所當言者以待，曰：「得一見天子，極言而死無恨。」使召醫李積於兖，積老矣，鄉民聞之，往告曰：「百姓受司馬公恩深，今其子病，願速往也。」卒，詔贈右諫議大夫。《宋史》本傳。

康卒，子植幼，宣仁后憫之。吕大防謂：「康素以邵伯温爲可託，請以伯温爲西京教授，以教植。」伯温既至官，誨植曰：「温公之孫，大諫之子，賢愚在天下，可畏也。」植聞之，力學不懈，卒有立於世。《宋史·邵伯温傳》。

朱子曰：「温國文正公以盛德大業爲百世師。至忠潔公朴，扈從北狩，固守臣節，不汙僞命，又以忠義聞於當世。」《朱子語録》。

公隧碑，紹聖初毁磨之際，大風走石，羣吏莫敢近，獨一匠氏揮斤而擊，未盡碎，忽仆於碑下而死。《談圃》。

范炳文云：「金人入洛，從温公家避地至某州，遇羣盗，執以見其渠帥。帥問何人，應曰：『司馬太師家人也。』盗相顧失色，且訊虚實，因出畫像及敕誥之屬示之，則皆以手加額，既而歎息曰：『向使朝廷能用汝家太師之言，不使吾屬至此矣。凡吾所欲殺掠者，蔡京、王黼輩親舊黨與耳，汝無憂懼爲也。』亟傳令軍中，無得驚司馬太師家。又揭牓以曉其後曹，以故骨肉皆幸無他，而圖書亦多得全。」朱子《書潛虚圖後》。

公薨葬之明年，哲宗命蘇文忠公撰其隧碑，親爲篆其額，曰「忠清粹德之碑」。迨紹聖、崇寧間，姦臣章惇、蔡卞輩反目公爲姦黨，而仆其碑、磨其文。迄於靖康，雖復公封爵，而碑則埋没未立也。天意欲彰公德，乃生杏樹於龜趺之傍，形色殊絶，見者異之。金皇統九年，縣令王廷直因杏之異，求碑之所在，得之土中，訪於公從曾孫曰作曰：「通家得其舊本，謀重刻之。」而碑已破裂，乃横截爲四段，模其文而刻之，建祠堂於餘慶禪院之右隅，中設公像，周圍置龕而立之。元至正十二年又重刊，而移陷壁間，增設公父待制公像，其篆額、龜趺猶委棄於草莽中。嘉靖元年，侍御朱實昌於禪院後之中方鼎建祠堂，四楹各爲像與位，以公父居中，公與兄大中大夫旦、子諫議大夫康、姪孫忠潔公朴，列侍左右。仍伐石爲碑，悉準舊形，取原遺篆額、龜趺立故址，始還其舊觀矣。馬騤《重立忠清粹德碑狀》。

敬軒薛子曰：「程子言：某接人多矣，不雜者三人，張子厚、邵堯夫、司馬君實。蓋所學純乎仁義禮智之道，則不雜；或出乎異端術數、世俗之學，則雜矣。」薛文清公《讀書録》。

欽宗靖康元年　還贈謚。《宋史》。

高宗建炎中　配饗哲宗廟廷。《宋史》。

理宗寶慶二年　圖像於昭勳崇德閣。《宋鑑》。

度宗咸淳元年　從祀孔子廟廷。《宋鑑》。

司馬光資料彙編

戎默——編

凡例

一、本資料彙編旨在收集歷代與司馬光相關之傳記、評論、軼事等資料，收集範圍包括史傳、詩文集、詩話、筆記等。

一、本資料彙編的編排以人爲綱，大體以評述者的年代先後爲序。

一、本資料彙編輯録資料，儘量使用評述者原著或最早出處，對各家轉引重出者，則不再輯録。

一、歷代典籍論及司馬光者甚夥。本資料彙編在輯録資料時，亦有所選擇，儘量收集與司馬光相關度較高的文章、段落，對年代較晚且無甚新意者，則不再收録。

一、本資料彙編中，各篇目後皆注明出處，抄録所據各書版本可見後附「引用書目」。遇有可疑處，亦參校他本，對一般的訛、脱、倒、衍字則徑改，不一一出校。

司馬光資料彙編目録

宋

金

元

明

清

引用書目

宋

文彦博

【司馬温公挽詞四首】莫逆論交司馬丈，君心知我我知君。同謀同道殊無間，一死一生今遂分。八十衰翁如槁木，一千餘日是殘曛。前途若有相逢處，尚以英靈解世紛。公賫志以殁，猶不忘利澤生民，心在王室。

留滯周南十五年，成書奏牘過三千。東山方起爲霖雨，大厦俄傾歎逝川。密有忠言如藥石，别加優禮賜貂蟬。兩宫痛悼皆臨奠，祇爲臯夔志未宣。

昔有鄉賢陽道州，亦聞比近有松楸。新阡便合開三徑，同氣相求好並游。

傅巖舊蹟今猶在，兼與安平祖廟鄰。賢相裔孫還卜宅，先疇吉土是歸真。（《潞公文集》卷八）

歐陽修

【薦司馬光劄子】臣伏見龍圖閣直學士司馬光，德性淳正，學術通明。自列侍從，久司諫諍，讜言嘉話，著在兩朝。自仁宗至和服藥之後，羣臣便以皇嗣爲言，五六年間，言者雖多，而未有定議。最後光以諫官，極論其事，敷陳激切，感動主聽。仁宗豁然開悟，遂決不疑。由是先帝選自宗藩，入爲皇子。曾未逾年，仁宗奄棄萬國，先帝入承大統，蓋以人心先定，故得天下帖然。今以聖繼聖，遂傳陛下。由是言之，光於國有功爲不淺矣，可謂社稷之臣也。而其識慮深遠，性尤慎密。光既不自言，故人亦無知者。臣以忝在政府，因得備聞其事，臣而不言，是謂蔽賢掩善。《詩》云：「無言不酬，無德不報。」光今雖在侍從，日承眷待，而其忠國大節，隱而未彰。臣既詳知，不敢不奏。（《歐陽文忠公集》卷一一四）

【前太常寺奉禮郎司馬旦前將作監主簿司馬光前祕書省校書郎黄元規丁憂服闋復舊官制】先王制禮之中，不使賢者過而愚者不及。故三年之喪謂之通制者，人皆所共行焉。惟立身事君，用顯親揚名之節，則必賢者勉焉而可至。此孝之大者也，爾其思之。可。（《歐陽文忠公文集》卷八〇）

范　鎮

【司馬文正公光墓誌銘】公諱光，字君實。自兒童，凛然如成人。至既没，其家得遺奏八紙上之，皆手札當世要務。翰林學士蘇軾狀公如此，蓋直記其事，且鎮所目擊、足以示後世者。鎮與公出處交游，四十餘年如一日。公之所以在家如在朝也。事必稽古而行之，動容周旋，無不在禮。嘗自號爲迂叟，而親爲隸書以抵鎮曰：「迂叟之事親，無以逾人，能不欺而已矣。事君亦然。」今觀公得志，澤加於民，天下所以期公者，豈止不欺而已哉！且約鎮生而互爲之傳，後死者當作銘。公則爲鎮傳矣，鎮未及爲而公薨。嗚呼，鎮老矣，不意爲公銘也。銘曰：

於穆安平，有魏忠臣。更六百年，有其玄孫。玄孫温公，前人是似。率其誠心，以佐天子。天子聖明，四世一心。有從有違，咸卒用公。公之顯庸，自我神考。命於西樞，曰予耆老。公言如經，其或不然。帝獨賢公，欲使並存。公退如避，歸居洛師。帝徐思之，既克知之。知而不以，以遺聖子。惟我聖子，協德神母。人事盡矣，天命順矣。如川之迴，如冰之開。或蹈其機，豈人也哉！公亦不知，曰是爲天。二聖臨我，如山如淵。公惟相之，亦何所爲？惟天是因，惟民是師。事既粗定，公亦不留。龍衮蟬冠，歸於其丘。公之在朝，布衣脱粟。惟其爲善，惟日不足。生既不有，死亦何失。四方頌之，豈惟兹石。（《名臣碑傳琬琰集》中集卷一八）〔二〕

【初作司馬文正公墓銘】天生斯民，乃作之君。君不獨治，爰畀之臣。有忠有邪，有正有傾。天

〔二〕　此篇下《名臣碑傳琬琰集》編者原注云：「已上墓誌全文悉取蘇文忠公所撰司馬公行狀，惟删出行狀所載公論交阯貢異獸，蘇轍舉直言，及經略安撫使便宜從事非永世法，充媛董氏追贈非令典，并言太皇太后有所取用當如上所取，西戎遣使致祭，邊臣生事，及言用宫邸省直非平日法等六七事外，皆行狀全文，故不復載録，獨録范公所序而銘之之文云。」

意若曰，待時而生。皇皇我宋，神器之重。卜年萬億，海内一統。而熙寧初，姦小淫縱。以朋以比，以閉以壅。乃於黎民，誕爲愚弄。人不聊生，天下詾詾。險陂憸猾，唱和雷同。謂天不足畏，謂衆不足從，謂祖宗不足法，而敢爲誕謾不恭。赫赫神宗，洞察於中。乃竄乃斥，遠佞投凶。誅鋤蠹毒，方復任公。奄棄萬國，未克厥終。二聖繼承，謀謨輔佐。乃曰斯時，非公不可。召公洛京，虚心至誠。公至京師，朝訪夕諮。公既在位，中外咸喜。信在言前，拭目可觀。日親萬機，勤勞百爲。盡瘁憂國，夢寐以之。曾未期月，援溺振渴。事無巨細，悉究本末。利興害除，賞信罰必。曰賢不肖，若别白黑。耆哲俊乂，野迄無遺。元惡大憝，去之不疑。無有遠近，風從響應。載考載稽，名實相稱。天胡不仁，喪吾良臣。天實不恕，喪吾良輔。嗚呼公乎，而不留乎！山嶽可拔也，公之意氣堅不可奪也；江漢可竭也，公之正論浚不可遏也。嗚呼公兮，時既得矣，道亦行矣，志亦伸矣，而壽止於斯，哀哉哀哉。（《名臣碑傳琬琰集》中集卷一八）

【封還罷司馬光副樞劄子狀】臣準中書送司馬光劄子，奉聖旨依乞收還樞密副使敕告，依舊供職，送學士院降詔旨。臣伏見司馬光稱：「近曾上疏乞罷制置三司條例司，及追還諸路常平、廣惠倉使者。未聞朝廷少賜采録，但聞條例司愈用事，催散青苗錢愈急，中外人情愈惶惶不安。臣當此際，獨以何心敢當高位？」臣竊以姚元崇以十事要明皇，明皇盡用之，然未有大於此者，而開元之政遂致太平。今光但以一事，欲除其害之遍天下者，乃未拜命時所言，而陛下乃追還光樞密副使之命者，考求義理，竊所未安。臣前日進讀延英閣，吕惠卿言青苗錢皆是民間情願。就令臣爲富家，使臣保任九家下户，令官中取債，則臣實不願。以臣之心觀天下之心，恐不相遠。更乞陛下宣問二府大臣及左右侍從之臣，此言是與不是，天下人心如此不如此。今臣所陳大抵與司馬光相類，而光追還新命，則臣亦合加罪責。所有下學士院文字未敢行下，謹具封納，伏乞陛下特賜詳察。（《宋諸臣奏議》卷一一一）

【再封還罷司馬光副樞劄子狀】陛下自除光爲樞密副使，士大夫交口相慶，稱爲得人，至於坊市細民，莫不歡喜。今一旦追還告敕，非惟詔命反汗，實恐沮光讜論忠計。（《皇宋通鑑長編紀事本末》卷六八）

【與司馬君實論樂書一】九月二十二日，鎮再拜復書君實足下：昨日辱書，以爲鎮不當爲議狀是房庶尺律法。始得書，愯然而懼曰：鎮違羣公之議，而下與匹士合，有不適中，宜獲戾於朋友也。既讀書，乃釋然而喜曰：得君實之書，然後決知庶之法是，而鎮之議爲不謬。庶之法與鎮之議，於今之世用與不用，未可知也，然得附君實之書傳於後世，使後世之人質之，故終之以喜也。君實之疑凡五，而條目又十數，安敢不盡言解之？君實曰：《漢書》傳於世久矣，更大儒甚衆，庶之家安得善本而有之？是必謬爲脱文，以欺於鎮也。是大不然。鎮豈可欺哉？亦以義理而求之也。《春秋》「夏五」之闕文，《禮記・玉藻》之脱簡，後人豈知其闕文與脱簡哉？亦以義理而知之也。猶鎮之知庶也，豈可逆謂其欺，而置其義理哉？又云「一黍之起，於劉子駿、班孟堅之書爲冗長」者。夫古者有律矣，未知其長幾何，未知其空徑幾何，未知其容受幾何，豈可直以千二百黍置其間哉？宜起一黍，積而至一千二百然後滿，故曰「一黍之起，積一千二百黍之廣」。其法與文勢皆當然也，豈得爲冗長乎？若如君實之説，以尺生律，《漢書》不當先言本起黄鐘之長，而後論用黍之法也；若爾，是子駿、孟堅之書不爲冗長，而反爲顛倒也。又云「積一千二百黍之廣，是爲新尺一丈二尺」者，君實之意，以積爲排積之積，廣爲一黍之廣而然邪？夫積者，謂積於管中也，廣者，謂所容之廣也。《詩》云「乃積乃倉」，孟康云「空徑之廣」是也。又云「孔子曰：必也正名乎」者，此孔子教子路以正衛之父子君臣之名分，豈積與廣之謂邪？又云「古人制律與尺、量、權、衡四器者，以相參校，以爲三者苟亡，得其一存，則三者從可推也」者，是也。又云「黍者，自然之物，有常而不變」者，亦是也。古人之慮後世，其意或當如是。然古以律生尺，古人之意既知黍之於後世可以爲尺，豈不知黍之於後世亦可爲律，而故於其法爲相戾乎？若如君實之説，則是古人知一而不知二也，知彼而不知此也。又云「徑三分，圍九分者，數家之大要，不及半分則棄之也」者，今三分四釐六毫，其圍十分三釐八毫，豈得謂不及半分而棄之哉？且律呂之用，天地精祲，陰陽疏密，盡能總括，不可差其秒忽，至使鄭康成以餘分離爲數千，算其奇零，用明注解，豈有三分之内剩四釐六毫棄而不取哉？又言「律管至小，而黍粒體圓，其中豈無負戴龐空之處，欲責其絲忽不差邪」者，此足以見君實大不曉律呂聲音之甚也。設使空徑只取三分，更無四釐六毫，其容纔一千三十黍，任使敵撼滿溢，餘一百七十更無所容；若要所容，則長其□一寸三分强方始容受，曾不知其聲已展下三律矣。《漢書》曰：「律容一龠，得八十一寸。」謂以九分之圍乘九寸之長，九九而八十一也。今圍分之法既差，則新尺與量未必是也。如欲知庶之量與尺合，姑試驗之乃可。又云「權衡與量，據其容與其重，必千二百黍而後可。至於尺法，止於一黍爲分，無用其餘」。若以生於一千二百，是生於量也。且夫黍之施於權衡，則由黄鐘之重；施於量，則由黄鐘之龠；施於尺，則由黄鐘之長。其實皆一千二百也。此皆《漢書》正文也，豈得謂一黍而爲尺邪？豈得謂尺生於量邪？又云「庶言太常樂太高，黄鐘適當古之仲呂。不知仲呂者，果后夔之仲呂邪？開元之仲呂耶？若開元之仲呂，則安知今之太高，非昔之太下」者，此正是不知聲者之論也，無復議也。又云「方響與笛，里巷之樂，庸工所爲，不能盡得律呂之正」者，是徒知古今樂器之名爲異，而不知其律與聲之同也，亦無復議也。就使得真黍，用庶之法制爲律呂，無忽微之差，乃黄帝之仲呂也，豈直后夔、開元之云乎？《書》曰「律和聲」，方舜之時，使夔典樂，猶用律而後能和聲。今律有四釐六毫之差，以爲適然，而欲以求樂之和，以副朝廷制作之意，其可得乎？其可得乎？太史公曰：「不附青雲之士，則不能成名。」君實欲成其名，而知所附矣，惟其是而附之則可，其不是而附之，安可哉？諺曰：「抱橋柱而浴者

必不溺。」君實之議，無乃爲浴者類乎？君實見咨，不敢不爲此諓諓也。不宣。鎮再拜。（《司馬文正公傳家集》卷六一附録）

【與司馬君實論樂書二】 九月二十四日，鎮復書君實足下：鎮豈不知君實者也？君實之爲人也，其性介，其言辯。其性介，故惡不介之名；其言辯，故能窮物之義理。故鎮以不介之事加君實，以起君實之辯；而窮尺律之義理，因之以爲戲也。孔子曰：「前言戲之耳。」《詩》曰：「善戲謔兮，不爲虐兮。」君實何恤而憤憤不得飲默哉！來書六百七十有八言，而二百五十言及尺律。就二百五十言，去前書重複者，其言無幾矣，君實之辯義理，於此止乎？將亦有隱而未發者？何其釋不介之事多，而論尺律之事少也？君實以爲古者以律起尺，後世以尺起律。鎮以爲古者以律起尺，後世亦以律起尺，前書盡之矣，不復言也。君實云「今樂之太簇或應古樂之大吕，今樂之大吕或應古樂之黄鐘」，以爲君實所不得知也者。豈直君實哉，古之神瞽亦不得知也。豈直古之神瞽哉，古之后夔亦不得知也。何哉？無律也。古者以律而考聲也。《書》曰「律和聲」，《周禮》曰「執同律以聽軍聲」是也，前書盡之矣，不復言也。君實言鎮云用庶之法則黄帝之伸吕，以爲褒庶之智與黄帝伻者，非也。今農夫治田，禾麻菽粟、黍稷粱稻，以時而布之，或耕之，或耘之，或先種而後斂之，或後種而先斂之。有過之者，曰：「此后稷之法也。」農夫之智果后稷乎？老婢鑽木取火，承以束緼，傳以薪燎，治鳥獸之肉，炮之燔之，烹之煮之。有過之者，曰：

「此炎帝之法也。」老婢之智果炎帝乎？醫者能知藥有陰陽配合，子母兄弟，根莖花葉，金石骨肉，有單行者，有相須者，有相使者，有相畏者，有相忌者，有相反者，有相制者；又能知人之手足口耳、眼鼻膚髮、心腹胷腸受疾之處而療之。過之者曰：「此神農之法也。」醫者果神農之智乎？然則君實之譏鎮，亦未得也。君實以爲鎮不熟察，君實之書尚有條目乎？幸一一疏示。不宣。鎮再拜。（《司馬文正公傳家集》卷六一附録）

【與司馬君實論樂書三】某啓：辱書言《考工記》及劉歆所鑄斛，并《素問》、《病源》，不可不復。竊謂舜巡四岳，則同律度量衡。孔子曰：「謹權量，四方之政行焉。」以是知聖人之於尺量權衡，恃以爲治者。而尺量權衡必本於律，律必有聲以考其和，此樂之所由作也。周之鬴，漢之斛，其法具存。魏晉以來，其尺至有十五種，蓋由横黍、縱黍所爲，而不稾於律也。然卒不能作樂，止用舊聲，終唐之世，無變改者。至周，王朴始用魏晉所棄之法，遂以仲吕爲黄鐘。太祖皇帝患之，特下一律。仁宗皇帝留意數十年，終無所得，及上仙，太皇猶以李照、胡瑗所鑄銅律置神御前。然李照以縱黍累尺，與今太府尺同，其律又應古樂，而鐘磬才中太簇，是樂與律自相矛盾也。胡瑗之樂，君實詳知之，此不復云。前歲議樂，按視太常鎛鐘，皆有大小輕重，非三代不能爲。然最大者今爲林鐘，而仲吕乃居黄鐘子位，考之正差五律，與前後言者相符。雖經鐫鑿，尚可補治，若以大小次之，必得其正。近又用李照之樂，則不若仲吕之愈也。何則？太簇商聲，宋子京所謂「君實寄於臣管」是也，是大不可，又況十二律皆有清聲。花日新撰譜，與鄭、衛無異，而以薦郊廟，可乎？《考工記》，世以爲漢儒所爲，《漢志》載劉歆之説，多所牽合，某亦於二書深疑之。近因龠斛，考其制作，不復疑矣。又知太府之尺與權衡，皆古之稟於律者，惟量出於晉魏之貪政，與律不合，須君實面言乃悉。竊以爲論此者，今世無如吾二人講求問難之多而且久也，得君實來協同其説，以破千餘年之惑，爲後世之傳，則吾徒事業固亦不細矣。難兄若朝夕來，不敢奉邀。候歸陝，歲首垂訪，春中卻同入洛，幸也。劉康公論極佳，此誠非舉人之所能到。然《素問》專主於醫，非黄帝莫能爲者。某至潁昌，已再讀矣，須有所得，恨讀之之晚。《病源》乃申《素問》之説，易爲觀覽。若君實不倦，亦不可忽，於身大有所益。聖人之於後世如此，但恐未可焚燒。龠斛費銅炭則然，亦不可錯棄。恃念，不宣。某再拜。（《司馬文正公傳家集》卷六二附録）

【與司馬君實論樂書四】人來，得二月十六日手書，承體候已就平復，不勝喜慰。又云「平心和氣，以治未病」，君實之心未嘗不平，其氣未嘗不和，而不能治未病，某竊恐所有之藥如所議之樂爾。醫與樂皆出於黄帝，岐伯乃當時之工也。聖人立法之時，不可不如此周悉。然其書不若《虞書》之典雅，周漢間依託以取重者，亦然也。尺量權衡亦起於當時，何則？已有律也。至《虞書》同律尺量衡，舜慮四方此三物者不稟於律，則風俗不可以統同，故每歲巡於方岳，下考而齊一之，安得爲不恃此以爲治？今之尺乃古之尺，今之權衡乃古之權衡。前者以古樂聲爲黄鐘，長九寸；三分損一爲林鐘，長六寸；律皆圍九分。黄鐘積實得八百一十分；三分損一，林鐘得五百四十分。十二律皆如此率，而其聲協。此乃增律之一寸以爲尺，豈生於量也？與今之太府尺正同。又以黄金方寸得一斤，乃知太府權衡皆古法也。惟量比律計三分二之大，此蓋出於魏晉以來貪政也。即以所制律考太常鎛鐘，未位最大者乃應黄鐘，子位中者應仲吕，前後人言高五律者不虚矣。古者十二鐘皆有大小，猶十二律之有長短也，猶鬴斛之有輕重也。以律之徑三分，至鬴之方尺、圓其外之百三萬六千八百分，斛之方尺、圓其外、庣旁九釐五毫之百六十二萬分，皆無差也。律者樂之本也，「鐘鼓云乎哉」，蓋病後世專事鐘鼓而不知本也。刑名之書謂之律者，取此也。五刑之屬三千，其罪之大小、情之輕重，苟不以律，則不得其當，猶無律而定樂也。胡先生律圍十分三釐八毫者八，圍九分者一，圍八分四釐者一，圍七分九釐五毫者一。外有損益，而内無損益，何也？爲聲之不協比也，黄鐘之律短也。黄鐘之律短者，由以尺而生律也。君實若不見過，一觀鬴斛，某懼後世待君實爲執一而不變人也，非所聞之君實也。（《司馬文正公傳家集》卷六二附録）

【與司馬君實論樂書五】某復書君實足下：辱手書，言中和之難，誠是也。《禮》云：「致中和，天地位焉，萬物育焉。」言帝王中和之化行，則陰陽和，動植之類蕃，非爲一身除病而禁醫書也。孟子養浩然之氣，榮辱禍福之不能動其心，非除病之謂也。某向之病，誠由飲食過中，是過飲食之中，非中和也。尺與權衡合於律，惟量爲三分二之大，自魏晉至秦漢俱不載於書，不可知也。大斂之，大給之，亦不可知也。古有什一之税，而魯什二，漢什五，秦太半，皆大斂也，不必大其量是也，亦恐便於用而致然爾。今尺合於律，權衡合於律，而鬴斛之輕重合於權衡，尺之方深合於量，又與古樂聲正同。所謂量者，一律之容爲一龠，千六百四十龠爲一鬴，百三萬六千八百分之實也；二千龠爲一斛，百六十二萬分之實也。自古至今，黄金無變者，尺之法、權衡之法不可變，亦猶是也。其數與聲與尺與權衡，皆稟於律，獨量爲不稟，必有自來矣，不見於書，所以疑其自魏晉也。以胡先生《樂書》考之，乃知其律短而聲高。君實不求此，而襲先儒之誤，乃云未甚解鬴斛之分者，正以此也。君實深於算，請自律分推而至於權衡尺量，則涣然無疑矣。未位最正者曰林鐘，自六月至十一月則黄鐘位也，非有七律。子位中者曰仲吕，自十一月至四月則仲吕位也。前所謂各高五律，非謬矣。太常鎛鐘，恐非盈孫所爲，是時尺法亡久矣，安得如《考工記》有大小輕重之法乎？故云非周以前莫能爲者。累年議論不決，特以《漢書》脱文及《隋書》所載先儒之誤，非君實誤也，更詳思之。不宣。（《司馬文正公傳家集》卷六二附録）

【與司馬君實論樂書六】君實示諭，在《書》爲皇極，在《禮》爲中庸，在天爲中和，在人爲中和。天不中不和則病人，人不中不和則病天，此所謂天人相與之道也。孔子大聖，不能救周之衰，孟子養浩然之氣，至大至剛，不能救戰國諸侯之亂，何則？無位也。若夫閭巷之間，數十百家同一日時，無貧富貴賤賢不肖，或病或死，此所謂天病人也。天病人者，人病天也，豈一人之身所致哉？有位者之職也。君實體孔孟之道者，家居而欲天地位焉，萬物育焉，難矣哉！《語》曰「子疾病」，《孟子》曰「昨日病，今日愈」，是病亦不能除也。樂議終未見果決。續附三篇，皆前議闕者，幸詳覽焉。（《司馬文正公傳家集》卷六二附録）

【與司馬君實論樂書七】以律生尺，黄帝之法也；以尺生律，蔡邕及魏晉以來諸儒之誤也。邕又謂銅律爲銅龠。君實以邕及魏晉以來諸儒之誤見眖，某報以黄帝之法，豈非諒直而忠告者邪？豈非佐彼之缺而變彼之非者邪？至若人有生而中和者，有生而暴戾者。生而中和，得禮樂以輔導之，則爲賢爲聖，以至於神而不可知。生而暴戾，得禮樂以教訓之，則爲善良、爲賢才矣；不得禮樂，則遂爲惡人，不可悛革者也。至於天地位、萬物育，要須見在位設施之如何。某以所有、以所是奉獻，而君實略不虚以受之，遽欲置是二説。二説皆未可置，必是非定乃已，然後爲公，而不競於爲彊辭也。（《司馬文正公傳家集》卷六二附録）

【與司馬君實論樂書八】皇祐中，與君實官太常，同議大樂，阮天隱、胡先生深詆李照非是，最後房庶來，又言二人者亦非是。何則？以尺而起律也。又謂王朴之樂高五律。已而依庶之説，令制尺、律、龠三種，而律才下三格，與李照同。是時朝廷特授庶一官罷歸，庶亦自黜其言之不中。然君實初與胡、阮非李照者，近時又以前史不可刊。今按前史抵誤，獻十條，才録七條奉呈，請詳觀之，於義理可刊不可刊。大抵吾儕讀經史，經有注釋之未安者，史有記録之害義理者，或爲論，或爲辯以正之，所以見爲學之志而示於世，注《老子》是也。今夫樂，自太祖病之，太宗、真宗、仁宗講求之，主上欲救正之。列聖之所拳拳者，蓋以禮樂治國之大，而不可一日慢。況樂之太簇爲黄鐘，宫商易位哉？君實今所主，是前與胡、阮非之者。君實前非李照，今復主之，豈未思之邪？王朴樂，某亦同房庶非之，雖高五律，君臣民事物不相干，今復欲用之，何可得也？胡瑗所作，比王朴下半律，仲更嘗言之。君實已悉李照之樂聲，雖發揚，又下三律，然君臣民事物皆失其位，不可不深念之。（《司馬文正公傳家集》卷六二附録）

【與司馬君實論樂書九】義有輕重，事有取捨。悔吝舉措，輕也，可捨也；樂，重也，不可不奏。前年定樂，樂工有言其非者，朝廷鞭配之。樂之誤，不及匿名事，又一救得其義，與悔吝取捨，孰爲重哉？（《司馬文正公傳家集》卷六二附録）

【與司馬君實論樂書十】郊壇設黄道午陛，執政大臣及從官贊引。初獻而引，亞獻、終獻可乎？誤則百官瞻望，以爲何如？天地神祇、宗廟社稷之靈，以爲何如？此禮之失，易見者也。況樂隱奥，而律吕君臣自有上下次序，失則人不能知，而天地神祇、宗廟社稷亦見之矣。以是而思，不可不慎重焉。（《司馬文正公傳家集》卷六二附録）

【與司馬君實論樂書一一】某與君實議樂，前後幾萬言，不出於以尺起律、以律起尺二事爲異同爾，其餘則泛用傳記證佐而已。最先者，君實以爲房庶改《漢書》「一黍」之起積一千二百黍」之廣八字。某以爲《漢書》前言分寸尺丈引本起黄鐘之長，後言九十分黄鐘之長，則八字者不可謂庶自爲，且庶亦不能爲也。尺量權衡皆以千二百黍，在尺則曰黄鐘之長，在量則曰黄鐘之龠，在權衡則曰黄鐘之重，皆千二百黍也，豈獨於尺而爲不成文理乎？《隋書》諸儒之論，始以一黍爲一分之説，若爾，則黄鐘積實一千二百分，而八百一十分者，非也。自蔡邕不能知，謂銅律尺爲銅龠尺。黄鐘，萬事根本，尺量權衡之所稟者。而諸儒尺至有一十五種，逮今千餘年，無人是正。吾儕業已留意，不可爲終之乎？君實以青赤黄白黑主於温，酸苦甘辛鹹主於飽，謂爲某説不然。五色者之於衣，華於身而已，五味者之於食，適於口而已，烏取於温飽而云乎哉？則君實議樂，正如是矣。王朴之樂，君臣民事物全不相干，以仲吕爲黄鐘而次比之，知其然也。李照之樂皆失位者，以太簇爲黄鐘而次比之，知其然也。此非面陳不可。持國約石淙相見，至時亦當一往，以究其説。君實云「必有伶倫、后夔、師曠始能知之」。某以爲三人亦不能知。何則？無律也。《書》云「律和聲」，《禮》云「吹律聽軍聲」，《傳》云「雖有師曠之聰，不以六律，不能正五音」，故知三人者有亦不能知之，無律故也。君實云「示論七條，或然或否」，不知何者爲然，何者爲否，請一疏示，當爲修改。某謂太府尺爲黄帝時尺，考李照之律與尺而知其然。李照以太府尺縱黍而累之，亦牽於《隋書》之説也。然其樂比其律高三律，律是而樂非也。何以知今之尺是黄帝時尺？以黄帝之法，爲律以起尺，十二律内外皆有損益，其聲和而與古樂合；以爲鬴斛，而其分數、其輕重又與《周官》、漢斛銘並同，無毫氂之差。以此知太府尺、太府權衡皆黄帝時物也，其法與黄帝之法同起於律也。隋謂之開皇官尺，歷唐以至於今者，謂隋唐尺則人皆信之，謂黄帝時尺則皆駭矣。自隋以來，至唐以及五代，最爲亂世，而此物不變，則自秦至三代、至五帝而上至黄帝，又何疑哉？千歲之日，今日是也。謹此復命。（《司馬文正公傳家集》卷六二附録）

【與司馬君實論樂書一二】樂爲小事？爲大事？王朴、李照、胡瑗三家，君實不決是非，是慢而小之也，但看今之君臣民事物可知之。往年孫宣公、馮章靖、宋子京非李照樂，乃召阮逸、胡瑗、房庶令修之。君實當時與胡、阮同非李照者，今所用乃李照樂，君實云不改，何也？持國大地失腳，正可以君實中和樂呼之。五方之人，言語不通，信然，至於歌樂則一，豈有我是而彼非？君實之言可全廢，某之言不可不盡用，何則？蓋無不是也，古人之所不到也。十二律皆有損益而和也，豈不爲新義勝舊義、新理勝舊理乎？所恨至是，未有人是之。（《司馬文正公傳家集》卷六二附録）

【與司馬君實論樂書一三】近奉書并《樂論》，必已陳達。切以古聖人之言禮樂如此其切至者，以其奉天地社稷宗廟，有君臣上下尊卑之分，不可相逾越也。自數年來，用李照樂，以太簇爲黄鐘，則是商爲宫。商爲宫者，臣爲君也。爲人臣者聞是，而其心可安乎？一時亦不可過矣。先帝時，鎮嘗屢言，至今累年，未見施行，不知以爲如何，忍留而至於此。或者云，今非議樂時。將來大行發引、奏嚴，鹵簿鼓吹皆用此聲，不可不慮，不同向時手書往來，以代戲笑。況足下方居位天地、育萬物之職，不可復云以俟來世、以俟後人。鎮恃念，捨此無以奉裨。不勝懇倒之至。（《國朝二百家名賢文粹》卷一〇六）

【與司馬君實論樂書一四】八月二十三日，鎮頓首：示諭天下之責四面輻湊，信然，非獨君實謂然，鎮亦謂然。自朝廷議樂，迨今累年矣，豈越人不用章甫？足下職禮樂，而自謂越人，無乃不可乎？又云「以俟後世君子」，譬諸病人求醫，醫者云「請俟後世之名醫」，則如之何？今樂之君臣民事物皆失其位，可謂病者，而職禮樂者乃云「以俟後世君子」，是太遼緩也。但以李照律爲鐘磬絲管，呼太常樂工而面質之，則皎然在前矣。又云「此非議樂時」，大行發引鹵簿、奏嚴鼓吹皆用此聲，不可不慮。鎮前言李照律是而樂非，既已效驗，今茲宜少加信察。不宣。（《國朝二百家名賢文粹》卷一〇六）

司馬君實內翰光於予莫逆之交也，惟議樂爲不相合。君實以胡瑗一黍廣爲尺，而後制律；予用房庶一黍之起，積一千二百黍之廣爲律，而後生尺。律之法曰凡律圍九分，以尺而生律者，律爲十分三釐八毫矣。以其不合，又變而爲方分，其差謬處不可一二數也。以律生尺，九十分黄鐘之長，加十分以爲尺。凡律皆徑三分，圍九分，長九十分，積實八百一十分。自九十分三分損益之，而十二律長短相形矣。自八百一十分三分損益之，而十二律積實相通矣。往在館閣時，決於同舍，同舍莫能決，遂弈棋以決之，君實不勝，乃定。其後二十年，君實爲西京留臺，予往候之，不持他書，唯持所撰《樂語》八篇示之。爭論者數夕，莫能決，又投壺以決之，予不勝，君實謹曰：「大樂還魂矣。」凡半月，卒不得要領而歸。豈所見然邪，將戲謔邪，抑遂其所執不欲改之邪？俱不可得而知也，是必戲謔矣。（《東齋記事》卷二）

韓　琦

【與司馬光書一】多病寖劇，闕於修問。但聞執事以宗社生靈爲意，屢以直言正論，開悟上聽，懇辭樞弼，必冀感動。大忠大義，充塞天地，横絶古今，固與天下之人歎服歸仰之不暇，非於紙筆一二可言也。（《紫微詩話》）

【與司馬光書二】音問罕逢，闕於致問。但與天下之人欽企高誼，同有執鞭忻慕之意，未嘗少忘也。（《紫微詩話》）

【與司馬光書三】伏承被命，再領西臺。在於高識，固有優游之樂，其如蒼生之望何！此中外之所以鬱鬱也。（《紫微詩話》）

邵　雍

【司馬光文中子補傳贊】小人無是，當世已棄。君子有非，萬世猶譏。録其所是，棄其所非，君子有歸；因其所非，棄其所是，君子幾希。惜哉仲淹，壽不永乎！非其廢是，瑕不掩瑜。雖未至聖，其聖人之徒歟！（《邵氏聞見後録》卷四）

韓　維

【與司馬君實書一】某啓：春氣斗温，伏惟動止安和。相見之期，竟未有定，殊增耿耿。見與景仁書，似怪鄙拙論議，於公有所未盡者。向讀《中和論》，疑「中」字解釋未甚明，然未敢決然以爲非也。今試妄言，煩公一閲，是非幸復垂諭，以解愚蔽。胸中所欲言者，非可以書盡，惟冀自重而已。謹手啓，不宣。某再拜君實資政閣下。

「中」之説有二：對外而爲言，一也；無過與不及，一也。喜怒哀樂之未發，漠然無形。及其既發，然後見其中節與不中節也。故喜怒哀樂之未發謂之中，發而中節謂之和。人之心，虚則明，塞則暗。虚而明，則燭理而無滯，應物而不窮。喜怒哀樂之發，有不中節乎？中節則無過與不及矣，有不和乎？在《易》之卦，虚其中曰離，爲日，爲南方，爲火。王弼解「復，其見天地之心」云：「天地以本爲心者也。」雷動風行，運變萬化，寂然至無，是其本也。春萌夏長，秋落冬閉，日月之行，星斗之運，此天地之迹可見於外者也。張官置吏，發號施令，事功之修舉，民物之茂遂，此聖人治天下之迹可見於外者也。若其所以迹者，蓋莫得而擬議也。凡物莫不有本，此又衆本之所自出，故曰「大本」。凡物不得其節，則過與不及。施於用，則爲蔽塞，爲睽乖，爲不行，爲患難。無此四者，和矣，故曰「達道」。明乎此者，其見天地聖人之心乎？（《國朝二百家名賢文粹》卷一〇三）

【與司馬君實書二】某頓首。伏蒙枉書，教以所不逮甚厚，然究極理道，非反復無以諭，輒復妄言，幸君實審思之。《中庸》曰：「中者，天下之大本。」其傳曰：「中爲大本者，以其含喜怒哀樂，禮之所由生，政教所自出也。」某以爲，中者，對外而爲言也。君實曰：「中者，皆不近四旁之名也。」指形而言之，則有中有外。此書以《中庸》爲名，所指者蓋德也，非形也。」某竊以爲，心者，在身之中，有知而無形者也。請以堂諭之。身，形也，猶堂也。對外而言，則舉堂之内皆中也。若以不近四旁爲中，則堂之中又有中焉，非所謂含藏之中乃得中之名也。君實又曰：「喜怒哀樂之未發既謂之中，則及其已發，當謂之外。」某又以爲，發者，由中出者也。出而中節，非外而何？亦何必曰外。君實又以此書以《中庸》爲名，指德而言，則有中有和。若然，則經當云：「喜怒哀樂之未發謂之中，發而皆中節謂之庸。」此書雖以《中庸》爲名，至於左右其說、始終其義，仍不害旁有援證也。君實不喜老、莊及王輔嗣之説，不敢復有稱引，今直以本篇之義明之。經云：「誠者，天之道。誠之者，人之道也。誠者，不勉而中，不思而得，從容中道，聖人也。誠之者，擇善而固執之者也。」故有博學、審問、慎思、明辨之説。君實又曰：「曷若治心養氣，專以中爲事，動静語默，未始不在乎中。」此正所謂擇善而固執之者也。至於「不勉而中，不思而得，從容中道」，豈治心養氣所能辦哉？所謂誠者，非别有一物也，但誠其心而已矣。心至於不勉不思，而中道至矣。譬如鐘，大叩之則大鳴，小叩之則小鳴，以其中虚也。大小，自外至者也，鐘豈預設大小於中而應之哉？所謂過與不及者，亦因時稱事而爲之中也。時有異變，事有異宜，亦豈可預設中於心以待之也？荀卿、《大學》，君實之所信也。其論心，不過曰虚，曰静，曰定。虚、静、定雖非兀然如木石，亦豈可形容哉？孟子曰：「操則存，捨則亡，出入無時，莫知其鄉，其心之謂歟？」亦言心之無定在也。《書》曰：「惟精惟一，允執厥中。」蓋言心能精一，則信執其中也。君實既以大本之中便爲無過與不及，則其下豈當復云「發而皆中節」也？經曰：「唯至誠爲能盡其性。能盡其性，則能盡人之性；能盡人之性，則能盡物之性；能盡物之性，則可以贊天地之化育。」然則位天地，育萬物，蓋聖人得位者之所能也。孔子曰：「予欲無言。天何言哉？四時行焉，百物生焉。」此聖人有其道無其位者也。篇之末又引子曰：「聲色之於以化民，末也。」《詩》曰：「德輶如毛，毛猶有倫。」以毛爲猶有倫，則又明以「上天之載，無聲無臭」，則聖人之心之德，與天地參矣，但可以意通，而不可以形得也。今夫穹然而體高，蒼然而色正者，天之形也；雷、風、日、月、山、澤，爲天之用者也。聖人深拱法宫之中，其迹則百官承序，萬物樂生，究其用，蓋有不可見者矣。《易》曰：「形而上者謂之道，形而下者謂之器。」語器則自天以下皆器也，語道則不可見者皆道也。《孟子》曰：「大而化之之謂聖，聖而不可知之之謂神。」非立天下之大本者，其孰能與於斯？某故曰：明乎此者，見天地聖人之心也。習靜者，蓋景仁平居見戲之言，寧有是邪？擇善而固執之，正吾人所當勉者，敢不如教。不宣。某再拜。（《國朝二百家名賢文粹》卷一〇三）〔二〕

陳　襄

【熙寧經筵論薦司馬光等三十三人章稿】端明殿學士、右諫議大夫、集賢院修撰、提舉西京嵩山崇福宫司馬光，素有行實，忠亮正直，以道自任，博通書史之學。可備顧問。（《古靈先生文集》卷一）

〔二〕以上二書亦見《南陽集》卷三〇，然脱漏較多，故以《名賢文粹》爲底本。

王　珪

【宣召翰林學士司馬光入院口宣】有敕：卿才思穎華，風規端劭。久侍露門之講，兼紬廣内之書。器業足以輔皇猷，文章足以潤天藻。宜與禁除之召，益光賢藴之修。（《華陽集》卷三〇）

吕公著

【司馬光舉言職不當賜罷奏】光以言舉職而賜罷，則有言責者不得盡其言矣。陛下雖有欲治之心，而安危利害，何從而知？（《東都事略》卷八四《吕公著傳》）

【論司馬光告敕不由封駁司奏】臣近爲降下司馬光等告敕到封駁司，尋以爲不便，遂具封駁聞奏。竊知已直降光等告敕付閤門。臣伏以祖宗置封駁之職，蓋以朝廷政令不能一一盡當，故使有司得各竭其意，以補闕遺。臣既繆當官守，苟有愚見，誠不敢自默，以失祖宗置司之意，是以即有論列。今來朝廷既以臣言不當，自當顯行黜責。其所降敕告，亦須經由本司。蓋臣雖可罪，而此職終不可廢。若因臣一言不當，遂使今後封駁之司不復能舉正職事，則是祖宗法度由臣而壞。伏望聖慈正臣封駁不當之罪，特加顯黜，以振綱紀。（《宋諸臣奏議》卷五六）

王安石

【起居舍人直祕閣同修起居注司馬光知制誥制】敕：先王誥命之文，何其雅馴而奥美。雖出命非有司之事，而討論潤色，蓋有助焉。以爾具官某，操行修潔，博知經術，庶乎能以所學施於訓辭。俾掌贊書，往諧朕志。可。（《臨川先生文集》卷四九）

【起居舍人直祕閣同修起居注司馬光改天章閣待制制】敕：揚雄曰：「周之士也貴，秦之士也賤；周之士也肆，秦之士也拘。」蓋先王以禮讓爲國，士之有爲有守，得伸其志，而在上不敢以勢加焉。朕率是道，以君多士。以爾具官某，文學行治，有稱於時，故明試以言，使司告命。而乃固執辭讓，至於八九。改序厥職，以伸爾志。是亦高選，往其懋哉。可。（《臨川先生文集》卷四九）

【天章閣待制司馬光制】敕：陟降左右，司朕躬之闕者，至親篤信之臣也。邦有大賚，其可以後而忘乎？具官某，政事藝文操行之美，有聞於世，簡在朕心。相時明禋，庀事惟謹。進階序爵，其往懋哉。可。（《臨川先生文集》卷四九）

【待制司馬光禮部郎中制】敕：左右侍從之臣，皆先帝所遺以助興政理者也。有勞可録，朕敢忘哉？具官某，行義信於朝廷，文學稱於天下。比更任使，會課當遷，進位二等，以嘉爾績。爾方以經術入侍，而又兼諫諍之官，往其思致厥身，使朕之聰明無所不通，爾亦維有無窮之聞。

可。（《臨川先生文集》卷四九）

鄭獬

【讀司馬君實撰呂獻可墓誌】一讀斯文淚滿襟，摩天直氣萬千尋。知君不獨悲忠義，又有兼濟天下心。（《鄖溪集》卷二八）

沈遘

【度支員外郎直祕閣同修起居注司馬光可起居舍人同知諫院如故制】敕某：朕奉祖宗之成業以臨天下，夙興夜寐，而欲寡其過，未能也。故博延亮直之臣，使得裨補警戒其不逮，庶幾有益。故察於羣臣，而得爾光。惟爾光，學有源本，行有師法，方而能通，直而不撓，可謂卓然特達者。其正秩右史，參職諫省，往服厥位，盡規毋隱，務稱朕所以舉爾之意。可。（《西溪文集》卷六）

范純仁

【祭司馬温公文〔一〕】維元祐元年，歲次丙寅，九月戊戌朔，二十九日甲申，中大夫、同知樞密院事、上柱國范某，謹以清酌庶羞之奠，致祭於故贈太師、温國公之靈。嗚呼！天祚有邦，俾之元龜。篤生我公，爲世父師。夷齊之清，淵騫之德，子産之惠，叔向之直。人有其一，足以成名。公兼衆德，乾乾不寧。九流百家，金匱石室。鉤索沈隱，裁其失得。根柢治亂，經綸皇極。作爲文章，有書秩秩。寶圭大裘，望之肅然。冬陽夏冰，赴者爭先。仁英兩朝，煌煌厥聲。國有正人，折姦於萌。荏苒者木，求直於繩。我公盡規，君心則寧。赫赫神考，體貌有德。公獻其可，嚴嚴翼翼。言有未用，不敢愛爵。深衣幅巾，歸休於洛。公則休矣，四方顒顒。君子野人，洎於他邦。聞風懷歸，於父於兄。天施不齊，或怨寒暑。公獨何施，四海一譽。元豐之末，國有大事。穆穆文母，佑我聖嗣。爰立作相，媚於神人。我公在廷，其重千鈞。士賀於朝，民歌於廛，農慶於野，兵休於邊。燠爾慄寒，養其饑孱。無痡於饑，無莠於田。培其本根，枝葉則茂。豈曰我作，憲章惟舊。於赫聖考，左右上帝。休公於家，實遺聖子。《卷耳》思賢，夙夜周京。不惑不

〔一〕按：此篇又見張耒《柯山集》卷四八，題作《代范樞密祭司馬温公文》。

疑，成此太平。公之去來，人之戚嬉。非人戚嬉，帝之從違。豈人事耶？天實爲之。某以不才，辱公知深。人之相知，貴相知心。唯公我知，洞達表裏。采其所長，謂或可使。申固義好，丘山不移。匪我則然，公實取之。泚泚清洛，獨樂之園。嘉藥春敷，修竹夏寒。清酌脩然，我招我從。琅琅嘉言，有銘在躬。朝聽過實，備位樞機。入與國論，獲親風規。六七年間，爲益不貲。私祈白首，從公以歸。憂勞傷生，公既遘疾。庶幾有瘳，卒相王室。國祠既誓，公以喪聞。我心之悲，不獲走門。入哭於室，公既大斂。終天永違，不一見面。人生有死，如旦夜耳。曾子將没，知免而喜。公身既修，公志既畢。既壽令終，無一或失。有如公者，古今萬一。我每念此，紓心之悲。猶有鬼神，實聞我辭。嗚呼哀哉。（《范忠宣公文集》卷一一）

【司馬公詩序】古之君子，修身以齊家，然後刑於國與天下。蓋其言動有法，出處有常，子孫幼而視之，長而習之，不爲外物之所遷，則皆當爲賢子弟。猶齊人之子，不能無齊言也。《書》曰：「積善之家，必有餘慶。」《詩》云：「貽厥孫謀，以燕翼子。」由此道也。端明殿學士司馬公，以清德直道名重天下，其修身治家，動有法度，其子弟習而化之，日趨於善，蓋亦不言之教矣。又伸之以詩章，俾其諷誦警策，則其「積善」、「貽謀」之道，可謂至備，宜其子子孫孫，世有令人。苟尚不能自修，而入於君子之塗者，則其人可知矣。弘，予之子婿也，持公詩求序於予。予樂道公之盛德，又因以勉之。熙寧八年月日，高平范某序。（《范忠宣公文集》卷一〇）

鄧潤甫

【除司馬光左僕射制】帥羣臣宿道而嚮方，在慎取相；佐王者修政而美國，莫若求人。顧惟眇躬，獲嗣大統。儲思業業，不敢忘六聖之休；注意賢賢，將以總萬方之僉。褒進上宰，敷告外庭。正議大夫、守門下侍郎司馬光，受材高明，履道醇固，智足以任天下之重，學足以知先王之言。逮事厚陵，偏儀侍從之列；被遇文考，擢總樞機之繁。有大臣特立之風，蹈君子難進之節。方予訪落之始，起應秉鈞之求。調娛萬幾，必先教化之意；辨察百職，不失禮義之中。是用諮諏僉言，褒加異數，越陞左揆之路，兼峻東臺之班。申衍爰田，陪敦真食。於戲！上寅亮於天心，則陰陽風雨以之順；下遂乎於物理，則山川草木以之寧。内皐安於兆民，外鎮撫於四裔。蓋輔相者爲之基杖，而老成者重於典刑。勉行所聞，以底極治。（《宋文鑑》卷三六）

孫　覺

【論罷司馬光樞密范鎮封駁司不當奏】臣前日延和面奉聖旨，議改青苗法，復常平舊制，又患諸路提舉非其人，有意更易。臣切喜，歎以爲中外之論，正欲如此，而聖諭及之，真臣等之所望、四方之所幸也，翹足企首，以俟德音。昨日，又聞罷司馬光樞密副使，罷范鎮通進封駁司。若以司馬光爭論青苗新法，拒違詔除，鎮從而和之，駁正而不肯下，則是青苗之議，持之尚堅，而延和宣諭，或亦有不果者歟？臣屢嘗奏聞，青苗新法，極爲細事，徒以大臣講求不詳，議論不審，而倉卒苟且，擾動天下，故人情不安，論難鋒起。當此時，雖有善謀良法，難以推行，況考之於古而或差，施之於今而未當，措置舛錯，如此其甚者哉？奈何以難行之法，惡人議之，至罷一樞密副使，絀一封駁司，流聞四方，所損不細，傳載後世，何以觀法？昔成王剪桐葉以戲叔虞，史佚從而封之，曰：「天子無戲言。」西府之重，何止如封國？司馬光之直諒，豈但方於叔虞？誥敕之嚴，固不并於桐葉。陛下有戲言之過，則號令之所被，眩人以空虛無用之文；誥命之所加，示人以玩弄可移之物。《書》曰：「令出惟行，不惟反。」《易》曰：「汗其大號。」令行而更收，汗出而復反，何以使人信，而誅其或惰者乎？朝廷設官分職，固欲人守其官，士稱其職也。范鎮封駁，識者莫不是之，不能聽用其言，奈何罷其職任？《傳》曰：「守道不如守官。」鎮能守其官，是封駁之得人也，遽然罷之，豈將患其不順己耶？不順陛下者多見容，不順執政者輒見斥，臣恐人主之權，或移於下矣。失職者固法之所誅，守官者又朝廷之所棄，不知陛下將取固祿保位，苟容其身，以備員充數乎？不然，何宜進者反聽其罷，宜任者反從而黜耶？臣以陛下致今日之紛紜，而在朝羣臣往往求去者，何耶？徒以青苗新法，人情不安，所遣使者，多非其人。大臣建議而不從，言者力爭而不聽，至於罷免柄臣之新命，黜責禁近之守官，推劾諫臣之風聞，内外騰沸，駭動四方。

臣切憂他變相緣而生，治亂從此分矣。伏望聖慈采羣論之所長，奮乾剛之獨斷，稍復常平之舊法，悉罷提舉之庶官，自然人情復安，中外如故。（《宋諸臣奏議》卷一一一）

劉摯

【乞哲宗慎擇宰相疏】臣伏見左僕射司馬光薨逝，朝野人情，驚悲一詞，皆曰：天不遺此老，以大濟我國家，而奪之速，此何理也？臣恭惟陛下以至明至聖，首識光志，置諸左右，舉天下以聽之。而光亦以大臣直道，忘身殉國。雖奸謀異心，百端排沮，而横身當之，夙夜盡瘁，以死圖報。其純誠至公，足以薦天地而貫神明，真所謂社稷之臣矣。然而非陛下信任之明、仰成之篤，則光亦安能自行其志？故天下不獨美光事君之盡節，而以陛下任賢不貳爲難能也。今光云亡，兩宫車駕即日臨奠，賻禭之典有加故常，下至縉紳善士、閭巷卿野之人，罔不爲之哀歎。而唯是奸邪之黨、醜正惡直之徒，頗已相與有竊喜之意。蓋小人從來怏怏不便於新政，藏情匿迹，日夜窺伺，常幸有非意之變，以冀善治之不能成。今其臆度以謂陛下既失光之助，則前日求治之志，必稍變懈，遂可以棄便投隙，熒惑而動摇，此其所以喜也。且陛下爲政以來，收拔衆正，佈列上下，制國之法，除民之害，雖節文潤色有未齊者，至於大本，已定十之八九矣。惟陛下益加之意，常以辨别邪正、保邦愛民爲念，堅守此指，終始如一，而已行之令，持循無變，則治道成矣。廟堂之上，必有如光之事朝廷者。臣實懼陛下憚光之後，謂誰助我者，而意稍有間，則邪謀陰計或起而乘之，此臣之所以爲私憂而獻其説也。（《宋諸臣奏議》卷四七）

黄　履

【乞追奪司馬光謚號贈官奏】前宰相司馬光，昨自先帝識拔，進位樞庭，光以不用其言，請歸修史。先帝盛德優容，曲從其欲，書成，仍以資政殿學士榮之，其恩可謂厚矣。迨垂簾初，朝廷起光執政，當時士論翕然稱之，以謂光真能弼成聖德，上報先帝，不謂光深藏禍戾，追忿先朝，凡有所行，皆爲非是。夫法令因革，固緣時宜，豈有一代憲章，俱無可取？歸非於昔，斂譽於身，此而可容，孰爲咎者！昔唐太宗以封倫稔惡，身後始彰，美謚贈官，尚加追奪，伏望以今倣古，詳酌施行。（《通鑑長編紀事本末》卷一〇一，自「昔唐太宗」以下原無，據《太平治蹟統類》卷二四補）

王闢之

司馬温公忠厚正直，出於天性，終始一節，故得天下之望。居洛十五年，天下之人，日望以爲相。神宗上仙，公赴闕哭臨，衛士見公，皆以手加額曰「司馬相公」也。民遮道曰：「無歸洛，留相天子，活百姓。」所在數千人觀之。公懼，徑歸。詔除知陳州，過闕，留拜門下侍郎，遂爲左

僕射。及薨，京師民刻畫其像，家置一本，四方爭購之，畫工有致富者，公之功德爲民愛如此。（《澠水燕談録》卷二）

司馬文正公以高才全德，大得中外之望，士大夫識與不識，稱之曰君實，下至閭閻匹夫匹婦，莫不能道司馬。故公之退十有餘年，而天下之人日冀其復用於朝。熙寧末，余夜宿青州北淄河馬鋪，晨起行，見村民百餘人，歡呼踴躍，自北而南。余驚問之，皆曰：「傳司馬爲宰相矣。」余以爲雖出于野人妄傳，亦其情之所素欲也。故子瞻爲公《獨樂園》詩曰：「先生獨何事，四海望陶冶。兒童誦君實，走卒知司馬。」蓋紀實也。（《澠水燕談録》卷二）

近年，士大夫多脩佛學，往往作爲偈頌，以發明禪理。獨司馬温公患之，嘗爲《解禪偈》六篇云：「文中子以佛爲西方聖人，信如文中子之言，則佛之心可知已。今之言禪者，好爲隱語以相迷，大言以相勝，使學之者倀倀然益入於迷妄，故予廣文中子之言而解之，作《解禪偈》六首。若其果然，雖中國可行矣，何必西方；若其不然，則非予之所知也。

「忿怒如烈火，利欲如銛鋒，終朝長戚戚，是名阿鼻獄。

「顔回甘陋巷，孟軻安自然，富貴如浮雲，是名極樂國。

「孝悌通神明，忠信行蠻貊，積善來百祥，是名作因果。

「仁人之安宅，義人之正路，行之誠且久，是名不壞身。

「道德修一身，功德被萬物，爲賢爲大聖，是名菩薩佛。「言爲百世師，行爲天下法，久久不可揜，是名光明藏。」」（《澠水燕談録》卷三）

司馬温公優游洛中，不屑世務，棄物我，一窮通，自稱曰「齊物子」。元豐中，秋與樂全子訪親洛汭，並轡過韓城，抵登封，憩峻極下院，趨嵩陽，造崇福宫、紫極觀，至紫虚谷，尋會善寺，過轘轅，遂達西洛。少留廣度寺，歷龍門，至伊陽，以訪奉先寺，登華嚴閣，觀千佛巖，躡山徑，瞻高公真堂，步潛溪，還寶應，觀文、富二公庵，之廣化寺，拜汾陽祠。下涉伊水，登香山到白公影堂，詣黄龕院，倚石樓，臨八節灘，還伊口。凡所經遊，發爲詠歌，歸敘之，以爲《洛遊録》，士大夫爭傳之。（《澠水燕談録》卷四）

司馬温公既居洛，每對客賦詩談文，或投壺以娱賓。公以舊格不合禮意，更定新格。以爲傾邪險詖，不足爲善，而舊圖反爲奇箭，多與之算，如倚竿帶劍之類，今皆廢其算以罰之；顛倒反覆，惡之大者，奈何以爲上，如倒中之類。今當盡廢壺中算，以明逆順。大底以精密者爲上，偶中者爲下，使夫用機徼幸者無所措手。此足以見公之志，雖嬉戲之間，亦不忘於正也。（《澠水燕談録》卷八）

程顥

【贈司馬君實】二龍閒卧洛波清，今日都門獨餞行。願得賢人均出處，始知深意在蒼生。（《河南程氏文集》卷三）

某接人多矣，不雜者三人：張子厚、邵堯夫、司馬君實。（《河南程氏遺書》卷二上）

君實之能忠孝誠實，只是天資，學則元不知學。（《河南程氏遺書》卷二上）

伯淳與君實嘗同觀史畫，猶能題品奈煩。伯淳問君實：「能如此與佗畫否？」君實曰：「自家一箇身，猶不能事持得，更有甚工夫到此？」（《河南程氏遺書》卷二下）

君實篤厚。（《河南程氏遺書》卷六）

伯淳道：「君實之語，自謂如人參甘草，病未甚時可用也，病甚則非所能及。觀其自處，必是有救之之術。」（《河南程氏遺書》卷一〇）

君實近年病漸較嚥放得下也。（《河南程氏外書》卷一〇）

宗丞（程顥）曰：「司馬君實、吕晦叔作相矣。」兵部曰：「二公果作相，當如何？」宗丞曰：「當與元豐大臣同。若先分黨與，他日可憂。」兵部曰：「何憂？」宗丞曰：「元豐大臣皆嗜利者，若使自變其已甚害民之法，則善矣。不然，衣冠之禍未艾也。君實忠直，難與議。晦叔解

事，恐力不足耳。」既而皆驗。（《河南程氏外書》卷一二）

司馬温公平生用心甚苦，每患無著心處，明道、伊川常歎其未止。一日，温公謂明道：「某近日有箇著心處，甚安。」明道曰：「何謂也？」温公曰：「只有一箇中字，著心於中，甚覺安樂。」明道舉似伊川。伊川曰：「司馬端明，卻只是揀得一箇好字，卻不如只教他常把一串念珠，卻似省力。試説與時，他必不受也。」（《河南程氏外書》卷一二）

温公作《中庸解》，不曉處闕之。或語明道。明道曰：「闕甚處？」曰：「如『强哉矯』之類。」明道笑曰：「由自得裏，將謂從『天命之謂性』處便闕卻！」（《河南程氏外書》卷一二）

程頤

【爲家君祭司馬温公文】 嗚呼公乎！誠貫天地，行通神明。徇己者私，衆口或容於異論；合聽則聖，百姓曾無於閒言。老始逢時，心期行道。致君澤物，雖有志而未終；救弊除煩，則爲功而已大。何天乎之不弔，斯人也而遽亡！溥天興殄瘁之悲，明主失倚毗之望。如其可贖，人百其身。死生既極於哀榮，名德永高於今古。藐茲羸老，夙被深知，撫柩興哀，聊陳薄奠。（《河南程氏文集》卷一一）

君實修《資治通鑑》至唐事。正叔問曰：「敢與太宗、肅宗正簒名乎？」曰：「然。」又曰：

「敢辯魏徵之罪乎？」曰：「何罪？」「魏徵事皇太子，太子死，遂忘戴天之讎而反事之，此王法所當誅。後世特以其後來立朝風節而掩其罪。有善有惡，安得相掩？」曰：「管仲不死子糾之難而事桓公，孔子稱其能不死，曰：『豈若匹夫匹婦之爲諒也，自經於溝瀆而莫之知也！』與徵何異？」曰：「管仲之事與徵異。齊侯死，公子皆出。小白長而當立，子糾少亦欲立。管仲奉子糾奔魯，小白入齊，既立，仲納子糾以抗小白。以少犯長，又所不當立，義已不順。既而小白殺子糾，管仲以所事言之則可死，以義言之則未可死。故《春秋》書『齊小白入於齊』，以國繫齊，明當立也；又書『公伐齊納糾』，糾去子，明不當立也；至『齊人取子糾殺之』，此復繫子者，罪齊大夫既盟而殺之也。與徵之事全異。」（《河南程氏遺書》卷二上）

今日卓然不爲此學者，惟范景仁與君實爾，然其所執理，有出於禪學之下者。一日做身主不得，爲人驅過去裏。（《河南程氏遺書》卷二上）

先生每與司馬君實説話，不曾放過；如范堯夫，十件事只爭得三四件便已。先生曰：「君實只爲能受盡言，儘人忤逆終不怒，便是好處。」（《河南程氏遺書》卷一九）

君實嘗問先生云：「欲除一人給事中，誰可爲者？」頤爲光説一人。」先生曰：「相公何爲若此言也？如當初泛論人才卻可，今既如此，某雖有其人，何可言？」君實曰：「出於公口，入於光耳，又何害？」先生終不言。（《河南程氏遺書》卷一九）

在講筵時，曾説與温公云：「更得范純夫在筵中尤好。」温公彼時一言亦失，卻道他見修史自有門路。某應之曰：「不問有無門路，但筵中須得他。」温公問何故，某曰：「自度少温潤之氣，純夫色温而氣和，尤可以開陳是非，道人主之意。」後來遂除侍講。（《河南程氏遺書》卷二二上）

程子與侯仲良語及牛、李事，因言温公在朝，欲盡去元豐間人。程子曰：「作新人才難，變化人才易。今諸人之才皆可用，且人豈肯甘爲小人，在君相變化如何耳。若宰相用之爲君子，孰不爲君子？此等事教他們自做，未必不勝如吾曹。」仲良曰：「若然，則無紹聖間事也。」（《河南程氏外書》卷七）

温公薨，朝廷命伊川先生主其喪事。是日也，祀明堂禮成，而二蘇往哭温公，道遇朱公掞，問之。公掞曰：「往哭温公，而程先生以爲慶弔不同日。」二蘇悵然而反，曰：「鏖糟陂裏叔孫通也。」（《河南程氏外書》卷一一）

伊川主温公喪事，子瞻周視無闕禮，乃曰：「正叔喪禮何其熟也？」又曰：「軾聞居喪未葬讀喪禮。太中康寧，何爲讀喪禮乎？」伊川不答。鄒至完聞之曰：「伊川之母先亡，獨不可以治喪禮乎？」（《河南程氏外書》卷一一）

司馬温公辭副樞，名冠一時，天下無賢不肖，浩然歸重。吕申公亦以論新法不合，罷歸。熙寧末，申公起知河陽，明道以詩送行，復爲詩與温公，蓋恐其以不出爲高也。及申公自河陽乞在京宫祠，神宗大喜，召登樞府。人以二公出處爲優劣。二先生曰：「吕公世臣，不得不歸見上。司馬公諍臣，不得不退處。」（《河南程氏外書》卷一一）

温公薨，門人或欲遺表中入規諫語。程正叔云：「是公平生未嘗欺人，可死後欺君乎？」（《河南程氏外書》卷一二）

伊川與君實語，終日無一句相合；明道與語，直是道得下。（《河南程氏外書》卷一二）

温公初起時，欲用伊川。伊川曰：「帶累人去裏。使韓、富在時，吾猶可以成事。」後來温公欲變法，伊川使人語之曰：「切未可動著役法，動著即三五年不能得定疊去。」未幾變之，果紛紛不能定。（《河南程氏外書》卷一二）

司馬温公修《通鑑》，伊川一日問：「修至何代？」温公曰：「唐初也。」伊川曰：「太宗、肅宗端的如何？」温公曰：「皆篡也。」伊川曰：「此復何疑。」伊川曰：「魏徵如何？」温公曰：「管仲，孔子與之。某於魏徵亦然。」伊川曰：「管仲知非而反正，忍死以成功業，此聖人所取其反正也。魏徵只是事讎，何所取耶？」然温公竟如舊説。（《河南程氏外書》卷一二）

吕希哲

温公熙寧三年辭樞密副使不拜，四年自永興路安撫使遷京西北路安撫使，又辭不赴，請西京閒局留臺，許之。優游多暇，訪求河南境内佳山水處，凡目之所覩，足之所歷，窮盡幽勝之處。十數年間，倦於登覽，於是乃與楚正叔通議、王安之朝議耆老者六七人，相與會於城中之名園古寺，且爲之約，果實不過五物，殽膳不過五品，酒則無算，以爲儉則易供，簡則易繼也。命之曰「真率會」。文潞公時以太尉守洛，求欲附名於其間，温公爲其顯，弗納也。一日，潞公伺其爲會，戒廚中具盛饌直往造焉。温公笑而延之曰：「俗卻此會矣。」相與歡飲，夜分而散，亦一時之盛事也。亦曰「平會」。後温公語人曰：「吾知不合放此老入來。」（《吕氏雜記》卷下）

朱光庭

【司馬光薨當謹於命相奏】臣竊以君臣之義，均乎一體，股肱或傷，何痛如之。司馬光天生正人，爲陛下出，整齊法度，惠養元元。内則招俊乂以在官，外則鎮蠻夷而斂衽。其精忠貫天地，大節扶邦家，正直格神明，康濟逮黎庶。佐佑聖政，除去敝事十有八九。朝廷已清明矣，天下已安樂矣，光雖疾病中，疚心王事，造次顛沛，未嘗離去，以至盡瘁没身。至誠至公，古人無與比，可謂之真宰相矣。陛下乍失良弼，痛傷應深。今司馬光身雖殁，而孜孜爲朝廷深意，願陛下勿忘也。司馬光之才業，人或有之，其愛君愛民之心，求之天下，未之見也。愛君不敢欺，愛民惟恐傷，而今而後，陛下每見敢欺罔吾君者，願以司馬光爲法，逐而勿用也。然則欺罔者何以見之?謂吾君不能居仁由義,而又不能陳善閉邪,惟能逢迎其惡者,是乃欺罔者也。每見敢殘虐害民者,願以司馬光爲法,逐而勿用也。然則殘虐者何以見之?厚斂以困其財,勞役以竭其力,窮兵黷武,置之危地,是乃殘虐者也。此皆司馬光平生之深疾,願陛下常存此心,以察羣臣,使公忠進而欺罔退,豈弟興而殘虐亡,則司馬光之死猶生之年也。方今朝廷法度雖已修而未全,惠澤雖已施而未浹,正在陛下堅初志、思至忠,勿惑小人邪説,而忘司馬光所以爲朝廷孜孜之意,不可變易已行政事也。明堂大禮已畢,張璪必當罷去,陛下勿固留,善退之可也。命相陛下必有以處之,執政中尚闕兩員,除授之際,宜取天下之公望,以忠厚公正、器識宏遠,可以勝大任者任之,勿爲近習所惑,妄有所許,則言者不敢負職事。除授既得其人,臣亦妄言矣。伏望聖慈預深思慮,擇任賢臣,以幸天下。(《宋諸臣奏議》卷四七)

李 戒

【與司馬光書一】民苦重役,不苦重税,但聞有因役破産者,不聞因税破産也。請增天下田税錢穀各十分之一,募人充役。仍命役重輕爲三等,上等月給錢千五百、穀二斛,中下等以是爲差。計雇役猶有羨餘,可助經費。明公儻爲言之於朝,幸而施行,公私不日皆富實矣。(《涑水記聞》卷一五)

【與司馬光書二】三皇不聖，五帝不聖，自生民以來，唯孔子爲聖人耳。孔子没，孟軻以降蓋不足言。今日復有明公，可繼孔子者也。（《涑水記聞》卷一五）

蘇軾

【司馬温公行狀】曾祖政，贈太子太保。曾祖母薛氏，贈温國太夫人。祖炫，試秘書省校書郎，知耀州富平縣事，贈太子太傅。祖母皇甫氏，贈温國太夫人。父池，尚書吏部郎中，充天章閣待制，贈太師，追封温國公。母聶氏，贈温國太夫人。公諱光，字君實，其先河内人，晉安平獻王孚之後。王之裔孫征東大將軍陽，始葬今陝州夏縣涑水鄉，子孫因家焉。自高祖、曾祖皆以五代衰亂不仕。富平府君始舉進士，没於縣令。皆以氣節聞於鄉里。而天章公以文學行義事真宗、仁宗爲轉運使、御史知雜事、三司副使，歷知鳳翔、河中、同、杭、虢、晉六州，以清直仁厚聞於天下，號稱一時名臣。

公自兒童凛然如成人。七歲聞講《左氏春秋》，大愛之，退爲家人講，即了其大義。自是手不釋書，至不知飢渴寒暑。年十五，書無所不通。文辭醇深，有西漢風。天章公當任子，次及公，公推與二從兄，然後受補郊社齋郎，再奏將作監主簿。年二十，舉進士甲科。改奉禮郎。以天章公在杭，辭所遷官，求簽書蘇州判官事以便親，許之。未上，丁太夫人憂。未除，丁天章公憂。執喪累年，毀瘠如禮。服除，簽書武成軍判官事，改大理評事，爲國子直講，遷本寺丞。

故相龐籍名知人，始與天章公遊，見公而奇之，及是爲樞密副使，薦公召試館閣校勘，同知太常禮院。中官麥允言死，詔以允言有軍功，特給鹵簿。公言：「孔子不以名器假人，繁纓以朝，且猶不可，允言近習之臣，非有元勳大勞，而贈以三公之官，給以一品鹵簿，其爲繁纓，不亦大乎？」故相夏竦卒，詔賜謚文正。公言：「謚之美者，極於文正，竦何人，可以當此！」書再上，改謚文莊。遷殿中丞，除史館檢討，修日曆，改集賢校理。龐籍爲鄆州，徙并州，皆辟公通判州事。公感籍知己，爲盡力。

時趙元昊始臣，河東貧甚，官苦貴糴，而民疲於遠輸。麟州、窟野、河西多良田，皆故漢地，公私雜耕。天聖中，始禁田河西者，虜乃得稍蠶食其地，俯窺麟州，爲河東憂。籍請公按視。公爲畫五策：「宜因州中舊兵，益禁兵三千，廂兵五百，築二堡河西，可使堡外三十里虜不敢田，則州西六十里無虜矣。募民有能耕麟州閑田者，復其税役十五年，能耕窟野、河西者，長復之，耕者必衆，官雖無所得，而糴自賤，可以漸紓河東之民。」籍移麟州，如公言。而兵官郭恩勇且狂，夜開城門，引千餘人渡河，載酒食，不爲戰備，遇敵死之。議者歸罪於籍，罷節度使，知青州。公守闕，三上書，乞獨坐其事，不報。籍初不以此望公，而公深以自咎。籍既没，升堂拜其妻如母，撫其子如昆弟，時人兩賢之。

改太常博士，祠部員外郎，直秘閣，判吏部南曹，遷開封府推官，賜五品服。交阯貢異獸，謂之麟。公言：「真僞不可知。使其真，非自然而至，不足爲瑞，若僞，爲遠夷笑，願厚賜其使而還其獸。」因奏賦以諷。

遷度支員外郎，判勾院。擢修起居注，五辭而後受。判禮部。有司奏六月朔，日當食。公言：「故事，食不滿分，或京師不見皆賀。臣以爲日食四方見京師不見，天意人君爲陰邪所蔽，天下皆知，而朝廷獨不知，其爲災當益甚，皆不當賀。」詔從之。後遂以爲常。遷起居舍人，同知諫院。蘇轍舉直言策，入第四等，而考官以爲不當收。公言：「轍於同科四人中，言最切直，有愛君憂國之心，不可不收。」時宰相亦以爲當黜，仁宗不許。曰：「求直言，以直棄之，天下其謂朕何。」公遂與諫官王陶同上疏：「願爲宗廟社稷自重，卻罷燕飲，安養神氣，後宮嬪御，進見有度，左右小臣，賜予有節，厚味臘毒，無益奉養者，皆不宜數御。」上嘉納之。

初，至和三年，仁宗始不豫，國嗣未立，天下寒心，而不敢言，惟諫官范鎮首發其議。公時爲并州通判，聞而繼之，上疏言：「《禮》：大宗無子，則小宗爲之後。爲之後者，爲之子也。願陛下擇宗室賢者，使攝儲貳，以待皇嗣之生，退居藩服。不然，則典宿衛，尹京邑，亦足以係天下之望。」疏三上，其一留中，其二付中書。公又與鎮書：「此大事，不言則已，言一出，豈可復反，願公以死爭之。」於是鎮言之益力。及公爲諫官，復上疏，且面言：「臣昔爲并州通判，所上三章，願陛下果斷而力行之。」時仁宗簡默不言，雖執政奏事，首肯而已。聞公言，沈思久之，曰：「得非欲選宗室爲繼嗣者乎？此忠臣之言，但人不敢及耳。」公曰：「臣言此，自謂必死，不意陛下開納。」上曰：「此何害，古今皆有之。」因令公以所言付中書。公曰：「不可，願陛下自以意喻宰相。」

是日，公復言江淮鹽事，詣中書白之。宰相韓琦問公，今日復何所言。公默計此大事，不可不使琦知，思所以廣上意者，即曰：「所言宗廟社稷大計也。」琦喻意，不復言。後十餘日，有旨令公與御史裏行陳洙同詳定行户利害。洙與公屏語曰：「日者大饗明堂，韓公攝太尉，洙爲監祭。公從容謂洙，聞君與司馬君實善，君實近建言立嗣事，恨不以所言送中書，欲發此議，無自發之，行户利害，非所以煩公也，欲洙見公達此意耳。」時嘉祐六年閏八月也。

至九月，公復上疏面言：「臣向者進説，陛下欣然無難，意謂即行矣，今寂無所聞，此必有小人言陛下春秋鼎盛，子孫當千億，何遽爲此不祥之事。小人無遠慮，特欲倉猝之際，援立其所厚善者耳。唐自文宗以後，立嗣皆出於左右之意，至有稱定策國老、門生天子者，此禍豈可勝言哉。」上大感悟，曰：「送中書。」公至中書，見琦等曰：「諸公不及今定議，異日夜半禁中出寸紙以某人爲嗣，則天下莫敢違。」琦等皆唯唯，曰：「敢不盡力。」後月餘，詔英宗判宗正寺，固辭不就職。明年遂立爲皇子。稱疾不入。公復上疏言：「凡人爭絲毫之利，至相爭奪，今皇子辭不貲之富，至三百餘日不受命，其賢於人遠矣。有識聞之，足以知陛下之聖，能爲天下得人。然臣聞父召無諾，君命召不俟駕而行，使者受命不受辭，皇子不當辭避，使者不當徒反。凡召皇子，内臣皆乞責降，且以臣子大義責皇子，宜必入。」英宗遂受命。

兖國公主下嫁李瑋，以驕恣聞。公上疏言：「太宗時，姚坦爲兖王翊善，有過必諫，左右教王詐疾，踰月，太宗召王乳母，入問起居狀。母曰：『王無疾，以姚坦故，鬱鬱成疾耳。』太宗怒曰：『王年少，不知爲此，汝輩教之。』杖乳母數十，召坦慰勉之。齊國獻穆大長公主，太宗之子，真宗之妹，陛下之姑，而謙恭率禮，天下稱其賢。願陛下教子以太宗爲法，公主事夫以獻穆爲法。」已而公主不安於李氏，詔瑋出知衛州，公主入居禁中，而瑋母楊歸其兄璋，散遣其家人。公言：「陛下追念章懿皇后，故使瑋尚主，今乃母子離析，家事流落，陛下獨無雨露之感，悽惻之心乎？瑋既責降，公主亦不得無罪。」上感悟，詔公主降封沂國，待李氏恩禮不衰。

判檢院，權判國子監，除知制誥。力辭至八九，改授天章閣待制，兼侍講，賜三品服，仍知諫院。上疏言：「經略安撫使以便宜從事，出於兵興權制，非永世法。及將相大臣典州者，多以貴倨自恃，淩忽轉運使，使不得舉職。朝廷務省事，專行姑息之政。至於胥史講譁而逐御史中丞，輦官悖慢而退宰相，衛士凶逆而獄不窮姦，澤加於舊，軍人詈三司使而法官以爲非犯堦級，於用法有疑。其餘一夫流言於道路，而爲之變法推恩者多矣，皆陵遲之漸，不可以不正。」

充媛董氏薨，追贈婉儀，又贈淑妃，輟朝成服，百官奉慰定謚行册禮，葬給鹵簿。公言：「董氏秩本微，病革之日，方拜充媛。古者婦人無謚，近制惟皇后有之。鹵簿本以賞軍功，未嘗施於婦人，惟唐平陽公主有舉兵佐高祖定天下之功，乃得給，到韋庶人始令妃主葬日，皆給鼓吹，非令典，不足法。」時有司新定後宫封贈法，皇后與妃皆贈三代。公言：「别嫌明微，妃不當與后同。袁盎引卻慎夫人坐，正爲此耳。天聖親郊，太妃止贈二代，而況妃乎？」

知嘉祐八年貢舉。仁宗崩，英宗以哀毁致疾，慈聖光獻太后同聽政。公首上疏，言：「章獻明肅太后，保佑先帝進賢退姦，有大功於趙氏，特以親用外戚小人，故負謗天下。今太后初攝大政，大臣忠厚如王曾，清純如張知白，剛正如魯宗道，質直如薛奎者，當信用之。鄙猥如馬季良、讒諂如羅崇勳者，當疎遠之，則天下服。」又上疏英宗，言：「漢宣帝爲昭帝後，終不追尊衛太子、史皇孫。光武起布衣，得天下，自以爲元帝後，亦不追尊鉅鹿都尉、南頓君，惟哀、安、桓、靈，皆自旁親入繼大統，追尊其父祖，天下非之，願以爲戒。」

時公所得仁宗遺賜珠、金，直百餘萬，率同列三上章，言：「國有大憂，中外窘乏，不可專用乾興故事，若遺賜不可辭，則宜許侍從以上進金錢，佐山陵費。」不許。公乃以所得珠爲諫院公使錢，金以遺其舅氏，義不藏於家。

英宗疾既平，皇太后還政。公上疏言：「治身莫先於孝，治國莫先於公。」其言切至，皆母子間人所難言者。時有司立法，皇太后有所取用，有司奏覆，得御寶乃供。公極論以爲不可，當直下合同司移所屬立供，如上所取，已乃具數奏太后，以防矯僞。

曹佾除使相，兩府皆遷。公言：「佾無功而得使相，陛下以慰母心耳。今兩府皆遷，無名，若以還政爲功，則宿衛將帥，内侍小臣，必有覬望。」已而都知任守忠等皆遷。公復爭之，因論：「守忠大姦，陛下爲皇子，非守忠意，沮壞大策，離間百端，賴先帝不聽。及陛下嗣位，反覆革面，交搆兩宫，國之大賊，人之巨蠹，乞斬於都市以謝天下。」詔以守忠爲節度副使，蘄州安置，天下快之。

時有詔陜西刺民兵號義勇，公上疏極論其害，云：「康定、慶曆間籍陜西民爲鄉弓手，已而刺爲保捷指揮，民被其毒，兵終不可用，遇敵先北，正兵隨之，每致崩潰。縣官知其坐食無用，汰遣歸農，而惰游之人，不能復反南畝，彊者爲盜，弱者轉死，父老至今流涕也。今義勇何以異此！」章六上，不從。乞罷諫官，不許。王廣淵除直集賢院。公言：「廣淵姦邪不可近。昔漢景帝爲太子，召上左右飲，衛綰獨稱疾不行，及即位，待綰有加。周世宗鎮澶淵，張美爲三司吏，掌州之錢穀，世宗私有求假，美悉力應之，及即位，薄其爲人，不用。今廣淵當仁宗之世，私自結於陛下，豈忠臣哉！願黜之以厲天下。」

執政建言濮安懿王德盛位隆，宜有尊禮，詔太常禮院與兩制議。翰林學士王珪等相顧不敢先，公獨奮筆立議曰："爲之後者爲之子，不敢復顧其私親，今日所以崇奉濮安懿王，典禮宜一準先朝封贈期親尊屬故事，高官大爵，極其尊榮。"議成，珪即敕吏，以公手稿爲案，至今存焉。

時中外詾詾，御史吕誨、傅堯俞、范純仁、吕大防、趙鼎、趙瞻等皆爭之，相繼降黜。公上疏乞留之，不可。則乞與之皆貶。初，西戎遣使致祭，而延州指使高宜押伴，傲其使者，侮其國主。使者訴於朝，公與吕誨乞加宜罪，不從。明年西戎犯邊，殺略吏士。趙滋爲雄州，專以猛悍治邊，公亦論其不可。至是契丹之民，有捕魚界河，伐柳白溝之南者。朝廷以知雄州李中祐爲不材，選將代之。公言："國家當戎狄附順時，好與之計較末節，及其桀驁，又從而姑息之。近者西戎之禍，生於高宜，北狄之隙，起於趙滋。朝廷方賢此二人，故邊臣皆以生事爲能。今若選將代中祐，則來者必以滋爲法，而以中祐爲戒，漸不可長，宜敕邊吏，疆埸細故，徐以文檄往反，若輕以矢刃相加者，坐之。"

京師大水，公上疏論三事，皆盡言無所隱諱。除龍圖閣直學士，判流内銓，改右諫議大夫，知治平四年貢舉。

神宗即位，首擢公爲翰林學士，公力辭，不許。上面諭公："古之君子，或學而不文，或文而不學，惟董仲舒、揚雄兼之，卿有文學，何辭爲？"公曰："臣不能爲四六。"上曰："如兩漢制詔可也。"公曰："本朝故事不可。"上曰："卿能舉進士，取高等，而云不能四六，何也？"公趨出，上遣内臣到閤門，强公受告，拜而不受。趣公入謝，曰：「上坐以待公。」公入，至廷中。以告置公懷中，不得已，乃受。遂爲御史中丞。初，中丞王陶論宰相不押常朝班爲不臣，宰相不從，陶爭之力，遂罷。公既繼之，言：「宰相不押班，細故也，陶言之過。然愛禮存羊，則不可已。自頃宰相權重，今陶復以言宰相罷，則中丞不可復爲，臣願候宰相押班，然後就職。」上曰：「可。」陶既出知陳州，謝章詆宰相不已。執政議再貶陶，公言：「陶誠可罪，然陛下欲廣言路，屈己受陶，而宰相獨不能容乎？」乃已。

公上疏論修心之要三，曰仁、曰明、曰武。治國之要三，曰官人、曰信賞、曰必罰。其説甚備。且曰：「臣昔爲諫官，即以此六言獻仁宗，其後以獻英宗，今以獻陛下，平生力學所得，盡在是矣。」公在英宗時，與吕誨同論祖宗之制：「勾當御藥院常用供奉官以下，至内殿崇班，則出。近歲居此位者，皆暗理官資，食其廩給，非祖宗本意。又故事，年未五十，不得爲内侍省押班，今除張茂則，止四十八，不可。」至是，又言之。因論高居簡姦邪，乞加遠竄。章五上，上爲盡罷寄資内臣，居簡亦補外。

未幾，復留陳承禮、劉有方二人，公復爭之。又言：「近者王中正往陝西，知涇州劉涣等諂事中正，而鄜延鈐轄吴舜臣違失其意。已而涣等進擢，舜臣降黜，權歸中正，謗歸陛下。是去一居簡得一居簡。」上手詔問公所從知。公曰：「臣得之賓客，非一人言，事之有無，惟陛下知之。

若無，臣不敢避妄言之罪。萬一有之，不可不察。」

詔用宮邸直省官郭昭選等四人爲閤門祇候。公言：「國初草創，天步尚艱，故即位之始，必以左右舊人爲腹心耳目，謂之隨龍，非平日法也。閤門祇候在文臣爲館職，豈可使厮役爲之。」

英宗山陵，公爲儀仗使，賜金五十兩，銀合三百兩。三上章辭，從之。

邊吏上言：「西戎部將嵬名山，欲以橫山之衆，取諒祚以降。」詔邊臣招納其衆。公上疏極論，以爲：「名山之衆，未必能制諒祚，幸而勝之，滅一諒祚生一諒祚，何利之有？若其不勝，必引衆歸我，不知何以待之？臣恐朝廷不獨失信於諒祚，又將失信於名山矣。若名山餘衆尚多，還北不可，入南不受，窮無所歸，必將突據邊城以救其命，陛下獨不見侯景之事乎？」上不聽，遣將种諤發兵迎之，取綏州，費六十萬萬。西方用兵，蓋自是始矣。

兼翰林侍讀學士。登州有不成婚婦，謀殺其夫傷而不死者。吏疑問即承，知州事許遵讞之。有司當婦絞而詔貸之。遵上議，準律，因犯殺傷而自首者，得免所因之罪，婦當減三等，不當絞。詔公與王安石議之，安石是遵議。公言：「謀殺猶故殺也，皆一事，不可分爲二。若謀爲所因與殺爲二，則故與殺亦可爲二耶？」自宰相文彦博以下，皆附公議，然卒用安石言，至今天下非之。權知審官院。百官上尊號，公當答詔。上疏言：「先帝親郊不受尊號，天下莫不稱頌，末年有建言者，國家與契丹有往來書信，彼有尊號而我獨無，以爲深恥，於是羣臣復以非時上尊號。昔漢文帝時，單于自稱『天地所生日月所置匈奴大單于』，不聞文帝復爲大名以加之也。願陛下追用先帝本意，不受此名。」上大悦，手詔答公：「非卿朕不聞此言，善爲答詞，使中外曉然，知朕至誠，非欺衆邀名者。」遂終身不復受尊號。執政以河朔災傷，國用不足，乞今歲親郊，兩府不賜金帛，送學士院取旨。公言：「兩府所賜，以匹兩計止二萬，未足以救災，宜自文臣兩省武臣宗室刺史以上皆減半。」公與學士王珪、王安石同對。公言：「救災節用，宜自貴近始，可聽兩府辭賜。」安石曰：「常衮辭賜饌，時議以爲衮自知不能，當辭位不當辭禄，且國用不足，非當今之急務也。」公曰：「衮辭禄，猶賢於持禄固位者。國用不足，真急務，安石言非是。」安石曰：「不足者，以未得善理財者故也。」公曰：「善理財者，不過頭會箕斂以盡民財，民窮爲盜，非國之福。」安石曰：「不然，善理財者，不加賦而上用足。」公曰：「天下安有此理，天地所生財貨百物，止有此數，不在民則在官。譬如雨澤，夏澇則秋旱。不加賦而上用足，不過設法陰奪民利，其害甚於加賦。此乃桑洪羊欺漢武帝之言，太史公書之，以見武帝不明耳。至其末年，盜賊蠭起，幾至於亂。若武帝不悔禍，昭帝不變法，則漢幾亡。」爭議不已。王珪進曰：「救災節用，宜自貴近始，司馬光言是也。然所費無幾，恐傷國體，王安石言亦是。惟明主裁擇。」上曰：「朕意與光同。然姑以不允答之。」會安石當制，遂引常衮事責兩府，兩府亦不復辭。

兼史館修撰。上問公可爲諫官者，公薦吕誨，誨以天章閣待制知諫院。詔公與張茂則同相視二股河及土堤利害。公用都水監丞宋昌言策，乞於二股之西置土堤利害，約水東流，若東流日深，北流自淺，薪芻漸備，乃塞其北，放出御河、胡盧河下流，以紓恩、冀、深、瀛以西之患。時議者多不同，公於上前反覆論難甚苦，卒從之。後皆如公言，賜詔獎諭。

王安石始爲政，創立制置三司條例司，建爲青苗、助役、水利、均輸之政，置提舉官四十餘員，行其法於天下，謂之新法。公上疏，逆陳其利害，曰：「後當如是。」行之十餘年，無一不如公言者。天下傳誦，以公爲真宰相，雖田父野老，皆號公司馬相公，而婦人孺子，知其爲君實也。

邇英進讀，至蕭何、曹參事。公曰：「參不變何法，得守成之道。故孝惠、高后時，天下晏然，衣食滋殖。」上曰：「漢守蕭何之法不變，可乎？」公曰：「何獨漢也，使三代之君，常守禹、湯、文、武之法，雖至今存可也。武王克商，曰：『乃反商政，政由舊。』然則雖周亦用商政也。《書》曰：『無作聰明，亂舊章。』漢武帝用張湯言，取高帝法紛更之，盜賊半天下。元帝改宣帝之政，而漢始衰。由此言之，祖宗之法，不可變也。」後數日，吕惠卿進講。因言：「先王之法，有一年而變者，『正月始和布法象魏』是也。有五年一變者，巡狩考制度是也。有三十年一變者，『刑法世輕世重』是也。有百年不變者，父慈子孝兄友弟恭是也。前日光言非是，其意以諷朝廷，且譏臣爲條例司官耳。」上問公：「惠卿言何如？」公曰：「布法象魏，布舊法也，何名爲變？若四孟月朔屬民讀法，爲時變月變耶？諸侯有變禮易樂者，王巡狩則誅之，王不自變也。刑新國用輕典，亂國用重典，平國用中典，是爲世輕世重，非變也。且治天下，譬如居室，敝則修之，非大壞不更造也。大壞而更造，非得良匠美材不成。今二者皆無有，臣恐風雨之不庇也。公卿侍從皆在此，願陛下問之。三司使掌天下財，不才而黜可也，不可使兩府侵其事，今爲制置三司條例司，何也？宰相以道佐人主，安用例？苟用例而已，則胥吏足矣。今爲看詳中書條例司，何也？」惠卿不能對。則詆公曰：「光爲侍從何不言，言而不從何不去？」公作而答曰：「是臣之罪也。」上曰：「相與論是非耳，何至是。」講畢，賜坐户外。將出，上命徙坐户内，左右皆避去。上曰：「朝廷每更一事，舉朝訩訩，何也？」王珪曰：「臣疎賤，在闕門之外，朝廷之事不能盡知，借使聞之道路，又不知其虚實也。」上曰：「聞則言之。」公曰：「青苗出息，平民爲之，尚能以蠶食下户，至飢寒流離，況縣官法度之威乎？」惠卿曰：「青苗法，願取則與之，不願不强也。」公曰：「愚民知取債之利，不知還債之害，非獨縣官不强，富民亦不强也。臣聞作法於凉，其弊猶貪，作法於貪，弊將若之何！昔太宗平河東，立和糴法，時米斗十餘錢，草束八錢，民樂與官爲市。其後物貴而和糴不解，遂爲河東世世患，臣恐異日之青苗，猶河東之和糴也。」上曰：「陝西行之久矣，民不以爲病。」公曰：「臣陝西人也，見其病不見其利。朝廷初不許也，而有司尚能以病民，況立法許之乎？」上曰：「坐倉糴米何如？」坐者皆起曰：「不便。」上已罷之，幸甚。」上曰：「未罷也。」公曰：「京師有七年之儲，而錢常乏，若坐倉錢益乏，米益陳，奈何？」惠卿曰：「坐倉得米百萬斛，則省東南百萬之漕，以其錢供京師，何患無錢？」公曰：「東南錢荒而米狼戾，今不糴米而漕錢，棄其有餘，取其所無，農末皆病矣。」侍講吴申起曰：「光言至論也。」公曰：「此皆細事，不足煩人主，但當擇人而任之。有功則賞，有罪則罰，此則陛下職也。」上曰：「然。『文王罔攸兼於庶言，庶獄庶慎，惟有司之牧夫。』」公趨出。上曰：「卿得無以惠卿之言不樂乎？」公曰：「不敢。」韓琦上疏論青苗之害，上感悟，欲罷其法。安石稱疾求去。

會拜公樞密副使，公上章力辭至六七。曰：「上誠能罷制置條例司，追還遣提舉官，不行青苗、助役等法，雖不用臣，臣受賜多矣。不然，終不敢受命。」上遣人謂公：「樞密，兵事也。官各有職，不當以他事爲詞。」公言：「臣未受命，則猶侍從也，於事無不可言者。」安石起視事，青苗法卒不罷，公亦卒不受命。

則以書喻安石，三往反，開喻苦至，猶幸安石之聽而改也。且曰：「巧言令色，鮮矣仁。彼忠信之士，於公當路時，雖齟齬可憎，後必徐得其力，諂諛之人，於今誠有順適之快，一旦失勢，必有賣公以自售者。」意謂吕惠卿。對賓客，輒指言之曰：「覆王氏者，必惠卿也。小人本以利合，勢傾利移，何所不至。」其後六年，而惠卿叛安石，上書告其罪，苟可以覆王氏者，靡不爲也。

由是天下服公先知。

公求補外，上猶欲用公，公不可。以端明殿學士出知永興軍。朝辭進對，猶乞免本路青苗、助役。

宣撫使下令，分義勇四番，欲以更戍邊，選諸軍驍勇，募閭里惡少爲奇兵，調民爲乾糧麨飯，雖內郡不被邊，皆修城池樓櫓如邊郡，且遣兵就糧長安、河中、邠，三輔騷然。公上疏，極言：「方凶歲，公私困弊，不可舉事，而永興一路城池樓櫓皆不急，乾糧麨飯昔嘗造，後無用腐棄之，宣撫司令，臣皆未敢從。若乏軍興，臣坐之。」於是一路獨得免。

頃之，詔移知許州，不赴，遂乞判西京留司御史臺以歸。自是絶口不論事。以祀明堂恩，加上柱國。

至熙寧七年，上以天下旱、蝗，詔求直言。公讀詔泣下，欲默不忍，乃復陳六事。一青苗，二免役，三市易，四邊事，五保甲，六水利，此尤病民者，宜先罷。又以書責宰相吴充：「天子仁聖如此，而公不言，何也？」元豐五年，公忽得語澀疾，自疑當中風，乃豫作遺表，大略如六事加詳盡，感慨親書，緘封置卧内，且死，當以授所善范純仁、范祖禹使上之。

凡居洛十五年，再任留司御史臺，四任提舉崇福宫。官制行，改太中大夫，加資政殿學士。

神宗崩，公赴闕臨，衛士見公入，皆以手加額，曰：「此司馬相公也。」民遮道呼曰：「公無歸洛，留相天子，活百姓。」所在數千人聚觀之。公懼，會放辭謝，遂徑歸洛。

太皇太后聞之，詰問主者，遣使勞公，問所當先者。公言：「近歲士大夫以言爲諱，閭閻愁苦於下，而上不知，明主憂懃於上，而下無所訴，此罪在羣臣，而愚民無知，歸怨先帝，宜下詔首開言路。」從之。下詔牓朝堂，而當時有不欲者，於詔詰中設六事以禁切言者曰：「若陰有所懷，犯非其分，或扇摇機事之重，或迎合已行之令，上以觀望朝廷之意以僥倖希進，下以眩惑流俗之情以干取虚譽，若此者，必罰無赦。」太皇太后封詔草以問公。公曰：「此非求諫，乃拒諫也。人臣惟不言，言則入六事矣。」時太府少卿宋彭年、水部員外郎王諤皆應詔言事，有欲借此二人以懲天下者，皆以非職而言，贖銅三十斤。公具論其情，且請改賜詔書，行之天下。從之。於是四方吏民，言新法不便者數千人。

公方草具所當行者，而太皇太后已有旨，散遣修京城役夫，罷減皇城内覘者，止御前工作，出近侍之無狀者三十餘人，戒敕中外無敢苛刻暴斂，廢導洛司物貨場，及民所養户馬寬保馬限，皆從中出，大臣不與。公上疏謝：「當今急務，陛下略已行之矣，小臣稽慢，罪當萬死。」詔除公知陳州，且過闕入見，使者勞問，相望於道。至則拜門下侍郎，公力辭，不許。數賜手詔：「先帝新棄天下，天子沖幼，此何時，而君辭位耶？」公不敢復望，以覃恩遷通議大夫。

初，神宗皇帝以英偉絶人之資，勵精求治，凛凛乎漢宣帝、唐太宗之上矣。而宰相王安石用心過當，急於功利，小人得乘間而入，吕惠卿之流以此得志，後者慕之，爭先相高，而天下病矣。先帝明聖，獨覺其非，出安石金陵，天下欣然，意法必變，雖安石亦自悔恨。其去而復用也，欲稍自改，而惠卿之流，恐法變身危，持之不肯改。然先帝終疑之，遂退安石，八年不復召，而惠卿亦再逐不用。元豐之末，天下多故，及二聖嗣位，民日夜引領以觀新政，而進説者以爲三年無改於父之道，欲稍損其甚者，毛舉數事以塞人言。公慨然爭之曰：「先帝之法，其善者，雖百世不可變也。若安石、惠卿等所建，爲天下害，非先帝本意者，改之當如救焚拯溺，猶恐不及。昔漢文帝除肉刑，斬右趾者棄市，笞五百者多死。景帝元年即改之。武帝作鹽鐵、榷酤、均輸等法。昭帝罷之。唐代宗縱宦官，公求賂遺，置客省拘滯四方之人。德宗立未三月，罷之。德宗晚年爲宫市，五坊小兒暴横，鹽鐵使月進羡餘。順宗即位，罷之。當時悦服，後世稱頌，未有或非之者也。况太皇太后以母改子，非子改父。」衆議乃定。

公以爲：「治亂之機，在於用人，邪正一分，則消長之勢自定。」每論事，必以人物爲先，凡所進退，皆天下所謂當然者，然後朝廷清明，人主始得聞天下利害之實。遂罷保甲團教，依義勇法，歲一閱。保馬不復買，見在者還監牧給諸軍。廢市易法，所儲物皆鬻之，不取息，而民所欠錢皆除其息。京東鑄鐵錢，河北、江西、福建、湖南鹽及福建茶法，皆復其舊。獨川、陝茶，以邊用，未即罷，遣使相視，去其甚者。户部左右曹錢穀，皆領之尚書。凡昔之三司使事，有散隸五曹及寺監者，皆歸户部，使尚書周知其數，量入以爲出。於是天下釋然，曰：「此先帝本意也，非吾君之子，不能行吾君之意。」時獨免役、青苗、將官之法猶在，而西戎之議未決也。

山陵畢，遷公正議大夫。公自以不與顧命，不敢當，詔不許。

元祐元年正月，公始得疾。詔公與尚書左丞吕公著朝會，與執政異班再拜而已，免舞蹈。公疾益甚，歎曰：「四患未除，吾死不瞑目矣。」乃力疾上疏論免役五害，乞直降敕罷之，率用熙寧以前法。有未便，州縣監司節級以聞，爲一路一州一縣法。詔即日行之。又論西戎大略，以和戎爲便，用兵爲非。時異議者甚衆，公持之益堅。其後太師文彦博議與公合，衆不能奪。又論將官之害，詔諸將兵皆隸州縣，軍政委守令通決之。又乞廢提舉常平司，以其事歸之轉運使及提點刑獄。公謂監司多新進少年，務爲刻急，天下病之，乞自太中大夫待制以上，於郡守中舉轉運使、提點刑獄，於通判中舉轉運判官。又以文學、德行、吏事、武略等爲十科，以求天下遺才，命文臣升朝以上，歲舉經明行修一人，以爲進士高選。皆從之。

拜左僕射。疾稍間，將起視事，詔免朝覲，許以肩輿三日一入都堂或門下尚書省。公不敢當，曰：「不見君，不可以視事。」詔公肩輿到内東門，子康扶入對小殿，且曰毋拜。公惶恐入對延和殿，再拜。遂罷青苗錢，專行常平糴糶法，以歲上中下熟爲三等，穀賤及下等則增價糴，貴及上等則減價糶，惟中等則否，及下等而不糴，及上等而不糶皆坐之。時二聖恭儉慈孝，視民如傷，虛己以聽公。公知無不爲，以身任天下之責。

數月復病，以九月丙辰朔，薨於西府，享年六十八。太皇太后聞之慟，上亦感涕不已。時方躬祀明堂，禮成不賀，二聖皆臨其喪，哭之哀甚，輟視朝三日。贈太師、温國公，襚以一品禮服，賻銀三千兩，絹四千匹，賜龍腦水銀以斂。命户部侍郎趙瞻、入内内侍省押班馮宗道護其喪，歸葬夏縣，官其親族十人。

公忠信孝友，恭儉正直，出於天性。自少及老，語未嘗妄，其好學如飢渴之嗜飲食，於財利紛華，如惡惡臭，誠心自然，天下信之。退居於洛，往來陝郊，陝洛間皆化其德，師其學，法其儉。有不善，曰：「君實得無知之乎！」博學無所不通，音樂、律曆、天文、書數，皆極其妙。晚節尤好禮，爲冠婚喪祭法，適古今之宜。不喜釋、老，曰：「其微言不能出吾書，其誕吾不信。」

不事生産，買第洛中，僅庇風雨。有田三頃，喪其夫人，質田以葬。惡衣菲食，以終其身。

自以爲遭遇聖明，言聽計從，欲以身徇天下，躬親庶務，不舍晝夜。賓客見其體羸，曰：「諸葛孔明二十罰以上皆親之，以此致疾，公不可以不戒。」公曰：「死生，命也。」爲之益力。病革，諄諄不復自覺，如夢中語，然皆朝廷天下事也。既没，其家得遺奏八紙，上之，皆手札論當世要務。京師民畫其像，刻印鬻之，家置一本，飲食必祝焉。四方皆遣人購之京師，時畫工有致富者。

有《文集》八十卷，《資治通鑑》二百九十四卷，《考異》三十卷，《歷年圖》七卷，《通曆》八十卷，《稽古録》二十卷，《本朝百官公卿表》六卷，《翰林詞草》三卷，《注古文孝經》一卷，《易説》三卷，《注繫辭》二卷，《注老子道德論》二卷，《集注太玄經》八卷，《大學中庸義》一卷，《集注揚子》十三卷，《文中子傳》一卷，《河外諮目》三卷，《書儀》八卷，《家範》四卷，《續詩話》一卷，《遊山行記》十二卷，《醫問》七篇。

其文如金玉穀帛藥石也，必有適於用，無益之文，未嘗一語及之。初，公患歷代史繁重，學者不能綜，況於人主，遂約戰國至秦二世，如左氏體，爲《通志》八卷以進。英宗悦之，命公續其書，置局秘閣，以其素所賢者劉攽、劉恕、范祖禹爲屬官。凡十九年而成，起周威烈王，訖五代，上下一千三百六十二載。其是非疑似之間，皆有辯論，一事而數説者，必考合異同而歸之一，作《考異》以志之。神宗尤重其書，以爲賢於荀悦，親爲製敘，賜名《資治通鑑》，詔邇英讀其書，賜潁邸舊書二千四百二卷。書成，拜資政殿學士，賜金帛甚厚。

娶張氏，禮部尚書存之女，封清河郡君，先公卒，追封温國夫人。子三人，童、唐，皆早亡；康，今爲秘書省校書郎。孫二人，植、桓，皆承務郎。

公歷事四朝，皆爲人主所敬。然神宗知公最深，公思有以報之，常摘孟子之言曰：「責難於君謂之恭，陳善閉邪謂之敬，謂吾君不能謂之賊。」故雖議論違忤，而神宗識其意，待之愈厚。及拜資政殿學士，蓋有意復用公也。夫復用公者，豈徒然哉，將必行其所言。公亦識其意，故爲政之日，自信而不疑。嗚呼，若先帝可謂知人矣，其知之也深；公可謂不負所知矣，其報之也大。軾從公遊二十年，知公平生爲詳，故録其大者爲行狀。其餘非天下所以治亂安危者，皆不載，謹狀。（《蘇軾文集》卷一六）

【司馬温公神道碑】上即位之三年，朝廷清明，百揆時敘，民安其生，風俗一變。異時薄夫鄙人，皆洗心易德，務爲忠厚，人人自重，恥言人過。中國無事，四夷稽首請命。惟西羌夏人，叛服不常，懷毒自疑，數入爲寇。上命諸將按兵不戰，示以形勢，不數月，生致大首領鬼章青宜結闕下。夏人十數萬寇涇原，至鎮戎城下，五日無所得，一夕遁去。而西羌兀征聲延以其族萬人來降。黄河始決曹村，既築靈平，復決小吴，横流五年，朔方騷然，而今歲之秋，積雨彌月，河不大溢，及冬，水入地益深，有北流赴海復禹舊迹之勢。凡上所欲，不求而獲，而其所惡，不麾而去。天下曉然知天意與上合，庶幾復見至治之成，家給人足，刑措不用，如咸平、景德間也。

或以問臣軾：「上與太皇太后安所施設而及此？」臣軾對曰：「在《易·大有》：『上九，自天祐之，吉，無不利。』孔子曰：『天之所助者，順也。人之所助者，信也。履信思乎順，又以尚賢也。是以自天祐之，吉，無不利。』今二聖躬信順以先天下，而用司馬公以致天下士，應是三德矣。且以臣觀之，公，仁人也。天相之矣。」「何以知其然也？」曰：「公以文章名於世，而以忠義自結人主。朝廷知之可也，四方之人何自知之？士大夫知之可也，農商走卒何自知之？中國知之可也，九夷八蠻何自知之？方其退居於洛，眇然如顔子之在陋巷，纍然如屈原之在陂澤，其與民相忘也久矣，而名震天下如雷霆，如河漢，如家至而日見之。聞其名者，雖愚無知如婦人孺子，勇悍難化如軍伍夷狄，以至於姦邪小人，雖惡其害己仇而疾之者，莫不斂衽變色，咨嗟太息，或至於流涕也。元豐之末，臣自登州入朝，過八州以至京師，民知其與公善也，所在數千人，聚而號呼於馬首曰：『寄謝司馬丞相，慎毋去朝廷，厚自愛，以活百姓。』如是者，蓋千餘里不絶。至京師，聞士大夫言，公初入朝，民擁其馬，至不得行，衛士見公，擎跽流涕者，不可勝數，公懼而歸洛。遼人、夏人遣使入朝，與吾使至虜中者，虜必問公起居，而遼人敕其邊吏曰：『中國相司馬矣，慎毋生事開邊隙。』其後公薨，京師之民罷市而往弔，鬻衣以致奠，巷哭以過車者，蓋以千萬數。上命户部侍郎趙瞻、内侍省押班馮宗道，護其喪歸葬。瞻等既還，皆言民哭公哀甚，如哭其私親。四方來會葬者，蓋數萬人。而嶺南封州父老相率致祭，且作佛事以薦公者，其詞尤哀。炷薌於手頂以送公葬者凡百餘人，而畫像以祠公者，天下皆是也。此豈人力也哉？天相之也。匹夫而能動天，亦必有道矣。非至誠一德，其孰能使之！《記》曰：『惟天下之至誠，爲能盡其性；能盡其性，則能盡人之性；能盡人之性，則能盡物之性；能盡物之性，則可以贊天地之化育矣。』《書》曰：『惟尹躬暨湯，咸有一德，克享天心。』又曰：『德惟一，動罔不吉。德二三，動罔不凶。』或以千金與人而人不喜，或以一言使人而人死之者，誠與不誠故也。稽天之潦，不能終朝，而一綫之溜，可以達石者，一與不一故也。誠而一，古之聖人不能加毫末於此矣，而況公乎！故臣論公之德，至於感人心，動天地，巍巍如此，而蔽之以二言，曰誠、曰一。」

公諱光，字君實。其先河内人，晉安平獻王孚之後，王之裔孫征東大將軍陽始葬今陝州夏縣涑水鄉，子孫因家焉。曾祖諱政，以五代衰亂不仕，贈太子太保。祖諱炫，舉進士，試秘書省校書郎，終於耀州富平縣令，贈太子太傅。考諱池，寶元、慶曆間名臣，終於兵部郎中，天章閣待制，贈太師温國公。曾祖妣薛氏，祖妣皇甫氏，妣聶氏，皆封温國太夫人。

公始以進士甲科事仁宗皇帝，至天章閣待制，知諫院。始發大議，乞立宗子爲後以安宗廟，宰相韓琦等因其言，遂定大計。事英宗皇帝爲諫議大夫，龍圖閣直學士。論陝西刺義勇爲民患，及内侍任守忠姦蠹，乞斬以謝天下，守忠竟以讁死。又論濮安懿王當準先朝封贈期親尊屬故事，天下韙之。事神宗皇帝爲翰林學士，御史中丞。西戎部將嵬名山欲以横山之衆降，公極論其不可納，後必爲邊患，已而果然。勸帝不受尊號，遂爲萬世法。及王安石爲相，始行青苗、助役、農田水利，謂之新法，公首言其害，以身爭之。當時士大夫不附安石，言新法不便者，皆倚公爲重。帝以公爲樞密副使，公以言不行，不受命。乃以爲端明殿學士，出知永興軍，遂以留司御史臺及提舉崇福宫，退居於洛十有五年。及上即位，太皇太后攝政，起公爲門下侍郎，遷正議大夫，遂拜左僕射。公首更詔書以開言路，分别邪正，進退其甚者十餘人。旋罷保甲、保馬、市易及諸道新行鹽鐵茶法，最後遂罷助役、青苗。方議取士擇守令監司以養民，期於富而教之，凜凜乎嚮至治矣。

而公卧病，以元祐元年九月丙辰朔，薨于位，享年六十八。太皇太后聞之慟，上亦感涕不已。時方祀明堂，禮成不賀。二聖皆臨其喪，哭之哀甚，輟視朝。贈太師温國公，襚以一品禮服，謚曰文正。官其親屬十人。公娶張氏，禮部尚書存之女，封清河郡君，先公卒，追封温國夫人。子三人，童、唐，皆早亡；康，今爲秘書省校書郎。孫二人，植、桓，皆承奉郎。以元祐三年正月辛酉，葬于陝之夏縣涑水南原之晁村。上以御篆表其墓道，曰忠清粹德之碑，而其文以命臣軾。

臣蓋嘗爲公行狀，而端明殿學士范鎮取以志其墓矣，故其詳不復再見，而獨論其大槩。議者徒見上與太皇太后進公之速，用公之盡，而不知神宗皇帝知公之深也。自士庶人至于卿大夫，相與爲賓師朋友，道足以相信，而權不足以相休戚，然猶同己則親之，異己則踈之，未有聞過而喜，受誨而不怒者也，而況於君臣之間乎？方熙寧中，朝廷政事與公所言無一不相違者，書數十上，皆盡言不諱，蓋自敵以下所不能堪，而先帝安受之，非特不怒而已，乃欲以爲左右輔弼之臣，至爲敘其所著書，讀之於邇英閣，不深知公，而能如是乎？二聖之知公也，知之於既同；而先帝之知公也，知之於方異。故臣以先帝爲難。昔齊神武皇帝寢疾，告其子世宗曰：「侯景專制河南十四年矣，諸將皆莫能敵，惟慕容紹宗可以制之。我故不貴，留以遺汝。」而唐太宗亦謂高宗：「汝於李勣無恩，我今責出之，汝當授以僕射。」乃出勣爲疊州都督。夫齊神武、唐太宗，雖未足以比隆先帝，而紹宗與勣，亦非公之流，然古之人君所以爲其子孫長計遠慮者，類皆如此。寧其身亡不受知人之名，而使其子孫專享得賢之利。先帝知公如此，而卒不盡用，安知其意不出於此乎？臣既書其事，乃拜手稽首而作詩曰：

於皇上帝，子惠我民。孰堪顧天，惟聖與仁。聖子受命，如堯之初。神母詔之，匪亟匪徐。聖神無心，孰左右之。民自擇相，我興授之。其相惟何，太師温公。公來自西，一馬二童。萬人環之，如渴赴泉。孰不見公，莫如我先。二聖忘己，惟公是式。公亦無我，惟民是度。民曰樂哉，既相司馬。爾賈于途，我耕于野。士曰時哉，既用君實。我後子先，時不可失。公如麟鳳，不鷙不搏。羽毛畢朝，雄狡率服。爲政一年，疾病半之。功則多矣，百年之思。知公于異，識公于微。匪公之思，神考是懷。天子萬年，四夷來同。薦于清廟，神考之功。（《蘇軾文集》卷一七）

【司馬光左僕射追封温國公制】敕：執德不回，用安社稷爲悦；以死勤事，坐致股肱或虧。方予訪落之初，遽興殄瘁之感。其於卹典，豈限彛章。具官司馬光，超軼絶塵，應期降命。蹈履九德，湛涵六經。逮事仁宗，以論思獻納任言責；翊我英祖，以安危治亂鑑古今。粤惟先朝，延登近弼。方事獻可而替否，不肯枉尺而直尋。紬繹新書，優游卒歲。乃心無不在王室，不起何以慰蒼生。顧惟眇躬，肇稱毖祀。雖未能求諸野而得傳説，亦庶幾選於衆而舉臯陶。激濁揚清，方甄明於流品；制法成治，永振惠於黎元。而憖遺之悲，天不得於一老；惴慄之歎，人皆輕於百身。兹大享於合寢，仍不預於小斂。師垣一品，降之九原。開國於温，用旌直德；納棺以襚，式勸具僚。念涕泗以無從，想話言之猶在。俯惟英爽，歆此寵靈。可特贈温國公。（《蘇軾文集》卷三九）

【故贈太師追封温國公司馬光安葬祭文】 嗚呼！元豐之末，天步惟艱。社稷之衛，中外所屬。惟是一老，屏予一人。名高當世，行滿天下。措國於太山之安，下令於流水之源。歲月未周，紀綱略定。天若相之，又復奪之。殄瘁不哀，古今所共。知之者神考，用之者聖母，馴致其道，太平可期。長爲宗臣，以表後世。往奠其葬，庶知予懷。（《蘇軾文集》卷四四）

【與司馬温公書一】 春末，景仁丈自洛還，伏辱賜教，副以《超然》雄篇，喜忭累日。尋以出京無暇，比到官，隨分紛冗，久稽裁謝，悚怍無已。比日不審台候何如？某强顔苟禄，忝竊中所愧於左右者多矣。未涯瞻奉，惟冀爲國自重，謹奉啓問。（《蘇軾文集》卷五〇）

【與司馬温公書二】 某再啓。《超然》之作，不惟不肖託附以爲寵，遂使東方陋州，以爲不朽之美事，然所以獎與則過矣。久不見公新文，忽領《獨樂園記》，誦味不已，輒不自揆，作一詩，聊發一

笑耳。彭城佳山水，魚蟹侔江湖，爭訟寂然，盜賊衰少，聊可藏拙。但朋遊闊遠，舍弟非久赴任，益岑寂也。(《蘇軾文集》卷五〇)

【與司馬温公書三】 謫居窮陋，如在井底，杳不知京洛之耗，不審邇日寢食何如？某以愚昧獲罪，咎自己招，無足言者。但波及左右，爲恨殊深。雖高風偉度，非此細故所能塵垢，然某思之，不啻芒背爾。寓居去江干無十步，風濤烟雨，曉夕百變，江南諸山，在几席下，此幸未始有也。雖有窘乏之憂，顧亦布褐藜藿而已。瞻晤無期，臨書悯然，伏乞以時善加調護。(《蘇軾文集》卷五〇)

【與司馬温公書四】 某頓首。孟冬薄寒，伏惟門下侍郎台候萬福。某即日蒙恩，罪戾之餘，寵命逾分，區區尺書，豈足上謝。又不敢廢此小禮，進退恐慄。未緣趨侍，伏冀上爲宗社精調寢興，下情祝頌之至。謹奉啓，不宣。(《蘇軾文集》卷五〇)

【與司馬温公書五】 某啓。去歲臨去黄州，嘗奉短啓，爾後行役無定，因循至今。聞公登庸，特與小民同增鼓舞而已。亦不敢上問，想識此意。(《蘇軾文集》卷五〇)

【祭司馬君實文】 左僕射贈太師温公之靈。嗚呼！百世一人，千載一時。惟時與人，鮮偶常奇。公事仁宗，百未一施。獨發大議，惟天我知。厚陵之初，先事而規。帝欲得民，一尊無私。母子之間，莫如孝慈。人所難言，我則易之。神宗知公，敬如蓍龜。專談仁義，輔以書詩。枉尺直尋，願公少卑。公曰天子，舜禹之姿。我若言利，非天誰欺。退居于洛，四海是儀。化及豚魚，名聞乳兒。二聖見公，曰予得師。付以衡石，惟公所爲。公亦何爲，視民所宜。有莠則鋤，有疾則醫。問疾所生，師老民疲。和戎上策，決用無疑。此計一定，太平可基。譬如農夫，既闢既菑。投種未粒，刈穫而炊。賓客滿門，公以疾辭。不見十日，入哭其帷。天爲雨泣，路人垂洟。畫像於家，飲食必祠。刈我衆僚，左右疇咨。共載一舟，喪其楫維。終天之訣，寧復來思。歌此奠章，以侑一卮。嗚呼哀哉！（《蘇軾文集》卷六三）

【書温公誌文異壙之語】《詩》云：「穀則異室，死則同穴。」古今之葬皆爲一室。獨蜀人爲一墳而異藏，其間爲通道，高不及肩，廣不容人。生者之室，謂之壽堂，以偶人被甲執戈，謂之壽神以守之，而以石甕塞其通道。既死而葬則去之。軾先夫人之葬也，先君爲壽室。其後先君之葬，歐陽公誌其墓，而司馬君實追爲先夫人墓誌，故其文曰：「蜀人之祔也，同壠而異壙。」君實性謙，以爲己之文不敢與歐陽公之文同藏也。東漢壽張侯樊宏，遺令棺柩一藏，不宜復見，如有腐敗，傷子孫之心，使與夫人同墳異藏。光武善之，以書示百官。蓋古亦有是也，然不爲通道，又非詩人同穴之義，故蜀人之葬最爲得禮也。（《蘇軾文集》卷六六）

【跋司馬温公布衾銘後】士之得道者，視死生禍福，如寒暑晝夜，不知所擇，而況膏粱脱粟文繡布褐之間哉！如是者，天地不能使之壽夭，人主不能使之貴賤，不得道而能若是乎？吾其敢以

恭儉名之。仲尼以簞瓢得之顔子，余於温公亦云。（《蘇軾文集》卷六六）

【記温公論茶墨】司馬温公嘗曰：「茶與墨政相反。茶欲白，墨欲黑。茶欲重，墨欲輕。茶欲新，墨欲陳。」予曰：「二物之質誠然，然亦有同者。」公曰：「謂何？」予曰：「奇茶妙墨皆香，是其德同也。皆堅，是其操同也。譬如賢人君子，妍醜黔晳之不同，其德操韞藏，實無以異。」公笑以爲是。元祐五年十月二十六日，醇老、全翁、元之、敦夫、子瞻，同游南屏寺。寺僧謙出奇茗如玉雪。適會三衢蔡熙之子瑶出所造墨，黑如漆。墨欲其黑，茶欲其白，物轉顛倒，未知孰是？大衆一笑而去。（《蘇軾文集》卷七〇）

【温公過人】晁無咎言：「司馬温公有言，吾無過人者，但平生所爲，未嘗有對人不可言者耳。」余亦記前輩有詩云：「怕人知事莫萌心。」此言皆可終身守之。（《蘇軾文集》卷七二）

【司馬君實獨樂園】青山在屋上，流水在屋下。中有五畝園，花竹秀而野。花香襲杖屨，竹色浸盞斝。樽酒樂餘春，棊局消長夏。洛陽古多士，風俗猶爾雅。先生卧不出，冠蓋傾洛社。雖云與衆樂，中有獨樂者。才全德不形，所貴知我寡。先生獨何事，四海望陶冶。兒童誦君實，走卒知司馬。持此欲安歸，造物不我捨。名聲逐吾輩，此病天所赭。撫掌笑先生，年來效喑啞。（《蘇軾詩集》卷一五）

孫升

温公大更法令，欽之、子瞻密言宜慮後患，温公起立拱手，厲聲曰：「天若祚宋，必無此事。」二人語塞而去。方其病也，猶肩輿見吕申公，議改都省。臨終，牀簀蕭然，惟枕間有役書一卷。故公爲挽詞云：「漏殘餘一榻，曾不爲黄金。」（《孫公談圃》卷上）

司馬温公隧碑，賜名「清忠粹德」。紹聖初，毁磨之際，大風走石。羣吏莫敢近，獨一匠氏揮斤而擊，未盡碎，忽仆于碑下而死。（《孫公談圃》卷上）

周秩

【劾司馬光奏】司馬光以元祐之政，以母改子，非子改父，失宗廟之計。朝廷之政，必正君臣之義，以定父子之親。豈有廢君臣父子之道，而專以母子爲言？遺詔明白，必以嗣君爲主，則光豈不知當循皇家父子之正統？光之謚曰「文正」。夫謚法之美極於文正。死而加以極美之謚，所以勸後也。今其所爲乖戾如此，當正其謚號之美惡，庶以懲後世。（《通鑑長編紀事本末》卷一〇一）

鍾正甫

【陳司馬光等悖逆無道事奏】伏聞朝廷以司馬光、吕公著、蘇軾、蘇轍等悖逆罪狀，命官置局，編録成書，以正邦刑，爲世大戒。臣竊恐朝廷尚有遺隱，未盡編録。今據臣所知，悉具奏陳，以備采擇。臣嘗與劉惟簡商議職事，因臣語及元祐初先帝陵土未乾，而善政已爲司馬光等變壞更張，造爲謗訕，不復有臣子之義。惟簡遂爲臣言光等姦黨相濟，逆亂自肆，最不可忍者二事。其一，元祐元年明堂，光等心懷怨懟，建議不以先帝配宗祀，而欲祀仁宗皇帝，先帝幾不得與祭。賴禮官何洵直力爭，以謂嚴父配天，古今之定禮，其事見於《孝經》，雖童稚皆能誦之。且自古無宗祀祖考于明堂者，其議遂寢，而先帝始不廢于宗祀。此皆悖逆無道，非臣子之所宜言。臣與惟簡相對流涕欷歔，憤惋切齒，而恨其事不得遽聞于上聽，以治光等之罪也。今惟簡既死，竊恐朝廷未及采問，而光等罪惡有所隱脱，臣雖守郡在遠，輒慕古人「見無禮于其君者，如鷹鸇逐鳥雀」之義，拳拳忠憤，不能自已。（《續資治通鑑長編》卷四九四）

章惇

【駁司馬光劄子奏】近奉旨與三省同進呈司馬光《乞罷免役行差役事劄子》，已於初六日同進呈畫旨訖。臣以此事不屬樞密院，又自去秋以來，直至今春，司馬光止與三省商議，樞密本不預聞，兼劄子止降付三省，御封亦止付三省，未委三省初四日進呈，因何乞與樞密院同進呈？況役事利害，所繫至大，臣素不與議論，何由考究？劄子中所言利害本末，臣初五日與三省聚廳處曾言：「若同進呈，須且留此文字，子細看詳三五日。」時韓縝云：「司馬光文字豈敢住滯，來日便須進呈。」既不曾素與議論，又不曾細看文字，其間利害，斷未敢措詞，其於進呈，止同共開展，至於可否，但決之三省，臣實不知。當時同三省進呈，雖已奉旨依奏，臣於簾前已曾具此因依陳述，後來户部繳連到敕文，臣曉夕反覆看詳，方見其間甚多疎略，謹具條陳下項：

一，今月初三日劄子内稱「舊日差役之時，上户雖差充役次，有所陪備，然年滿之後，卻得休息數年，營治家産，以備後役。今年年出錢，無有休息，或所出錢多於往日充役陪備之費，其害一也」。又十七日劄子内卻稱「彼免役錢雖於下户困苦，而上户優便，行之已近二十年，人情習熟，一旦變更，不能不懷異同」。臣看詳司馬光初三日劄子内，竭言「上户以差役爲便，以出免役錢爲害」，至十七日劄子内卻言「彼免役錢雖於下户困苦，而上户優便」。旬日之間，兩入劄子，而所言上户利害正相反，未審因何違戾乃爾。臣觀司馬光忠直至誠，豈至如此反覆，必是講求未得審實，率爾而言，以此推之，措置變法之方，必恐未能盡善。

一，稱「舊日差役之時，所差皆土著良民，各有宗族田産。使之作公人及管勾諸事，各自愛惜，少敢大段作過。使之主守官物，少敢侵盜。所以然者，事發逃亡，有宗族田産以累其心故也。今召募四方浮浪之人，使之充役，無宗族田産之累，作公人則恣爲姦僞，曲法受贓，主守官物則侵欺盜用，一旦事發，則挈家亡去，變姓名往別州縣投名，官司無從追捕，官物亦無處理索」。臣看詳司馬光前項所言，亦有所因，蓋比來降出臣庶所上封章内，往往泛爲此説，但是言者設疑之一端，未必事實。且召募役人之法，自有家業保識，若是主持官物者，便是長名衙前，比舊惟不買撲坊場，至於支酬重難，與月給工食錢，亦自不當薄，豈有無宗族田産浮浪之人得投充此役？臣自當行免役新法以來，三經典郡，每每詢問募役次第，但聞縣下所召承帖人，多是浮浪，每遇追呼勾當，多行騷擾。若朝廷欲知事實，但令逐路監司指定一州差役時，即自熙寧元年已前，免役法行後，即自元豐元年已後，各具三年内主持官物衙前有若干人犯侵盜，各是何姓名，得何刑罪，便可立見有無。至如州縣曹司，舊法差役之人，時亦召人户投名應役，直是無人可召，方行定差。其所差人，往往不曾行遣，惟是雇人代寫文書。所差之人但占名著字，事有失措，身當決罰而已，民間中下人户甚以爲苦。自免役法行，或勒嚮來受雇行遣人充手分，支與雇錢。設若此等人曲法受贓，即與舊日何異？

一，稱「提舉常平倉司惟務多斂役錢，廣積寬剩以爲功，希求進用。今朝廷雖有指揮，令役錢寬剩不得過二分，竊慮聚斂之臣依傍役錢，別作名目，隱藏寬剩，使幽遠之人不被聖澤」。臣看詳所言，亦未中事理。大抵常人之情，謀己私利者多，而向公愛民者少。若朝廷以積錢多爲賞勸，則必聚斂邀功。今朝廷既不許多收寬剩，又掊克者必行黜罰，則提舉官若非病狂，豈肯力求黜罰？況役錢若有寬剩，未委作何名目可以隱藏，以此驗知，言已疎闊。

一，稱「臣民封事言民間疾苦，所降出者，約數十章，無有不言免役之害，足知其爲天下之公患無疑」。臣看詳臣民封事降出者，言免役不便者固多，然其間言免役之法爲便者，亦自不少。但司馬光以其所言異己，不爲籤出，蓋非人人皆言免役爲害，事理分明。然臣愚所見，凡言便者，多上等人户，言不便者，多下等人户。大抵封事所言利害，各是偏辭，未可全憑以定虛實當否，惟須詳究事實，方可興利除害。況此免役之法，利害相雜，臣今所言，非謂不可更改。要之，改法須是曲盡人情，使纖悉備具，則推行之後，各有條理，更無騷擾。緣今來司馬光變法之意雖善，而變法之術全疎，苟在速行，無所措置。免役之害雖去，差役之害復生，不免向去生民受敝，而國家之德澤終不下流，甚爲可惜。若及此時盡心講求利害之當，使法成之後，經久可行，國家政事修完，生民永永蒙利，豈不盡美？

一，稱「莫若直降敕命，應天下免役悉罷。其諸色役人並依熙寧元年以前舊法人數，委本縣令佐親自揭五等丁産簿定差，仍令刑部檢按熙寧元年《見行差役條貫》，雕印頒下諸州」。臣看詳此一節，尤爲疎略，全然不可施行。且如熙寧元年役人數目甚多，後來屢經裁減，三分去一，今來豈可悉依舊數定差？又令刑部檢熙寧元年《見行差役條貫》，雕印頒下諸州，且舊日每修編敕，比至雕印頒行之時，其間衝改已將及半。蓋以事目歲月更改，理須續降後敕令。今日天下政事，比熙寧元年以前改更不可勝數，事既與舊不同，豈可悉檢用熙寧元年《見行條貫》？竊詳司馬光之意，必謂止是差役一事，今既差役依舊，則當時條貫便可施行。不知雖是差役一事，而官司上下關連事目極多，條貫動相干涉，豈可單用差役一門？顯見施行未得。

一，稱「向日差役之時，有因重難破家產者，朝廷爲此始議作助役法。然自後條貫優假衙前，應公使庫設廚酒庫、茶酒司，並差將校勾當。又上京綱運，召得替官員，或以殿侍、軍大將管押，其粗色及畸零之物，差將校或節級管押，衙前苦無差遣」。臣看詳此一節，自行免役法後來，凡所差將校勾當廚庫等處，各有月給食錢。其召募官員使臣差弁、使臣將校節級，管押綱運官物，並各有路費等錢，皆是支破役錢。今既差役，則無錢可支，何由更差將校管勾及召募官員等管押？

一，稱「若以衙前鄉户力難以獨任，即乞依舊於官户、僧寺、道觀、單丁、女户有屋業，每月掠錢及十五貫，莊田中年所收斛斗及百石以上者，並令隨貧富等第出助役錢，不及此數者放免，其餘產業並約此爲準」。臣看詳自免役法行，官户、寺觀、單丁、女户各已有等第出納役錢之法。今若既出助役錢，自可依舊，何須一切並行改變，顯見不易。又更令凡莊田中年所收百斛以上亦納助役錢，即尤爲刻剥。凡内地中年百石斛斗，粗細兩色相兼，共不直二十千錢，若是不通水路州軍，不過直十四五千而已。雖是河北緣邊，不過可直三十來千，陝西、河東緣邊州郡四五十千，免役法中皆是不出役錢之人。似此等第，官户、寺觀送納固已非宜，況單丁、女户尤是孤弱，若令出納，豈不便爲深害？此尤不可施行。

一，稱「慮天下役人利害，逐處各有不同，欲乞今來敕内更行指揮，下開封府界及諸路轉運司，牒下諸州縣，委逐縣官看詳。若依今來指揮，别無妨礙，可以施行，即便施行。若有妨礙，致施行未得，即限敕書到五日内，具利害擘畫申本州；類聚諸縣所申，擇其可取者，限敕書到一月内具利害擘畫申轉運司；類聚諸州所申，擇其可取者，限敕書到一季内具利害擘畫以聞」。又十七日劄子内稱「伏望朝廷執之堅如金石，雖有小小利害未備，候諸路轉運司奏到，徐爲改更，亦未爲晚」。臣看詳今日更張政事所繫生民利害，免役、差役之法最大，極須詳審，不可輕易。況役法利害所基，先自縣首，理須寬以期限，令諸縣詳議利害，曲盡逐處所宜，則法可久行，民間受賜。今來止限五日，諸縣何由擘畫利害？詳光之意，務欲速行以便民。不知如此更張草草，反更爲害。諸路州軍見此指揮，必妄意朝廷惟在速了，不欲令人更有議論，故立此限逼促施行。猶望風希合，以速爲能，豈更有擘畫？上項兩節乃是空文，且諸縣既迫以五日之限，苟且施行，猶恐不暇，何由更具利害申陳？諸州憑何擘畫？諸州既無擘畫，轉運司欲具利害，將何以憑？又況人懷觀望，誰肯措置？如此則生民受敝，未有已時。光雖有憂國愛民之志，而不講變法之術，措置無方，施行無緒。可惜朝廷良法美意，又將偏廢於此時，有識之人，無不喟歎。伏乞更加審議。

臣所看詳，且據司馬光劄子内牴牾事節而已，至於見行役法，今日自合更改修完。但緣差役、免役各有利害，要在講求措置之方，使之盡善。臣再詳司馬光所言「下户出免役錢，驅迫貧民，剥膚椎髓，弱者轉死溝壑，强者聚爲盜賊」，及言「民間求錢納官，至於拆屋伐桑以賣薪，殺牛以賣肉」，其言太過。凡近下人户，誠是不願納。然自行法以來十五餘年，未聞民間因納免役錢有如此事。訪聞中間西事軍興，科率及科買軍器物料、牛皮筋角，極爲騷擾，民間往往殺牛取皮、筋、角納官，並田産牛具，伐桑柘毁屋以應副軍期，即非役法所致。大抵光所論事亦多過當。惟是稱「下户元不充役，今來一例納錢，又錢非民間所鑄，皆出於官。上農之家所多有者，不過莊田、穀帛、牛具、桑柘而已，穀賤已自傷農，官中更以免役及諸色錢督之，則穀愈賤」。此二事最爲論免役納錢利害要切之言。然初朝廷自議行免役之時，本爲差役，民受困敝，大則破家，小則毁身，所以議改新法。但爲當時所遣使者，不能體先帝愛民之志，成就法意之良，惟欲因事以爲己功，或務苟且速就，或務多取役錢，妄意百端，徼倖求進。法行之後，差役之舊害雖已盡去，而免役之新害隨而復生，民間徒見輸納之勞，而不知朝廷愛民利物之意。今日正是更張修完之時，理當詳審。況逐路、逐州、逐縣之間，利害不同，並須隨宜擘畫。如臣愚見，謂不若先具此意，申敕轉運、提舉司官，諸州諸縣，各令盡心講求，豫具利害，擘畫次第，以俟朝廷遣使就逐處措置。此命既已先行，人人莫不用心。然後朝廷選公正强明、曉練政事官四員充使，逐官各更選辟曉練政事官兩員隨行管勾，且令分使京東、京西兩路，每路兩員使者、四員隨行管勾官，與轉運或提舉官親詣逐州縣，體問民間利害，是何等人户願出役錢，是何等人户不願出役錢，是何等人户色役可差，是何等色役可雇，是何等人户雖不願出錢而可以使之出錢，是何重難優輕可增可減。緣人户貧富、役次多寡與重難優輕窠名，州州縣縣不同，理須隨宜措置。既見得利害子細，然後條具措置事節，逐旋聞奏，降敕施行。如此不過半年之間，可以了此兩路。然後更遣此已經措置官員分往四路，逐員各更令辟一員未經措置曉達政事官同行，不過半年之間，又可措置四路，然後依前分遣，徧往諸路，如此則遠不過一二年之間，天下役法措置悉已周遍。法既曲盡其宜，生民永蒙惠澤，上則成先帝之美志，下則興無窮之大利。與今日草草變革一切，苟欲速行之弊，其爲利害相遠萬萬。伏望聖慈，特賜宸慮，詳加省覽。（《續資治通鑑長編》卷三六七）

蘇　轍

【代三省祭司馬丞相文】嗚呼！元豐末命，震驚四方。號令所從，帷幄是望。公來自西，會哭於廷。縉紳咨嗟，復見老成。太任在位，成王在左。曰予惸惸，誰卹予禍？白髮蒼顔，三世之臣。不留相予，孰左右民？公出於道，民聚而呼。皆曰吾父，歸歟歸歟。公畏莫當，遄反洛師。授之宛丘，實將用之。

公之來思，岌然特立。身如槁木，心如金石。時當宅憂，恭默不言。一二卿士，代天斡旋。事棼如絲，衆比如櫛。治亂之幾，間不容髮。公身當之，所恃惟誠。吾民苟安，吾君則寧。以順得天，以信得人。鋤去太甚，復其本原。白叟黄童，織婦耕夫。庶幾休焉，日月以須。公乘安輿，入見延和。裕民之言，之死靡他。將享合宫，百辟咸事。公病於家，卧不時起。明日當齋，公訃暮聞。天以雨泣，都人酸辛。禮成不賀，人識君意。龍衮蟬冠，遂以往襚。公之初來，民執弓矛。逮公永歸，既耕且耰。公雖云亡，其志則存。國有成法，朝有正人。持而守之，有進毋隕。匪以報公，維以報君。天子聖明，神母萬年。民不告勤，公志則然。死者復生，信我此言。嗚呼哀哉，尚饗。（《欒城集》卷二六）

【司馬温公挽辭】白髮三朝舊，青山一布衾。封章留帝所，德澤在人心。未起謳吟切，來歸顧託深。楊公不久住，天意定難忱。

決策傳賢際，危言變法初。紛紛看往事，一一驗遺書。富貴終何有，清貧只自如。西州不忍過，行哭便回車。

區區非爲己，懇懇欲亡生。力盡心終在，身忘勢亦成。遺民抛劍戟，故老半公卿。魏丙生前友，俱傳漢相名。

少年真狷淺，射策本飍疏。欲廣忠言地，先收衆棄餘。流離見更化，邂逅捧除書。趙孟終知厥，他人恐罵予。（《欒城集》卷一四）

【論傳堯俞等奏狀謂司馬光爲司馬相公狀】右，臣今年二月曾上言，朝廷初行差役之法，其間衙前一役最爲重難，民間所苦，宜以賣坊場錢及坊郭、官户、寺觀、單丁、女户所出役錢量行裁減，雇募衙前，以免民間重役之害。後來蒙朝廷差臣兄軾詳定役法，軾議論與臣無異，致與本局商量不合，陳乞罷免。尋蒙朝廷依軾所乞，臣以兄弟之嫌，未敢再有論列。今竊聞監察御史陳次升奏，以役法大要未定，人情熒惑，乞敕詳定役法所，疾速議定合差合雇色額，及官户、寺觀、單丁、女户等敷出役錢則例，先次施行。其州縣事體不同，難以直行處分者，候諸處申到相度裁定。蒙聖旨批送詳定役法所。臣看詳次升所言役人合差合雇色額，及官户、寺觀、單丁、女户合出役錢則例，實係役法要節，當今所宜先定。其詳定役法所並不公心定奪，奏稱准元祐元年二月七日敕，應天下免役錢一切並罷，其諸色役人並依熙寧元年以前舊法定差，及七月三日朝旨，司馬相公申明指揮，招差役人大要已定。終不明言何役合差，何役合雇。至於官户、寺觀、單丁、女户合出役錢，只言七月三日朝旨未得施行，亦不明言合如何立爲則例。據此奏陳，但務求合取容，雖言事官所陳，更不講論曲直。況司馬光雖爲宰相，而君前臣名，禮有定分。今詳定役法所乃於奏狀中謂光爲司馬相公，苟申私敬，不顧上下之禮，曲意推奉，一至於此。而朝廷望其能别白是非，立爲成法，亦已難矣。臣恐此風一扇，臣主之分自此陵夷，不唯朝廷之害，亦非所以安光之道也。謹按詳定役法官，皆侍從儒臣，不容不知朝廷儀式。伏乞取問奏狀中不名宰相出何典法，及勒令早定役人合差合雇色額，及坊郭、官户、寺觀、單丁、女户合出役錢則例。申奏行下，令民間早知定法，不至皇惑。謹録奏聞，伏候敕旨。（《欒城集》卷四〇）

治平中，韓魏公建議於陝西刺義勇……司馬君實時爲諫官，極言不便，持劄子至中書堂。魏公曰："兵貴先聲後實，今諒祚勢方桀驁，使聞陝西驟益二十萬兵，豈不震慴？"君實曰："兵之用先聲，爲無其實也，獨可以欺之於一日之間耳，少緩，則敵知其情，不可復用矣。今吾雖益二十萬兵，然實不可用，不過十日，西人知其詳，不復懼矣。"魏公不能答，復曰："君但見慶曆間，陝西鄉兵初刺手背，後皆刺面充正兵，憂今復爾耳。今已降敕牓與民約，永不充軍戍邊矣。"君實曰："朝廷屢失信，民間皆憂此事，未敢以敕牓爲信，雖光亦未免疑也。"魏公曰："吾在此，君無憂此言之不信。」君實曰：「光終不敢奉信，但恐相公亦不能自信耳。」魏公怒曰：「君何相輕甚耶？」君實曰：「相公長在此坐可也，萬一均逸偃藩，它人在此，因相公見成之兵，遣之運糧戍邊，反掌間事耳。」魏公默然，竟不爲止。其後不十年，義勇運糧戍邊，率以爲常，一如君實之言。（《龍川別志》卷下）

呂希純

【論司馬光薨乞罷紫宸殿稱賀奏】臣謹按，《禮記·檀弓》：「衛有太史曰柳莊，寢疾，公曰：『若疾革，雖當祭，必告。』公再拜稽首，請於尸曰：『有臣柳莊也者，非寡人之臣，社稷之臣也。』聞之死，請往。」《春秋》書：「仲遂卒于垂，壬午猶繹，萬入去籥。仲尼曰：『非禮也，卿卒不繹。』」以此見古之人君，聞大臣之喪，雖宗廟之祭皆廢。今來宰臣司馬光，其薨適在明堂散齋日内。嚴父配天，國之大典，固不可廢；至于御樓肆赦，恐亦難罷。唯是紫宸殿受賀一節，緣是慶賀之事，比之宗廟之祭爲輕。方聖情軫悼元臣，而羣臣拜舞稱慶，恐於禮義人情，未爲宜稱。所有今來禮畢，紫宸立班，伏乞聖慈，特賜詳酌指揮。（《宋諸臣奏議》卷九三）

張舜民

【題温公布衾銘後】執布衾而求温公之德，亦何異持筌坐水濱而待魚者。《布衾銘》、《紳銘》、《義方要旨》三軸，皆温公所書，有趙大觀公休跋尾。竊思自元祐丙寅至于庚午，不五年間，三人相繼而逝。墨色如新，而云亡屢歎。（《國朝二百家名賢文粹》卷一九二）

司馬温公與龐元魯俱爲張存龍圖壻，張夫人賢惠。龐潁公帥太原，温公從辟，是年三十餘，未有子，龐公與劉夫人欲有所置。劉發之，張欣然莫逆，未幾得之。凡歲幾朝，温公未嘗盼睞，龐、劉知之，必以主母在嫌。一日，召張夫人賞花，温公不出。食已具，是婢靚粧，就書院供茶，温公怫然曰：「這下人，今日院君不在宅，爾出來此作甚麽？」明日，潁公幕府白司馬院丞卻有祖風，謂相如、卓氏也。縣君孫兆曰：「司馬院丞可惜不會彈琴，卻會鼈廝趯。」聞者大笑。（《畫墁録》）

范祖禹

【司馬温公挽詞】伊吕爲時耦，夷齊得聖清。精忠貫日月，至行格神明。微物霑仁澤，窮荒服德名。須知千載後，瞻仰重嵩衡。

文母扶皇運，成王紹慶基。蕭公翼左右，裴相繫安危。共恨登庸晚，俄成殄瘁悲。旂常紀勳業，長與日星垂。

上相經綸日，羣生化育中。初開仁壽域，重立太平功。海寓還淳俗，朝廷復古風。英靈在王室，應佑宋無窮。

盡瘁憂民瘼，孤忠簡聖心。忘身甘首疾，報國競分陰。天奪楊公速，人思召伯深。秋風咽笳鼓，行路泣成霖。

自昔龍門峻，叨蒙國士知。紬書陪太史，問學仰宗師。一紀依林壑，千秋隔履綦。餘生愧簪紱，無路送靈輀。（《范太史集》卷三）

【司馬温公布衾銘記】温國文正公所服之布衾，隸書百有十字，曰「景仁惠」者，端明殿學士范蜀公所贈也。曰「堯夫銘」者，右僕射高平公所作也。元豐中，公在洛，蜀公自許往訪之，贈以是衾。先是，高平公作《布衾銘》以戒學者，公愛其文義，取而書於衾之首。及寢疾東府，治命斂以深衣，而覆以是衾。公於物澹無所好，唯於德義若利欲。其清如水，而澄之不已；其直如矢，而端之不止。故其居處必有法，動作必有禮。其被服如陋巷之士，一室蕭然，圖書盈几，終日靜坐，泊如也。又以圓木爲警枕，小睡則枕轉而覺，乃起讀書。蓋恭儉勤禮，出於天性，自以爲適，不勉而能。與二范公爲心交，以直道相與，以忠告相益，凡皆如此。其誠心終始如一，將歿而猶不忘。某觀公大節與其細行，雖不可遽數，然本於至誠無欲，天下信之。故能奮然有爲，超絶古今。居洛十五年，若將終身焉，一起而功被天下，内之嬰童婦女，外之蠻夷戎狄，莫不敬其德，服其名，唯至誠故也。公兄子宏得公手澤紙本於家，屬某序其本末，俾後世師公之儉云。元祐三年七月壬子，范某謹記。（《范太史集》卷三六）

【祭司馬文正公文】維元祐元年，歲次柔兆攝提格，九月丙辰朔，二十五日庚辰，門生具官范某，謹以深衣肴酌之奠，敬祭於太師温國公之靈。嗚呼！賢哲之生，得天粹精。伊尹之任，伯夷之清。惟公兼之，以集厥成。孝悌之性，感於神明。立於朝廷，乃見大節。莫堅金石，莫明日月。金鑠石毁，日昃月闕。公之忠誠，確不可奪。山有時而裂，谷有時而竭。玉有時而折，斧有時而缺。公之義烈，直不可屈。是故三公之位不能貴，萬鍾之禄不能富。公貴以德，公富以義。公所自有，非由外致。天下之士，聞公之風，貪者廉、懦者有立志。其流波之所激，餘風之所被，千世之下，猶將興起。充塞天地，外格夷狄。無有遠邇，愛戴如一。三尺之童，服公忠實。跂行喙息，被公德澤。進以天下，退以天下。凡民休戚，繫公用舍。爰立作相，六合鼓舞。如熱得濯，如饑得哺。曰明明天子，聖后惟母，子育我黎民，卑茲哲輔。盡瘁憂勤，不知有身。終食之間，不忘愛君。假寐之頃，亦常在民。遑恤其病，以至於歿。孰有如公，以身殉國。某自爲布衣，辱公之知。教誨成就，義兼父師。昔聞於公，生欲不欺，死欲不愧。奉以周旋，其敢失墜。從公在洛，十有三年。忝命還都，公入陶甄。謂别復合，如形影然。公今喪歸，乃始長乖。流慟何及，終天永懷。昔者子貢，築室於場。嗟今不能，撫己隕傷。薄奠矢辭，公乎不亡。尚饗。（《范太史集》卷三七）

【又祭司馬文正公文】元祐二年正月某日，門生范某，敬以清酌時羞之奠，祭於太師温國文正公。惟公静也嶽立，動也川騖。宅道之奥，操治之具。舉而措之，事不愆素。期年而定，忽失其據。二聖軫悼，萬民思慕。愈久愈深，惟誠之著。峴首墮淚，蜀人野祭。方之今日，曾未足紀。某蚤以諸生，辱公之知。從公半世，以及長辭。日月其逝，宅兆已卜。義當奔走，千里赴哭。官守有常，又義不得。公之風烈，在於天下。一話一言，爲法來者。有狀有銘，有贈有謚。顧惟小子，復何述矣。猶當執筆，傳公行事。詳記實書，以待良史。寓奠告公，鑑此精意。尚饗。（《范太史集》卷三七）

【告文正公廟文】維元祐七年歲次玄默涒灘，二月甲寅朔，二十日，門人范某，謹用清酒香燭，虔告於温國文正公。昔孔子作《春秋》，絶筆三年而没，至漢而《春秋》始用。太史公作《史記》，既歷三世，其書始行。揚子雲作《太玄》，後二百歲而《玄》始興。古之聖賢作經著書，期於後世，不必親覩其行於世也。子雲有言：「聖人愈鈍而後利，衆人愈利而後鈍。」不其然歟？《資治》之書凡十六代一千三百六十二年，可謂遠矣。歷英祖至神考二世，十九年而成，可謂久矣。公之精力盡於此書，可謂至矣。元祐之初，有詔刻板摹印。今已奏御，頒及公卿，而公父子皆不及見也。此書藏於帝室，副在名山，今又立於學官，與六籍並行。天下之士，聞公之名則想公之風，讀公之書則見公之志，千載之下，其猶存也。古者富貴而名磨滅者不可勝紀，惟立德、立言可以不朽。爲公相者，當時則用，没則已焉，去不旋踵，而後之人易其所爲者多矣。惟公没既久而人思益深，其政在朝廷以爲準的，其書在學者以爲宗師，公其可無憾矣。今天子遣使以印本賜公家，某與成此書，故敢告終事於公之廟室，惟昭鑑之。尚饗。（《范太史集》卷三七）

【祭文正公墓文】維紹聖元年，歲次甲戌，七月庚子朔，門人龍圖閣學士、左朝奉大夫、前知陝州軍府事范某，謹以香幣時羞之奠，昭告於太師温國文正公。道有至公，德不以力。衆所同然，天不可易。古之聖哲，以衆爲師。衆不我秘，亦不我欺。匪力可致，惟誠之爲。伯夷之清，柳下之潔。三尺之童，莫不心悦。如彼白日，幽必見之。又如雷霆，隱必聞之。惟公之名，溥被四海。本其一心，罔有内外。著之簡册，發爲事功。加於生民，澤浸無窮。公初爲相，夷狄咸喜。公没於府，海濱來祭。歷考前世，名德之宰。三代以來，蓋未之有。某自昔從公，十有七載。今守是邦，歲月其邁。入敬公里，遺烈如在。近望公墓，不獲展拜。寫誠於文，薦此清酌。尚饗。（《范太史集》卷三七）

孔武仲

【司馬温公挽詩】龍卧南陽久，天回北斗高。廟堂更政化，巖谷起英髦。正色朝端肅，華巔國務勞。西州忽移翣，風木動悲號。

鼎鼐華元老，朝廷倚上台。除疴得針砭，作解有風雷。尚冀松椿壽，誰令柱石摧。英靈參列宿，餘惠在春臺。

賜告恩稠疊，聞喪上震驚。秋原無喜色，夜雨有悲聲。世路嗟存没，公心達死生。蓬山預讎校，新見史書成。

高步朝廷上，羽儀鵷鷺行。精誠貫金石，素節履冰霜。爽氣今仍在，斯人没不亡。嵩雲自閒暇，長映讀書堂。

拙與世沈浮，登門二十秋。雲天曾送上，風壑此來遊。霄漢三台坐，江湖萬里舟。摳衣已不及，慘愴逝川流。（《清江三孔集》卷十）

司馬富

【刻司馬光布衾銘題記】先叔丞相頃歲嘗以隸寫《布衾銘》示子孫，俾遵儉德。元祐戊辰，姪富

摸勒於石，以傳永久。（《山右石刻叢編》卷一五）

【修太師温國公墳記】元祐元年九月丙辰朔，尚書左僕射司馬公薨於位。翌日，上遣使詔其孤康曰：「余之藎臣，盡瘁國家，以損厥壽，朕甚愍焉。其從官葬，以報其功。」康稽顙泣血而辭曰：「陛下之先臣，實有儉德，平生屢勑子孫以薄葬，自爲終制，書尚存也。今朝廷之制甚大崇廣，上費縣官，下勞民力，懼非先臣之本志也，臣敢固辭。」又明日，上復遣使諭旨曰：「若爾，何以報爲臣之忠且勤者？予自答乃父，此非乃所得辭也。」上復諭諸大臣，令曉以不可辭之旨。康對曰：「臣奉先人之訓，不敢不以聞先臣之志若此。陛下以君命奪之，無不可者，敢不惟陛下之令。」於是詔尚書户部侍郎趙瞻、入内内侍省押班馮宗道護公器歸陝州夏縣里第。先，喪未發，命入内内侍省供奉官李永言會開封縣尉廷，挾太史禮直官，乘驛詣涑川先塋相地卜宅，於是以十月甲午掘壙，發陝、解、蒲、華四州卒穿土，復選上方百工爲喪具。十一月，復命富提舉之。十二月丙戌，墓成其制云。凡用一萬八千九百三十三工，蓋比初計減九千九百三十八工。按舊制，甓壙爲石門，中爲儀槨，内供奉李君初蒞事，則謂康曰：「敕葬之制雖舊章，其未安者，小損益之可也。竊惟丞相之志，好實用而惡虚飾，彼石門難得，儀槨華靡，爲費甚大。是二物者，足以當其餘百數十品矣，而實於葬無用也。或能省之，可以減縣官之費十五六，而民不病，若何？」康對曰：「唯。」於是易石門以柏，而撤儀槨不用。不踰時而功就，民無病者。李君善撫士卒，卹其饑寒，而知其勞苦，故自經始至於竣事，無一人莩而死者，則其能可知矣。於是役也，富實與總蒞，惟叔父之忠而勤事，聖主之仁而報功，歎息感泣，不能自已。又使者將命敏而從宜，費少而民安，工省而事集，上足以副聖君優賢卹民之志，下足以慰忠臣好儉愛物之心，不可以莫之記也，於是爲記。（雍正《山西通志》卷二〇二）

司馬桂

【修忠清粹德樓記】丞相司馬公既葬之明年，天子勅翰林學士蘇公撰公隧碑之文，論次大節元勳而銘之。上親爲篆字以表其首，曰「忠清粹德之碑」。且命内侍李永言、從孫桂督將作百工，調卒募夫，起樓於墓之東南以居焉。永言、桂既受命，即裁省浮華，損約制度，使無侈前人，無廢後觀，凡七月而畢事。其土木金石圬墁丹雘之工，總會一萬六千有奇，而所損之數稱是。樓之大制，基極相距凡四丈有五尺，上爲四門，門二牖，下爲二門，門一堿。複閣周於碑，迴廊環於閣，繚垣四起，爲之蔽衛。此其大略也。至於連甍旅楹，從廣延袤之詳，則匠氏存焉。竊嘗念本朝元老之勳德既如彼，而天子之褒恤又如此，不可茂而無聞也。嘗思發明朝廷之意，而揄揚君相之美，刻石紀實，使天下後世曉然知之，蓋亦不敢徒爲有司之文具而已。伏觀千古致治之隆，無踰於三代之盛。非獨君之聖也，臣知盡其忠；非獨臣之賢也，君能致其禮。上致禮以使下，下盡忠以報上，故當時太平有不足致，而後世高仰若不可及也。昔之大臣有左右弼亮之勞，訏謀獻納之勤者，天子既録之於其生，又録之於其死。是以藏名於盟府，配饗於宗廟，紀於旂常，勒於鐘鼎，使與日月並垂，金石不泯，其爲紀功，可謂至矣。雖然，又不若巨碑偉字，陳列茂績，巋然立於墓道之前，使千載而下知堯、舜之君有稷、卨之臣，觀其文，如覩其人，思其人，如生其世，遐想高慕而不可見，則欷歔歎息而不自勝。非獨搢紳之士能講論談述於上，而閭閻之民亦將謳歌吟頌於下，其踰於古，顧不多哉。嗚呼！後之視今，且復如是。況適當其時而親其事者，安得而默也。（光緒《山西通志》卷二百二）

張商英

【代開封府尹祭司馬公文】公在熙寧，謫居洛京。十有五年，《資治》書成。帝維寵嘉，以子登瀛。方渴起居，而帝在天。太母垂簾，保祐神孫。疇咨在庭，屬以宗社。介特真淳，無易公者。公來秉鈞，久詘而伸。五害變法，十科取人。孰敢弗良，孰敢弗正。有傾其議，必以死爭。日月徂征，思速用成。心勩形瘵，胡衛餘生。嘉謀嘉猷，百未有告。訃音夜奏，九重震悼。爵惟太師，開國于温。莫惠我民，門巷煩寃。迺命貳卿，葬其先原。公殮具資，一給于官。悠悠蒼天，從古聖賢。損益盛衰，與時屢遷。功虧于簣，志奪于年。古也如斯，豈公獨然？已矣温公，夫何

憾焉。（《桯史》卷七）

【論司馬光等朋黨譏議奏】 先皇帝盛德大業，超絶今古，而歷代之後，司馬光、吕大防、吕公著、劉摯等援引朋黨，以行譏議。至如罷免役法，則曰只有「掲簿定差」四字；下詔求直言，則專賞訕謗之人；置訴理所雪罪犯，則畫自熙寧元年以後；棄渠陽州縣，則甘言猥語，無所不至。凡詳定局之所建明，中書省之所勘會，户部之所行遺，言官之所論列，詞臣之所告命，指摘抉剔，鄙薄嗤笑。當垂簾之際，内臣之得志者，剪除陛下羽翼於内；執政之用事者，擊逐陛下股肱於外。天下之勢，殆哉岌岌乎！望下三省禁中，檢會前後章疏，付臣看詳，簽貼奏上，陛下與大臣斟酌而可否焉。（《太平治蹟統類》卷二二）

黄庭堅

【司馬文正公挽辭】 元祐開皇極，功歸用老成。惟深萬物表，不令四時行。日者傾三接，天乎奠兩楹。堂堂寧復有，埋玉慟佳城。

國在多艱日，人如大雅詩。忠清居没世，孝友是生知。加璧延諸老，櫜弓撫四夷。公身與宗社，同作太平基。

獻納無虚日，居然迹已陳。清班區玉石，寶曆順星辰。更化思鳴䴗，遺書似獲麟。易名無異論，今代兩三人。

毁譽蓋棺了，于今名實尊。哀榮有王命，終始著民言。蟬冕三公府，深衣獨樂園。平生兩無累，憂國愛元元。（《豫章黄先生文集》卷一二）

【祭司馬温公文】嗚呼！盛德之士，幽明助之。衮職補之，民瘼去之。黧老在邦，誰能侮之。帝臨明堂，公賨於位。歸咎無鄉，天則雨涕。匪天奪之，乃公盡瘁。民望公起，百身贖之。日月川流，窀穸有期。馳心墓門，官有事守。臨穴寫哀，寓此巵酒。（《宋黄文節公全集·正集》卷二九）

【代尚書侍郎祭司馬温公文】嗚呼！裕陵遺弓，天下岌岌，九鼎既安，烝民乃粒。其功在天，其信在人，兩宫孝慈，百度日新。其天伊何，天子聖文，神考之子，英祖之孫。其人伊何，公來自西，民以安堵，曰我公歸。天生公德，一聖蓍龜，以民爲基，守以四夷。少年榷鋒，勿在王庭，我觀縉紳，皤皤老成。九月丙辰，鰥寡無蓋，維斗西柄，有星見沬。輿人之占，憂在國棟，公果隕傾，中外震動。太平之基，維成未落，風雨漂摇，今則有託。王命調護，遣車有期，平生一觴，涕泗薦之。愛在斯民，信在王室，公其無憾，降享芬苾。（《宋黄文節公全集·正集》卷二九）

【跋司馬温公與潞公書】司馬温公，天下士也，所謂左準繩，右規矩，聲爲律，身爲度者也。觀此書，猶可想見其風采。余嘗觀温公《資治通鑑》草，雖數百卷，顛倒塗抹，訖無一字作草。其行己之度蓋如此。（《宋黄文節公全集·外集》卷二三）

【題司馬温公與元氏簡尺】温公人物，所謂圭璋特達者也。書所謂「元君公亮」，大夫公也。「一鳳毛」，聖庚、存道也。永思堂書。（《宋黄文節公全集·别集》卷六）

【祭司馬温公文】嗚呼！篤生温恭，不愧于屋漏；守死忠藎，可薦於神明。惟天下信公不疑，惟公以天下自任。三后在上，照知赤心；兩宫臨朝，眷倚黄髮。四海岌岌，未知息肩。公執樞機，重宗社于九鼎；公定國是，決興喪於一言。所進忠賢，拔茅連茹；其去姦佞，蹟無遺根。涇渭洞明，凜乎太平之漸。雖楊太尉晚暮，而志愈篤；山司空中立於朝，甄拔人物；楊文簡扶掖以對延英，汾陽徹樂，中丞毀堂；崔文貞肩輿至中書，除吏八百。〔二〕考公名實，可謂兼之。嗚呼！期月之間，經營見效如此，尚假日月，汔觀崇成。如何彼蒼，殲我哲輔。百身可贖，誰不願然。謂天不慈，以公雨泣。惟時訃聞，兩宫震動。帝臨明堂，受釐不賀，未足以盡哀公之志；上公開國，襚以貂蟬，未足以盡顯公之心。人之云亡，邦國殄瘁。爰輯斯文，爲天下慟。悲不能詞，公尚饗之。（《宋黄文節公全集·别集》卷一三）

〔二〕按：「雖楊太尉晚暮」至「除吏八百」一段不文，疑有錯漏，按文意，似當作「雖楊太尉晚暮，而志愈篤；山司空中立，於朝□□。楊文簡扶掖以對延英，汾陽徹樂，中丞毀堂；崔文貞肩輿至中書，甄拔人物，除吏八百。」

孫宗鑒

文潞公守洛，富鄭公致政，司馬温公宫祠，范蜀公自許下來，同過郡會。出四玉盃勸酒，官妓不謹，碎其一。潞公將治之，温公請書牘尾云：「玉爵弗揮，典禮雖聞於往記；彩雲易散，過差可恕於斯人。」潞公乃笑而釋之。（《苕溪漁隱叢話》後集卷四十引《東皋雜録》）

薛昌朝

【論司馬光奏】人孰不欲富貴？今希旨爲利傲倖名位者徧天下，光獨勸陛下崇義而黜利，非獨言之，而又懇辭大用，冀以感悟聖心。孟子與齊王言仁義而不及利，齊人莫如孟子愛王；臣謂羣臣愛陛下，未有如光者。（《續資治通鑑長編》卷二一八）

畢仲游

【上門下侍郎司馬温公書】承議郎、監在京粳米下第八界、上騎都尉代郡畢某，謹以外議再拜上書於門下侍郎閣下：某曩在河南及京師，嘗請再謁左右，雖竭不肖之心，夙夜思慮，欲少補行事之萬一，而至今未敢有言也。蓋聞閣下之來，四方内外，託書詞、論時務者多至數百，而明廷之上實封陳得失者乃幾萬人，皆關閣下之聽覽，是非利害宜略盡矣。則某未敢言者，豈有所愛惜哉？恐不待某言而知爾。然閣下辭山林，履廟堂，以身任天下之重，而人亦以天下責於公。道路之間，閭閻之下，雖聾瘖跛躄支離疲病之人，亦扶服相賀，頂禮歎息，如遇歲年之豐，而見父母之來。閣下用賢去佞，除煩解擾，所以安社稷、惠細民者甚多，而外人之議尤深念於左右。竊意實封書詞有所遺者，某如自嫌而不以聞，則是輕門下之義，忘師友之教，懷不盡於朝廷，而未死之間，私恨無窮。故敢略道外人之議，而某之所見則猶待異日。閣下以身任天下之重，而人以天下責公者，何事耶？當熙寧之初，先帝以公爲樞密副使，天下之人忻忻然曰：「樞密副使者，君子行道之府也。而君子得居之，天下其庶幾乎？」及公逡巡而去，不累於位，天下之人復忻忻然曰：「樞密副使者，人之所禱祠而求者也。而君子不苟居之，吾道其庶幾乎？」故閣下進合天下之願，退爲吾道之助，則人之望公，其何如也？公居洛十五年，道德日富，聲譽日隆，天下之言正直者，至公而後止焉，則人之信公，復何如也？今先帝厭世，主上富於春秋，發喪之日，京師四面語曰：「非司馬資政不能治天下。」曾不三月，而遂筦朝政，則人之期公，又何如也？夫以身任天下之重，爲四方之所信，起副中外之望，而應衆人之所期。天下之事至大，今日之務至難，愛公者至多，而嫉公者至深也。豈惟生民利害得失之際，而亦天地陰陽交爭之時。愛公者皆貧賤疏逖，不足侍於下風；而嫉公者巧爲機穽，潛布耳目，多塗以誤公之事，反覆以亂公之策。雖主上明聖，注意於公者久，而閣下蓄積深厚，所以爲天下者皆平日之所固有，然非齋戒以臨之，精微以思之，擇術以行之，博取於人以成之，事猶未可知也。此某所以卧不安席，食不甘味，而欲以外議告者也。

竊常計新法之行幾二十年矣，豈惟今日而後有改作之意？當王安石之出，吴正獻之入相，鄭俠之上言先帝，蓋嘗有改作之意焉。而終不能改者，公之所知也。及今深交固結，内外如一，後生肆談，安於無耻，老吏擅法，公爲不道。而閣下起閒廢之中，留三省之上，殆將求風俗之失，回積年之咎，以成先帝之志，則新法之改，豈直指而往，如推墻填塹可以定乎？故外議有三，而其慮容易者不預。昔王荆公以興作之説歆動先帝，先帝信之；而患財之不足也，乃散青苗，置市易，斂役錢，變鹽法，凡政之可以得民財者無不用。蓋荆公散青苗，置市易，斂役錢，變鹽法者，事也；而欲興作，患不足者，情也。苟未能杜其興作之情，而徒欲禁其散斂變置之事，是以百説而百不行。然則事之與情，可不察哉？自先帝棄羣臣，興作之議雖無復聞者，而轉輸未減，邊備尚衆，京師吏禄歲百餘萬，而外路官司州縣雇傭號爲新法而從事者，有不可訾計之費。今以天地社稷之靈，主上母后之聖，同人心，决大策，起閣下於不可起之中，而寄以天下之政。閣下遂欲廢青苗，罷市易，蠲役錢，去鹽法，凡號爲財利而傷民者，一掃而更之，則自熙寧以來用事於新法者，必不喜矣。不喜之人，必不但曰「青苗不可廢，市易不可罷，役錢不可蠲，鹽法不可去」，必探不足之情，修不足之説，伺不足之隙，言不足之事，以動上聽。夫以一家之計，父子之親，欲安田野，遠市井，習耕稼之常業，辭商販之末利，而説以不足，則猶相視扼腕而中止；況以天下之廣，臣民之衆，有郊廟、朝廷、祭祀、賓客之奉，有内外上下官吏廩禄之費，有重兵宿衛、邊守城禦之計，有大河隄塞、外裔餽賜之勞，自古之君，固常有患不足之情矣。修不足之説，伺不足之隙，而言不足之事，雖致石人而使聽之，猶將動也。如是，則青苗廢而可復散，市易罷而可復置，役錢蠲而可復斂，鹽法去而可復存。使禹、稷重出爲天下爭，將亦無可奈何，則不足之情，可不豫治哉？爲今之策，當大舉天下之計，深明出入之數。曰天下之不足，其弊安在？弊在邊境轉輸之多也，則棄無用之地，省轉輸之繁，其省幾何？弊在造作修營之多也，則止造作，輟修營，其省幾何？弊在新法官吏廩給横費之多也，則廢吏禄，行常法，其省幾何？弊在掖庭永巷婦女資用之多也，則定職掌之數，非先帝幸御者一皆出之，其省幾何？天下之可已者無不已，其省幾何？今諸路常平、免役、坊場、河渡、户絶、莊産之錢粟，積於州縣者，無慮數十百鉅萬，如一歸地官以爲經費，可以支二十年之用，則三司歲入常平爲贏。以天下之大，而三司歲入半爲贏餘，則數年之間，府庫之財、倉庾之粟已將十倍於今日。而節省之後，濟之以恭儉，將如丘山江海之不可盡。以此明言於中而精計乎外，俾上與太皇太后曉然知天下之餘於財也，則不足之情不生，不足之事不起，不足之隙不得伺，而不足之論不得陳於前矣。然後青苗、免役、市易、鹽法凡所謂新法者，始可永罷而不可復行。如既飽之人，雖以芻豢猶不肯進，況藜藿菽黍乎？問者曰：「患不足而新法興，何以實之？」曰：「曩者王荆公併軍蒐卒而封椿其錢糧，又懼兵之少也，故行保甲之法，籍民爲兵。數年以來，農夫去南畝者大半，賊盜公行，守令不得爲治，則保甲之利害無可言者。而保甲之名至今未除，豈非患兵之不足耶？以兵不足而存保甲，故知財不足則新法可以復興。此外議也。

昔仁宗之治天下也，優禮大臣而聽用臺官諫官之言。蓋大臣者，天子之輔也，不優爲之禮則無以勵其節，盡其心。而聽用臺官諫官之言者，所以存天下之公議，禁制大臣使不得自放之術也。故大臣起居進見，未嘗不恭己待之，若將久於其位而不可動者。及臺官諫官一有論列，則十言之中行其七八，雖故老大臣必正其罪，以是而去位者蓋可數矣。故嘉祐以前，大臣平日足以致君臣之歡，禮貌之隆，而私門奸利破膽而不敢爲。仁宗皇帝所以四十二年天下安寧，大臣無甚縱恣，百官得行其志，不法之事稀闊無聞者，以優禮大臣，而聽用臺官諫官之所致也。蓋自近歲以來，臺官諫官不復知所以設臺諫之本意，而顓爲含糊苟且以幸無譴，經涉歲時而不言天下之事。其所言者，必揣摩上意之所尚，非大臣之所惡聞，且於我甚安而無悔者，然後敢發。其號爲論列大臣者，亦取其微芒瑣屑，不在輕重之間，足以破人主之疑，而無傷大臣之實，陽言於外而陰合其中。又其甚者，寧論人主之事，而不肯言大臣之過。蓋論人主之事，則有大臣以爲之力，不甚得罪。而一言大臣，則足毗手拉，塗地而不復。數年以來，朝廷之上，道路之間，不知有臺諫。一聞臺官、諫官之姓名，則咨嗟太息，詆笑而避去。而處臺諫者，自以爲至計便策，不復知職任之何如，翻謂祖宗之朝名公大臣奏議論列爲沽激好事，以自蓋其短，而幸一身之安，則無所補益可見於是矣。

伏自主上繼明，西朝共政，用閤下爲門下侍郎，始增置諫員，進用有聞之人，而廢去六察，皆使言事，可謂知務已，而猶有平昔之徒介在其間。蓋在含糊苟且幸免久矣，一旦明目張膽自奮於敢言之列，則内懷愧恥，外畏士人之姍笑；欲不言，則朝廷失望，非今日之利。故皆低徊隱忍，進退無適，抄取其近似者以塞目前之責，而終不敢深言天下之事。惟欲窺瑕伺隙，執戈而攻諸長者，爲新法復讎。今將興仁長善，定萬世之策，還太平之風，而猶令此等布在言路，欲望如仁宗之朝，存天下之公議，禁制大臣，破其奸心，竊以爲過矣。夫賢者之爲善，與不賢者之爲惡，其取舍固異，然勢可爲則行惡而或濟，勢不可爲則雖善而無成。自古及今，未有勢去而能立功立事者也。且王荆公之行新法，固非善也，然終先帝之世，新法有增而無損者，以有可爲之勢而已爾。所謂有可爲之勢者，非直人主之聽用，而荆公之名位高且大也。蓋自參知政事、三司使、翰林學士，下至侍從、百執、臺官、諫官，外連轉運使、提點刑獄、提舉官，無非新法之人者。雖功業如韓琦，貴重如富弼，敢言如吕誨，才辯如蘇軾，終不能少止新法之行。是後鄭俠以死爭之，而新法亦不改也。豈新法果利於民而可行耶？蓋左右前後、遠近高下皆新法之人，而荆公又挾天子之命，都宰相之位以臨之，如平地布薪而順風縱火，其勢易也。今閤下欲去新法之弊，救荆公之事，而左右侍從、六曹九寺、職司使者，十有七八皆荆公之徒。雖起二三舊臣，用六七君子爲言事官，然累百之中存其十數，烏在其勢之可爲也？勢未可爲而欲爲未可之事，則青苗雖罷將復散，況未罷乎？役錢雖蠲將復斂，況未蠲乎？市易雖廢將復置，況未廢乎？鹽法雖除將復作，況未除乎？以此去新法之弊，救荆公之事，如人久病而少間，其父子兄弟喜見於顔色，而有未敢賀者，意其病之猶在也。蓋勢者無形而易見，今欲進君子之道，成可爲之勢，則厲夫聲色無益也，抗以禮節無益也，急以文法無益也。必徧得天下之沈厚明達、敢言有氣節者，與小人分其勢，則天下之事有可爲也。如用人之地多而人未可以多得，則夫臺官、諫官，正今日之先務，而天下之勢所由分者也。自閤下用人以來，臺官、諫官亦稍稍言事，以稱朝廷之意。然王珪已死而後言珪之家，吴居厚已敗而後言居厚之事，此皆今日易言易行者也。至於國家之大利，生民之大害，社稷之大計，猶未有及者。借有一人焉，以言事爲己任，喟然發憤，動人耳目，出死入生以報朝廷，而相閤下之所爲，則又將循用常文，牽制故事，十且八九不行其言，則雖純得六七人者，猶恐未有所濟。況又使平昔含糊苟且幸免之徒介在其間，則君子、小人之勢固未分也。孟子曰：「在王所者，長幼尊卑皆薛居州，王誰與爲不善？在王所者，長幼尊卑皆非薛居州，王誰與爲善？」一薛居州，獨如宋王何？」此亦勢之説也。蓋堯、舜之時，大禹、皋陶、夔、龍、稷、契布在列位，則雖有共工、驩兜，而卒於流放者，則君子之勢勝也。漢元帝任用許、史、恭、顯，而亦用蕭望之、周堪、劉更生，而或進或退者，則君子之勢已差不勝。而宋王長幼尊卑皆非善士，獨一薛居州，則不勝而已矣。今閤下爲門下侍郎，賢人君子雖稍收用，而臺官、諫官猶未純得其人；得其人者，猶未得其言；得其言者，猶未得其行。則是僅能勝薛居州，而大禹、皋陶、夔、龍、稷、契之事猶非所擬，而望之、周堪、劉更生之或進或退，可不慮乎？此外議也。

老子曰：「失道而後德，失德而後仁，失仁而後義，失義而後禮。禮者，道之華而亂之首也。」夫謂禮爲道之華而亂之首，則某所未學。然禮者固仁義之次，而道德之下也。後人不能以禮治天下，一寓之於法者，又禮之次，而仁義之下也。而今世復不能守法，一用觀望以爲政。事無定法，多言可更者，是豈真知其不善而可更哉？亦出於觀望而已。蓋今日之言不善，有前日以爲善，而欲奉行之人也。而與此等論天下之事，則異時閤下失勢，彼又將言鹽法可興，邊事可作，苗役可行，市易倉法可復置，於其他新法無不言可爲者也，觀望之禍必至於此。今欲化觀望之心，回觀望之俗，以豫止觀望之禍，則殆非言語告誡、思慮隄防之所能盡。惟取夫守道固窮，不爲觀望，衆人所共知者尊用之；而察其背公向私，專事觀望，亦衆人所共知者退遠之。然後搜裒祖宗之法與今日之勑令，删取其要，使簡易明白而後行之。蓋律令格式者，近古人之所同；而編敕者，後人獨用之書。太祖之時，謂建隆敕者不過數百條，而天聖編敕則倍於建隆，慶曆編敕又倍於天聖，嘉祐編敕復倍於慶曆。至於熙寧、元豐之敕乃益增多於嘉祐幾千條，而續降敕令與夫一司、一路、一務、一州、一縣者復幾萬條，而引用此例以相附著者，至不可勝紀。雖有通才强識之士，莫能曉習，而附會苟賤之人，乃得恣爲觀望，以便其私。當出而入，與入法；當入而出，與出法。一法不能獨用，則轉取他法而兼用之。他法不足兼用，則離文析字，煩言碎詞以欺天下之人。又不足用，則置法度外，假特旨而行之。顛倒下上，歸於觀望而後已。則所謂法者，乃無法之極者也。而議法之人方且移易輕重，滋張條目，惟恐不博，而返强省其文以成書，使下之人舉手觸罪，出口成獄。至其文省而不通，則陷於過誤者如牛毛；而申明往返，歷時而未決。其本章之中所省者一二，而申明之説少至數百，多或千言。然則所謂簡易明白者，豈惟天下之法理當如此？蓋亦今日之事不得已者也。千存其百，百存其十，十存其一，苟有可削者無不削，是謂簡易。著爲法者，當如常人之言語，使匹夫匹婦皆可以喻其意而盡其詞，是謂明白。則觀望之徒不敢轉徙以順人，而簡易明白則亦稀有所附會。天下之人既見夫不爲觀望者尊用，爲觀望者退遠，而常行之法又簡易明白，不可轉徙附會以便己之私，則觀望之心庶幾少息，觀望之俗庶幾少變，而異時觀望之禍庶幾少止矣。此外議也。

夫前古之君所以有難與爲治者，以任用親黨，女謁公行，游宴弋獵，不恤國事，賦斂隔塞，人君之私也。小人探君之私而導之於邪。既已得取於私邪，則公卿大臣開正言，行正道，如陳夢中之語，而告天外之事，泊然不以經意，雖與爲治，從何而入哉？所以難也。今主上富於春秋，太皇太后通古今之大體。自先帝之朝，抑遠外家，未嘗用事，而賜與有節，則無親黨之嫌；主上未知好色，則無女謁之患；苑囿鷹犬未有所幸，則無游獵之虞；罷貢獻，廢埤垛，蠲積欠，則無賦斂之弊；聽政之初，即詔天下實封言事，惟恐下情之不通，則無隔塞之憂。凡前古之難者，顧皆易矣。而所難者，則繫閣下施設之事終於不成爾。蓋荆公雖不用，而京師四方貴臣大官、職司郡守，百人之中九十其徒也。其恃材氣，挾詭辯，而負宿勝之資者猶可畏。而主上及太皇太后所用不過一二公，一二公所用不過八九人。如熒惑失度而攙搶竟天，雖有德星之出，豈敢言禍之所勝哉？則閣下夜衣而訪事，鷄鳴而布行，正社稷之所願，而天地與神靈所以想望於今日者也。成之，則三代之盛，伊、周之烈復見於太平；不成，則新法之弊，流及萬世而不可改。雖有改者，不如今。然則外議者，某之所當告而不獲已，伏惟加意幸察。不宣。（《西臺集》卷七）

任伯雨

【言司馬光等復官事奏】臣伏以人臣罪惡，無大於爲逆；朝廷誅赦，莫先於正名。名曰姦兇，則永不可赦；設負冤抑，則合辯明。若惡名未辯而遽以恩數加焉，人所竊議，非朝廷之體也。臣伏見司馬光等皆已復官，但聞三省同奉聖旨依稟行下，而中外不知所以遽復其官者以何名也。竊惟光等昔以奸兇悖惡，無人臣之義，厥罪貫盈，已死難置，子孫親屬所得恩例，亦皆追奪。天下皆知其所以得罪之名矣。罪名如此，雖該大赦，豈在敘復之限？其家子孫，寧有再仕之理？今朝廷恩典逮於存没，而有罪有冤，終未辯明，授以美官，惡名猶在。使光等魂魄有知，豈敢以姦兇悖惡之身，偶因赦宥，而濫受無名之賜乎？臣謂光等前犯若有實狀，不當引赦原罪；如涉冤枉，則朝廷昭雪之惠，不可不發於訓詞也。昔用言章行遣，非先帝之本心；今以公議辯明，乃聖人之善述。事無嫌礙，理可施行。伏望聖慈特賜詳酌指揮。（《歷代名臣奏議》卷一八八）

劉　弇

【代熊帥伯通謝司馬温公啓】西清十稔，久塵禁掖之華；南服一麾，偶遂需頭之請。土冒黄而有社，竹剖左以將符。望溢寵初，材微寄外。職在頒宣條詔，至則存見吏民。惟江右雅稱浩穰，而鍾陵實爲都會。控甌越而奠壤，直牛斗以分躔。中外棋布者殆十萬家，遠近株連者餘一千里。今兹役弛歲輸之布，法更日貿之醝。桑榆舒故老之暉，鹽餉走疲羸之嗛。寖希獄訟，更起慈祥。薰然樂郊，宛在鄰境。敢意衰遲之晚節，猥蒙寬假之休恩。

兹蓋伏遇某官匠物以春，揆材如鑑。事君無非道者，使人亦必器之。掃積弊於一映之餘，回已安於九鼎之重。謝安之起，真有意於蒼生；魏相所行，要必稽於故事。顧令疲薾，亦預挽推。伏望借之涵濡，須以歲月。摭韋丹遺愛而觀其撫字，想孺子高風而俾之激昂。他日自期，不作陶鎔之長物；弊廬相望，庶安桑梓之餘生。（《龍雲集》卷一三）

蔡京

【論司馬光劉摯等罪狀】奏：臣等伏覩元豐八年大臣輔立陛下，內則選建親臣以爲翊贊，外則遵依法度以定紀綱，上則請垂簾權同聽政以固根本。司馬光、劉摯、呂大防等忘先帝厚恩，棄君臣之義，乘時伺便，冒利無恥，交通中人張茂則、梁惟簡、陳衍之徒，躐取高位，快其忿心，盡變先帝已成之法，分布黨與，悉據要權，公私詆誣，無所忌憚。既而自知其罪終不可逭，深懼一日陛下親政，則必有欺君罔上之刑，乃迴顧卻慮，陰連內外，包藏禍心，密爲傾搖之計。於是疏隔兩宮，及隨龍內侍十人悉行放罷，以去陛下之腹心；廢受遺顧命元臣，置以必死之地。先帝任事之人無一存者，以剪陛下之羽翼；先帝之所治而得罪者縱而釋之，以立陛下之仇敵；先帝之所惡而棄者收而用之，以植陛下之怨讎。以王府爲要途，以朝廷歸私室，上下協比，同惡相濟，意在不測。天錫陛下聖知，沉機淵默，不言九年，側身端拱，無毫釐之差，羣姦無以伺其隙，衆惡不能成其志，宗廟之靈，社稷之福也。此固不待指數，而天下曉然易知也。然姦黨交結，其操心危，慮患深，蹤迹詭秘，世莫得聞，至於焚棄毁滅，無復考驗。前日雖已竄逐擯廢，而姦謀逆節，蓋未白於天下也。臣等幸被詔旨，詢究本末，乃於焚棄毁滅之餘，得其情狀。其無君之惡，同司馬昭之心；擅事之迹，過趙高指鹿之罪。天地之所不容，人神之所共棄。蓋至今日，其惡遂彰明較著如此。臣等竊覩上項事節大逆不道，跡狀明白，揆之以義，識之以法，死有餘責。所有臣衍罪在不赦，亦乞更賜審問，正以國法。（《續資治通鑑長編》卷四九五）

朱　彧

司馬温公閑居西京，一日，令老兵賣所乘馬，語云：「此馬夏月有肺病，若售者先語之。」老兵竊笑其拙，不知其用心也。（《萍州可談》）

宋神宗

【賜司馬光手詔】得卿奏，反謂因前日論方平不當，故有是命。此乃卿思之誤，非朕本意也。朕以卿經術行義，爲世所推，今將開邇英之席，欲得卿朝夕討論，敷陳治道，以箴遺闕，故命讀進《資治通鑑》，此朕之意皎然易見也。況命卿之旨在二十六日登對前，苟朕以言事罪卿，豈復遷卿美職？必諒朕誠，更勿横，俟對日朕亦當諭旨。（《太平治蹟統類》卷二七）

劉安世

金陵亦非常人，其操行與老先生畧同，先生呼温公則曰老先生，呼荆公則曰金陵。其質朴儉素，終身好學，不以官職爲意，是所同也。（馬永卿《元城語録》卷上）

金陵在侍從時，與老先生極相好。當時《淮南雜説》行乎時，天下推尊之，以比孟子。其時又有老蘇，人以比荀子。但後來爲執政，與老先生論議不合耳。老先生嘗謂金陵曰：「介甫行新法，乃引用一副當小人，或在清要，或在監司，何也？」介甫曰：「方法行之初，舊時人不肯向前，因用一切有才力者，候法行已成，即逐之，卻用老成者守之，所謂智者行之，仁者守之。」老先生曰：「介甫誤矣。君子難進易退，小人反是，若小人得路，豈可去也？若欲去，必成讎敵，他日將悔之。」介甫默然。後果有賣金陵者，雖悔之亦無及也。（馬永卿《元城語録》卷上）

老先生每於朝廷闕政，但只於人主之前極口論列，未嘗與士大夫閒談，以爲無益也。熙寧之初，嘗有文字諫用兵，而不曾留稿，然某得在弟子之列，嘗聞其大畧。以謂中國與夷狄爲鄰，正如富人與貧人鄰居，待之以禮，結之以恩，高其牆垣，威其刑法。待之以禮，則國家每有使命往來，有立定條貫禮數束縛之也；結之以恩，則歲時嘗以遺餘之物厭飽之也；高其牆垣，則平日講和而不失邊備也；威以刑法，待其先犯邊，然後當用兵也。今乃不用，是富者愛鄰家貧民些小財物，開門延入而與之博，若勝焉則所得者皆微細棄賤之物，不足爲富人財用多寡。若不勝焉，則富人屋宇、田宅、財物皆貧家所有矣。又況博弈者，貧人日用爲之，乃所工也，而富人之所短，貧人日夜專望富人與之博，但無路爾。今乃自家先引而呼之，貧人亦何幸哉。且富人之待貧人，至於用刑法，則是入官府也，至是無術矣。若不至於入官府處，則爲善矣。且官吏之清嚴者，常云富人脅勢以陵貧民，故貧民往往得理。今既用兵，則中國夷狄之勝負繫之於天，豈知天之心不若清嚴官吏心乎？又況邊隅無隙而已。爲兵首乃最古今之大忌，則官中所謂先下拳者也，其敗必矣。此疏累數千言，大槩如此。（馬永卿《元城語録》卷中）

老先生號爲黨魁，故金陵以兩府啗之，欲絶其辭。然老先生是豈可以官職啗者也？故聞政府之命，其去愈牢。當時臺諫，皆金陵之黨，遂醞造一件大事點汙老先生，如霍光事。神宗謂金陵曰：「前日言章大無謂，司馬某豈有此事！」金陵請事目，神宗曰：「置之，讒言不足道也。」故老先生以端明爲崇福，退居於洛者十五六年，天下之望，翕然歸之。至於元祐之初，主少國疑之際，一用老先生，天下無異論。儻神宗聽人言以一二事汙衊之，重責黨魁，以厲餘臣之異意者，雖天下知老先生無此事，而天下之士惡直醜正，或有疑者，則老先生之聲價豈得如此大？（馬永卿《元城語録》卷中）

老先生退居洛日，無三日不見之。一日見於讀書堂，老先生曰：「昨夕看《三國志》，識破一事。」因令取《三國志》及《文選》示某，乃理會武帝遺令也。老先生曰：「遺令之意如何？」某曰：「曹公平生姦至此盡矣，故臨死諄諄作此令也。」老先生曰：「不然。此乃操之微意也。遺令者，世所謂遺囑也，必擇緊要言語付囑子孫，至若纖細不緊要之事，則或不暇矣。且操身後之事，有大於禪代者乎？今操之遺令，諄諄百言，下至分香賣履之事，家人婢妾無不處置詳盡，無一語語及禪代之事，其意若曰禪代之事，自是子孫所爲，吾未嘗教爲之。是實以天下遺子孫，而身享漢臣之名。此遺令之意，歷千百年，無人識得，昨夕偶窺破之。」老先生似有喜色，且戒某曰：「非有識之士，不足以語之。」僕曰：「非温公識高不能至此。」先生曰：「此無他也，乃一誠字爾。」老先生讀書，必具衣冠，正坐莊色，不敢懈怠，惟以誠意讀之。且誠之至者，可以開金石，況此虛僞之事，一看即解散也。（馬永卿《元城語録》卷中）

老先生既居洛，某從之蓋十年。老先生於國子監之側得營地，創獨樂園，自傷不得與衆同也。以當時君子，自比伊、周、孔、孟，公乃行種竹澆花等事，自比唐、晉間人，以救其敝也。獨樂園子吕直者，性愚鯁，故公以直名之。有草屋兩間，在園門側。然獨樂園在洛中諸園，最爲簡素，人以公之故，春時必遊。洛中例，看園子所得茶湯錢，閉園日與主人平分之。一日，園子吕直得錢十千省來納。公問其故，以衆例對。曰：「此自汝錢，可持去。」再三欲留，公怒，遂持去，回顧曰：「只端明不愛錢者。」後十許日，公見園中新創一井亭，問之，乃前日不受十千所創也。

公頗多之。（馬永卿《元城語録》卷中）

某初見老先生，求教，老先生曰：「誠。」某既歸三日，思誠之一字，不得其門，因再見請問，曰：「前日蒙教以誠，然某思之三日不得其説，不知從何門而入？」老先生曰：「從不妄語中入。」（馬永卿《元城語録》卷中）

司馬文正對賓客，無問賢愚長幼，悉以疑事問之。有草簿數枚，常致坐間，苟有可取，隨手記録，或對客即書，率以爲常。其書事皆真謹，見時，已有三十餘簿。（《仕學規範》卷二引《元城譚録》）

葉　濤

【司馬光追貶散官制】不道之誅，莫先訕上；無君之惡，尤在擅朝。罰不及身，死有餘責，宜加追貶，用示創懲。故正議大夫、守尚書左僕射兼門下侍郎司馬光，資詭激之行以盜虚聲，挾矯誣之言以惑愚衆。逮事昭考，既躋顯塗，尚何怨仇，乃積忿毒。粤朕初政，肆其宿姦。陰結中人，驟竊宰柄。倡率不逞，詆訾先朝。援引羣凶，變更良法。潛懷睥睨之邪計，欲快傾摇之二心。長惡弗悛，餘殃自及。而位存公相，澤被子孫。使其冒國家之繆恩，何以爲臣子之大戒！雖逃顯戮，當置散員。改命九原，正名萬世，庶幾幽顯，知有典刑。可特追貶清海軍節度副使。（《宋

大詔令集》卷二〇八）

許　顗

宣和癸卯年，僕遊嵩山峻極中院，法堂後檐壁間有詩四句云：「一團茅草亂蓬蓬，驀地燒天驀地空。爭似滿爐煨榾柮，慢騰騰地熱烘烘。」字畫極草草，其旁隸書四字云：「勿毁此詩。」寺僧指示僕曰：「此四字司馬相公親書也。」（《彦周詩話》）

晁補之

【國子監祭司馬温公文】維元祐元年九月日，具官某等，謹以清酌庶羞之奠，致祭於故丞相司馬公之靈曰：嗚呼公乎！寬栗柔立，根於明誠，進禮退義，世爲重輕。千乘不居，古稱好名，公乎不然，志合則行。布被脱粟，他人爲詐，公乎不然，則以身化。公卧洛師，閉關卻掃，深衣講道，將以是老。公歸朝廷，路車乘馬，扶擕襁負，民拜於野。聖母神孫，在宫載祗，公率其官，正人具來。誠心行義，令出而聽，國安九鼎，大勢已定。民以法治，法勝則煩，譬如魚噞，則清其源。賣刀緣畝，盜豈得發？苟無欲之，雖賞不竊。裴公處内，如不勝衣，問其貌年，威行四夷。楊公入輔，曾未幾何，毁第減騶，人去其華。忘身憂國，晚以骨立，生非其厚，所愛民力。有來遠縣，廢食與言，問民而没，反席未安。帝祇合宫，公薨訃聞，徹尊往臨，追胙故温。公薨季秋，甲戌暮雪，民憂歲寒，相諺未褐。聞諸道路，信有斯言，曰公在天，胡俾我寒？以勞定國，人曰宜享，何以知之，家有公像。生爲民望，其没亦神，公乎何憾，悲者世人。尚饗。（《雞肋集》卷六〇）

陳師道

【丞相温公挽詞】 恭默思良弼，詩書正百工。事多違謝傅，天遽奪楊公。一代風流盡，三師禮數崇。若無天下議，美惡併成空。

百姓歸周老，三年待魯儒。世方隨日化，身已要人扶。玉几雖來晚，明堂訖授圖。心知死諸葛，終不羨曹蜍。

少學真成已，中年託著書。輟耕扶日月，起廢極吹噓。得志寧論晚，成功不願餘。一爲天下慟，不敢愛吾廬。（《後山詩注》卷二）

【司馬温公爲詩戲同幕幸營妓者】 司馬温公爲定武從事，同幕私幸營妓，而公諱之。嘗會僧廬，公往迫之，使妓踰墻而去，度不可隱，乃具道。公戲之曰：「年去年來來去忙，暫偷閑卧老僧牀。驚回一覺遊仙夢，又逐流鶯過短墻。」（《後山詩話》）

【東都曹生評司馬光】 東都曹生言，惟司馬温公枯瘦自如，豈非不以富貴動其心邪？（《後山談

叢》卷一)

【司馬光二吕歲斷死罪數】元祐初,司馬温公輔政,是歲天下斷死罪凡千人。其後二吕繼之,歲常數倍此,豈人力所能勝邪?(《後山談叢》卷四)

【温公老圃】參寥如洛,游獨樂園,有地高亢,不因枯枿生芝二十餘本。寥謂老圃:「盍潤澤之使長茂?」圃曰:「天生靈物,不假人力。」寥歎曰:「真温公之役也。」(《後山談叢》卷六)

楊　時

【跋司馬温公帖】元豐末,神考登遐,文正温公奔訃至京師,都人擁馬首環聚,而觀者溢填衢巷,願公之留者萬口一辭。方朝廷承積弊之後,正更化願治之時。太母以公宿望,擢貳左省,慰安中外之心,其寄委不輕矣。公以身任其責,一夫不獲,時予之辜,蓋公之素志也。天下大器,不可易爲之,故雖正位臺鼎,不以爲榮,而以爲懼。然卒能於期月之間,政令不出房闥,而海内丕變,雖懼於前而垂名于後,其爲榮也遠矣。今觀其手澤,猶想見風彩,披玩久之,不能釋手,因附其説于後。(《楊龜山先生集》卷二六)

【跋了翁書温公解禪偈】李君興祖以了翁所書温公《解禪偈》,欲求余言,以刻諸石。温公蓋一代宗臣,了翁雖流離擯斥,不爲時用,而其流風餘韻,皆足以勵臣範俗,其辭翰宜爲士大夫之所

寶玩。興祖乃能鏤石以永其傳，是宜書也。（《楊龜山先生集》卷二六）

【跋司馬温公與明道先生帖】横渠先生既没，其門人欲謚爲明誠，中子以謚議質諸明道先生，先生與温公參訂之，故有是書。其辭義典奥而引據精密，足以是正先儒之謬。故寶藏之，以傳後學。（《楊龜山先生集》卷二六）

【跋温公與劉侍郎帖】熙寧之初，吴興劉公位臺端，論事忤大臣意，謫知江州，一時清議冤之，無敢言者，獨文正温公抗章于廷諍之。事之本末，安撫參政張公論之詳矣。公將行，文正造門敘别，又以手翰問行期，有「道勝名立」之言，其相與之意厚矣。夫天下之善士斯友天下之善士，二公終始一節，不約而同，其取友可知矣。覽是遺墨，三復興歎，乃附其説于後。（《楊龜山先生集》卷二六）

張　耒

【故僕射司馬文正公挽詞】黼坐方恭默，邦家付老臣。頌歌民一口，形勢國千鈞。富庶新田里，忠臣舊縉紳。裴公恨不早，丘禱歎無神。

辭爵浮雲外，安民反手中。山林獨往意，衮繡太平功。布被終身儉，貂冠一命崇。他年兩行淚，碑下泣羊公。

經濟心猶壯，清羸疾易傷。那知兩楹奠，遽失萬夫望。家有詩書積，墳無金玉藏。誰知幅巾斂，曾佩王公章。

伊洛平生興，園林獨樂居。曾過鄭公里，得御李公車。華屋當年客，名山異代書。定知傳不朽，埋玉自沾裾。（《張右史文集》卷三六）

【司馬温公祠堂記】元祐元年九月甲子，丞相司馬公薨，朝廷議所以追崇之，于是進爵爲公，而國于温。惟司馬氏系出晉安平獻王孚，而獻王河内温人也，故推本其故家而封之。五年，奉議郎王仲儒爲温令，告其邑人曰：「惟司馬公道德功烈，著于朝廷。施及生民者，自匹夫匹婦與夫荒陬外裔，悍夫姦民，心革誠服。左右兩宫，格于太平，是其功德宜配社稷，天下祀之，而温公之封國也，顧不能祀而可乎？」于是度地作堂，畫公像而禮祀焉。告于譙郡張某，使記之。某爲之言曰：

盛德之不作于世久矣。古之所謂盛德者，不施而民服，無事而民信，未嘗動顔色，見詞氣，而天下從之，若子弟之慕父母，故其爲功也不勞，而物莫之能禦。三代之亡，聖賢不作，而士之能有所立于世者，亦多矣。然皆費心殫力，招天下而從之，以其智勝之，後能有成，是何也？德不足而取辦于其才故也。故其所建立，勞苦而淺陋。夫豈不欲爲盛德之事哉？蓋其所積者有不足故也。子産，君子也，猶曰：「惟有德者能以寬服民，其次莫如猛。」夫子産豈欲爲猛哉？以謂德之效實難，懼夫好高之難成也，是以甘心于其次，以求夫無失。嗚呼，德者子産之所難，而況其下者乎？故自秦漢而後，更千有餘歲，而盛德之士不作，蓋無足怪。惟司馬公事君而君敬之，未嘗求民而民與之。非其類者，有不合而無不信；受其罰者，有不悦而無敢謗。其自洛入覲也，郡邑田里至于京師，觀者千萬，環聚嗟歎，至于泣下。嗟乎，此可以言語術智得之哉？故其相天下也，因物之所利而與之，因人之所厭而更之，從容指麾，内外響應，而天下無事矣。蓋自秦漢以來，至公而盛德之效始見于世，可謂盛矣。嗚呼！當大事，處大疑，勇者招敵，智者招謀，惟有德而後萬物服，則夫二聖之所以用公，其可知也夫。某辱遊公之門，而喜王君之好德，使以其説書于堂而刻之。（《柯山集》卷四二）

司馬温公當世大儒，博學無所不通，雖已貴顯，而刻苦記覽，甚於韋布。嘗爲某言：「學者讀書，少能自第一卷讀至卷末，往往或從中、或從末，隨意讀起，又多不能終篇。光性最專，猶嘗患如此。從來惟見何涉學士案上惟致一書讀之，自首至尾，正錯校字以至讀終，未終卷，誓不他讀，此學者所難也。」何涉，蜀人。（《明道雜志》）

范丞相、司馬太師，俱以閒官居洛中，余時待次洛下。一日，春寒中謁之，先見温公。時寒甚，天欲雪，温公命至一小書室中坐，對談久之，爐不設火，語移時，主人設粟湯一杯而退。後至留司御史臺見范公，纔見，主人便言天寒，遠來不易，趣命温酒，大杯滿酌，三杯而去。此事可見

二公之趣也。(《明道雜志》)

邵伯温

(吕誨)一日手書託温公以墓銘,温公亟省之,已瞑目矣。温公呼之曰:「更有以見屬乎!」獻可復張目曰:「天下事尚可爲,君實勉之。」故温公誌其墓,論獻可爲中丞時,則曰:「有侍臣棄官家居者,朝野稱其才,以爲古今少倫。天子引參大政,衆皆喜於得人,獻可獨以爲不然,衆莫不怪之。居無何,新爲政者恃其才,棄衆任己,厭常爲奇,多變更祖宗法,專汲汲於斂民財,所愛信引拔,時或非其人,天下大失望。獻可屢爭不能及,抗章條其過失曰:『誤天下蒼生者,必此人也。使久居廟堂,必無安靖之理。』又曰:『天下本無事,但庸人擾之耳。』」誌未成,河南監牧使劉航仲通自請書石,既見其文,仲通復遲回不敢書。時安石在相位也。仲通之子安世曰:「成吾父之美可乎?」代書之。仲通又陰祝獻可諸子勿摹本,恐非三家之福。時用小人蔡天申爲京西察訪,置司西都。天申厚賂鐫工,得本以獻安石。天申初欲中温公,安石得之掛壁間,謂其門下士曰:「君實之文,西漢之文也。」獻可忍死謂温公以「天下尚可爲,當自愛」,後温公相天下,再致元祐之盛,獻可不及見矣,天下誦其言而悲之。至温公薨,獻可之子由庚作挽詩云:「地下若逢中執法,爲言今日再昇平。」記其先人之言也。(《邵氏聞見録》卷一〇)

司馬温公爲西京留臺，每出，前驅不過三節。後官宫祠，乘馬或不張蓋，自持扇障日。程伊川謂曰：「公出無從騎，市人或不識，有未便者。」公曰：「某惟求人不識爾。」王荆公辭相位，居鍾山，惟乘驢。或勸其令人肩輿，公正色曰：「自古王公雖不道，未嘗敢以人代畜也。」嗚呼！二公之賢多同，至議新法不合絶交，惜哉。（《邵氏見聞録》卷一一）

司馬温公閒居西洛，著書之餘，記本朝事爲多，曰《齋記》、曰《日記》、曰《記聞》者不一也，今亡矣。時與王介甫已絶，其記介甫則直書善惡不隱……伯温惜其不傳於代，故表出之。（《邵氏見聞録》卷一一）

帝（神宗）必欲用公（司馬光），召知許州，令過闕上殿。方下詔，帝謂監察御史裏行程顥曰：「朕召司馬光，卿度光來否？」顥對曰：「陛下能用其言，光必來；不能用其言，光必不來。」（《邵氏見聞録》卷一一）

熙寧初，朝廷遣大理寺丞蔡天申爲京西察訪，樞密挺之子也。至西京，以南資福院爲行臺，挾其父勢，妄作威福，震動一路。河南尹李中師待制、轉運使李南公等日蚤晚衙待之甚恭。時司馬温公判留司御史臺，因朝謁應天院神御殿，天申者獨立一班，蓋尹以下不敢相壓也。既報班齊，温公呼知班曰：「引蔡寺丞歸本班。」知班引天申立監竹木務官富贊善之下。蓋朝儀位著以官爲高下，朝謁應天院，留臺職也。天申即日行。（《邵氏見聞録》卷一一）

司馬温公居洛時，往夏縣展墓，省其兄郎中公，爲其羣從鄉人説書講學。或乘輿遊荆、華諸山以歸。多游壽安山，買屋巍窑畔，爲休息之地。嘗同范景仁過韓城，抵登封，憩峻極下院，登嵩頂，入崇福宫會善寺，由轘轅道至龍門，遊廣愛、奉先諸寺，上華嚴閣、千佛巖，尋高公堂，渡潛溪，入廣化寺，觀唐郭汾陽鐵像，涉伊水至香山皇龕，憩石樓，臨八節灘，過白公影堂。凡所經從，多有詩什，自作序，曰《遊山録》，士大夫爭傳之。公不喜肩輿，山中亦乘馬，路險策杖以行，故嵩山題字曰：「登山有道，徐行則不困，措足於平穩之地則不跌，慎之哉！」其旨遠矣。方公退居於洛也，齊物我，一窮通，若將終身焉。一日出相天下，則功被社稷，澤及生靈。嗚呼！真古所謂大丈夫矣。（《邵氏見聞録》卷一一）

司馬温公自與王荆公論不合，不拜樞密副使，退居西洛，負天下重望十五年矣。故哲宗即位，宣仁太后同聽政，首起公爲宰相，其於政事不容有回忌也，故公取其害民之尤甚者罷之。王荆公嘗有恙，歎曰：「終始謂新法爲不便者，獨司馬君實耳。」蓋知其賢而不敢怨也。或謂公曰：「元豐舊臣如章惇、吕惠卿輩皆小人，它日有以父子之義聞上，則朋黨之禍作矣，不可不懼。」公正色曰：「天若祚宋，當無此事。」遂改之不疑。嗚呼！公之勇猛，孟軻不如也。若曰當參用元豐舊臣，共變其法，以絶異時之禍，實公所不取也。自國朝治亂論之，曰元祐黨者，豈非天哉！後世思公之言，可以流涕痛哭矣。（《邵氏見聞録》卷一一）

王荆公知制誥，吴夫人爲買一妾，荆公見之，曰：「何物也？」女子曰：「夫人令執事左右。」安石曰：「汝誰氏？」曰：「妾之夫爲軍大將，部米運失舟，家資盡没猶不足，又賣妾以償。」公愀然曰：「夫人用錢幾何得汝？」曰：「九十萬。」公呼其夫，令爲夫婦如初，盡以錢賜之。司馬温公從龐穎公辟爲太原府通判，尚未有子。穎公夫人言之，爲買一妾，公殊不顧。夫人疑有所忌也，一日教其妾：「候我出，汝自裝飾至書院中。」冀公一顧也。妾如其言，公訝曰：「夫人出，汝安得至此？」亟遣之。穎公知之，對僚屬咨其賢。荆公、温公不好聲色，不愛官職，不殖貨利皆同。二公除修注，皆辭至六、七，不獲已方受。温公除知制誥，以不善作辭令屢辭，免，改待制。荆公官浸顯，俸禄入門，任諸弟取去盡不問。温公通判太原時，月給酒饋待賓客外，輒不請。晚居洛，買園宅，猶以兄郎中爲户。故二公平生相善，至議新法不合，始著書絶交矣。（《邵氏見聞録》卷一一）

伯温竊謂，荆公聞温公入相則曰：「司馬十二作相矣。」蓋二公素相善，荆公以行新法作相，温公以不行新法辭樞密使，反復相辯論，三書而後絶。荆公知温公長者，不修怨也。至荆公薨，温公在病告中聞之，簡吕申公曰：「介甫無他，但執拗耳。贈卹之典宜厚。」大哉，温公之盛德不可及矣。（《邵氏見聞録》卷一二）

（司馬温公）乞判西京留司御史臺。遂居洛，買園於尊賢坊，以獨樂名之。始與伯温先君子康節游。嘗曰：「某陝人，先生衛人，今同居洛，即鄉人也。有如先生道學之尊，當以年德爲貴，官職不足道也。」公一日著深衣，自崇德寺書局散步洛水堤上，因過康節天津之居，謁曰程秀才云。既見，温公也，問其故，公笑曰：「司馬出程伯休父，故曰程。」留詩云：「拜罷歸來抵寺居，解鞍縱馬罷傳呼。紫衣金帶盡脱去，便是林間一野夫。」「草軟波清沙路微，手攜笻杖著深衣。白鷗不信忘機久，見我猶穿岸柳飛。」（《邵氏見聞録》卷一八）

嘗問康節曰：「某何如人？」曰：「君實腳踏實地人也。」公深以爲知言。……康節又曰：「君實九分人也。」其重之如此。（《邵氏見聞録》卷一八）

司馬温公初居洛，問士於康節，對曰：「有尹材字處初、張雲卿字伯純、田述古字明之，三人皆賢俊。」處初、明之得進於温公門下，獨伯純未見。康節以問公，公曰：「處初、明之之賢如先生言。張君者或聞旅殯其父於和州，久不省，未敢與見。」康節曰：「張雲卿可謂孝矣。雲卿之父謫官死和州，貧不能歸，因寓其喪。雲卿奉其母歸洛，貧甚。府尹哀之，俾爲國子監説書，得月俸七千以養。若爲和州一行，則罷俸數月，將飢其母矣。其故如此。」温公悵然曰：「某之聽誤矣。」伯純自此亦從温公游。未幾，伯純之母死，徒步至和州迎父柩合葬。三君子既受知温公，公入相元祐，處初、明之以遺逸命，伯純以累舉特恩，同除學官。温公好賢下士，尊用康節之言如此。（《邵氏見聞録》卷一八）

熙寧中，洛陽以道德爲朝廷尊禮者，大臣曰富韓公，侍從曰司馬温公、吕申公，士大夫位卿監以清德早退者十餘人，好學樂善有行義者幾二十人。康節先公隱居謝聘，皆相從，忠厚之風聞於天下。里中後生皆知畏廉耻，欲行一事，必曰：「無爲不善，恐司馬端明知，邵先生知。」嗚呼盛哉。（《邵氏見聞録》卷一九）

晁説之

【温公以李公擇爲户部】 司馬温公作相，以李公擇爲户部。公擇文士少吏才，人多訝之，公曰：「方天下意朝廷急於利，舉此人爲户部，使天下知朝廷之意，且息貪吏望風掊刻之心也。」（《晁氏客語》）

【二程謂見司馬光説話不得不多】 伊川謂明道曰：「吾兄弟近日説話太多。」明道曰：「使見吕晦叔則不得不少，見司馬君實則不得不多。」（《晁氏客語》）

【温公論性善惡】 有道、潛道少時嘗見温公，論性善惡混，潛道極言之，温公作色曰：「顔狀未離於嬰孩，高談已至於性命。」伊川笑之，又問：「莫鏁應否？」對云：「某之應舉，得禄而已。」（《晁氏客語》）

【温公在洛應用文字皆出范祖禹手】 温公在洛，應用文字皆出公（范祖禹）手，一日謂公休曰：

「此子弟職，豈可不習？」公休辭不能，純夫曰：「請試爲之，當爲改竄。」一再撰呈，已可用。公喜曰：「未有如此子好學也。」温公事無大小，必與公議，至於家事，公休亦不自專，問於公而後行。公休之卒，公哭之慟。挽詩云：「鮑叔深知我，顔淵實喪予。」（《晁氏客語》）

【温公論性】温公以楊子論性爲近，不取孟、荀。又謂：「性如地，善如五穀，惡如莨莠，地豈容只生穀而不生莠耶？學者當除莠養穀耳。」（《晁氏客語》）

馬永卿

温公之任崇福，春夏多在洛，秋冬在夏縣。每日與本縣從學者十許人講書，用一大竹筒，筒中貯竹簽，上書學生姓名。講後一日，即抽簽令講，講不通則公微數責之。公每五日作一暖講，一盃、一飯、一麪、一肉、一菜而已。温公先壠在鳴條山，墳所有餘慶寺。公一日省墳，止寺中。有父老五六輩上謁云：「欲獻薄禮。」乃用瓦盆盛粟米飯，瓦罐盛菜羹，真飯土簋、啜土鉶也。公享之如太牢。既畢，復前啓曰：「某等聞端明在縣，日爲諸生講書，村人不及往聽，今幸畧說。」公即取紙筆，書《庶人》章講之。既已，復前白曰：「自《天子》章以下各有《毛詩》兩句，此獨無有，何也？」公默然少許，謝曰：「某平生慮不及此，當思其所以奉答。」村父笑而去，每見人曰：「我講書，曾難倒司馬端明。」公聞之，不介意。（《嬾真子》卷一）

温公熙寧、元豐間嘗往來于陝洛之間，從者才三兩人，跨驢道上，人不知其温公也。每過州縣，不使人知。一日，自洛趨陝，時陝守劉仲通諱航，元城先生之父也，知公之來，使人迓之，公已從城外過天陽津矣。劉遽使以酒四樽遺之，公不受。來使告云：「若不受，必重得罪。」公不得已，受兩壺。行三十里，至張店鎮，乃古傅巖故地，於鎮官處借人復還之。後因於陝之使宅建四公堂，謂召公、傅公、姚公、温公。此四公者，皆陝中故事也。（《嬾真子》卷二）

温公夏縣私第在縣宇之西北數十里，質朴而嚴潔。去市不遠，如在山林中。廳事前有棣華齋，乃諸弟子肄業之所也。轉齋而東有柳塢，水四環之，待月亭及竹閣西東水亭也。巫咸榭乃附縣城爲之，正對巫咸山。後有賜書閣，貯三朝所賜之書籍。諸處牓額，皆公染指書，其法以第二指尖抵第一指頭，指頭上節微屈，染墨書之，字亦尺許大，如世所見「公生明」字，惟「巫咸榭」字差大爾。園圃在宅之東，温公嘗宿於閣下東畔小閣，侍吏唯一老僕，一更二點，即令老僕先睡，看書至夜分，乃自掩火滅燭而睡。至五更初，公即自起，發燭點燈著述，夜夜如此。天明即入宅起居其兄，且或坐於床前，問勞話畢，即回閣下。（《嬾真子》卷五）

范沖

【乞特恩令司馬宗召權主司馬光祀奏】司馬光家屬向者伏蒙聖慈，月給錢米，故得存在至今。

竊惟光爲國宗臣，遠近中外言及之，則以手加額，功在社稷，澤在斯民。今奉祀乏主，行路之人，莫不哀之。宜有以振卹，昭示四方，爲忠義之勸。光族系單寡，目今止有族曾孫宗召一人，難以使之出繼。欲乞令宗召權主光祀，特與添差就近一合入差遣。光名德顯著，其後衰絶如此，朝廷特恩，不容有援例者。（《建炎以來繫年要録》卷一〇四）

【哀集司馬光記聞奏】光平生記録文字甚多，自兵興以來，所存無幾。當時朝廷政事、公卿士大夫議論、賓客遊從、道路傳聞之語，莫不記録。有身見者，有得於人者。得於人者，注其名字，皆細書連粘，綴集成卷，即未暇照據年月先後，是非虚實，姑記之而已，非成書也。故自光至其子康、其孫植，皆不以示人，誠未可傳也。臣既奉詔旨，即欲略加删修以進。又念此書已散落於世，今士大夫多有之，删之適足以增疑。臣雖不敢私，其能必人以爲無意哉，不若不删之爲愈也。輒據所録，疑者傳疑，可正者正之；闕者從闕，可補者補之；事雖疊書，而文有不同者，兩存之。要之，此書雖不可盡信，其有補治道亦多矣。（《建炎以來繫年要録》卷一〇四）

趙令畤

司馬文正公言行俱高，然亦每有謔語，嘗作詩云：「由來獄吏少和氣，皋陶之狀如削瓜。」又有長短句云：「寶髻匆匆梳就，鉛華淡淡妝成。青烟紫霧罩輕盈，飛絮游絲無定。相見爭如不

見，有情何似無情。笙歌散後酒初醒，深院月斜人靜。」風味極不淺，乃《西江月》詞也。（《侯鯖録》卷八）

釋惠洪

【活人手段】司馬温公童稚時，與羣兒戲于庭。庭有大甕，一兒登之，偶墮甕水中，羣兒皆棄去，公則以石擊甕，水因穴而迸，兒得不死。蓋其活人手段已見于齠齔中，至今京洛間多爲《小兒擊甕圖》。（《冷齋夜話》卷三）

許翰

【跋温公帖】温公字畫，秦隸之始變，蕭散精勁，冰清弦直，此其胸中必無脂韋之氣矣。紹興元年冬，許某謹識。（《襄陵文集》卷一〇）

尹焞

【題温公莊子節帖】焞少年居鄉里，文正温公來謁叔父諱材，得侍立左右。今觀其書，用筆端正。揚子雲云：「書，心畫也。」寧不信然。紹興十二年暮春晦月，河南尹焞謹題。（《和靖集》卷三）

王暐

司馬君實洛中新第初遷入，一日步行，見墻外暗埋竹簽數十，問之，則曰：「此非人行之地，將以防盜也。」公曰：「吾篋中所有幾何？且盜亦人也，豈可以此爲防？」命亟去之。（《道山清話》）

温公在永興，一日行國忌香，幕次中客將有事欲白公，悮觸燭臺倒在公身上，公不動，亦不問。（《道山清話》）

洛中有一僧欲開堂説法，司馬君實夜過邵堯夫云：「聞富彦國、吕晦叔欲往聽，此甚不可。但晦叔貪佛，已不可勸，人亦不怪，如何勸得彦國？」堯夫曰：「今日已暮矣，姑任之。」明日，二人果偕往。後月餘，彦國招數客共飯，堯夫在焉，因問彦國曰：「主上以裴晉公之禮起公，公何不應命？又聞三遣使，公皆卧内見之。」彦國曰：「衰病如此，其能起否？」堯夫曰：「上三命，公不起，一僧開堂，以片紙見呼，即出，恐亦未是。」彦國曰：「弼亦不曾思量至此。」（《道山清話》）

司馬君實嘗言吕晦叔之信佛近夫佞，歐陽永叔之不信近夫躁，皆不須如此。信與不信，纔有形迹，便不是。（《道山清話》）

神宗一日在講筵，既講罷，賜茶甚從容，因謂講筵官：「數日前因見司馬光《王昭君》古風詩甚佳，如『宫門銅鐶雙獸面，回首何時復來見。自嗟不若住巫山，布袖蒿簪嫁鄉縣』，讀之使人愴然。」時君實病足在假已數日矣。呂惠卿曰：「陛下深居九重之中，何從而得此詩？」上曰：「亦偶然見之。」惠卿曰：「此詩不無深意。」上曰：「卿亦嘗見此詩耶？」惠卿曰：「未嘗見此詩，適但聞陛下舉此四句爾。」上曰：「此四句有甚深意。」（《道山清話》）

温公無子，又無姬侍，裴夫人既亡，公常忽忽不樂。時至獨樂園，於讀書堂危坐終日。常作小詩書梁間，云：「暫來還似客，歸去不成家。」其回人簡有云：「草妨步則薙之，木礙冠則芟之，其他任其自然，相與同生天地間，亦各欲遂其生耳。」可見公存心也。（《道山清話》）

司馬君實與吕吉甫在講筵，因論變法事，至於上前紛拏。上曰：「相與講是非，何至乃爾。」既罷講，君實氣貌愈温粹，而吉甫怒氣拂膺，移時尚不能言。人言：「一箇陝西人，一箇福建子，怎生厮合得著？」（《道山清話》）

莫君陳

司馬温公疾作二十八日，執政往問，囑之曰：「某有數劄子，切爲留意，若不蒙施行，光死不瞑目。」至死，神爽不亂。氣羸不食累日，因如厠努氣，少頃而逝。九月一日，上以祀天受齋戒，不及出臨喪。初七日，幸其第。（《月河所聞集》）

蔡　絛

龐丞相籍以使相判太原。時司馬温公適倅并州。一日被檄巡邊，温公因便宜命諸將築堡於窮鄙，而不以聞，遂爲西羌敗我師，破其堡，殺一副將焉。朝廷深訝龐擅興，而詰責不已。龐既素重温公之賢，終略勿自言。久之遂落使相，以觀文殿學士罷歸。然龐公益默不一語，温公用是免。嗚呼，龐公其真宰相，上接古人千載之風矣。（《鐵圍山叢談》卷三）

東坡公元祐時既登禁林，以高才狎侮諸公卿，率有標目殆徧也，獨於司馬温公不敢有所重輕。一日相與共論免役差役利害，偶不合同。及歸舍，方卸巾弛帶，乃連呼曰：「司馬牛！司馬牛！」（《鐵圍山叢談》卷三）

何　薳

【張山人謔】紹聖間，朝廷貶責元祐大臣及禁毁元祐學術文字。有言《司馬温公神道碑》乃蘇軾撰述，合行除毁。於是州牒巡尉，毁拆碑樓及碎碑。張山人聞之，曰：「不須如此行遣，只消令山人帶一箇玉册官，去碑額上添鐫兩箇不合字便了也。」碑額本云「忠清粹德之碑」云。（《春渚紀聞》卷五）

宋哲宗

【司馬光門下侍郎制】國家董正治官，循名責實。以三省預聞政事，而出納王命，時維東臺，非夫柔亦不茹，剛亦不吐，彊毅有守，詳明不撓者，豈足以任此。具官司馬光，方重敦實，有德有言。貫穿千古，著爲新書。雖乃身在外，而乃心無不在王室。聞望之隆，師言惟穆。非止政有粃稗得以塗歸，是惟朝夕納誨以輔不逮，亦所以彰先帝知人之明。往惟欽哉，無或敦避。（《宋宰輔編年録》卷九）

【司馬光放謝詔】司馬光差提舉編修《神宗實録》并明堂大禮使，可並放謝。所有敕二道，仍令閤門差官降賜。（《續資治通鑑長編》卷三七八）

【故追貶清海軍節度副使司馬光追貶朱崖軍司户制】敕：爾以詆誣宗廟，迷誤朝廷，没有餘辜，死未塞責。久稽罪罰，近正典刑。而隱慝愈彰，公言難掩。嘗與凶黨，實藏禍心，妄引宣訓衰亂不道之謀，僭喻寶慈聖烈非意之事。興言及此，積慮謂何？雖免嚴誅，載加貶秩，庶幾來世，永有創懲。可追貶朱崖軍司户參軍。（《宋大詔令集》卷二〇九）

葉夢得

司馬温公與吕申公素相友善，在朝有所爲，率多以取則。温公自修起居注召試知制誥，申公亦自外同召。温公既就試，而申公力辭不至，改除天章閣待制。温公大悔，自以爲不及。命下凡九章，辭不拜，引申公自比，云：「臣與公著同被召，公著固辭得請，而臣獨就職，是公著廉遜，而臣無愧恥也。」朝廷察其誠，因亦除天章閣待制。（《石林燕語》卷十）

司馬温公作獨樂園，朝夕燕息其間，已而游嵩山疊石溪而樂之，復買地于旁，以爲别館，然每至不過數日復歸，不能常有。故其詩有「暫來還似客，歸去不成家」之句。今余既家于此，客至留連，未嘗不愛賞，顧戀不能去。而余浩然自以爲主，有公之適而無公之恨，豈不快耶？（《避暑録話》卷上）

司馬温公熙寧間自長安得請留臺歸，始至洛中，嘗以詩言懷云：「三十餘年西復東，勞生薄宦等飛蓬。所存舊業惟清白，不負明君有樸忠。早避喧煩真得策，未逢危辱早收功。太平觸處農桑滿，贏取閭閻鶴髮翁。」出處大節，世固不容復議。是時雖以論不合去，而神宗眷禮之意愈厚，然猶以避煩畏辱爲言，況其下者乎！元祐初，起相，至是十七年矣，度公之意，初蓋未嘗以自期也。（《石林詩話》卷上）

程俱

【題温公帖石刻】 文正温公之清節直道，内相高平公之懿行碩學，蓋朝廷之蓍龜，搢紳之標表也。事在《國史》，譽在天下。然其造次之間，理言遺事，士夫莫不寶而傳之。衢州學舍嘗得温公貽高平公帖，摹而刻之石，置諸公堂之壁，使學者出入觀省，以想見醇儒碩德遺風餘烈之無窮，與夫著書立言之不苟如此。且《資治通鑑》之書，文正實挈其維綱，而筆削裁成之功繫高平公之助。是時二公以道義相從於寂寞之濱，凡前古是非成敗之端，治亂安危之致，足以勸懲後世與啓沃吾君者，蓋未嘗一日而忘也。卒以備邇英之讀，布於學官而行於天下，是豈小補也哉。初，書成而上之，帝爲親製美名，冠以序引，其所以尊德樂道之意，不唯彰信於一時，而無愧不刊之書，又以爲百世之賴，可謂盛矣。夢得，高平公少時字也。初，太夫人懷公彌月，夢古丈夫盛服入其門者，左右曰漢大司徒鄧禹也，故命名如此，而字夢得。後温公更其字曰淳父，猶取《高密侯傳》贊語云。高平孫仲熊與州學教授陸君俊民，懼後生不知夢得之爲公也，要余述於其後。俱常以謂觀元祐之時而可知宰執近臣之選，觀宰執近臣之懿而可知元祐之時。無求之他，觀於此而已。俱生晚，不得登二公之門，以觀道德於後前，聽教誨於左右，兹獲挂名公書刻石之末，以寄宿昔欣慕之心焉，亦云幸矣。紹興七年正月甲子，信安程俱謹識。（《北山小集》卷一五）

黄伯思

【跋温公新壺格七國戲二書後】《新壺格》、《七國戲》二數〔二〕，皆傳自温公之孫樟文叔家。圖本乃公手書，頗有黯改處，蓋初草定時本也。政和元年六月十七日，黄某長睿父書。（《東觀餘論》卷下）

周紫芝

【司馬温公畫像贊】瘠然其似枯，何先生之癯，而四海之腴也；愀然其似愁，何先生之憂，而四海之休也。至於疾惡如讎，惡佞似賊，則其風凜然，蓋古之遺直也。《詩》不云乎：「人之云亡，邦國殄瘁。」拜此典刑，潸焉出涕。（《太倉稊米集》卷四三）

王銍

《資治通鑑》成，温公託范淳父作《進書表》，今刊於《通鑑》後者是也。温公以簡謝淳父

〔二〕原本校云：「此一字更考。」

云：「真得愚心所欲言而不能發者。」温公書帖，無一字不誠實也。（《四六話》卷下）

宋徽宗

【司馬光呂公著追復官制】具官某，出入四朝，望實兼郡。粤自神考，俾贊事樞。逮及先朝，爰立作相。未乾墳土，嘖有煩言。除削寵名，罪均投裔。蒙惡滋久，不能自昭。稽參舊章，蔽自朕志。東朝二品，呂云「東朝一品」。稍還高秩。納書幽壤，流澤後人。死而有知，尚識兹意。光追復太子少保，公著復太子太保。（《宋大詔令集》卷二二一）

【司馬光特贈太師制】大臣本道術以事君，舉明主比隆於三代；王者揆人心而發政，褒有德用懷於萬方。緬想一代之宗臣，昔爲天下之大老，皜乎不可尚矣，民到于今稱之。惟勛德之俱高，顧褒崇之未極。追盼愍册，用慰輿情。故追復右正議大夫司馬光，剛大而惠和，清直而寬裕。勇於義，果於德，孟軻名世之才；以斯道，覺斯人，伊尹天民之任。早由公望，横翊要途，知無不爲，言底可績。誠開金石，節貫松筠。逮登揆路之崇，允副巖瞻之寄。除苛解嬈，致治庶幾成、康；陳善閉邪，恥君不及堯、舜。勛在王室，澤潤生民。聲聞播於四夷，畫像徧於比屋。羣心奮義，生也榮而死也哀；千載聞風，頑夫廉而懦夫立。究觀圖籍所載，是謂社稷之臣。屬丕績於正經，思大明於國是。朂獎四朝之舊弼，茂揚一世之清流。寵陟帝師，永標人範。昔抗浮雲之

志，何有華袞之褒！庶明欽慕之誠，益勵敦龐之俗。可特贈太師，合得恩數，令吏部檢舉申。（《靖康要録》卷三）

朱勝非

【論司馬光所以得美名奏】陛下每稱司馬光，度聖意有恨不同時之歎。陛下亦知光之所以得名者乎？蓋神宗皇帝有以成就之也。熙寧間，王安石創行新法，光每事以爲非是。神宗獨優容，乃更遷擢。其居西洛也，歲時勞問不絶。書成，除資政殿學士。於是四方稱美，遂以司馬相公呼之。至元祐中，但舉行當時之言耳。若方其爭論新法之際，便行竄黜，謂之立異好勝，謂之沽譽買直，謂之非上所建立，謂之不能體國，謂之不遵稟處分，言章交攻，命令切責，亦不能成其美矣。（《建炎以來繫年要録》卷一四）

李　綱

【跋司馬温公帖】朝廷之上，事貴當而不貴苟寬，言貴盡而不貴苟合。苟寬則姑息，苟合則雷同，而其弊有不可勝言者。熙寧間，犯謀殺者聽自首減等，非不爲寬，而廷臣毅然爭之，反覆論難不已，至有以罪去者。懼姑息之爲害，而展盡底藴，不敢爲雷同之説也。當是時，去嘉祐、治平未遠，其遺風餘澤能使士大夫如此，豈不爲天下福哉。數十年間，士風一變，以馴致禍亂，其源非無所自也。觀司馬温公與雜端劉公帖，推許之重乃至是，前輩之意遠矣夫！紹興四年三月日，昭武李綱跋。（《梁溪集》卷一六三）

【跋司馬温公趙清獻公帖】永嘉鮑君仕不過州縣，而卓然自立，不阿世以取容，刻意羣經，爲之訓釋。觀其所上論新法書，識度有大過人者，非苟然也。司馬温公、趙清獻公皆貽簡尺以獎與之，殁雖久而名益傳。嗟夫，士負所學，生不逢時，老死山林，又無一世鉅公爲之稱道，與草木同腐者多矣，可勝慨哉。（《梁溪集》卷一六三）

【跋温公帖】紹興七年歲次丁巳，初夏中澣，彭城鄭顧道經從豫章，出示温公帖，觀于精忠堂，凛然如對盛德君子，瞻其儀形而聆其語論也，使人欽慕不能自已。武陽李伯紀書。（《梁溪集》卷一六三）

張　守

【乞宣取司馬温公文集劄子】臣伏見本路提刑司近得《司馬光文集》，鏤板已畢。緣光初被遇神祖，爲臺諫侍從，啓沃居多。所上章疏，具載《文集》。臣嘗竊觀其議論，忠厚正直，深有補於治道。恭惟陛下聖德日躋，而學不厭，臣愚竊意可以仰資乙夜之觀。欲望聖慈下提刑司宣取，仍

乞以副本藏之秘閣。取進止。（《永樂大典》卷二二五三六）

【跋劉孝述司馬温公帖】熙寧己酉春二月，王荆公始參大政，首定謀殺聽首之律。吴興劉公孝述以御史知雜判刑部，率同僚丁諷等封勑還中書至于再，時論浩然歸重。先，司馬温公嘗辨論幾數萬言，廷臣以爲非者亦十七八。於是御史中丞吕獻可并其屬請如刑部議，卒莫能奪，其故謀殺人而聽首，天下至今疑之。秋八月，公又率侍御史劉錡、錢顗極論安石專肆胸臆，輕易憲度，驚駭物聽，動揺人心，以至曾公亮畏避固寵，趙抃囊括依違，反覆數千言。又獨論中執法舉屬不拘秩任，非祖宗法，兼與治平手詔之意異。故貶錡、顗監當，而劾公與諷等不奉詔之罪。士大夫冤之，上章救公，如孫昌齡罷御史，范堯夫罷修注。温公疏入不報，諷等於是誣伏。而公獨謂朝廷不當劾言事官，卒不承，乃貶知江州。自獻可首以論安石得罪，氣燄熏灼，不變則懼矣，公復毅然曾不爲身謀，賢矣夫。温公時在翰林，申理不獲，既造公敘别，又以手帖勞之，實其年九月五日也。語法而意篤，其端方剛毅之氣，親仁樂善之誠，可以槩見於詞翰。後六十四年，公之孫嶠仲高提點福建刑獄，出示此帖，求志其後。某念比年多故，典籍殘缺，《國史》所載，世或不知，幸此帖之存，故樂爲天下道也。温公善隸，故楷法有隸體云。紹興壬子除日，資政殿學士、左中大夫、知福州兼福建路安撫使張某子固題。（《毘陵集》卷一〇）

【跋司馬温公趙清獻公帖】前輩至誠樂善，獎勵後進，不以名位自高，觀文正、清獻二公與鮑君

手帖，則後世恃才傲物、矜名位以驕人者，可少愧矣。鮑君以掾曹受二公之知，其賢於人者可不問而知也。（《毘陵集》卷一〇）

張行成

【司馬温公祠堂記】故諫議大夫司馬君池，以某年作尉郫邑。越明年某月，生公于官廨，字之曰岷，以山稱也。是歲，諫議君手植松柟各一本於庭，迨今凡若而年。自諫議之卒，骨已朽矣，公相繼殂落，靈亦歸矣；而二木之中，其一松者亦枯摧矣。唯是兹柟，蒼蒼猶在，邦人依之，尚可想見公初生時也。公之遺德在天下，名在後世，行事在《國史》，固一代偉人也。當其道未合之初，天子敬之而不用，權臣憚之而不親，天下仰之而不濟，不獨其身見黜於朝廷，波及遺言，亦見抑於死後者凡數十載。則松之不愛，而柟之不録，固其宜也。邇來世道頓革，士風漸回，上自朝廷，下逮黎庶，咸知公議之不可破，而公之言爲不可抑。於是朝廷旌其家，學士誦其書，後生想像其風采而不可得，則又丹青肖形以寫瞻慕者，無室不有。公之道蓋大明於天下矣。思其人，愛其樹，又理之必然者。於是邑丞李公作堂以嚴公之祭，護木以永公之思，蓋從人望者。柟之青青，公生在兹，邦人是榮；祠之翼翼，公象在兹，後生是式。公之道彰矣，不假於一柟，而兹柟實託公以不朽；公之道傳矣，不私於一邑，而兹邑實賴公以不辱。柟之喬斤焉而彫，惟公之道磨天地而不銷；梢之節斧焉而缺，惟公之道涸河海而不竭。則兹堂之建，非以嚴公也，乃以爲護梢之標榜；兹梢之愛，非以榮公也，乃以榮邑之冠冕。堂之毁，公不毁也，梢則毁矣；梢之辱，公不辱也，郫則辱也。嗟乎，郫之民、郫之吏，繼今而後者，其善護兹木乎！（《成都文類》卷三五）

朱弁

【裕陵晚欲用司馬温公與東坡】元豐初，官制將行，裕陵以圖子示宰執，於御史中丞、執政位牌上，貼司馬温公姓名。又於中書舍人、翰林學士位牌上，貼東坡姓名。其餘與新政不合者，亦各有攸處。仍宣諭曰：「此諸人雖前此立朝議論不同，然各行其所學，皆是忠於朝廷也。安可盡廢！」王禹玉曰：「領德音。」蔡持正既下殿，謂同列曰：「此事烏可？須作死馬醫始得。」其後上每問及，但云臣等方商量進擬。未幾宫車晏駕，而裕陵之美意卒不能行。新州之貶，無人名正其罪。紹聖間，黨論一興，至崇、觀而大熾，其貽禍不獨縉紳而已。士大夫有知之者，莫不歎恨也。（《曲洧舊聞》卷二）

【邵堯夫言新造屋當自倒或爲水所毁後應驗】温公與堯夫水北閒步，見人家造屋，堯夫指曰：「此三間，某年某月當自倒。」又指曰：「此三間，某年某月爲水所壞。」温公歸，因筆此事於所著文稿之後。久而忘之，因過水北，忽省堯夫所説，視其屋，則爲瓦礫之場矣。問於人，皆如堯夫言，歸考其事亦同。此事洛中士大夫多能道之。（《曲洧舊聞》卷二）

【元祐初范忠文累詔不起】 范忠文公與司馬文正公平生智識、談論趣向，除議樂一事不同外，其餘靡所不同。元祐初，温公起爲相，忠文獨高卧許下，凡累詔，皆力辭不已。其最後表云：「六十三而求去，蓋不待年；七十五而復來，誰云中理。」朝廷從之。當是時，中外士大夫莫不高公此舉，而人至今以爲美談也。（《曲洧舊聞》卷三）

【邢和叔平地生丘墟】 元祐更張新政之初，不本於人情者。和叔見申公，密啓曰：「今日更張，雖出於簾幃，然子改父法，上春秋鼎盛，相公不自爲他日地乎？」申公不答。未幾，復以此撼摇温公。温公曰：「他日之事，吾豈不知。顧爲趙氏慮，當如此耳。」和叔忿然，曰：「趙氏安矣，司馬氏豈不危乎？」温公曰：「光之心本爲趙氏，如其言不行，趙氏自未可知，司馬氏何足道哉！」（《曲洧舊聞》卷六）

司馬温公《辭樞密副使章》自言：「臣自幼時習詩賦論策就試，每三年一次乞磨勘，豈不慕榮貴者耶！蓋天下自有中道，過猶不及也。」夫以温公爲是言，豈害其爲廉讓，而更求加之，未見其非飾詐邀名耶。（《曲洧舊聞》卷十）

吕本中

【讀司馬公集解太玄】 京城半年圍，道路三月病。輕舟過江來，所向復未定。客房夜涼冷，氣體亦粗勝。月穿窗罅白，風入桐葉勁。挑燈讀《太玄》，愛此頃刻靜。物數極三甲，此理本天命。首贊則分行，故未及世應。古曆漢則亡，《易》實更三聖。哀哉楊子雲，上與數子競。雖云耗心力，固自有捷徑。後來司馬公，獨斂衆説盛。錙銖判訛謬，一宗蒙是正。讀《玄》則知《易》，此實公所證。如何少年子，便欲獻譏評。我老未知學，讀此知不稱。掩卷坐搔首，一洗肝肺淨。明朝尋故人，此語殊未竟。（《東萊詩集》卷一一）

司馬温公既辭宥密之命，名冠一時，士無賢不肖皆所歸重，而兩程先生、孫莘老、李公擇諸公尤推重正獻。已而二公同居洛中。熙寧末，正獻起知河陽，明道以詩送行曰：「曉日都門颭旆旌，晚風鐃吹入三城。知公再爲蒼生起，不是尋常刺史行。」又與温公同餞，正獻復有詩與温公云：「二龍閑卧洛波清，此日都門獨餞行。願得賢人均出處，始知深意在蒼生。」蓋以二公出處無異，且恐温公以不出爲高也。（《童蒙訓》卷下）

司馬温公在洛陽閑居時，上元節，夫人欲出觀燈，公曰：「家中點燈，何必出看？」夫人曰：「兼欲看遊人。」公曰：「某是鬼耶？」（《軒渠録》）

元豐間，神廟嘗稱温公於輔臣曰：「司馬光只是待做嚴子陵，他那裏肯做事。」（《吕紫微師友雜志》）

黄　徹

温公題趙舍人菴云：「清茶淡話難逢友，濁酒狂歌易得朋。」雖造次間語，亦在於進直諒之益，而退便辟之損也。（《䂬溪詩話》卷一）

張九成

【書司馬温公咨白】紹興丙子閏月二十九日，某以目疾，乞罷永嘉，歸故里，住括蒼。司馬倅手攜曾大父温公在政府日賓次咨白示某，且求題其後。某整冠肅容，頓首再拜而讀之，曰：「嗚呼，其盛矣哉，盎乎其似春也，肅乎其若秋也。仁義中和之氣，君子長者之道，可得之於一席間矣。某雖不獲登公之堂，拜公之像，凛凛然如在其上，如在其左右，敢不敬乎！」（《横浦先生文集》卷一九）

張知甫

司馬温公在政府，每過潞公第，時潞公有門僧乞换道流，因緩頰言之，温公愕然曰：「吾輩國之大臣，一言一行，四方風俗所繫，此僧既不能終於釋，豈能終於道？來即誅之。」僧聞而遁。（《張氏可書》）

劉嶠

【温國文正司馬公文集序】孔門以顔回爲德行之首，於其問仁，則曰：「天下歸仁焉。」於其問爲邦，則告以虞、夏、商、周之政。何哉？以其德行舉而錯之事業，則所謂言語、政事、文學，皆其所優爲者。孔子所以稱其賢，則其心固以王佐許之矣。若餘子，未免貨殖者、晝寢者、無所取材者、難與並爲仁者，惡可與顔氏同年語哉？孔子曰：「文章，吾猶人也。躬行君子，則吾未之有得。」蓋言難其人也。

大丞相温國文正司馬公，出於去聖數千歲之後，其公忠直亮，根于性質之自然，非勉而中、思而得者。見於修身踐言，則孝弟忠信，雖蠻貊而可行，在屋漏而不愧。至其施諸政事，則關百聖而不惭，蔽天地而不耻。其發爲文章，則探陰陽造化之賾以豐其源，躬仁義禮樂之實以沃其膏，酌聖賢出處之正以厲其操，通古今因革之變以博其施，非徒載之空言也。是文也，君天下者得之，足以鑒興衰，通治體；公卿大夫得之，足以勸忠嘉，盡臣節；士庶人得之，足可檢身厲行，爲君子之歸。以至山巔水涯，幽人放客得之，則浩歌流詠，斟酌厭飫，隨取隨足。夫丹青可渝，而公之文不可朽也；金石可磨，而公之文不可磷也。山可摧，澤可涸，而公之文，愈久愈新，垂世而望窮也。公又嘗著《資治通鑑》，備論前世君臣善否之跡，與其理亂興亡之證，別爲一書。公非有意于立文者，然將以鼓吹六經，羽翼名教，則肆筆爲言，不約而成章。古語曰：「木有文而水有波，雖欲更之，無奈之何。」韓愈曰：「仁義之人，其言藹如也。」昔顔淵死，孔子曰：「噫，天喪予！」憫王道之無傳也。公立朝大節，輔相勳庸，凛凛在人耳目。公雖云亡，斯文未喪，學者傳誦，非獨得其言、得其書而已。文集凡八十卷，爲一十八門，其間詩賦、章奏、制詔、表啓、雜文、書傳，無所不備。得於參知政事汝南謝公。謝公語嶠曰：「艱虞以來，文籍散亡。子曾大父雜端公熙寧二年坐詆時政，及再繳詔敕還中書，謫守九江，一斥不復。司馬公時營救甚力，章疏具載《國史》，天下所共知之。」且趣嶠敘其首，鏤行於世。嶠雖淺陋末學，然服膺此書舊矣，矧復世篤忠義之契顧，何敢以不敏辭？

紹興二年歲在壬子九月旦，左朝請郎、直徽猷閣、權發遣福建路提點刑獄公事吴興劉嶠謹序。（四部叢刊初編影印《温國文正司馬公文集》卷首）

【進司馬温公文集表】臣嶠言，准尚書省劄子，備奉十月二十九日聖旨，因祕書省有請以臣近刊司馬光文集，許令投進者。斷編參訂，深虞三豕之傳疑；睿旨聿頒，忽覩六丁之下取。前賢增重，晚學與榮。臣嶠誠惶誠懼，頓首頓首。

竊以先正若司馬光大用於元祐際，奮身許國，揭萬代之規模；張膽極言，切一時之利病。資治體則已詳於《通鑑》，舉事要則咸備於《曆書》。至其翰墨之餘，猶盡天人之奥，言言霜日之可畏，炳炳丹青之不渝。緊仁廟之末年，建明是賴；暨英皇之當宁，獻替居多。維裕陵眷注之最深，而權臣詆排之尤力。與其位高而言廢，曷若身退而道尊。逮宣仁復辟之初，屬時相蔽賢之日，揚雄殁而是非乃定，九齡罷而治亂遂分。兹遇公朝，載加贈典。爰討論乎舊政，且搜訪其遺文。國論交欣，儒林動色。恭惟皇帝陛下，緝熙奥學，纘紹丕基。景運中興，方遵養於時晦；聖謨博採，常講論於夜分。臣得善本於近臣之家，冠蕪詞於成書之首。寫諸琬琰，羽翼魯堂之六經；信若蓍龜，粃糠唐室之三鑑。覽獲塵於閒燕，榮實賁於幽原。緬懷間世之鉅公，曾是先臣之知己。叩閽而救張説，豈獨見於空辭；掠麻而沮延齡，尚想聞於正色。匪徒勳業，焕在簡編，期有補於將來，庶永垂於不朽。斯文未泯，僅存石室之藏；舊德益彰，重上茂陵之稿。所有司馬光文集八十卷，計十有七册，謹隨表上進以聞。臣嶠誠惶誠懼，頓首頓首，謹言。

紹興三年十一月日，左朝請郎、直徽猷閣、權發遣福建路提點刑獄事兼提舉常平事臣劉嶠

上表。（四部叢刊初編影印《温國文正司馬公文集》卷首）

劉子翬

【温公隸書銘】公硯已瘗，姦魂夜悸。公墨霑池，潛來湘囊。假其餘聲，所感如此。矧公真筆，劍戟交倚。挂之高堂，浮慮盡死。我觀公書，識公胸次。天地輸誠，風霜薦厲。吐而發之，兹其餘事。公之立朝，營營仇敵。不勦其剛，不披其殖。障海一簣，排風孤翮。始訾繼斥，卒伸其直。世衰道圮，喏喏唯唯。有筆如椽，微公莫使。我銘其尾，吁嗟已矣。（《屏山集》卷六）

晁公武

【温公易説一卷】右皇朝司馬光君實撰，雜解《易》義，無詮次，未成書也。（《郡齋讀書志》卷一）

【稽古録二十卷】右皇朝司馬光君實編，起自三皇，止皇朝英宗治平末。至周共和庚申始爲編年。（《郡齋讀書志》卷五）

【資治通鑑二百九十四卷目録三十卷考異三十卷】右皇朝治平中司馬光奉詔編集歷代君臣事迹。許自辟官屬，借以館閣書籍，在外聽以書局自隨。至元豐七年，凡十七年，始奏御。上起戰國，下終五代，凡一千三百六十二年。又略舉事目，年經國緯，以備檢閱，別爲《目録》；參考同異，俾歸一塗，别爲《考異》。各一編。公自謂精力盡於此書。神宗賜名《資治通鑑》，御製序以冠其首，且以爲賢於荀悦云。公武心好是書，學之有年矣。見其大抵不采俊偉卓異之説，如屈原懷沙自沉，四皓羽翼諸君，嚴光足加帝腹，姚崇十事開説之類，削去不録，然後知公忠信有餘，蓋陋子長之愛奇也。（《郡齋讀書志》卷五）

【通鑑舉要曆八十卷】右皇朝司馬光撰。《通鑑》奏御之明日，輔臣亟請觀焉。神宗出而示之，每編末識以「睿思殿寶章」，蓋尊寵其書如此。公尚患本書浩大，故爲《舉要》。（《郡齋讀書志》卷五）

【温公紀聞十卷】右皇朝司馬光撰。記賓客所談祖宗及當時雜事。（《郡齋讀書志》卷六）

【温公集注太玄經十卷】右皇朝司馬光君實集漢宋衷《解詁》、吴陸績《釋文》、晋范望《解贊》、唐王涯注《經》及《首》《測》、宋惟幹《通注》、陳漸《演玄》、吴祕《音義》七家爲此書。自慶曆至元豐，凡三十年始成。其直云宋者，衷也；小宋者，惟幹也。惟幹、漸、祕，皆國朝人。（《郡齋讀書志》卷十）

【温公集注法言十三卷】右皇朝司馬光集晉李軌、唐柳宗元、國朝宋咸、吴祕注。光自言「少好此書，歷年已多，今輒采諸家所長，附以己意，名曰《集注》。凡觀書者，當先正其文，辨其音，然後可以求其義。故宋相公庠家有李祠部注本及《音義》，最爲精詳。宋、吴亦據李本，而其文多

異同。今參以《漢書》，取其通者，以爲定本。先審其音，乃解其義」云。（《郡齋讀書志》卷十）

【家範十卷】右皇朝司馬光君實纂，取經史所載賢聖修身齊家之法，分十九門，編類以訓子孫。（《郡齋讀書志》卷十）

【潛虚一卷】右皇朝司馬光擬《太玄》撰此書，以五行爲本，五五相乘爲二十五，兩之得五十，首有氣、體、性、名、行、變、解七圖，然其辭有闕者，蓋未成也。其手寫草稿一通，今在子健姪房。（《郡齋讀書志》卷十）

【温公道德論述要二卷】右皇朝司馬光撰。光意謂道、德連體，不可偏舉，故廢《道經》、《德經》之名，而曰《道德論》。《墓誌》載其目。「無，名天地之始；有，名萬物之母。常無，欲以觀其妙；常有，欲以觀其徼」，皆於「無」與「有」下斷句，不與先儒同。（《郡齋讀書志》卷一一）

【續詩話一卷】右皇朝司馬光君實撰。序云：「《詩話》尚有遺者。歐公文章聲名雖不可及，然記事一也。故敢續之。」（《郡齋讀書志》卷二三）

【温公投壺新格一卷】右皇朝司馬光君實撰。舊有《投壺格》，君實惡其多取奇中者以爲僥倖，因盡改之。（《郡齋讀書志》卷一五）

【温公七國象棋一卷】右皇朝司馬光君實撰。周、秦、韓、魏、趙、楚、齊、燕，實以八國，而云七者，周室不與焉。（《郡齋讀書志》卷一五）

【司馬文正傳家集八十卷】右皇朝司馬光君實也。陝州夏縣人。初以父蔭入官，年二十，舉進士甲科。故相龐籍薦除館閣校理，神宗即位，擢翰林學士、御史中丞，後除樞密副使，力辭而去。元祐初，拜門下侍郎，繼遷尚書左僕射。卒，年六十，謚文正。好學如飢之嗜食，於學無所不通，音樂律曆，天文書數，皆極其妙，晚節尤好禮。其文如金玉、穀帛、藥石也，必有適於用。無益之文，未嘗一語及之。集乃公自編次，公薨，子康又没，晁以道得而藏之，中更禁錮，迨至渡江，幸不失墜。後以授謝克家，劉嶠得而刻版上之。（《郡齋讀書志》卷一九）

陳長方

一老堂吏言，司馬文正在朝堂處置常程事宜，有尋常處，忽發一事，便令人心服。（《步里客談》卷上）

宣和殿所立元祐姦黨碑，以司馬温公爲首。（《步里客談》卷上）

林之奇

【題司馬季思所藏温公賓次咨目後】衛武公以德名之重，爵位之尊，年數九十有五矣，猶箴儆於國曰：「苟在朝者無謂我老耄而舍我，必恭恪於朝，朝夕以交戒我。聞一二之言，必誦志而納之，以訓導我。」温公此紙，實衛公之意也。江海之浸，膏澤之潤，其所及者遠矣。「瞻彼淇奥，緑竹猗猗。有斐君子，如切如磋，如琢如磨。瑟兮僴兮，赫兮咺兮。有斐君子，終不可諼兮」。此詩人美武公之作，而《大學》之書贊之曰：「道盛德至善，民之不能忘也。」某於温公亦云。（《拙齋文集》卷二〇）

王十朋

【司馬温公贊】宋二百年，名臣輩出。孰爲第一？咸曰君實。田夫野老，識其遺風。至今猶語，司馬相公。以手加額，涕泗亡從。（《王十朋文集》卷六）

【跋温公帖一】温公盛德大業，非東坡大手筆不能形容。措國於太山之安，令於流水之原。後人欲識元祐之治，其大要如此。乾道乙酉後重陽六日。（《王十朋文集》卷二三）

【跋温公帖二】孟子曰：「欲爲君，盡君道；欲爲臣，盡臣道。」觀宣仁所問，温公所對，可謂各盡要道，真堯舜君臣也。乾道改元後重陽一日。（《王十朋文集》卷二三）

李燾

【温公日記跋】文正公初與劉道原共議，取實録、正史，旁采異聞，作《資治通鑑後紀》。屬道原早死，文正起相，元祐後終，卒不果成。今世所傳《紀聞》及《日記》并《朔記》，皆《後紀》之具也。自嘉祐以前甲子不詳，則號《紀聞》，嘉祐以後，乃名《日記》，若《朔記》則書略成編矣。始，文正子孫藏其書祖廟謹甚，黨禍既解，乃稍出之，旋經離亂，多所亡逸。此八九紙草稿或非全幅，間用故牘，又十數行别書牘背，往往剪開黏綴，事亦有與正史、實録不同者。蓋所見所聞所傳聞之異，必兼存以求是，此文正《長編》法也。（《文獻通考》卷一九七）

【請以司馬光蘇軾等從祀疏】范仲淹佐仁宗，謹庠序之教，始遍郡國立學，更取士法以作新人才。歐陽修倡起古文，攘斥異端，視唐韓愈無愧。嘉祐、治平之間，人才特盛，修所長育成就，爲力居多。而司馬光及蘇軾風節彌高，其學術專務格君心，安百姓，其欲正人心，息邪説，距詖行，放淫辭，流離顛沛，之死靡憾，蓋似孟子。當安石萌芽，唯光、軾能逆折之，見於所述文字，不一而足。軾著《書傳》，與安石辯者凡十八九條，尤爲切近深遠，其用功不在決洪水、闢楊墨下。使其言早聽用，寧有靖康之禍？悉去王安石父子而取光、軾，斯爲允當。并及仲淹、修，亦無不可。

（《愛日齋叢鈔》卷二）

韓元吉

【跋司馬公倚几銘】温文正公《倚几銘》，今《傳家集》所未見者。銘文甚簡，而注義特詳，其告君之善，惟恐不盡也。勾注塗改甚多，而無一字行草，其敬謹之至，未嘗斯須忘，可不法哉？淳熙三年十一月庚午，潁川韓某觀。（《南澗甲乙稿》卷一六）

汪應辰

【題司馬温公奏議】温公欲以宰相領總計使，其後宰相制置三司條例司，則公之言略施行。然且力爭其不可，蓋以名雖若同，實則大異。此天下之事，疑似幾微之際，所以不可不察也。（《文定集》卷一一）

【題司馬温公賓次咨目】司馬文正公所以揭示賓客者，不容有毫髮之私，凛凛乎其不可犯，宜其不悦者衆也。然天下之人瞻仰稱頌，至于今不衰。彼其僞爲説辭，輕畀官職，苟以斂惠徼譽爲心，而人終莫之與者，豈不異哉。《詩》曰：「民之秉彝，好是懿德。」故天下惟德可以服人。（《文定集》卷一一）

【跋温公與傅獻簡公帖】孔子許顏子以行藏，而顏子與子路或出或處，必有以相告語也。蓋出處之際，古人所甚重，師弟子傳授講習，亦無出于此者。詩曰「翹翹車乘，招我以弓，豈不欲往，畏我友朋」，非畏其人也，畏其義也。獻簡傅公以剛毅正直稱天下，在熙、豐之時，雖未甚進用，然猶連拜五都，既而得請閒局，司馬温公爲之忻慰，見于辭翰。蓋温公所欲致朋友之義者，獻簡

已不謀而同，宜其喜也。觀二公所以相與，亦異乎世俗之交矣。（《文定集》卷一一）

【題申温蜀三公倡和詞】吕申公知河陽，司馬温公、范蜀公並駕訪之。此其臨歧倡和詞也。既去，申公榜其所館爲禮賢堂云。方三公同時法從，光華臺閣，然名未卓然暴白。會王安石紛更法度，莫不極力爭之。温公除樞密副使，以言不見聽，迄不受命。蜀公年六十三矣，亦請致仕而歸。安石大怒，既落職，又自爲制詞醜詆之。申公自御史中丞出知潁州，安石亦改制詞加之罪，而天下更以爲榮焉。于是翕然仰望之，如泰山北斗矣。元祐初，温公、申公對秉鈞軸，而天下復安。蜀公累召不起，謂所親曰：「吾所欲爲者，君實皆已爲之矣，又安用出？」蓋其出處未嘗不同者，乃如此也。鄉人求此詞，因手録以遺之，且書其後，庶幾誦其詞，想其風流人物，或者爲之興起也。（《文定集》卷一一）

邵　博

【書韓忠獻公與司馬文正公書後】治平中，丞相忠獻韓公建言，籍陝右之民三丁者，墨其一曰義勇，雖山谷窮絶之所無脱者，一方爲之騷動。蓋得二十萬人，各賜錢二千，曰買弓箭云。民兵無紀律不可用，妄爲縣官之費，中外無敢言者。司馬文正公時爲諫官，論其不便，以諫疏見忠獻於政事堂，忠獻曰：「兵貴先聲後實。虜聞驟益西兵二十萬，豈不震懼？」文正曰：「兵之用先聲，爲無其實，時頃欺敵可耳，少日情得，則不能復用。今雖益兵二十萬，其實不可用，虜尋覺，無懼矣。」忠獻不能答。復曰：「諫官見慶曆年關中募民，初刺手背爲鄉兵，後刺面爲正兵，恐復爾耶？今敕榜與民約，永不充兵戍邊矣。」文正曰：「朝廷失信天下不一，敕榜非但民未敢信，某亦未信也。」忠獻曰：「吾在此，何憂言之不信？」文正曰：「非但某未敢信，公亦安能自信耶？」忠獻怒，曰：「諫官無相輕。」文正曰：「公可保長居此坐乎？一日何人代公，因公已成之兵饋糧守邊，唯其用耳。」忠獻又不能答，然竟不爲正也。至元豐間，王荆公大變國朝舊章，立新法於天下，文正議不合，不拜樞密副使，以學士知永興軍，繼爲留司御史退居于洛。忠獻鎮太原，亦極論新法之害民者，荆公命其屬隨語疏駁，摹本頒天下辱之，又中以飛語。忠獻乃請相州以歸，故其書稱文正「大忠大義充塞天地」也。博三復感歎，不以一時議論可否爲得失如二公者，可謂賢矣。（《國朝二百家名賢文粹》卷一九五）

【書司馬文正元祐初在相位時與諸姪書後】文正公自與王荆公論新法不合，不拜樞密副使以去，其名聲震聳九牧之人矣。元祐二聖既倚以爲相，更張天下事，不容復有回忌也。時荆公尚無恙，歎曰：「始終以新法爲不便者，獨司馬君實耳。」蓋咨其賢而不敢怨也。或謂公：「元豐舊臣類小人，異日以父子之義間上，則朋黨之禍作矣，不可不懼。」公正色曰：「天若祚宋，當無是事！」更之不疑。嗚呼！公之勇，孟軻不如也。此書畏避，若朝夕不能自保，蓋所以訓子姪者。

（《國朝二百家名賢文粹》卷一九五）

【書司馬文正公與李御史書後】右司馬文正公與李御史書三紙，一紙公休大諫代作。御史名宴，字景真，天資之深默，若不能言。其師於道德者皆躬履之，故洛之君子許以有顏氏子之學，雖吾大父康節亦不以爲過。後歐陽文忠公稱其文似孟子，洛之君子猶不從，曰似顏子也。故禮部薦名，居天下第一，尚不以爲重云。熙寧初，起爲監察御史裏行，論王丞相亂藝祖舊章，大不敬，上不主其言，免官去。時文正先以疏王丞相罷，辭樞近，爲留司御史，故其書曰「某愚，得古之益者」，洛之君子愈自信其賢御史不誣矣。始，王丞相亂朝廷，御史之言行，則海島之夷不能亂天下也，洛之君子後死者尚及悲之。御史孤曾孫樞獨深念曰：「前人逃世難，必倚盛德大雅之士以免。尚尋百年師友之盟，從吾伯氏於夜郎山谷中。伯氏晚被疾，自不喜世俗書，間憑几占辭作牋記，樞必跪坐牀下，涉筆正書，圓封、博封之，皆當其意，伯氏時爲一笑。」雖予之事伯氏，尚愧之。樞奔亡時，舉先世衣冠圖書悉棄去，予舊收文正此書，復以歸之。樞留落不振，甚於任氏西華諸子，予非劉孝標，亦撫之流涕屢矣。尚出御史事於左方，以示未知樞爲中州故家者。紹興十六年四月戊申，河南邵博題。（《國朝二百家名賢文粹》卷一九五）

予見司馬文正手寫歐陽公《青州不俵秋料青苗錢放罪謝表》「戒小人之遂非，希君子之改過」二語。文正喜其工邪？抑以「遂非」、「改過」爲不然也？如文正力詆青苗等事，《免樞近出

帥長安謝表》則云：「雖復失位危身，終不病民害國也。」（《邵氏見聞後録》卷一六）

傅獻簡公云：「司馬文正公力辭樞近，嘗勉以主上眷意異等，得位庶可行道；道不行，去之可也。」公正色曰：「古今爲此名位所誘，虧喪名節者不少矣。」卒辭不就。文潞公曰：「司馬君實操行，直當求之古人中也。」（《邵氏見聞後録》卷二十）

予見司馬文正公親書一帖：「光年五六歲，弄青胡桃，女兄欲爲脱其皮，不得。女兄去，一婢子以湯脱之。女兄復來，問脱胡桃皮者。光曰：『自脱也。』先公適見，訶之曰：『小子何得謾語！』光自是不敢謾語。」後，公以誠學授劉器之曰：「自不謾語入。」東坡書公神道之石亦曰：「論公之德，至於感人心，動天地，巍巍如此。而蔽以二言：曰誠，曰一云。」（《邵氏見聞後録》卷二一）

司馬公在洛陽，自號迂叟，謂其園曰獨樂園。園卑小，不可與他園班。其曰讀書堂、數椽屋，澆花亭者，益小；弄水種竹軒者，尤小；見山臺者，高不過尋丈；其曰釣魚庵、採藥圃者，又特結竹梢蔓草爲之。公自爲記，亦有詩行于世，所以爲人欽慕者，不在於園爾。（《邵氏見聞後録》卷二五）

陳應行

【潛虚跋】右司馬文正公《潛虚》。應行嘗恨建陽書肆所刊脱略至多，幾不可讀。及得邵武本，雖校正無差，而繇辭多闕。淳熙九載，文正公曾孫待制侍郎出守温陵，應行備數芹頖，獲忝門下士之列，親得公家傳善本，繇辭悉備。復以張氏《發微論》附之。應行再拜以請曰：「願廣其傳，以惠學者。」公曰：「是吾志也。」遂以邵武舊本參稽互考，刻之郡庠，使人人得見全書，抑何幸耶！淳熙壬寅孟冬朔日，迪功郎、充泉州州學教授陳應行謹跋。（知不足齋叢書本《潛虚》卷末）

洪　邁

【孔氏野史】世傳孔毅甫《野史》一卷，凡四十事，予得其書於清江劉靖之所，載……文潞公守太原，辟司馬温公爲通判，夫人生日，温公獻小詞，爲都漕唐子方峻責。……温公自用龐潁公辟，不與潞公、子方同時，其謬妄不待攻也。（《容齋隨筆》卷一五）

【資治通鑑】司馬公修《資治通鑑》，辟范夢得爲官屬，嘗以手帖論纘述之要，大抵欲如《左傳》敍事之體。又云：「凡年號皆以後來者爲定。如武德元年，則從正月便爲唐高祖，更不稱隋義寧二年。梁開平元年正月，便不稱唐天祐四年。」故此書用以爲法。然究其所窮，頗有窒而不通之處。公意正以春秋定公爲例，於未即位，即書正月爲其元年。然昭公以去年十二月薨，則次年之事，不得復係於昭。故定雖未立，自當追書。兼經文至簡，不過一二十字，一覽可以了解。若《通鑑》則不侔，隋煬帝大業十三年，便以爲恭皇帝上，直至下卷之末恭帝立，始改義寧，後一卷則爲唐高祖。蓋凡涉歷三卷，而煬帝固存，方書其在江都時事。明皇後卷之首，標爲肅宗至德元載，至一卷之半，方書太子即位。代宗下卷云：「上方勵精求治，不次用人。」乃是德宗也。莊宗同光四年，便係於天成，以爲明宗，而卷内書命李嗣源討鄴，至次卷首，莊宗方殂。潞王清泰三年，便標爲晉高祖，而卷内書石敬瑭反，至卷末始爲晉天福。凡此之類，殊費分説。此外，如晉、宋諸胡僭國，所封建王公及除拜卿相，纖悉必書，有至二百字者。又如西秦丞相南川宣公出連乞都卒，魏都坐大官章安侯封懿、天部大人白馬文正公崔宏、宜都文成王穆觀、鎮遠將軍平舒侯燕鳳、平昌宣王和其奴卒，皆無關於社稷治亂，而周勃薨乃不書。乃書漢章帝行幸長安，進幸槐里、岐山，又幸長平，御池陽宫，東至高陵，十二月丁亥還宫；又乙未幸東阿，北登太行山，至天井關，夏四月乙卯還宫。又書魏主七月戊子如魚池，登青岡原，甲午還宫；八月己亥如彌澤，甲寅登牛頭山，甲子還宫。如此行役，無歲無之，皆可省也。（《容齋續筆》卷四）

程大昌

【弔服】温公著論，士夫弔喪，可服公服。案，孔子謂羔裘玄冠不以弔，則恐公服之説未穩。北魏太和中，文明太后崩，齊遣裴昭明往弔，欲以朝服行事，孝文遣成淹論執，昭明言：「不聽朝服行禮，義出何典？」淹言：「羔裘玄冠不以弔，童孺共聞。」昭明説屈，乃借衣帽以申國命。則夫吉服而弔，似與夫子之説異也。（《演繁露》續集卷六）

陸游

【司馬温公布被銘】公孫丞相布被，人曰詐；司馬丞相亦布被，人曰儉。布被可能也，使人曰儉不曰詐，不能也。此銘予二十歲時作，今傳以爲秦少游，非也。（《渭南文集》卷二二）

【跋潛虚】學者必通《易》，乃能以其緒餘通《玄》；《玄》既通矣，又以其餘及《虚》，非可以一旦驟得也。劉君談《虚》如此，則其于《易》與《玄》可知矣。司馬丞相乃謂己學不足知《易》，故先致力于《玄》，蓋謙云耳。開禧乙丑十一月十八日，笠澤陸某書。（《渭南文集》卷三〇）

呂居仁詩云：「蠟燼堆盤酒過花。」世以爲新。司馬温公有五字云：「煙曲香尋篆，盃深酒過花。」居仁蓋取之也。（《老學庵筆記》卷四）

范成大

【跋司馬温公帖】世傳字書似其爲人，亦不必皆然。杜正獻之嚴整而好作草聖，王文正之沉毅而筆意灑落，欹側有態，豈皆似其人哉！惟温公則幾耳。開卷儼然，使人加敬，邪僻之心都盡，而況於親炙之者乎。（《山堂肆考》卷一三三）

周　煇

司馬温公偕范蜀公游嵩山，各攜茶往，温公以紙爲貼，蜀公盛以小黑合。温公見之，驚曰：「景仁乃有茶器。」蜀公聞其言，遂留合與寺僧。茶宜錫，竊意若以錫爲合，適用而不侈，貼以紙，則茶味易損。豈亦出雜以消風散，意欲矯時弊耶？（《清波雜志》卷四）

劉蒙賢良書干司馬温公，乞以鬻下一婢之貲五十萬，以濟其貧。又責公不效韓退之所爲，蓋已欲爲劉叉之攫金也。公復書，其略曰：「某家居，食不敢常有肉，衣不敢純衣帛，何敢以五十萬市一婢乎？」又曰：「退之文爲天下貴，故當時王公碑碣，靡不請焉。受其厚謝，隨散之親舊以行義，某豈敢望退之哉？」一書千餘言，遜謝甚苦，訖無一語詆其妄。舊傳公未有子，清河郡君爲置一妾，一日乘間，俾盛飾入書室，覬一顧，而公略不領。妾思所以嘗之，取一帙問曰：

「中丞，此是何書？」公拱手莊色而對曰：「此是《尚書》。」妾乃逡巡而退。公嘗答孫察爲其伯之翰求銘誌書，歷敘多年不爲人作碑志，所辭拒者數十家，後復辭劉原父。垂絶之託，於《十國記年序》載之甚詳，以是知買婢之資、撰碑之謝，公豈有之？蒙既登公門，公之介特真淳，豈不素知？顧乃鑿空而舉二事，非公宏度，孰能非意理遣，一笑容之乎？（《清波別志》卷下）

周必大

【題司馬温公書臨本】右温文正公與劉道原手書，今藏范夢得曾孫蒙處，此綸所臨也。淳熙戊申正月十二日，某記。（《省齋文稿》卷一五）

【跋司馬温公呂申公同除内翰告】神宗皇帝天縱將聖，焕乎其有文章。即位之三月，首擢司馬文正、呂正獻爲翰林學士，此當時贊書也。惟二公道德文學冠映本朝，故其進用大同者三：在仁宗時，力辭知制誥，並改次對，入侍幃幄，同乎初也；右文初政，並升翰苑，同乎中也；泰陵嗣服，俱在揆路，同乎終也。追觀前世名公卿同時被遇者固多，至於更歷累朝、名位均一如二公則鮮矣。今文正曾孫伋、正獻曾孫企中適爲司農長貳，相論述先契，感歎不已。於是摹綸言刻之石，以某寓直鰲禁，俾題其後。昔唐文宗問魏文正公五世孫謩曰：「卿家書詔頗有存者乎？」謩對：「惟故笏在。」詔令上送。今司馬氏保有此書，過魏氏矣。與國咸休，永世無窮，惟後之人實

圖之。淳熙二年九月一日。（《省齋文稿》卷一六）

【跋皇祐朝賢送張肅提刑詩卷】 右皇祐庚寅冬，朝賢送張肅赴江東提刑詩一卷，由司馬温公、范蜀公而下凡十有四人，温公復追録《岳州送行》一篇。按《仁宗實録》，慶曆七年五月，張公自廣東運判擢利路提刑，會有指其前在任過市物者，九月貶知岳陽，至是乃得牽復。今讀温公新詩有「松不彫寒絲曾斷」，直爲褒，舊詩有「出羣得罪，鶴介鷄憎」之歎，是必以廉直反爲同僚讒賊多端者巧中耳。又一聯云：「飲水豈容吴刺史，謗書翻似馬將軍。」前輩用事精確如此。（《省齋文稿》卷一七）

【題吕獻可墓誌】 吕公獻可以熙寧四年五月卒，八月葬。時王荆公在相位，司馬文正公誌銘不斥其名，不没其實，荆公見之亦無所發其怒。前謂樞密副使者，陳丞相暘叔也，方以憂去，牽聯濳其姓名，可謂深得史法矣。是時太僕卿劉仲通自請書丹，而命其子忠定公器之秉筆。斯文既出，其誰不知？邵伯温乃謂仲通初雖有請見文，復遲回不敢，器之代父書之。仲通又勸吕氏諸子勿模本，恐非三家之福。按《國史》，仲通剛方人也。押伴夏人，折正其章服，奉使卻秉常寶貨，歸論不宜輕用兵，因旱條新政不便者五事，又上書論人主不可輕失天下心，豈狥時畏禍者哉？設有前卻之意，器之亦安得强其父而陷之罪也？大抵《邵氏聞見録》頗多荒唐，凡所書人及其歲月鮮不差誤，因略爲之辨。此碑當日號三絶，謂其人與文及書也。真蹟今藏名相劉忠肅公玄孫無欲家，嘗以示忠定公曾孫孝昌。孝昌念祖之心切，將傳之副墨，而力不足，會湖南部使者吴仲權鎰助其費，久之乃能成，是可以傳遠矣。慶元丙辰五月九日，具位周某謹識。（《平園續稿》卷七）

【跋司馬文正公手鈔富文忠公使北録】司馬文正公於廣記備言，不啻飢渴之嗜飲食，況國家重事乎？富文忠《使北語録》首尾萬有餘字，手自鈔録，他人安能爲此？淳熙癸卯，公曾孫吏部侍郎季思刻石泉南，屬某題其後。今十六年，而侍郎之子遵求踐宿諾，感歎不已。某昔爲太史牛馬走，恭讀《徽宗實録》。宣和六年春，既獲夔離不，得慶曆國書、誓書真本藏寶文閣，朝廷以爲快祖宗累世之憤，則富公奏牘所謂影帶下策蓋用之矣。當時力辭奉使賞，抑有由也。慶元四年六月十一日。（《平園續稿》卷八）

朱　熹

【書張氏所刻潛虚圖後】紹興己巳，洛人范仲彪炳文避章傑之禍，自信安來客崇安，予得從之遊。炳文親唐鑑公諸孫，嘗娶温國司馬氏，及諫議大夫無恙時爲子婿，逮聞文正公事爲多。時爲賓客道語，亹亹不厭。且多藏文正公遺墨，嘗示予以《潛虚》别本，則其所闕之文尚多。問之，云温公晚著此書，未竟而薨，故所傳止此。蓋嘗以其手稿屬景迂晁公補之，而晁謝不敢也。因從炳文借得寫本藏之。其後三十餘年，所見之本皆然，欲訪完書，不復可得，每以爲恨。近得泉州季思侍郎所刻，則首尾完具，遂無一字之闕。始復驚異，以爲世果自有完書，而疑炳文語或不可信。讀至剛行，遂釋然曰：「此贋本也。」人問何以知之，予曰：「本書所有句皆協韻，如『《易》彖文象，《玄》首贊測』，其今有而昔無者，行變尚協而解獨不韻，此蓋不知『也』字處末則上字爲韻之例爾。此人好作僞書，而尚不識其體制，固爲可笑；然亦幸其如此，不然則幾何而不遂至於僞真也耶？」間又考炳文之書，《命圖》之後，跋語之前，別有凡例二十六字，尤爲《命圖》之關紐。而記占四十二字、注六字，又足以見占法之變焉。今本顧亦無之，故其所附論説徒知以凶吉臧否平爲所遇之占，而不知其所占者之又有所待而然也。因亟以書扣季思，此本果家世之舊傳否耶？則報曰得之某人耳。於是益知炳文爲不妄。嘗欲私記本末以訂其謬而未暇。今復得鄉人張氏印本，乃泉本之所自出，於是始出舊書授學者，使以相參。凡非温公之舊者，悉朱識以別之。凡行之全者七，補者二十有六，變百八十有八，解二百一十有二。又補命圖九，凡例、記占之闕大小七十有四字，而記其所聞於炳文者如此，使覽者有以考焉。是時又得温公《易説》於炳文，盡《隨》卦六二之半，而其後亦闕焉。炳文自言其家使人就謄温公手摹，適至而興亡之，故所存止此。後數年，予乃復得其全書，云好事者於北方互市得版本焉。始亦喜其書之獲全，今則不能無疑，然無以考其果爲真與僞也。時又嘗問炳文：「或謂《涑水記聞》非温公書者，信乎？」炳文曰：「是何言也！温公日録月別爲卷，面記行事，皆述見聞，手筆細書，今可覆視，豈他人之所得爲哉？特其間善惡雜書，無所隱避，使所書之家或諱之而不欲傳耳。」炳文又云，金虜入洛時，從温公家避地至某州。遇羣盜，執以見其渠帥。帥問何人，應曰，司馬太師家也。羣盜相顧失色，且訊虚實。因出畫像及敕誥之屬示之，則皆以手加額，既而俯仰歎息，謂炳文曰：「向使朝廷能用汝家太師之言，不使吾屬披猖至此矣。凡吾所欲殺掠者，蔡京、王黼輩親舊黨與耳。汝無憂懼爲也。」亟傳令軍中無得驚司馬太師家，又揭牓以曉其後曹，以故骨肉皆幸無他，而圖書亦多得全。凡此人亦聞之者，因并書之。淳熙丙申十一月丁卯，朱熹謹書。（《晦庵先生朱文公文集》卷八一）

【跋司馬文正公通鑑綱要真蹟】右司馬文正公手書楚、漢間事一卷，疑是《通鑑目録》草稿。然又加以總目，則今本所無。且別有「綱要」之名，不知又是何書也。嗚呼！公之願忠君父、陳古納誨之心，可謂切矣。竊觀遺跡，三復敬歎，敢識其後云。（《晦庵先生朱文公文集》卷八三）

【跋司馬文正公薦賢帖】熹伏讀此書，竊惟文正公薦賢之公，心畫之正，皆其盛德之支流餘裔，固不待贊説而人知其可師矣。若乃一時諸賢所以受知於公而獲名薦書者，則恐覽者未能深觀而内省，發憤而思齊也。如龐元英之居喪以禮，蓋一事而屢書焉，則公之意可見。而此書之存，其於世教豈小補哉！惜其元豐以後，不及登載，而彼爲黨籍者，亦足以補此書之闕而集其大成矣。熹於是又有感焉，因竊記於其後，以爲後之君子必有同此歎者。紹熙甲寅中冬庚子，朱熹謹記。（《晦庵先生朱文公文集》卷八三）

【跋劉雜端奏議及司馬文正公帖】 士大夫出身事主，上則欲致其君爲堯舜之君，下則欲使其民爲堯舜之民，至於諫不行、言不聽而潔身以去，豈其心之所樂哉？是以雖聖賢之處此，不免遲遲其行而不忍爲苟去。甚或眷戀徘徊，三宿而後出境。其於君臣大倫恩義之際篤矣，固不以苟得一時之虚譽爲喜而輕去之也。今觀熙寧雜端劉公之奏議，知其致君澤民之願勤懇切至，不啻其身之疾痛。觀司馬文正公之遺帖，見其忠君愛國而相勉以正之意，又不勝其拳拳也。嗚呼盛哉！然而道勝名立之言，或者猶竊病之。以熹而慮，彼蓋有激而云爾。不然，夫豈不知既有其實則名自隨之，在我固有不得辭者？而當時風俗之厚，習尚誠慤，亦不以是爲嫌也。又況忠賢去國，一時之心固不能無慨然者。同志之士憂之過甚，恐其以是而不能鬱鬱以久也，則姑爲是説以寬譬之，是乃忠君愛國之尤者，而猶深有望於他時也。豈以近名爲累而故爲回隱以避之哉？劉公之事，紹興大參晉陵張公記之已詳，一時衆賢又從而推明之，亦皆足以見其鄉慕之意矣。公之□世孫君房又出以示熹，使得託姓名焉。自惟晚出，何敢復贊一詞於其間？特因或者所疑而妄論之，以附于後云。慶元丙辰八月戊申朔，新安朱熹謹書。（《晦庵先生朱文公文集》卷八四）

【六先生畫像贊・涑水先生】篤學力行，清修苦節。有德有言，有功有烈。深衣大帶，張拱徐趨。遺象凛然，可肅薄夫。（《晦庵先生朱文公文集》卷八五）

問讀史之法。曰：先讀《史記》及《左氏》，卻看《西漢》、《東漢》及《三國志》，次看《通鑑》。温公初作編年，起於威烈王，後又添至共和，後又作《稽古録》，始自上古。然共和以上之年已不能推矣。獨邵康節卻推至堯元年。《皇極經世書》中可見編年，難得好者。前日周德華所寄來者，亦不好。温公於本朝又作《大事記》。若欲看本朝事，當看《長編》，若精力不及，其次則當看《國紀》，《國紀》只有《長編》十分之二耳。（《朱子語類》卷十一）

昔劉大諫從温公學，温公教之誠，謂自不妄語始。劉公篤守其説。及調洛州司法，時運使吴守禮至州，欲按一司户贓，以問劉公，公對以不知，吴遂去。而公常心自不足，謂：「此人實有贓而我不以誠告，其違温公教乎？」（《朱子語類》卷四七）

齊人伐燕，《孟子》以爲齊宣，《史記》以爲湣王。温公平生不喜《孟子》，及作《通鑑》，卻不取《史記》而獨取《孟子》，皆不可曉。《荀子》亦云「湣王伐燕」，然則非宣王明矣。問：「《孟子》必不誤？」曰：「想得湣王后來做得不好，門人爲孟子諱，故改爲宣王爾。」問：「湣王若此之暴，豈能慚於孟子？」曰：「既做得不是，説得他底是，他亦豈不愧也！温公《通鑑》中自移了十年。據《史記》，湣王十年伐燕。今温公信《孟子》，改爲宣王，遂硬移進前十年。温公硬拗如此。」又云：「《史記》魏惠王三十六年，惠王死，襄王立。襄王死，哀王立。今《汲冢竹書》不如此，以爲魏惠王先未稱王時，爲侯三十六年，乃稱王。遂爲後元年，又十六年而惠王卒。即無哀王。惠王三十六年了，便是襄王。《史記》誤以後元年爲哀王立，故又多了一哀王。汲塚是魏安釐王冢，《竹書》記其本國事，必不會錯。温公取竹書，不信《史記》此一段，卻是。」（《朱子語類》卷五一）

《潛虚》只是「吉凶臧否平，王相休囚死」。（《朱子語類》卷六七）

日家「四廢」之説，温公《潛虚》，只此而已。（《朱子語類》卷六七）

温公忠厚，故稱荆公無姦邪，只不曉事。（《朱子語類》卷七一）

「温公作相日，有一客位榜，分作三項云：『訪及諸君，若覩朝政闕遺，庶民疾苦，欲進忠言，請以奏牘聞於朝廷，某得與同僚商議，擇可行者取旨行之。若但以私書寵喻，終無所益。若光身有過失，欲賜規正，則可以通書簡，分付吏人傳入，光得内自省訟，佩服改行。至於理會官職差遣，理雪罪名，凡干身計，並請一面進狀，光得與朝省衆官公議施行。若在私第垂訪，不請語及。』此皆前輩做處。」（《朱子語類》卷七二）

温公《通鑑》，凡涉智數險詐底事，往往不載，卻不見得當時風俗。如陳平説高祖間楚事，亦不載上一段，不若全載了，可以見當時事情，卻於其下論破，乃佳。又如亞夫得劇孟事，《通鑑》

亦節去，意謂得劇孟不足道；不知當時風俗事勢，劇孟輩亦係輕重。知周休且能一夜得三萬人，只緣吴王敗後各自散去，其事無成。温公於此事卻不知不覺載之，蓋以周休名不甚顯，不若劇孟耳。想温公平日叵耐劇孟。不知温公爲將，設遇此人，奈得它何否？又如論唐太宗事，亦殊未是。（《朱子語類》卷八三）

横渠所制禮，多不本諸《儀禮》，有自杜撰處。如温公，卻是本諸《儀禮》，最爲適古今之宜。（《朱子語類》卷八四）

叔器問四先生禮。曰：「二程與横渠多是古禮，温公則大概本《儀禮》，而參以今之可行者。要之，温公較穩，其中與古不甚遠，是七八分好。若伊川禮，則祭祀可用。婚禮，惟温公者好。大抵古禮不可全用，如古服古器，今皆難用。」又問：「向見人設主，有父在子死，而主牌書『父主祀』字，如何？」曰：「便是禮書中説得不甚分曉，此類只得不寫，若向上尊長則寫。」又問：「温公所作主牌甚大，闊四寸，厚五寸八分，不知大小當以何者爲是？」曰：「便是温公錯了，他卻本荀勖禮。」（《朱子語類》卷八四）

問：「温公所集禮如何？」曰：「早是詳了。又，喪服一節也太詳。爲人子者方遭喪禍，使其一一欲纖悉盡如古人制度，有甚麽心情去理會。」（《朱子語類》卷八四）

《儀禮疏》説得不甚分明，温公禮有疏漏處，高氏送終禮勝得温公禮。（《朱子語類》卷八五）

看《樂記》，大段形容得樂之氣象。當時許多刑名度數，是人人曉得，不消説出，故只説樂之理如此其妙。今來許多度數都没了，卻只有許多樂之意思是好，只是没箇頓放處。如有帽，卻無頭；有個鞵，卻無腳。雖則是好，自無頓放處。司馬温公舊與范蜀公事事爭到底，這一項事卻不相思量著。（《朱子語類》卷八七）

問：「冠昏喪祭何書可用？」曰：「只温公《書儀》略可行，亦不備。」（《朱子語類》卷八九）

問：「程氏昏儀與温公儀如何？」曰：「互有得失。」曰：「當以何爲主？」曰：「迎婦以前，温公底是；婦入門以後，程儀是。温公儀，親迎只拜妻之父兩拜，便受婦以行，卻是；程儀徧見妻之黨，則不是。温公儀入門便廟見，不是；程儀未廟見卻是。大概只此兩條，以此爲准，去子細看。」曰：「廟見當以何日？」曰：「古人三月而後見。」曰：「何必待三月？」曰：「未知得婦人性行如何。三月之久，則婦儀亦熟，方成婦矣。然今也不能到三月，只做個節次如此。」曰：「古人納采後，又納吉。若卜不吉，則如何？」曰：「便休也。」曰：「古人納幣五兩，只五匹耳。恐太簡，難行否？」曰：「計繁簡，則是以利言矣。且吾儕無望於復古，則風俗更教誰變？」曰：「温公用鹿皮，如何？」曰：「大節是了，小小不能皆然，亦没緊要。」曰：「温公婦見舅姑，及舅姑享婦儀，是否？」曰：「亦是古人有此禮。」（《朱子語類》卷八九）

或問：「古者婦三月廟見，而温公禮用次日。今有當日即廟見者，如何？」曰：「古人是從

下做上，其初且是行夫婦禮；次日方見舅姑；服事舅姑已及三月，不得罪于舅姑，方得奉祭祀。」（《朱子語類》卷八九）

問：「婦當日廟見，非禮否？」曰：「固然。温公如此，他是取左氏『先配後祖』之説。不知左氏之語何足憑？豈可取不足憑之左氏，而棄可信之《儀禮》乎！」（《朱子語類》卷八九）

直卿問：「神主牌，先生夜來説荀勖禮未終。」曰：「温公所製牌，闊四寸，厚五寸八分，錯了。據隋煬帝所編禮書有一篇荀勖禮，乃是云：『闊四寸，厚五寸，八分大書「某人神座」。』不然，只小楷書亦得。後人相承誤了，卻作『五寸八分』爲一句。」（《朱子語類》卷九〇）

問：「祭禮，古今事體不同，行之多窒礙，如何？」曰：「有何難行？但以誠敬爲主，其他儀則，隨家豐約。如一羹一飯，皆可自盡其誠。若温公《書儀》所説堂室等處，貧家自無許多所在，如何要行得？據某看來，苟有作者興禮樂，必有簡而易行之理。」（《朱子語類》卷九〇）

温公儀人所憚行者，只爲閑辭多，長篇浩瀚，令人難讀，其實行禮處無多。某嘗修祭儀，只就中間行禮處分作五六段，甚簡易曉。後被人竊去，亡之矣。李丈問：「祭儀更有修收否？」曰：「大概只是温公儀，無修改處。」（《朱子語類》卷九〇）

楊通老問祭禮。曰：「極難。且如温公所定者，亦自費錢。温公祭儀，庶羞麪食米食共十五品。今須得一簡省之法，方可。」（《朱子語類》卷九〇）

祭只三獻：主人初獻，嫡子亞獻，或主婦。庶子弟終獻。或嫡孫。執祭人排列，皆從温公禮。（《朱子語類》卷九〇）

問：「有田則祭，無田則薦，如何？」曰：「温公祭禮甚大，今亦只是薦。然古人薦用首月，祭用仲月，朝廷卻用首月。」（《朱子語類》卷九〇）

温公《書儀》以香代爇蕭。楊子直不用，以爲香只是佛家用之。（《朱子語類》卷九〇）

問：「酹酒是少傾？是盡傾？」曰：「降神是盡傾。然温公儀降神一節，亦似僭禮。大夫無灌獻，亦無爇蕭。灌獻爇蕭，乃天子諸侯禮。爇蕭欲以通陽氣，今太廟亦用之。或以爲焚香可當爇蕭。然焚香乃道家以此物氣味香而供養神明，非爇蕭之比也。」（《朱子語類》卷九〇）

問祭禮。曰：「古禮難行，且依温公，擇其可行者行之。」（《朱子語類》卷九〇）

因論樂律，云：「尺以三分爲增減，蓋上生下生，三分損一益一。故須一寸作九分，一分分九釐，一釐分九絲，方如破竹，都通得去。其制作，《通典》亦略備，《史記·律書》、《漢·律曆志》所載亦詳。范蜀公與温公都枉了相爭，只《通典》亦未嘗看。蜀公之言既疏，温公又在下。」（《朱子語類》卷九二）

温公與范忠文，胡安定與阮逸、李照等議樂，空自爭辯，看得來都未是，元不曾去看《通典》。（《朱子語類》卷九二）

問：「温公論本朝樂無徵音，如何？」曰：「其中不能無徵音，只是無徵調。如首以徵音起，而末復以徵音合殺者，是徵調也。徵調失其傳久矣。徽宗令人作之，作不成，只能以徵音起，而不能以徵音終。如今俗樂，亦只有宫、商、羽三調而已。」（《朱子語類》卷九二）

厚之問：「伊川不答温公給事中事，如何？」曰：「自是不容預。如兩人有公事在官，爲守令者來問，自不當答。問者已是失。」曰：「此莫是避嫌否？」曰：「不然。本原已不是，與避嫌異。」（《朱子語類》卷九六）

魯叔問：「温公薨背，程子以郊禮成，賀而不吊，如何？」曰：「這也可疑。」或問：「賀則不吊，而國家事體又重，則不吊似無可疑。」曰：「便是不恁地。所以東坡謂『子於是日哭則不歌』，即不聞歌則不哭。蓋由哀而樂則難，由樂而哀則甚易。且如早作樂而暮聞親屬緦麻之戚，不成道既歌則不哭！這個是一脚長，一脚短，不解得平。如所謂『三揖而進，一辭而退』，不成道辭亦當三！這所在以某觀之，也是伊川有些過處。」道夫問：「這事，且看温公諱日與禮成日同，則吊之可也。或已在先，則更差一日，亦莫未有害否？」曰：「似乎在先。但勢不恁地，自是合如此。只如『進以禮，退以義』，『罪疑惟輕，功疑惟重』，天下事自是恁地稱停不得。」（《朱子語類》卷九七）

温公《通鑑》以魏爲主，故書「蜀丞相亮寇何地」，從《魏志》也，其理都錯。某所作《綱目》以蜀爲主。後劉聰、石勒諸人，皆晉之故臣，故東晉以君臨之。至宋後魏諸國，則兩朝平書之，不主一邊。年號只書甲子。（《朱子語類》卷一〇五）

問《綱目》主意。曰：「主在正統。」問：「何以主在正統？」曰：「三國當以蜀漢爲正，而温公乃云，某年某月『諸葛亮入寇』，是冠履倒置，何以示訓？緣此遂欲起意成書。推此意，修正處極多。若成書，當亦不下《通鑑》許多文字。但恐精力不逮，未必能成耳。若度不能成，則須焚之。」（《朱子語類》卷一〇五）

韓魏公作相，温公在言路，凡事頗不以魏公爲然，魏公甚被他激撓。後來温公作魏公祠堂記，卻説得魏公事分明，見得魏公不可及處，温公方心服他。記中所載魏公之言曰：「凡爲人臣者，盡力以事君，死生以之，顧事之是非何如耳。至於成敗，天也，豈可豫憂其不成，遂輟不爲哉！」公爲此言時，乃仁宗之末，英宗之初，蓋朝廷多故之時也。（《朱子語類》卷一〇六）

曰：「陳先生要人就事上理會教實之意，蓋怕下梢用處不足。如司馬公居洛六任，只理會得個《通鑑》，到元祐出來做事，卻有未盡處，所以激後來之禍。如今須先要較量教盡。」曰：「便是如今都要恁地説話。如温公所做，今只論是與不是，合當做與不合當做，如何説他激得後禍！這是全把利害去説。温公固是有從初講究未盡處，也是些小事。如役法變得未盡，只是東南不便，他西北自便之。那時節已自極了，只得如此做。若不得温公如此做，更自有一場出醜。

今只將紙上語去看，便道温公做得過當。子細看那時節，若非温公，如何做？温公是甚氣勢！天下人心甚麽樣感動！温公直有旋乾轉坤之功。温公此心可以質天地，通幽明，豈容易及！後來吕微仲、范堯夫用調停之説，兼用小人，更無分别，所以成後日之禍。今人卻不歸咎於調停，反歸咎於元祐之政。若真是見得君子小人不可雜處，如何要委曲遮護得！蔡確也是卒急難去，也是猾。他置獄傾一從官，得從官；置獄傾一參政，得參政；置獄傾一宰相，得宰相。看温公那時，已自失委曲了。」(《朱子語類》卷一二三)

鄭問：「輪迴之説，是佛家自創否？」曰：「自《漢書》載鬼處，已有此話模樣了。《元城語録》載温公謂吾欲扶教耳。温公也看不破，只是硬恁地説。」(《朱子語類》卷一二六)

温公可謂知、仁、勇。他那活國救世處，是甚次第。其規模稍大，又有學問，其人嚴而正。

子思所謂「誠」，包得温公所謂「不妄語」者。温公誠在子思誠裏。(《朱子語類》卷一三〇)

義剛曰：「温公力行處甚篤，只是見得淺。」曰：「是。」(《朱子語類》卷一三〇)

(《朱子語類》卷一三〇)

曹兄問：「諸先生皆以爲司馬公許多年居洛，只成就得一部《通鑑》；及到入朝，卻做得許多不好事。」曰：「道司馬公做得未善，即是；道司馬公之失，卻不是。當時哲廟若有漢昭之明，便無許多事。」又曰：「不知有聖人出來，天下事如何處置？」因舉《易》云：「井渫不食，行測

也；求王明，受福也。」（《朱子語類》卷一三〇）

温公忠直，而於事不甚通曉。如爭役法，七八年間直是爭此一事。他只説不合令民出錢，其實不知民自便之。此是有甚大事？卻如何捨命爭？（《朱子語類》卷一三〇）

司馬温公爲諫官，與韓魏公不合。其後作《祠堂記》，極稱其爲人，豈非自見熙豐之事故也？韓公真難得，廣大沉深。（《朱子語類》卷一三〇）

「司馬公憂國之心，至垂絶猶未忘；道鄉亦然。竊謂到此無可奈何，亦只得休矣。」先生曰：「全不念著，卻如釋氏之忘。若二公者，又似太過。」問：「夫子曳杖負手，逍遥而歌，卻不然。」曰：「夫子猶言：『明王不興，天下孰能宗予！』依舊是要做他底。」（《朱子語類》卷一三〇）

「與其得小人，不若得愚人。」温公晚年更歷之多，爲此説。（《朱子語類》卷一三〇）

范蜀公作温公墓志，乃是全用東坡行狀，而後面所作銘，多記當時奸黨事。東坡令改之，蜀公因令東坡自作，因皆出蜀公名，其後卻無事。若范所作，恐不免被小人掘了。（《朱子語類》卷一三〇）

《涑水記聞》，吕家子弟力辨，以爲非温公書。蓋其中有記吕文靖公數事，如殺郭后等。某嘗見范太史之孫某説，親收得温公手寫稿本，安得爲非温公書。某編《八朝言行録》，吕伯恭兄弟亦來辨。爲子孫者只得分雪，然必欲天下之人從己，則不能也。（《朱子語類》卷一三〇）

温公省試，作《民受天地之中以生論》，以生爲活。其説以爲民能受天地之中，則能活也。温公集中自有一段如此説，也説得好；卻説他人以生爲生育之生者不然，拗論如此。某舊時這般文字，及《了齋集》之類，盡用子細看過。其有論此等去處，盡拈出看。少年被病翁監著，他不許人看，要人讀。其有議論好處，被他監讀，煞吃工夫！又云：「《了翁集》後面説禪，更没討頭處。病翁笑曰：『這老子後來説話如此，想是病心風。』」（《朱子語類》卷一三〇）

正獻爲温公言，佛家心法，只取其簡要。此吕氏之學也。（《朱子語類》卷一三〇）

問：「班史、《通鑑》二氏之學如何？」曰：「讀其書自可見。」又曰：「温公不取孟子，取揚子，至謂王伯無異道。夫王伯之不侔，猶碔砆之于美玉。故荀卿謂粹而王，駁而伯。孟子爲齊梁之君力判其是非者，以其有異也。又，温公不喜權謀，至修書時頗删之，奈當時有此事何？只得與他存在。若每處删去數行，唯讀著都無血脈意思，何如存之，卻别做論説以斷之？」（《朱子語類》卷一三四）

《通鑑》文字有自改易者，仍皆不用《漢書》上古字，皆以今字代之。《南》、《北史》除了《通鑑》所取者，其餘只是一部好笑底小説。（《朱子語類》卷一三四）

明仲看《節通鑑》。文定問：「當是温公節否？」明仲云：「豫讓好處，是不以死生二其心，故簡子云：『真義士也！』今節去之，是無見識，必非温公節也。」（《朱子語類》卷一三四）

温公無自節《通鑑》。今所有者乃僞本，序亦僞作。(《朱子語類》卷一三四)

《通鑑》例，每一年或數次改年號者，只取後一號。故石晉冬始篡，而以此年繫之。曾問呂丈。呂丈曰："到此亦須悔。然多了不能改得。某只以甲子繫年，下面注所改年號。"(《朱子語類》卷一三四)

《通鑑》："告奸者與斬敵首同賞，不告奸者與降敵同罰。"《史記》商君議更法，首便有斬敵首、降敵兩條賞罰，後面方有此兩句比類之法。其實秦人上戰功，故以此二條爲更法之首。温公卻節去之，只存後兩句比類之法，遂使讀之者不見來歷。温公修書，凡與己意不合者，即節去之，不知他人之意不如此。《通鑑》此類多矣。(《朱子語類》卷一三四)

《通鑑》："事末利及怠而貧者，舉以爲收孥。"謂收之爲奴婢，不得比良民。有罪，則民得以告之官而自殺之。(《朱子語類》卷一三四)

温公論才、德處未盡。如此，則才都是不好底物矣！"(《朱子語類》卷一三四)

或問温公才、德之辨。曰："温公之言非不是，但語脈有病耳。才如何全做不好？人有剛明果決之才，此自是好。德，亦有所謂『昏德』。若塊然無能爲，亦何取於德！德是得諸己，才是所能爲。若以才、德兼全爲聖人，卻是聖人又夾雜個好不好也。"(《朱子語類》卷一三四)

才有好底，有不好底；德有好底，有不好底。德者，得之於己；才者，能有所爲。如温公所言，才是不好底。既才是不好底，又言「才德兼全謂之聖人」，則聖人一半是不好底！温公之言多説得偏，謂之不是則不可。（《朱子語類》卷一三四）

問：「温公言：『聰明强毅之謂才。』聰明恐只是才，不是德。」曰：「温公之言便是有病。堯舜皆曰『聰明』，又曰『欽明』，又曰『文明』，豈可只謂之才！如今人不聰明，便將何者唤作德也？」（《朱子語類》卷一三四）

温公以正直中和爲德，聰明强毅爲才。先生曰：「皆是德也。聖人以仁智勇爲德。聰明便是智，强毅便是勇。」（《朱子語類》卷一三四）

温公《通鑑》不信四皓輔太子事，謂只是叔孫通諫得行。意謂子房如此，則是脅其父。曰：「子房平生之術，只是如此。唐太宗從諫，亦只是識利害，非誠實。高祖只是識事機，明利害。故見四皓者輔太子，便知是得人心，可以爲之矣。叔孫通嫡庶之説如何動得他！又謂高祖平生立大功業過人，只是不殺人。温公乃謂高祖殺四人，甚異。事見《考異》。其後一處所在，又卻載四人。又不信劇孟事，意謂劇孟何以爲輕重！然又載周丘，其人極無行，自請于吴，云去呼召得數萬人助吴。如子房、劇孟，皆温公好惡所在。然著其事而立論以明之可也，豈可以有無其事爲褒貶？温公此樣處議論極純。」因論章惇言温公義理不透曰：「温公大處占得多。章小黠，何足以知大處！」（《朱子語類》卷一三四）

温公謂魏爲正統。使當三國時，便去仕魏矣。（《朱子語類》卷一三四）

胡致堂云：「《通鑑》久未成書。或言温公利餐錢，故遲遲。温公遂急結束了。故唐五代多繁冗。」見《管見》後唐莊宗「六月甲午」條下。（《朱子語類》卷一三四）

温公之言如桑麻穀粟。且如《稽古録》，極好看，常思量教太子諸王。恐《通鑑》難看，且看一部《稽古録》。人家子弟若先看得此，便是一部古今在肚裏了。（《朱子語類》卷一三四）

《稽古録》有不備者，當以《通鑑》補之。温公作此書，想在忙裏做成，元無義例。（《朱子語類》卷一三四）

《稽古録》一書，可備講筵官僚進讀。小兒讀六經了，令接續讀去，亦好。末後一表，其言如著龜，一一皆驗。宋莒公《歷年通譜》與此書相似，但不如温公之有法也。《高氏小史》亦一好書，但難得本子。高峻唐人，《通鑑》中亦多取之。（《朱子語類》卷一三四）

問：「温公最喜《太玄》。」曰：「温公全無見處。若作《太玄》，何似作歷？老泉嘗非《太玄》之數，亦説得是。」（《朱子語類》卷一三七）

温公文字中多取荀卿助語。（《朱子語類》卷一四〇）

諸公《祭温公文》，只有子由文好。（《朱子語類》卷一四〇）

公言司馬君實初除樞密副使，竟辭不受。時公在魏，聞之，亟遣人賫書與潞公，勉之云：

「主上倚重之厚，庶幾行道，道或不行，然後去之可也，似不須堅讓。」潞公以書呈君實，君實云：「自古被這般官爵引得壞了名節，爲不少矣。」後得寬夫書云：「君實作事，今人所不可及，須求之古人。」（《三朝名臣言行録》卷七引《韓魏公語録》）

王明清

司馬温公元豐末來京師，都人疊足聚觀，即以相公目之，馬至於不能行。謁時相於私第，市人登樹騎屋窺瞰。人或止之，曰：「吾非望而君，所願識者司馬相公之風采耳。」呵叱不退，屋瓦爲之碎，樹枝爲之折，一時得人之心如此。（《揮麈後録》卷六）

温公在相位，韓持國爲門下侍郎，二公舊交相厚，温公避父之諱，每呼持國爲秉國。有武人陳狀省中，詞色頗厲，持國叱之曰：「大臣在此，不得無禮。」温公作皇恐狀，曰：「吾曹叨居重位，覆餗是虞，詎可以大臣自居邪？秉國此言失矣，非所望也。」持國愧歎久之，於此亦見公之不自矜也。（《揮麈後録》卷六）

張　栻

【跋泰陵祭温公文稿】嗚呼！此泰陵誄司馬丞相之辭也。歲未及期，綱紀略定，用賢之有益於國也如此。蓋此未期歲之間，非特足以開元祐一時之治，而所以培植邦本，祈天永命者至矣。嗚呼盛哉！後八十有六年，具位張某謹書。（《南軒集》卷三三）

【跋温公黼座銘稿】壅蔽者，天下之大患也，古之明王所以致治者，亦去此而已矣。其道莫先於虚己，莫要於任賢。虚己則壅蔽消於内，任賢則壅蔽撤於外，内外無蔽，而下情畢通，泰治所繇興也。先正温國公反復開陳於治亂之際，可謂深切，讀其遺稿，使人流涕。嗟乎！公愛君之心，萬世不可泯也。（《南軒集》卷三四）

【題司馬文正公薦士編】右司馬文正公《薦士編》，起至和之元，盡熙寧十年，凡百有六奏，其間多公所親録，而其外題曰「舉賢才」，亦公隸筆也。某來宜春，公之元孫邁出以相示。翻閲終日，起敬起慕。惟公薦士報國惻怛篤至之心，後世觀此編者，亦可以想見萬一矣。（《南軒集》卷三四）

【題文正公條畫沿邊弓箭手稿後】右文正公《條畫約束沿邊弓箭手事》，蓋公在并州佐龐穎公時所具稿也。其察微慮遠、固本防患之意具備。觀諸此，非獨可以窺公制事之權度，抑可得爲國御邊之良法矣。（《南軒集》卷三四）

樓　鑰

【跋温公題劉雜端孝叔奏稿】士大夫特立獨行，無待于助，然亦賴巨公正人以爲重。韓忠獻論事切直，有本末。王沂公稱其不負所職，諫官宜若此，而忠獻益自信。劉雜端之奏稿，司馬文正公以爲純忠懇至，深識治本，明主宜置座側，以爲觀戒。雜端可以自信，可以不朽矣。一時得喪，其猶足存耶？（《攻媿集》卷七一）

【跋汪季路所藏書畫・温公倚几銘】文正公自「不妄語」推之，亹亹千餘言，一出于正，是以輔成元祐之治。古之人所以大過人者無他，善推其所爲而已耳。（《攻媿集》卷七八）

陳傅良

【跋温公與邢和叔帖】熙寧間，温公居洛，公從崇德縣再入崇文。元豐四年兼史事。以所藏温公帖，知是時相與甚厚也。後一百十有二年，某得見之於其曾孫遵仲修。（《止齋先生文集》卷四二）

【跋司馬温公遺玉壘聘君詩】熙寧、元豐之間，天下學士大夫稱温公必曰「老先生」。今見公所遺玉壘聘君詩，方以是稱之，則聘君之爲人可知已。嘉州君與李公擇同入館，去之日，熙寧六年三月。父子行藏如此。余頃見世所行官制舊典，有三晉張縯一編，慕用之。迺今得聯事湘中，聞其世，又竦然起敬也。（《止齋先生文集》卷四二）

袁説友

【跋張季長同年所藏司馬温公通鑑漢元年稿】予嘗與師友論《通鑑》漢高祖元年十月下不書五星聚東井之文，此正温公明漢史傅會之失也。魏高允謂金水二星常附日而行，冬十月旦日在尾箕，昏没於申南，而東井方出於寅北，何因背日而行？崔浩因之以驗其言，則五星乃前三月聚東井，非十月也。是時高祖未入關，不足爲興王之符，史臣傅會明矣。唐武德初，二星聚於奎，亦以爲唐興之應。然是時唐已革隋，其應後時矣。天寶、大曆間，或五星聚於尾箕，或再出於東方，皆青齊之分。然是時乃有安、史、朱泚、懷恩之變，謂星爲唐而聚耶？非也。史臣侈瑞以同傅會，前後一律也。故曰：「盡信書，不如無書。」去歲侍講金華，當時講官誦《通鑑》至漢高祖元年事，予亦嘗推明此説。兹來成都，同年張季長示以温公所修《通鑑》稿，則高祖元年稿也。舊史五星聚東井蓋爲異事，而温公獨削之弗録，是蓋《春秋》筆也，豈後史臣所能萬一哉？人之觀《通鑑》者，當自識之。(《東塘集》卷一九)

【跋司馬温公帖】元祐初元六月，范忠宣同知密院，温公以是年九月薨於位。今觀《答忠宣賀朝謝帖》，蓋公已得疾卧家時所書，幾絶筆也。嗚呼哀哉！公以誠一格天，宗主斯道，既相累月，而德在生民，勳藏盟府，扶持憑藉，後世賴焉。方忠宣公自環慶來朝，上問備禦西戎之策，忠宣請罷兵棄地，以靖邊壘。諸公會議未決，忠宣甫入樞府，亟申前議，邊人賴以弗恐。所謂「今日朝謝，中外同慶」，是亦有見於此矣。嗚呼！公方病日無聊，而休戚於國事，其惓惓如此。余三復斯帖，竟日爲之流涕。（《東塘集》卷一九）

葉　適

【司馬温公祠堂記】公河内人，生於光州，因以爲名。紹熙三年，太守王侯聞詩改祠公郡東堂。光邊遠極陋，民之智識不足於耕殖，而何暇知公之仁？雖然，公自元祐以來，由京師達四方，家繪其像，飲食皆祝，非必師友士大夫能敬公而已。公之鄉已不得見，因其嘗生也，表厲尊顯，以明尚賢治民之本旨，此侯之志歟！自王迹泯而聖賢之德業不著，士負所有而就功名，以爲凡用世操術，必將有異於人而後可。故或詭譎其身而出處亂，封大其欲而廉隅失；朴拙稱任重，跌宕爲豪英；寡學多意，謂之有力，先從後畔，自許知權。其謬於情性倫理，固亦多悔，而猶强忮堅忍以冀其成者，蓋道德喪而流俗驅靡之然矣。公子弟力學，進士起家，州佐從辟，官使承事，猶常人爾。充實積久，而廉夫畏其潔，高士則其操，儒先宗其學。去就爲法，故步趨中繩墨，用舍進退，關乎民心，爲宋元臣。至於深衣幅巾，退然山澤之間，誠意至義，不敢加一豪於嬰兒下走，而同其吉凶憂樂之變，豈必殊特自許，謂當離類絕倫，與人異趣者哉？若夫比並伊、吕，配擬經訓，使人主降屈體貌，自以聖人復出。及其造事改法，衆所不向，天下大擾，而公以身爭之，稍還其舊以便民。小人比而怨公，遂納善士於朋黨，而指公爲魁傑，追斥崖上，刻名堅石。播之外朝，士皆燬廬滅迹，同族廢錮。當是時，天象錯戾，碑首仆裂。其後女真入中國，海内横流，余讀《實録》，「至靖康元年二月壬寅詔贈公太師，未嘗不感憤淚落也。蓋是非邪正，久鬱不伸，至使夷狄駕禍以明之而後止。然則公獨夫之力豈能動天，而天人之際何其可畏若是哉！余是以因侯之作，併論次，以明聖賢之德業不在彼而在此也。（《水心文集》卷九）

吴曾

【紀聞非温公所爲】司馬公《紀聞》載：「進士葉適，試補監生第一，王介甫愛其所對策。布衣徐禧，得洪州進士黄雍所著書，竊其語，上書褒美新法，介甫亦賞其言。皆奏除官，令於中書習學檢正。及介甫出知金陵，吉甫薦二人，皆安石素所器重。上召見，適奏對不稱旨，徐禧無學術而口辯，揚眉奮髯，足以動人意，人或問以古事，禧對：『此非臣所學，臣所學云云。』其説皆雍語也。而蔡承禧收得雍草，封上之。承禧又言禧母及妻皆非良家，又言禧前居父喪而博，爲吏所捕，因亡命，詣闕上書。」《紀聞》以此事得於王熙。温公著《紀聞》，多得於人言。則有毁者或失其真之説，是非特未定也。或者又以《紀聞》非公所爲，然後人不能不致疑於其間。最後予讀東坡《悼徐德占詩》，其序云：「余初不識德占，但聞其初爲惠卿所薦，以處士用。元豐五年三月，偶以事至蘄水，德占聞余在傳舍，惠然見訪。與之語，有過人者。是歲十月，聞其遇禍，作詩弔之，云：『美人種松柏，欲使低蔭門。栽培雖易長，流惡病其根。哀哉歲寒姿，骯髒誰與論？竟爲明所誤，不免刀斧痕。一遭兒女汙，始覺山林尊。從來覓棟梁，未免傍籬藩。南山隔秦嶺，千樹龍蛇奔。大厦若果傾，萬牛何足言？不然老巖壑，合抱枝生孫。死者不可悔，吾將遺後昆。』」乃知《紀聞》所傳不足信。（《能改齋漫録》卷四）

【守正不阿爲賢用人當用君子】神宗嘗問司馬文正曰：「結宰相與結人主，孰爲賢？」公曰：「結宰相固爲姦邪，然希意迎合，觀人主趨向而順之者，亦姦邪也。唯守正不阿，乃爲賢耳。」上曰：「兩府孰可留，孰可去，孰可用？」公曰：「此乃陛下威權所當採擇，小臣豈敢預聞？然居易以俟命者，君子也；由徑求進者，小人也。陛下用人，當用君子，不當用小人。」（《能改齋漫録》卷一三）

【司馬光近於迂闊】神宗嘗謂呂正獻公晦叔曰：「司馬光方直，其如迂闊何？」呂曰：「孔子上聖，子路猶謂之迂；孟軻大賢，時人亦謂之迂。況光豈免此名？大抵慮事深遠，則近于迂矣。願陛下更察之。」（《能改齋漫録》卷一三）

朱權

【温公隸書六字跋一】先正司馬文正公隸古六大字，中經黨書之禁，人莫敢傳。至紹興間，福州長樂縣令楊君德載、蘇君文璀相繼各得三字，刻於縣治，乃復流布於世。然觀二君所跋，皆以「公生明」爲先，「思無邪」爲次。某竊謂史克頌魯之一語，夫子删《詩》而存於經。他日復特舉焉，以蔽《詩》之三百。則斯語也，其旨可謂宏遠矣。尊經之學，固當先之。今摹刊於如皋便齋東壁。（《新安文獻志》卷二二）

【温公隸書六字跋二】荀卿著書，無慮十餘萬言，温公獨書此一語，何也？「思無邪」者，正心誠意之本；「公生明」者，治國平天下之要。公取卿是語以配經，豈苟然哉。今刊寘西壁。噫！聖賢之言雖有先後之序，莫非正大之理。温公抱誠明之學，平居暇日，采摭經傳格言，形諸心畫，既躬行以光輔元祐之盛，流傳不朽，啓迪後來。某雖不敏，請事斯語矣。（《新安文獻志》卷二二）

吴炯

司馬温公昔在西都，每複被獨樂園，動輒經月。諸老時過之，間亦投壺，負者必爲冷淘，然亦未嘗置庖，特呼於市耳。會文潞公守洛，攜妓行春，日邀致公。一日自至獨樂園，吏視公歎息，公怪而詰之，答曰：「方花木盛時，公一出數十日，不惟老卻春色，亦不曾看一行書，可惜瀾浪卻相公也。」公深媿之，於是遣馬還第，誓不復出。諸老爭來邀公，必以園吏語謝之。公之克己雅素，固絶人遠甚，彼園吏者，亦以突過鄭玄奴婢矣。（《五總志》）

施德操

【章子厚謂温公爲賊】章子厚謂温公爲賊光，正可對盜跖謂孔子爲盜丘也。（《北窗炙輠録》卷上）

【温公時念天下安危事】温公初官鳳翔府，年尚少，家人每見其卧齋中，忽蹶起，着公服，執手板坐久之，人莫測其意。范純甫嘗從容問其説，公乃曰：「吾念天下安危事，不敢不敬。」范蜀公言儲嗣事，章十九上，待罪百餘日，鬚髮盡白。嗚呼！君子于天下國家事，其精誠至于如此，古所無有也，真使人敬仰。温公與蜀公平生友善，温公自謂吾與景仁寔兄弟，但姓異耳。觀二君子此事，良哉朋友。（《北窗炙輠録》卷上）

【温公每至夜輒焚香告天】温公每至夜，輒焚香告天曰：「司馬光今日不作欺心事。」夫君子行己，固求合於道，既合於道，何必天地知之？而天地亦豈不知？温公何必告此哉？公之爲此，蓋自警之術也。（《北窗炙輠録》卷下）

【温公不妄語】劉器之問道於温公，温公曰：「自不妄語入。」自謂平生不妄語，此事不學而能。

及細看之，始知人豈得不妄語？如與人通書問、敘間闊，必曰「思仰」，推此以往，皆妄語也。

（《北窗炙輠録》卷下）

陳宓

【跋安溪縣刊司馬温公書儀】某嘗歎此邑民俗不知習禮，冠昏喪祭漫無所據，不牽於淫巫，則溺於釋老，此無他，禮教不素明故也。朝廷禮典，非閭巷所得有，簡而易行，古而使今，唯司馬一書可施於用。一日，語主簿趙君時傳刻之學官，使家傳人習，其於國家化民成俗之意，亦一助云。

（《龍圖陳公文集》卷一〇）

魏了翁

【跋范太史記司馬公布衾銘】范正獻公以書局從温文正于洛，凡十有五年，於公之起居動息，必審視而詳記，雖布衾角枕，亦以驗公所安於死生窮達之際，殆與孔門弟子書鄉黨同意。孔子曰「吾無行而不與二三子」者，今愚於馬、范師友亦云。（《鶴山先生大全文集》卷六二）

真德秀

【楊慈湖手書孔壁孝經跋】司馬文正公平生未嘗草書，雖造次顛沛間，一點一畫，必如法度，觀其書者，即知公之爲人。（《西山先生真文忠公文集》卷第三十五）

【跋陳正獻公詩集】司馬文正公自謂平生於詩尤拙，而《歸田》、《花庵》等作，至今想見其深衣獨樂之風流。（《西山先生真文忠公文集》卷三六）

樓昉

【謹習疏】此書説禮與它人説禮不同，援据的當，措陳明白，誠篤懇切，可以見此老愛君憂國之心。（《崇古文訣》卷一七）

【諫院題名記】首尾二百來字，而包括無餘。識治體、明職守，筆力高簡如此，可以想見其人。（《崇古文訣》卷一七）

【保業】議論純厚，文字切當，當與《無逸》篇參看。（《崇古文訣》卷一七）

【與吴相書】深切著明。（《崇古文訣》卷一七）

【智伯論】議論確的。（《崇古文訣》卷一七）

岳珂

【司馬文正集序帖】右元祐相國維師温國司馬文正公光字君實《集序帖》真蹟一卷。公以道自任，以致君、以拯民，積之于身，達之天下，如洪河大川，由源迄流，初匪二本。故其在伊洛，則密雲屯膏，而四海望其澤；在廟朝，則九鼎作鎮，而神姦不能窺。至矣哉，合内外、貫天人，感通混融，一誠而已。予彙羣帖，久未得公書，日夕以爲恨。紹定戊子三月，客有持以示予者，亟取《羣玉帖》，較之筆勢，毫髮無小差，再拜驚喜，遂贖以備祕笈。詳考帖語，恐是答宋莒公家子孫之求集序者。孔、范以言事去位，在明道末，莒公時爲諫官，目爲御史，或記憶之訛。贊曰：道本于身，真蹟乃全。貫以一誠，雖人實天。元祐之初，帝賚良弼。匪康其躬，爲民而出。龍起于洛，雲興于嵩。有澤其膏，四海之豐。方其未驤，一念下士。九關雖扃，編此守虎。及其既用，草偃惟風。羣賢鱗差，滃然而從。天以誠開，民以誠格。混融流通，何索何獲。有崇南山，太平之基。巖巖具瞻，維公宜之。平生不欺，涵泳浹洽。心畫之作，爲天下法。取人以直，持已以謙。豈徒幅箋，二德之兼。榮光屬天，公書在櫝。有德有言，温其如玉。（《寶真齋法書贊》卷一一）

【解禪偈】余嘗得東坡所書司馬温公《解禪偈》，其精義深韞，真足以得儒釋之同，特表其語而出之。偈之言曰：「……」於虖！妄者以虚辭歧實理，以外慕易内修，滔滔皆是也，豈若是偈之坦

明無隱乎！盍反而觀之。（《桯史》卷八）

任希夷

【跋司馬温公史草并短啓】温公修《通鑑》，起草於書牘間，可見當日用意之勤，至答送物狀，亦自爲檢，前輩之不苟如此，可師也已。嘉定八年十二月十四日任希夷觀於玉堂夜直。（《珊瑚網》卷三）

趙汝述

【跋司馬温公史草并短啓】温公起《通鑑》草于范忠宣公尺牘、其末又謝人惠物狀草也。幅紙之間，三絶具焉，誠可寶哉。岐國汝述明可識。（《珊瑚網》卷三）

劉克莊

【跋温公帖一】次道《河南記》，潞公刻之，温公又以餉人，不待後世子雲，同時之人固已重其書矣。時公已貴重，寫到「次道」處輒空一字，其執謙敬友如此。别一帖謝人送郊茶，豈非以《河南記》答其惠乎？《茶帖》宜在前。（《後村先生大全集》卷一〇三）

【跋温公帖二】公與兄書如此，所以恭其兄者至矣。司馬氏自待制至公兄弟，家法素嚴，然二十監簿之换差遣、六寺丞之歸，猶費尊長督教，以此見公休之賢也。人情莫不汲汲於子弟寸進，公乃云「康侯稍涼令入京」，又云「其差遣有無及早晚俱不可期」。公未嘗爲子覓官，而公休一日擢經筵，諫省所謂修其天爵，而人爵從之者耶？前輩記公事兄謹甚，坐頗久，必問饑飽，天色變，必問衣添減。余謂書疏談話尚可以聲音笑貌爲之，至於田宅，悉以兄郎中爲户，則有不容矯飾者矣。時章子厚父存而用章相公户買田，爲元祐御史所彈。使子厚人也，聞公之風自當愧死，況敢訕侮公乎？（《後村先生大全集》卷一〇三）

葉紹翁

【南屏興教磨崖】今南屏山興教寺磨崖家人卦、《中庸》、《大學》篇，司馬公書，新圖經不載。錢唐自五季以來，無干戈之禍，其民富麗，多淫靡之尚，其于齊家之道或缺焉，故司馬書此以助風教，非偶然爲之也。今南屏遂爲焚櫬之場，莫有登山摩挲苔石者。（《四朝聞見録》卷一）

陳振孫

【易説三卷】丞相温公涑水司馬光君實撰。雜説無詮次，未成書也。（《直齋書録解題》卷一）

【中庸大學廣義一卷】司馬光撰。（《直齋書録解題》卷二）

【古文孝經指解一卷】司馬光撰。按《唐志》，《孝經》二十七家。今温公序言，秘閣所藏，止有鄭氏、明皇及古文三家而已。古文有經無傳，以隸體寫之，而爲之《指解》，仁宗朝表上之。（《直齋書録解題》卷三）

【資治通鑑二百九十四卷、目録三十卷、攷異三十卷】丞相温公河内司馬光君實撰。初，光嘗約戰國至秦二世，如《左氏》體，爲志八卷以進。英宗悦之，遂命論次歷代君臣事迹，起周威烈，讫乎五代，就秘閣置局，神宗御製序，賜名《資治通鑑》。及補外，聽以書局自隨。元豐七年書成，上曰：「賢於荀悦《漢紀》遠矣。」目録倣《史記年表》，年經國緯，用劉羲叟《長曆》氣朔，而撮新書精要散於其中。《攷異》參諸家異同，正其謬誤而歸於一。總三百五十四卷。（《直齋書録解題》卷四）

【通鑑舉要曆八十卷】司馬光撰。《通鑑》既成，尚患本書浩大、難領畧，而《目録》無首尾，晚著是書，以絶二累。其稿在晁説之以道家。紹興初，謝克家任伯得而上之。（《直齋書録解題》卷四）

【累代歷年二卷】司馬光撰。即所謂《歷年圖》也。治平初所進，自威烈王至顯德，本爲圖五卷，歷代皆有論，今本陳輝晦叔刻於章貢，爲方策，以便觀覽，而自漢高帝始。（《直齋書録解題》卷四）

【百官公卿表十五卷】司馬光撰。其序曰：「朝廷所以鼓舞羣倫，緝熙庶績者，曰官、曰差遣、曰職而已。所謂官者，乃古之爵也；所謂差遣者，古之官也；所謂職者，古之加官也。自建隆以來，文官知雜御史以上，武官閤門使以上，内臣押班以上，遷轉黜免存其實，以先後相次爲表。本入職官類，以《稽古録序》所謂「建隆接乎熙寧，臣又著之於《百官表》」，即謂此書蓋與《通鑑》相爲表裏，故著之於此。案晁氏《讀書志》有一百四十二卷，未詳。（《直齋書録解題》卷四）

【**稽古録二十卷**】司馬光撰。其表云：「由三晉開國，迄於顯德之末造，臣既具之於《歷年圖》；自六合爲宋，接於熙寧之元，臣又著之於《百官表》。乃威烈丁丑而上，伏羲書契以來，悉從論纂，皆有依憑。」蓋元祐初所上也。此書始刻於越，其後再刻於潭。越本《歷年圖》諸論聚見第十六卷，蓋因圖之舊也。潭本諸論各繫於國亡之時，故第十六卷惟存總論。（《直齋書録解題》卷四）

【**通鑑前例一卷、修書帖一卷，三十六條四圖共一卷**】司馬光記集修書凡例，諸帖則與書局官屬劉恕、范祖禹往來書簡也。其曾孫侍郎伋季思裒爲一編，又以《前例》分爲三十六條，而攷其離合，稽其授受，推其甲子，括其卷帙，列爲四圖。（《直齋書録解題》卷四）

【**涑水記聞十卷**】司馬光撰。此書行於世久矣。其間記吕文靖數事，吕氏子孫頗以爲諱，蓋嘗辨之，以爲非温公全書。而公之曾孫侍郎伋季思遂從而實之，上章乞毁板，識者以爲譏。（《直齋書録解題》卷五）

【**官制、學制各一卷**】司馬光撰。（《直齋書録解題》卷六）

【温公書儀一卷】司馬光撰。前一卷爲表章、書啓式，餘則冠昏、喪祭之禮詳焉。（《直齋書録解題》卷六）

【居家雜禮一卷】司馬光撰。（《直齋書録解題》卷六）

【温公日記一卷】司馬光熙寧在朝所記，凡朝廷政事、臣僚差除及前後奏對，上所宣諭之語，以及聞見雜事，皆記之。起熙寧元年正月，至三年十月出知永興軍而止。（《直齋書録解題》卷七）

【太玄集注六卷】司馬光撰。自宋衷而下四家之外，有直昭文館宋惟幹注、天水尉陳漸《演玄》、司封郎吴秘《音義》，通前凡七家，集取其説，斷以已意。（《直齋書録解題》卷九）

【潛虚一卷】司馬光撰。言萬物皆祖於虚。《玄》以準《易》，《虚》以準《玄》。（《直齋書録解題》卷九）

【老子道德論述要二卷】司馬光撰。太史公曰：「老子著書言道德之意。」後人以其篇首之文名，上篇曰《道》，下篇曰《德》。夫道德連體，不可偏舉，合從本名，温公之説如此。其不曰經，而曰論，亦公新意也。（《直齋書録解題》卷九）

【徽言三卷】司馬光手鈔諸子書，題其末曰：「余此書類舉人所鈔書，然舉人所鈔獵其辭，余所鈔覈其意，舉人志科名，余志道德。」其書「迂叟年六十八」，蓋公在相位時也。方機務填委，且將屬疾，而好學不厭，克勤小物如此。所鈔自《國語》而下六書，其目三百一十有二。小楷端重，無一筆不謹，百世之下，使人肅然起敬。真蹟藏邵康節家，其諸孫迈守漢嘉，從邵氏借刻，攜其板歸越，今在其羣從述尊古家。（《直齋書録解題》卷十）

【傳家集一百卷】丞相温國文正公涑水司馬光君實撰。生於光州，故名。今光州有集本。（《直齋書録解題》卷一七）

【續詩話一卷】司馬光撰。案《續詩話》一卷，乃司馬光撰。原序云：「詩話尚有遺者，歐公文章聲名雖不可及，然紀事一也，故敢續之。」原本稱唐李洞撰，誤矣。攷李洞另有《句圖》一卷，或爲鈔録者所誤也。今《續詩話》改正爲司馬光撰，而李洞《句圖》另行補録于前。（《直齋書録解題》卷二二）

費　衮

【司馬温公讀書法】司馬温公獨樂園之讀書堂，文史萬餘卷，而公晨夕所常閲者，雖累數十年，皆新若手未觸者。嘗謂其子公休曰：「賈豎藏貨貝，儒家惟此耳。然當知寶惜。吾每歲以上伏及重陽間，視天氣晴明日，即設几案於當日所，側羣書其上，以曝其腦，所以年月雖深，終不損動。至於啓卷，必先視几案潔淨，藉以茵褥，然後端坐看之。或欲行看，即承以方版，未嘗敢空手捧之，非惟手汗漬及，亦慮觸動其腦。每至看竟一版，即側右手大指面襯其沿，而覆以次指面撚而挾過，故得不至揉熟其紙。每見汝輩多以指爪撮起，甚非吾意。今浮屠老氏猶知尊敬其書，豈以吾儒反不如乎？當宜誌之。」（《梁溪漫志》卷三）

【温公論商鞅】温公論魏惠王有一商鞅而不能用，使還爲國害，喪地七百里，竄身大梁。予竊謂，商鞅刻薄之術，始能帝秦，卒能亡秦，使用之於魏，其術猶是也。孟子不遠千里而來，惠王猶不能聽其言，其庸妄可知矣。温公不責惠王以不聽孟子仁義之言，而乃責其不用商鞅功利之説，何耶？公於此必有深意，特予未之曉爾。（《梁溪漫志》卷五）

【通鑑不載離騷】邵公濟博著書言司馬文正公修《通鑑》時，謂其屬范純父曰：「諸史中有詩賦等，若止爲文章，便可删去。」蓋公之意，士欲立於天下後世者，不在空言耳。如屈原以忠廢，至沈汨羅以死，所著《離騷》，淮南王、太史公皆謂可與日月爭光，豈空言哉？《通鑑》并屈原事盡削去之。《春秋》褒毫髮之善，《通鑑》掩日月之光，何耶？公當有深識。求於《考異》中，無之。予謂三閭大夫以忠見放，然行吟恚懟，形於色詞，揚己露才，班固譏其怨刺。所著《離騷》，皆幽憂憤歎之作，非一飯不忘君之誼，蓋不可以訓也。若所謂與日月爭光者，特以褒其文詞之美耳。温公之取人，必考其終始大節，屈原沈淵，蓋非聖人之中道，區區絺章繪句之工，亦何足算也。（《梁溪漫志》卷五）

【温公論碑誌】温公論碑誌，謂「古人有大勳德，勒銘鐘鼎，藏之宗廟；其葬，則有豐碑以下棺耳。奏漢以來，始命文士褒贊功德，刻之於石，亦謂之碑。降及南朝，復有銘誌，埋之墓中。使其人果大賢耶，則名聞昭顯，衆所稱頌，豈待碑誌始爲人知？若其不賢也，雖以巧言麗辭，强加采飾，徒取譏笑，其誰肯信？碑猶立於墓道，人得見之，誌乃藏於壙中，自非開發，莫之覩也。」蓋公剛方正直，深嫉諛墓而云然。予嘗思之，藏誌於壙，恐古人自有深意。韓魏公四代祖葬於趙州，五代祖葬於博野，子孫避地，歷祀綿遠，遂忘所在。魏公既貴，始物色得之，而疑信相半，乃命儀公祭而開壙，各得銘誌，然後韓氏翕然取信，重加封植而嚴奉之。蓋墓道之碑，易致移徙，使當時不納誌於壙，則終無自而知矣。故予恐古人作事，必有深意。藉誌以諛墓，則固不可，止書其姓名、官職、鄉里，繫以卒葬歲月而納諸壙，觀韓公之事，恐亦未可廢也。（《梁溪漫志》卷六）

林希逸

【太玄精語序】子雲作《太玄》以擬《易》，昔人以爲僭，惟韓退之屢稱之，至我朝康節、司馬、老泉卻喜其書。康節用其數，老泉論其旨，司馬公爲之註。獨東坡乃謂以艱深之辭文淺近之說。此語固佳，但子雲之辭雖非《易》比，然亦豈易能哉。《潛虛》未必出於温公，其辭亦可觀，視《太玄》則迥異矣。《太玄》有古意，《潛虛》出似後世文字。今取其語之精者表而出之，亦略爲解釋，使讀者易曉，庶有意於古書者不以坡老一言而忽之也。（《鬳齋續集》卷二五）

【潛虚精語序】《太玄》起九數，《潛虚》起五數，自是天地間不可泯者。先師嘗云，《易》則正穴，此支龍也。辭之有古今，又不可不精别之。《潛虚》非無佳語，但只是後世文字；《太玄》則猶有古意。况《潛虚》設喻大抵皆前人書文中已有者。張炳文以爲果温公所作，此亦不必深辨，只以文論，不必問何人。前後本有缺有全，續添者爲僞，文公言之盡矣。初本已有膚淺無深味者，况續增者乎！今以其語之工者，與退之所謂正而未至者，摘而録之，未知世之具眼者以爲何如也。

（《膚齋續集》卷二七）

王稱

【司馬光傳】司馬光字君實，陝州夏縣人也。父池，有傳。光爲兒童時，凛然如成人。七歲，聞講《左氏春秋》，大愛之，退爲家人講，即了其大義，自是手不釋卷，至不知飢渴寒暑。初以父任爲將作監主簿，舉進士甲科，僉書武成軍判官，改大理評事，爲國子直講。

龐籍爲樞密副使，薦召試，除館閣校理，同知太常禮院。中官麥允言死，特給鹵簿，光言：「孔子不以名器假人，繁纓以朝猶且不可。允言近習之臣，非有元勳大勞，不可假以名器。今給以鹵簿，其爲繁纓，不亦大乎？」夏竦卒，賜謚文正，光言：「謚之美者，極於文正，竦何人，可以當此？」書再上，改謚文莊。除史館檢討，改集賢校理。

龐籍爲鄆州，徙并州，皆辟光通判州事。時趙元昊始臣，河東貧甚，官苦貴糴而民疲於遠輸，麟州屈野河西多良田，天聖中，始禁田河西而虜得稍蠶食其地，籍使光按視，光爲畫五策，築二堡河西，益兵守之，募民有能耕者長復之，漸以紓河東之民。而兵官郭恩勇且狂，夜開城門，引千餘人渡河，載酒食，不爲戰備，遇敵死之。議者歸罪於籍，罷節度使，知青州。光守闕三上書，乞獨坐其事，不報。籍初不以此望光，而光深以自咎，時人兩賢之。

除直祕閣，爲開封府推官，修起居注。有司奏六月朔日當食，光言：「故事，食不滿分，或京師不見，皆賀。臣以爲日食四方見，京師不見，天意人君爲陰邪所蔽，天下皆知而朝廷獨不知，其災當益甚，皆不當賀。」詔從之，後遂以爲常。遷同知諫院。

初，至和三年，仁宗始不豫，國嗣未立，天下寒心而不敢言，惟諫官范鎮首發其議。光時爲并州通判，聞而繼之，上疏言：「禮：大宗無子則小宗爲之後。爲之後者，爲之子也。願陛下擇宗室賢者，使攝儲貳，以待皇嗣之生，退居藩服。不然，則典宿衛、尹京邑，亦足以係天下之望。」疏三上，又與鎮書：「此大事，不言則已，言一出，豈可復反？願以死爭之。」於是鎮言之益力。及光爲諫官，復上疏且面言：「臣昔爲并州通判，所上三章，願陛下果斷而力行之。」時仁宗簡默不言，雖執政奏事，首肯而已。聞光言，沈思久之，曰：「得非欲選宗室爲繼嗣者乎？此忠臣之言，但人不敢及耳。」因令光以所言付中書，光曰：「不可，願陛下自以意諭宰相。」是日，光復言江淮鹽事，詣中書白之，宰相韓琦問光：「今日復何所言？」即曰：「所言宗廟社稷大計也。」琦諭意不復言。琦知御史裹行陳洙與光善，欲因洙諷光使之終前議。俄有旨，令光與洙同詳定行户利害，洙因此達琦意，時嘉祐六年也。光復上疏面言：「臣向者進説，陛下欣然無難意，謂即行矣。今寂無所聞，此必有小人言，陛下春秋鼎盛，子孫當千億，何遽爲此不祥之事。小人無遠慮，特欲倉卒之際，援立其所厚善者耳。唐自文宗以後，立嗣皆出於左右之意，至有稱定策國老、門生天子者，此禍豈可勝言哉！」仁宗大感悟，曰：「送中書。」光至中書，見琦等曰：「諸公不及今定議，異日夜半禁中出片紙，以某人爲嗣，則天下莫敢違。」琦等皆唯唯，曰：「敢不盡力。」

後月餘，以英宗判宗正寺，固辭不就職。明年，遂立爲皇子，稱疾不入，光復上疏言：「凡人爭絲毫之利，至相爭奪，今皇子辭不貲之富，至三百餘日不受命，其賢於人遠矣，有識聞之，足以知陛下之聖，能爲天下得人。然臣聞父召無諾，君命召不俟駕，而禮，使者受命不受詞。皇子不當辭避，使者不當徒反。凡召皇子内臣，皆乞責降，且以臣子大義責皇子，宜必入。」英宗遂受命。

除知制誥，光力辭，改天章閣待制兼侍講，仍知諫院。上疏言：「經略安撫使以便宜從事，出於兵興權制，非永世法。及將相大臣典州者，多以貴倨自恃，陵忽轉運使，不得舉職，朝廷務省事，專行姑息之政，至於胥史讙譁而逐御史中丞，輦官悖慢而退宰相，衛士凶逆而獄不窮姦，澤加於舊，軍人詈三司使而法官以爲非犯階級，於用法疑其餘。有一人流言於道路，而爲之變法推恩者多矣。皆陵遲之漸，不可以不正。」時有司新定後宫封贈法，皇后與妃皆贈三代，光言：「別嫌明微，妃不當與后同。天聖親郊，太妃止贈二代，況妃乎？」

仁宗崩，英宗以哀毁致疾，慈聖光獻皇后同聽政，光首上疏言：「章獻明肅皇后保佑先帝，進賢退姦，有大功於趙氏，特以親用外戚小人，故負謗天下。今太后初攝大政，大臣忠厚如王曾，清純如張知白，剛正如魯宗道，質直如薛奎者，當信用之；鄙猥如馬季良，讒諂如羅崇勳者，當疏遠之，則天下服。」

英宗疾未平，光慮姦人欲有關説，涉於離閒者，乃上疏言：「今日之事，皇帝非皇太后無以君天下，皇太后非皇帝無以安天下，兩宫相恃，猶頭目之安心腹也。皇帝聖體平寧之時，奉事皇太后承順顔色，宜無不如禮。若藥石未效，而定省温清，有不能周備者，亦皇太后所宜容也。孔子曰：『孝哉，閔子騫，人不閒於其父母昆弟之言。』孟子曰：『父子責善，賊恩之大者也。』臣伏望皇帝常思孔子之言，皇太后無忘孟子之戒。」又上疏曰：「陛下既爲仁宗皇帝之後，皇太后即陛下之母也。皇太后母儀天下已三十年，陛下新自藩邸入承大統，若萬一兩宫有隙，陛下以爲誰逆誰順，誰得誰失？若陛下上失皇太后之愛，下失百姓之望，則雖大寶之位，將何以自安？凡人主所以保國家者，以有威福之柄也。今陛下即位將近期年，而朝廷政事一切委之大臣，未嘗詢訪事之本末，察其是非，有所與奪。臣恐上下之人，習以爲常，威福之柄，寖有所移，則雖四海之業，將何以自固？位則不安，業則不固，於陛下果何所利乎？」

慈聖既還政，光上疏言：「治身莫先於孝，治國莫先於公。」其言切至，皆母子間人所難言者。時有司立法，皇太后有所取用，有司復奏，得御寶乃供。光極論以爲不可，當立供如上所取，已乃具疏奏太后，以防矯僞。

曹佾除使相，兩府皆遷，光言：「佾無功而得使相，陛下以慰母心耳。今兩府皆遷，無名，若以還政爲功，則宿衛將帥、内侍小臣必有覬望。」已而都知任守忠皆遷，光復爭之，因論：「守忠大姦，陛下爲皇子，非守忠意，沮壞大策，離間百端，賴先帝不聽。及陛下嗣位，反覆革面，交亂兩宮，國之大賊，人之巨蠹，乞斬於都市，以謝天下。」守忠貶蘄州，天下快之。

時刺陝西民兵號義勇，光上疏極論其害云：「康定、慶曆間，籍陝西民爲鄉弓手，已而刺爲保捷指揮，民被其害，兵終不可用，遇敵先北，正兵隨之，每致崩潰。縣官知其坐食無用，汰遣歸農，而惰游之久，不能復反南畝，强者爲盜，弱者轉死，父老至今流涕也。今義勇何以異此？」章六上，不從，乞罷諫職，不許。執政建言：「濮安懿王德盛位隆，宜有尊禮。」下太常禮院與兩制議，翰林學士王珪等相顧不敢先，光獨奮筆立議曰：「爲其後者爲之子，不敢復顧其私親。今日所以崇奉濮安懿王典禮，宜一準先朝封贈期親尊屬故事，高官大爵，極其尊榮。」議成，珪即敕吏以光手稿爲案。時中外訩訩，御史吕誨、傅堯俞、范純仁、吕大防、趙鼎、趙瞻等皆爭之，相繼降黜。光上疏留之，不可則乞與之皆貶。京師大水，光上疏論三事，皆盡言無所隱諱。除龍圖閣直學士，改右諫議大夫。

神宗即位，擢翰林學士，光以不能四六辭。神宗曰：「如兩漢制詔可也。」光趨出，神宗遣内臣趣光入謝，遂爲御史中丞。王陶論宰相不押常朝班爲不臣，宰相不從，陶爭之力，遂罷。光既繼之，言：「宰相不押班，細故也，陶言之過；然愛禮存羊，則不可已。自頃宰相權重，今陶復以言宰相罷，則中丞不可復爲。臣願俟宰相押班然後就職。」神宗曰：「可。」陶既黜知陳州，謝章詆宰相不已，執政議再貶陶，光言：「陶誠可罪，然陛下欲廣言路，屈己受陶，而宰相獨不能容乎？」乃已。

光上疏論修心之要三：曰仁、曰明、曰武；治國之要三：曰官人、曰信賞、曰必罰。其説甚備。且曰：「臣昔爲諫官，即以此六言獻仁宗，其後以獻英宗，今以獻陛下。平生力學所得，盡在是矣。」光在英宗時與吕誨同論：祖宗之制，御藥院當用供奉官以下，至内殿崇班則出。近歲居此位者，皆暗理官資，食其廩給，非祖宗意。神宗爲盡罷寄資内臣。

邊吏上言，西戎部將嵬名山，欲以横山之衆，取諒祚以降。詔邊臣招納其衆，光上疏極論，以爲「名山之衆，未必能制諒祚，幸而勝之，滅一諒祚，生一諒祚，何利之有？若其不勝，必引衆歸我，不知何以待之？臣恐朝廷不獨失信於諒祚，又將失信於名山矣。若名山餘衆尚多，還北不可，入南不受，窮無所歸，必將突據邊城，以救其命。陛下獨不見侯景之事乎？」神宗不聽，遣將种諤發兵迎之，取綏州，費六十萬萬。西方用兵，蓋自是始矣。

兼翰林侍讀學士。登州有不成婚婦謀殺其夫傷而不死者，吏疑其獄，詔光與王安石議。安石以謀與殺爲二事。光言：「謀殺，猶故殺也，皆一事，不可分，若謀爲所因，與殺爲二，則故與殺亦可爲二邪？」自文彦博以下皆附光議，然卒用安石言，至今天下非之。

百官上尊號，光當答詔，上疏言：「先帝親郊，不受尊號，天下莫不稱頌。末年有建言者，國家與契丹往來書信，彼有尊號，而我獨無，以爲深恥，於是羣臣復以非時上尊號。昔漢文帝時，單于自稱『天地所生日月所置匈奴大單于』，不聞文帝復爲大名以加之也。願陛下追用先帝本意，不受此號。」神宗大悦，手詔答光：「非卿，朕不聞此言。善爲答辭，使中外曉然，知朕至誠，非欺衆邀名者。」遂終身不復受尊號。

執政以河朔災傷，國用不足，乞今歲親郊，兩府不賜金帛，送學士院取旨，光言：「救災節用，宜自貴近始。可聽兩府辭賜。」王安石曰：「常衮辭賜饌，時議以爲衮自知不能，當辭位，不當辭禄。且國用不足，非當今之急務也。」光曰：「衮辭禄猶賢於持禄固位者，國用不足真急務。

安石言非是。」安石曰：「不足者，以未得善理財者故也。」光曰：「善理財者，不過頭會箕斂以盡民財，民窮爲盜，非國之福。」安石曰：「不然。善理財者，不加賦而上用足。」光曰：「天下安有此理？天地所生財貨百物，止有此數，不在民則在官，譬如雨澤，夏澇則秋旱。不加賦而上用足，不過設法陰奪民利，其害甚於加賦，此乃桑羊欺漢武帝之言，太史公書之，以見武帝不明耳。至於末年，盜賊蠭起，幾至於亂，若武帝不悔過，昭帝不變法，則漢幾亡。」爭議不已。王珪進曰：「救災節用，宜自貴近始，司馬光言是也。然所費無幾，恐傷國體，王安石之言亦是。惟明主裁擇。」神宗曰：「朕意與光同。然姑以不允答之。」會安石當制，遂引常衮事責兩府，兩府亦不復辭。

兼史館修撰，神宗問光可爲諫官者。光薦吕誨，誨即以天章閣待制知諫院。詔光與張茂則同視二股河及生堤利害。光乞約水東流，以紓恩、冀、深、瀛以西之患，時議者多不同，詔從光言。

王安石始爲政，創立制置三司條例司，建爲青苗、助役、水利、均輸之政，置提舉官四十餘員，行其法於天下，謂之新法。光上疏逆陳其利害，以爲「法如是，是使百姓無有豐凶，長無休息之期。貧者既盡，富者亦貧，臣恐十年之後，富者無幾矣」。其後卒如光言。

初，富弼以疾罷相，神宗相陳升之，因問光：「朕相升之如何？」光曰：「閩人狡險，楚人輕易，今執政皆閩楚人，必當援引鄉黨之士，充塞朝廷，風俗何以得更淳厚？」神宗曰：「升之有材智，曉民政、邊事，他人莫及。」光曰：「升之誠有才智，但恐不能臨大節而不可奪耳。昔漢高祖論相，以爲王陵少戇，陳平可以輔之，平智有餘，然難獨任。真宗用丁謂、王欽若，亦以馬知節參之。凡才智之人，必得忠直之士從旁制之，此明主用人之法也。」神宗曰：「然。」光曰：「富弼老成，有人望，其去可惜。」神宗曰：「朕留之至矣。」光曰：「弼所以去者，蓋以所言不用，與同列不合也。」神宗又曰：「王安石何如？」光曰：「人言安石姦邪，則太過，但不曉事，又執拗耳。」神宗問吕惠卿，光曰：「惠卿憸巧，使王安石負謗於中外者，惠卿也。」神宗曰：「惠卿應對明辨，亦似美才。」光曰：「惠卿誠有才，然用心不端，陛下更徐察之。江充、李訓若無才，何以能動人主？」光因論：「臺諫天子耳目，陛下當自擇。」神宗曰：「諫官難得，卿爲朕擇其人。」光退而舉陳薦、蘇軾、王元規、趙彦若。

至邇英進讀，至蕭何、曹參事，光曰：「參不變何法，得守成之道，故孝惠高后時，天下晏然，衣食滋殖。」神宗曰：「漢常守蕭何之法不變，可乎？」光曰：「何獨漢也，使三代之君常守禹、湯、文、武之法，雖至今存可也。武王克商，曰『乃反商政，政由舊』，然則周亦用商政也。《書》曰：『無作聰明，亂舊章。』漢武帝用張湯言，取高帝法紛更之，盜賊半天下。元帝改宣帝之政，而漢始衰，由此言之，祖宗之法不可變也。」後數日，吕惠卿進講，因言：「先王之法，有一年一變者，『正月始和，布法象魏』是也；有五年一變者，巡狩考制度是也；有三十年一變者，刑罰世輕世重是也；有百年不變者，父慈子孝兄友弟恭是也。前日光言非是，其意以諷朝廷，且譏臣爲條例司官耳。」神宗問光：「惠卿言何如？」光曰：「『布法象魏』，布舊法也，何名爲變？若四孟月朔，屬民讀法，爲時變月變邪？諸侯有變禮易樂者，王巡狩則誅之，王不自變也。刑新國用輕典，亂國用重典，平國用中典，是謂世輕世重，非變也。且治天下譬如居室，弊則修之，非大壞不更造也。大壞而更造，非得良匠美材不成。今二者皆無有，臣恐風雨之不庇也。公卿侍從皆在此，願陛下問之。三司使掌天下財，不才而黜可也，不可使兩府侵其事。今爲制置三司條例司，何也？宰相以道佐人主，安用例？苟用例而已，則胥吏足矣，今爲看詳中書條例司，何也？」惠卿不能對，則詆光曰：「光爲侍從，何不言？言而不從，何不去？」光作而答曰：「是臣之罪也。」神宗曰：「相與論是非耳，何至是？」神宗問：「朝廷每更一事，舉朝洶洶，何也？」光曰：「青苗出息，平民爲之，尚能使蠶食下户，至飢寒流離，況縣官法度之威乎？」惠卿曰：「青苗法，願取則與之，不願不强也。」光曰：「愚民知取債之利，不知還債之害。非獨縣官不强，富民亦不强也。臣聞作法於凉，其弊猶貪，作法於貪，弊將若之何？昔太宗平河東，立和糴法，時米賤，民樂與官爲市，其後物貴而和糴不解，遂爲河東世世患。臣恐異日之青苗亦猶河東之和糴也。」神宗曰：「陝西行之久矣，民不以爲病。」光曰：「臣陝西人也，見其病不見其利，朝廷初不許也，而有司尚能以病民，況立法許之乎？」神宗曰：「坐倉糴米何如？」坐者皆起，曰：「不便。」獨惠卿曰：「坐倉得米百萬斛，則省東南百萬之漕，以其錢供京師，便。」光曰：「東南錢荒而米狼戾，今棄其有餘，取其所無，農末皆病矣。」侍講吴申起曰：「光言至論也。」光曰：「此皆細事，不足煩人主。但當擇人而任之。」神宗曰：「然。」光趨出，神宗曰：「卿得無以惠卿之言不樂乎？」光曰：「不敢。」

神宗一日問光青苗法，曰：「此《周禮》泉府之職，周公之法也。」光曰：「陛下容臣不識忌諱，臣乃敢冒死言之。昔劉歆用此法以佐王莽，至使農商失業，涕泣於市道，卒亡天下，安足爲聖朝法也？且王莽以錢貸民，使爲本業，計其所得之利，什取其一。比於今日歲取四分之息，猶爲輕也。」韓琦上疏論青苗之害，神宗感悟，欲罷其法，安石稱疾求去，會拜光樞密副使，上章力辭至六七，曰：「陛下誠能罷制置條例司，追還提舉官，不行青苗、助役等法，雖不用臣，臣受賜多矣。不然，終不敢受命。」神宗遣人謂光：「樞密，兵事也，官各有職，不當以他事爲辭。」光言：「臣未受命，則猶侍從也，於事無不可言者。」安石起視事，青苗卒不罷，光亦卒不受命，則以書喻安石，三往反，開諭苦至，猶幸安石之自悟而改也。且曰：「巧言令色鮮矣仁。彼忠信之士，於公當路時雖齟齬可憎，後必徐得其力。諂諛之人，於今誠有順適之快，一旦失勢，必有賣公以自售者。」意謂吕惠卿。對賓客，輒指言之曰：「覆王氏者，必惠卿也，小人本以利合，勢傾利移，何所不至？」其後六年，而惠卿叛安石，上書告其罪，苟可以覆王氏者，靡不爲也。神宗猶欲用光，光不可，以端明殿學士出知永興軍。

朝辭進對，猶乞免本路青苗、助役。宣撫使下令調發，光拒不受，上疏極言：「方凶歲，公私困弊，不可舉事。若乏軍興，臣坐之。」於是一路獨得免。頃之，上疏曰：「臣之不才，最出羣臣之下，先見不如吕誨，公直不如范純仁、程顥，敢言不如蘇軾、孔文仲，勇決不如范鎮。此數人者，覩安石所爲，抗章對策，極言其害，而鎮因乞致仕。臣聞居其位者必憂其事，食其禄者必任其患，苟或不然，是爲盜竊。臣雖不似，嘗受教於君子，不忍以身爲盜竊之行。今陛下唯安石之言是信，安石以爲賢則賢，以爲愚則愚，以爲是則是，以爲非則非，諂附安石者謂之忠良，攻難安石者謂之讒慝。臣之才識，固安石之所愚；臣之議論，固安石之所非。今日所言於陛下，亦安石之所謂讒慝者也。若臣罪與范鎮同，則乞依鎮例致仕；若罪重於鎮，或竄或誅，惟陛下裁處。」移知許州，不赴，遂乞判西京留司御史臺以歸，自是絶口不論事。

至熙寧七年，神宗以天下旱蝗，詔求直言，光讀詔泣下，欲默不忍，乃復陳六事：一青苗、二免役、三市易、四邊事、五保甲、六水利，此尤病民者，宜先罷。又以書責宰相吴充：「天子仁聖如此，而公不言，何也？」凡居洛十五年，再任留司御史臺，四任提舉崇福宫，拜資政殿學士。

神宗崩，光赴闕臨，衛士見光入，皆以手加額曰：「此司馬相公也。」民遮道呼曰：「公毋歸洛，留相天子，活百姓。」所在數千人聚觀之。光懼，會放辭謝，遂徑歸洛。宣仁后聞之，遣使勞光，問所當先者，光言：「近歲士大夫以言爲諱，閭閻愁苦於下而上不知，明主憂勤於上而下無所訴，此罪在羣臣，而愚民無知，歸怨先帝，宜下詔首開言路。」從之，下詔牓朝堂。而當時有不欲者，於詔語中設六事以禁切言者曰：「若陰有所懷，犯非其分，或扇摇機事之重，或迎合已行之令。上以顧望朝廷之意，以僥幸希進；下以眩惑流俗之情，以干取虚譽。若此者，必罰無赦。」宣仁后封詔草以問光，光曰：「此非求諫，乃拒諫也。人臣惟不言，言則入六事矣。請改賜詔書，放之天下。」於是四方吏民言新法不便者數千人。

除知陳州，且過闕入見，使者勞問，相望於道，至則拜門下侍郎，光力辭，詔曰：「先帝新棄天下，天子幼冲，此何時而君辭位邪？」光乃不敢辭。是時民日夜引領以觀新政，而進説者以爲三年無改於父之道，光慨然爭之曰：「先帝之法，其善者雖百世不可變也。若安石、惠卿等所建，爲天下害，非先帝本意者，改之當如救焚振溺，猶恐不及。昔漢文帝除肉刑，斬右趾者棄市，笞五百者多死，景帝元年即改之。武帝作鹽鐵、榷酤、均輸等法，昭帝罷之。唐代宗縱宦官公求賂遺，置客省拘滯四方之人，德宗立未三月罷之。德宗晚年爲宫市，五坊小兒暴横，鹽鐵月進羨餘，順宗即位罷之，當時悦服，後世稱頌，未有或非之者也。況太皇太后以母改子，非子改父。」衆議乃定，遂罷保甲團教，依義勇法歲一閲，保馬不復買，見在者還監牧給諸軍。廢市易法，所儲物皆鬻之不取息，而民所欠錢，皆除其息，户部左右曹錢穀皆領之尚書，凡昔之三司使事，皆歸户部，使尚書周知其數，量入以爲出。時獨免役、青苗、將官之法猶在，而西戎之議未決也。山陵畢，遷正議大夫，光自以不與顧命，不敢當，不許。

元祐元年，光始得疾，歎曰：「四患未除，吾死不瞑目矣。」乃力疾上疏，論免役五害，乞直降敕罷之，率用熙寧以前法。又論西戎，大略以和戎爲便，用兵爲非。時異議者甚衆，其後文彦博議與光合，衆不能奪。又論將官之害，詔諸將兵皆隸州縣。又乞廢提舉常平司，以其事歸之轉運使及提點刑獄，光謂：「監司多新進少年，務爲刻急，天下病之，乞自大中大夫、待制以上於郡守中舉轉運使、提點刑獄，於通判中舉轉運判官。」又以文學、德行、吏事、武略等爲十科以求天下遺才，命文武升朝以上歲舉經明行修一人，以爲進士高選。皆從之。

拜左僕射，疾稍閒，將起視事，詔免朝覲，許以肩輿三日一入都堂或門下尚書省，光不敢當，曰：「不見君，不可以視事。」詔肩輿至内東門，子康扶入對小殿，且曰毋拜。光皇恐入對延和殿，再拜。遂罷青苗錢，專行常平糶糴法。數月，復病，薨于位，年六十八。宣仁后聞之慟，哲宗亦感涕不已。時方躬祀明堂，禮成不賀。贈太師、温國公，謚曰文正，御篆其碑曰「忠清粹德」。

光忠信孝友，恭儉正直，出於天性。自少及老，語未嘗妄。其好學如飢之嗜食，於財利紛華如惡惡臭，誠心自然，天下信之。於學無所不通，音樂、律曆、天文、書數皆極其妙。晚節爲冠昬喪祭法，適古今之宜。自始立朝，至於爲相，自以遭遇聖明，言聽計從，欲以身徇天下，躬親庶務，不捨晝夜。賓客見其體羸，曰：「諸葛孔明二十罰以上皆親之，以此致疾，公不可以不戒。」光曰：「死生有命也。」爲之益力。病革，諄諄不復自覺，如夢中語，然皆朝廷天下事也。既没，其家得遺奏八紙上之，皆手札論當世要務。百姓聞其喪，罷市而往弔，粥衣而致奠，巷哭而過車，蓋以萬千數。而京師民畫其像，刻印鬻之，家置一本，飲食必祝焉。四方皆遣人求之京師，時畫工有致富者。

紹聖初，章惇擅政，用周秩爲監察御史。秩，小人也。方光薨時，秩爲博士，議光謚爲文正。及是，乃謂光改更弊法，爲盡廢先帝政事。於是追贈謚及仆所賜神道碑，再貶清海軍節度副使，又追貶朱崖軍司户參軍。元符三年，復太子太保。蔡京爲相，復追降左光禄大夫，尋除名，入黨籍。大觀中，復太子太保。靖康元年，贈太師，復賜謚，配享哲宗廟廷。

光有文集八十卷、《資治通鑑》二百九十四卷、《目録》三十卷、《考異》三十卷，其所著述又數百卷。初，光患歷代史繁重，學者不能綜，況於人主，遂約戰國至秦二世，如左氏體，爲《通志》以進，英宗命光續其書，置局祕閣，以其所素賢者劉攽、劉恕、范祖禹爲屬，凡十九年而成。神宗尤重其書，以爲賢於荀悦，親爲製序，賜名《資治通鑑》，詔邇英讀其書云。（《東都事略》卷八七）

葉祐之

【司馬温公廟記】故太師文正司馬公生光山，實天禧三年十月十八日。其祠於郡不知何歲月，或云自嘉祐。蓋公之名德，不獨重於熙、豐、元祐，其在（神）〔仁〕宗之時固已如日星之昭垂矣。中興，祠凡屢易。紹熙壬子，始建於郡東堂，水心爲之記。慶元己未，又移於郡學講堂之西序。朔望，邦侯率僚吏諸生致敬，春秋有事學宫，與從祀等。然以其在堂序也，三歲試士，移徙再三，而像亦往往非公之舊矣。吴郡何侯爲守，乃闢祠宇，稍令崇深，復求畫像於公之曾孫倉部郎中述之家，仲夏己酉，行釋菜之禮，奉公新廟，以示瞻思焉。夫公之履道迪德、周舍重輕，水心既詳論之，而明謨贊道化，誠心貫宇宙，三代以下無幾矣。行可一鄉，名傳一時，固亦鮮矣。若夫自一身而達於朝廷，自朝廷而推於天下，自中國而及於九夷八蠻，人無異詞，士有定論，雖有私意指摘疵毁，而道德之實，終於不可掩没，百世之下，至即生育之地，尸祝而俎豆之，非甚盛德，孰能與於此？何侯爲郡，不獨考協典禮，尊尚先賢，而喜直惡佞，摧奸護善，一言之出，斷斷可復，一令之行，期期可久，理財不侵下，敷政必自上，昭揭公事，非其有概於中，不能若是拳拳也。昔蘇公疑韓公没，必不眷戀於潮，遂爲焄蒿悽愴之論。焄蒿悽愴，固也。《詩》曰：「鳧鷖在涇，公尸來燕來寧。」祐之嘗因是詩悟《中庸》之旨曰「微之顯，誠之不可掩」，慈湖夫子歎曰：「千載不傳之妙也。」夫子没，絶齒不敢道者五年於兹。侯亦夫子之門人也，因公之祠，乃復誦之。侯又刊公《傳家集》，且表廢田専給祠費，嘗以歲十月修生初之祠云。侯名元壽。紹定三年八月記。

（雍正《河南通志》卷四八）

張　淏

（司馬温公）薨，京師之民罷市而往弔，鬻衣以致奠，巷哭以過車者，蓋以千萬數。上命户部侍郎趙瞻、内侍押班馮宗道護其喪歸葬。瞻等還言：「民哭公哀甚，如哭其私親。」四方來會葬者蓋數萬人，而嶺南封州父老相率致祭，且作佛事以薦公者，其詞尤哀。炷香于首，頂以送公葬者九百餘人。京師民畫其像，刻印鬻之，家置一本，飲食必祀焉。四方皆遣人購之京師，時畫工有致富者。（《雲谷雜記》卷三）

前輩讀書所嗜各不同。司馬温公酷好揚子雲《太玄》，而作書疑詆孟子，謂：「揚子真大儒，孟與荀殆不足擬。」自云少好其書，研精竭慮，歷年已多，始敢爲注，每閲《太玄》，必屏絶人事，讀必數十過，其嗜之也如是。（《雲谷雜記》卷三）

趙希弁

【司馬公居家雜儀一卷】右温國文正公光所著也。（《讀書附志》卷上）

【疑孟一卷】右温國司馬文正公光所著也。公疑《孟子》之書有非軻之言者，故爲《疑孟》十有一篇。建安余允文乃爲《尊孟辨》，於温公之疑，逐段爲之辨。晦庵先生又於允疑之後逐段爲之説云。（《讀書附志》拾遺）

【説玄一卷】右温國司馬文正公光所著也。（《讀書附志》拾遺）

黄　震

【讀史·名臣言行録·温公】漢武帝好大喜功，海内虚弊，晚年託孤博陸侯，漢以再安。我朝神宗鋭意太平，王安石誤以生財用兵，幾亂天下，晚年議建儲，亦指司馬公爲師保。太后承其意，相之，再致元祐之盛事，有適相似者。三代後，功業類豪傑士智力所就耳，至誠動物，真儒顯效，獨温公一人，固不當以博陸侯同日語。然博陸死，丙、魏繼之，漢遂稱中興。温公爲相數月薨，繼之者反丙、魏不如，天下事遂不忍言。日將瞑也大明，元祐之盛類焉。嗚呼，惜夫！王安石引進小人之罪，於是又有甚於變法者矣。雖然，微温公，人心我怨，禍不止夷狄，中興事未可知。

晦庵次公言行於安石後，其剥之復歟？（《黄氏日抄》卷五〇）

【讀文集・蘇文・行狀】 温公德業二王佐，坡老文章萬古奇。凛凛遺編生氣在，史遷而下固無之。（《黄氏日抄》卷六二）

【讀文集・蘇文・神道碑】 温公之得人心，生榮死哀，自堯、舜、三代之佐皆無其比者，何哉？嗚呼，事蓋有因變而彰者矣。王安石行新法，天下苦之。公以爭新法不便，辭樞副不拜，退居洛十五年，人心感其我愛而悲其身之退者爲何如？一旦值二聖臨御，順民心之所欲相而相之，凡天下之所善於安石者，一洗而盡，人心之鬱於久望而決於一遂者爲何如？望之十五年之久，慰之一旦之頃，而俄薨背於三月之遽，人心之伸於久鬱而驚其忽逝者又何如？嗚呼！温公之得人心，蓋有因事變而彰者矣。堯、舜、三代之佐，始終與天下相忘於無事，帝力且不知其有，況相臣乎？蘇子不此之言而歸之天，要其歸皆天地，其論高矣。公之事業不於安石欺神廟之日，而伸於二聖更新法之初，蘇子不特歸重於二聖之進用，而尤歸重於神廟之深知，尤高論哉。（《黄氏日抄》卷六二）

周　密

【温公重望】 坡公《獨樂園》詩云：「兒童誦君實，走卒知司馬。」京師之貪汙不才者，人皆指笑之曰：「你好箇司馬家。」文潞公留守北京日，嘗遣人入遼偵事回，見遼主大宴羣臣，伶人劇戲作衣冠者，見物必攫取懷之。有從其後以物仆之，云：「汝司馬端明邪？」是雖夷狄亦知之，豈止兒童走卒哉？宣和間，徽宗與蔡攸輩在禁中自爲優戲，上作參軍趨出，攸戲上曰：「陛下好箇神宗皇帝。」上以杖鞭之云：「你也好箇司馬丞相。」是知公論在人心，有不容泯者如此。（《齊東野語》卷二十）

司馬公自在臺閣時，不送門狀，曰：「不誠之事，不可爲之。」（《癸辛雜識》前集）

士大夫辭榮，固是美事，然有不當辭而辭者。至于不肯磨勘，甚而批毀印歷，而世以爲高而效之者，皆非中道也。司馬公《辭樞密副使章》有云：「臣自幼時習賦論策就試，每三年一次乞磨勘，豈不慕榮貴者乎？」蓋天下自有中道，過猶不及也。」此爲古今至論。今所謂喋喋辭免者，安知非飾詐邀名哉？德祐末，大臣則又有以辭榮而避難者，此尤不足道也。（《浩然齋雅談》卷上）

王應麟

司馬公詩曰：「虞舜在倦勤，薦禹爲天子。豈有復南巡，迢迢度湘水。」張文潛詩曰：「重瞳陟方時，二妃蓋老人。安肯泣路傍，灑淚留叢筠。」二詩可以袪千載之惑。（《困學紀聞》卷一二）

司馬公早朝詩「太白如連李」，出《漢·天文志》「熒惑踰歲星，居其東北半寸如連李」。又

《即事》云「雨不成游布路歸」，出《左傳》「自朝布路而罷」。今集中皆注云「恐誤」，蓋未攷也。（《困學紀聞》卷一八）

「更無柳絮隨風起，惟有葵花向日傾。」見司馬公之心。（《困學紀聞》卷一八）

呂中

【温公論王安石中書條例】我朝善守格例，無若李沆、王旦、王曾、呂夷簡、富弼、韓琦、司馬光、呂公著之爲相；破格例者，無若王安石、章子厚、蔡京、王黼、秦檜之爲相。考其成效，驗其用人，則破格例者誠不若用格例者之爲愈也。設疑。然寇準以公心行之，故破格例而用君子也；王安石諸人以私心行之，故破格例而用小人也。抑安石嘗置中書條例，司馬光譏之，曰：「宰相以道佐王，苟事皆檢例而行之，胥吏可爲，宰相何擇也？」如温公所言，則安石亦欲循格例乎？蓋温公亦未知安石用心之所在，徒見其編修條例，則謂之檢例耳，不知安石正以用例爲非，而盡破舊例以立法。温公以言譏之，是助之耳。此又不可不知也。（《大事記講義》卷六）

劉炎

或問：温公功業過揚子雲遠甚，平生所爲文章，乃有慕於子雲，何也？曰：欲成名於後世

之趣同也。(《邇言》卷十)

或問：歐陽、司馬之文孰優？曰：歐公本之韓退之，學而至者也；温公遠齊先漢，自誠實而充也。(《邇言》卷十)

或問：近世史學孰優？曰：《通鑑》歷代之綱目，諸史之會要，編年本《春秋》之意，紀事槩之《左氏》之文，秦、漢以來，作者弗可及矣。不特優於近世而已也。(《邇言》卷十)

或問：《通鑑》之起威烈，何也？曰：平王東遷，周於是興矣。威烈壞禮，東周益無復興之理。《春秋》始於彼，《通鑑》起於此，温公襲夫子之意，而不敢僭其文也。曰：何以辯其非僭也？曰：夫子嚴一字之褒貶，温公述往事以爲勸戒也。(《邇言》卷十)

或問：《通鑑》正朔以曹魏繼漢，朱梁繼唐，後周繼後漢，何爲而舍吴、蜀、晉陽、北漢之正哉？曰：吴王孫權、晉王克用，始則無所受。蜀主、北漢主，終則無所授。始終無所授受者，紀一國之事可也，紀歷代之事不可也。(《邇言》卷十)

或問：《通鑑》書詔令獨詳於先漢者，何也？曰：以其近古也。出於人君之口，筆於人君之手，如《卻馬詔》、《賜南越書》之類是也。後世詔令皆代言者爲之，紛紛何足多述哉？所以温公不屑禁林者，不能强作不誠語也。(《邇言》卷十)

或問：《離騷》、《上林》，《通鑑》何以不録？曰：無益於勸戒也。凡無益於勸戒，凡不足爲

大禍福者，皆所不書，此其爲法，班、馬所不及也。（《邇言》卷十）

或曰：《通鑑》亦有失歟？曰：《通鑑》非《春秋》，烏得而無失？魏伐吴、蜀時，謂之征；吴、蜀入魏，晉陽入梁，北漢入周時，謂之寇。何哉而謂之寇？夷狄侵中國之謂也。何哉而謂之征？王命討不庭之謂也。輕重失中，是則温公因仍舊史之過也。（《邇言》卷十）

葉　寘

温公《嵩山題字》云：「登山有道，徐行則不困，措足於平穩之地則不跌，慎之哉。」又書曰：「光視地然後敢行，頓足然後敢立。」即題嵩山語而愈誠慤。蓋公一舉動，無時不存此意。康節稱君實腳踏實地人，公自以爲知言，信哉。（《愛日齋叢鈔》卷二）

俞　琰

司馬温公自言不善四六，或謂其倦於屬對，非也。四六多獻諛失實，故温公不肯爲之耳。（《書齋夜話》卷四）

蔡正孫

【示道人】愚謂人居天地間，有生必有死，乃理之常。生順死安，或壽或夭，惟修身以俟命而已。或者偷生怖死，盜竊天機，欲爲長生不死之計，斯惑矣。司馬公此詩，可謂達生死之理，而安性命之常者也。(《詩林廣記》後集卷一〇)

【夏日西齋書事】温公此詩，寫閑居幽寂之意，翛然於塵埃之表，於此可以見公之於物澹然而無所泊也。(《詩林廣記》後集卷一〇)

黄　革

【司馬温公全集序】温公事業文章，暴耀天下，其人雖亡，其書具存，學者知想慕其人而不知讀其書，亦漫云爾。考公之書，唯《資治通鑑》獨爲精詳，其他文集不無闕失。昔東坡先生撰公神道碑并行狀，得《迂叟集》於其家，以備鋪述，於是見當時廟堂之上吁俞獻替，多載於此。革頃官青衣，知有此書，先生之表姪謹守固藏，不敢示人。杜友傳道乃今得之，既惜其隱晦不傳，又歎夫書肆之本多所闕失，用是重加編輯，增舊補遺，始克完備，願與學者共之。兹可嘉也，故爲之書，謹序。朝奉郎、邛州司録事、賜緋魚袋黄革撰。(《增廣司馬温公全集》卷首)

金

王若虚

【臣事實辨】裴矩佞於隋而直言于太宗。温公曰：「君樂聞直言，則佞化爲忠；惡聞其過，則忠化爲佞爾。」或曰：「矩跡則忠，而其心則佞。煬帝喜諂諛，矩則以諂諛而悦之；太宗好諫諍，矩則以諫諍而媚之。視君之好惡而爲取容之計也，此大姦之情，明主之所當誅也。」慵夫曰：敔矩之心術，此固中其病矣。將以示勸戒而行教化，則温公之論，亦豈可廢哉。（《滹南遺老集》卷二八）

【議論辨惑】温公排孟子而歎服揚雄，荆公廢《春秋》而崇尚《周禮》，東坡非武王而以荀彧爲聖人之徒。人之好惡，有大可怪者。

司馬君實正直有餘而寬假曹操，蘇子由道學甚高而獎飾馮道。皆繆戾之見，不足爲長厚也。

司馬温公論曹操篡漢，以爲非取之漢而取之盜手，失言之罪，萬古不磨。胡致堂力攻之，是矣。及其論蕭道成當討蒼梧，劉知遠不必赴晉難，乃皆引以相明而不廢，何邪？是非有定理，而前後反覆以遷就己意，此最立言之大病也。

《通鑑》一書，妙絶古今，雖萬世不能易也。惟荀彧評爲可恨耳，當删去之。正閏之説，吾從司馬公。（《滹南遺老集》卷三〇）

楊奂

【讀通鑑】風烟慘淡駐三巴，漢燼將燃蜀婦髽。欲起温公問書法，武侯入寇寇誰家。（《還山遺稿》卷下）

元好問

【布衾銘】百世温公，布衾終身。服公之服，嗟予何人。人以貧爲辱，我以貧爲福。人以儉爲詐，我以儉爲德。惟福惟德，服之無斁。（《遺山先生文集》卷三八）

劉祁

司馬君實作《文中子補傳》，怪《隋書》不爲文中子立傳。而其子弟云凝爲御史，嘗彈侯君集，君集與長孫無忌善，以此王氏不得用。其修《隋史》者乃陳叔達、魏徵，畏無忌，故不爲立傳。君子曰：「叔達固畏無忌，徵豈以畏無忌故掩其師名邪？」以是爲疑。余嘗思，使徵輩誠文中子門人，其不爲立傳，亦自有深意。將非以既擬其師以聖人，欲列於傳，恐小之，欲援《孔子世家》之例，而《隋書》無他世家，且恐時人議，故皆不紀。以爲其師之名不待史而傳乎？如此然，未可知也。（《歸潛志》卷一三）

元

胡祗遹

【題温公與劉道原書】先哲交游意最真，雍雍辭氣見情親。只今風俗何衰薄，白髮相看等路人。（《紫山大全集》卷七）

【西江月·讀通鑑唐太宗踣魏徵碑有感而作】晚食甘於粱肉，徐行穩似軒車，直須朝暮苦馳驅，指望凌煙高處。　前日豐碑旌表，今朝貶竄妻孥。喜爲正直怒奸諛，自古忠臣良苦。（《紫山大全集》卷七）

王　惲

【跋司馬温公燕處圖】獨樂園深百草香，一編心與道相忘。不妨卧老琴書裏，破散青苗有報章。道與晴雲任卷舒，心存廊廟跡江湖。石君被遣公孫死，慚愧先生《燕處圖》。擁馬留公作帝箴，人心大抵是天心。惠卿未死舒王在，一集傳家了古今。（《秋澗集》卷二四）

【謁司馬温公墓】河山兩界夏西分，孕秀鍾靈産異人。可惜秉鈞纔八月，不教仁澤浸生民。嗚條山遠聳孤墳，千古嵩高仰甫申。有意誕彌無實用，竟將新法遂諛臣。（《秋澗集》卷二五）

吴　澄

【張氏自適集序】歐、曾、王、蘇同時，有若司馬文正公，豈出數子上哉？然讀者不肯釋手，何歟？蓋其心術正，倫紀厚，持守嚴，踐履實，積中發外，辭氣和平，非徒言之爲尚，以人論文則然也。（《吴文正集》卷一八）

白　珽

或問文節倪公思曰：「司馬温公乃著《疑孟》，何也？」答曰：「蓋有爲也。當是時，王安石假孟子大有爲之説，欲人主師尊之，變亂法度，是以温公致疑於孟子，以爲安石之言未可盡信也。」（《湛淵静語》卷二）

韓　性

【跋司馬光修通鑑草】温公被命爲《通鑑》，給筆札，辟僚屬，其事至重，其以牘背起草，可以見其儉。字必端謹，可以見其誠。比事而書，該以一二字，可以見其博。紙尾謝狀稿，此尋常之事，亦出於手書，可以見其遇事之不苟也。方公作此時，豈料其爲後世之傳？由今傳之盛德之藴，自然而形見，蓋有不可勝言者。敬慕不已，謹題卷末。（《珊瑚網》卷三）

柳　貫

【跋司馬温公修通鑑草】餘姚徐氏藏司馬文正公即范忠宣手帖修《通鑑》稿一紙，凡四百五十三字，無一筆作草，則其忠信誠慤根於其中者可知已。永昌元年，其歲壬午，晉元帝即位之五年也。自正月王敦將作亂，至十二月慕容皝入零支而還，每事第書發端一二字或四五字，其下則以云云攝之。校今《通鑑》，是年所書凡目時有異同，此或初稿，而後更删定之歟？始公辟官置局，前後漢則劉貢父，自三國七朝而隋則劉道原，唐訖五代則范淳父，至於削繁舉要，必經公手乃定。此永昌一年事，公不以屬道原，而手自起草，何歟？然則文正、忠宣之手澤所存，猶足企想元祐一時際會之盛，豈固以翰墨爭長爲可傳哉？（《柳待制文集》卷一八）

黄　溍

【跋温公通鑑草】温公《通鑑》書晉永昌元年事，視此尤爲詳備，此特其初稿耳。而作字方整，未嘗爲縱逸之態，其敬慎無所苟如此。宜其十有九年始克成書歟？今之文人，類以敏捷相高，貴輕揚而賤持重，使温公復生，未必能與之追逐也。三復之餘，唯有掩卷太息而已。（《文獻集》卷四）

吴師道

【潛虚舊本後題】某少好占筮等書，嘗購得司馬公《潛虚》，附以張敦實《發微》諸論者，不知何人所刻。其書完具無缺，意爲善本也。又得里中孫氏寫本，蓋提刑公憲文故物，紙背有梁克家爲福建安撫使、韓彦直知泉州時手書名，當時往來書札也，於是百五六十年矣。特愛之甚，見其文闕，因以前本令學子補書之。後數年讀朱子《跋張氏潛虚圖》，記所得范炳文别本首末，乃知完本爲贋書，赧然流汗，愧前日之輕率，而增加猥雜，不可削除，以爲大恨。因與許君益之言之，君遂出藏本，亦闕文者，歸以參校，用朱子法，非其舊者，悉以朱圈别之，仍前録跋語於卷後，以識愚之愧恨。又以示兒輩，俾之廣見聞，慎取予，而毋蹈予之失也。按，朱子所記，行變解之數，此本亦不合，未有所考，特《命圖》之後，《跋語》之前一條，凡例二十六字、記占四十三字、注六字，所謂《命圖》之關紐，占法之變者，此獨有之，而許君本亦闕，則此本豈范公所傳之舊歟？因抄其二條以示許君，而并記其説於此云云。（《吴禮部集》卷一七）

陸友仁

洪覺範云：司馬温公無所嗜好，獨蓄墨數百斤。或以爲言，公曰：「吾欲子孫知吾所用此物何爲也。」（《研北雜志》卷下）

吴萊

【跋司馬温公修通鑑草】司馬公編《通鑑》，用范忠宣公手帖起草。方晉之東，海内多事，《晉書》多引小書《世説》、《語論》之類，極叢冗。此載永昌之初一年，或加之以潤色之辭矣。公嘗自言編閲舊史，旁采小説，豈果爲晉史故耶？此則未之見也。至順二年秋八月朔，浦江吴萊謹跋。

（《珊瑚網》卷三）

鄭元佑

【跋司馬温公通鑑草】典午渡江後，盜臣接跡起。由其創業初，所事不以理。温公成《通鑑》，善惡悉就紀。心畫既嚴正，形見在稿紙。稿蓋人所忽，敬慎不少弛。固宜公之心，天地同終始。

（《珊瑚網》卷三）

蘇天爵

【題司馬温公人物記】宋元祐初，司馬温公當國，一時人物咸聚於朝。是編所記二百餘人，或一人屢見，若王同老、謝卿材、韓宗道是也；或止記其父兄師友，或盛稱其問學才能，曰「某人云然」，若欲再三詢問之者，蓋求賢任官，固宰相之職，而聽言觀行，亦君子之所當慎也。矧温公以誠實之資，方更化之始，人材毁譽，宜詳察之。或疑蔡京亦與於是。當是時，温公議復舊制，初改雇役爲差役，京知開封府事，五日之内盡命畿縣變之，温公喜曰：「人人如是，何患法之不行！」嗚呼，使居相位者皆如温公，則京在下列，其材亦稱任使，置之高位則不可也。是編之中，有龍游令王斐者，投「《春秋》以王正月爲建寅」。有慶州機宜韓川者，王、吕用事，無所向背。有知邕州和斌者，在嶺南三十年，喪十八口。觀此，則温公之於人材，或解經之著新説，或居官不事請求，或遠宦之罹哀苦，皆一一訪求而得之，甚矣用心之至也，聞者孰不有所感而興起乎？至正癸未冬十有二月丙午，趙郡蘇天爵斂衽書。（《滋溪文稿》卷二九）

甘立

【司馬温公修通鑑草跋】司馬公作《通鑑長編》，范忠宣實與共事，大綱領處皆公手自筆削，而元祐名臣，漢唐以下人物，非所倫也。故其相繼爲相，使四夷懷畏，人莫敢有議者。今觀此卷，一時典刑猶在，若冠冕而立，殿陛之下展玩，惟有景慕。（《式古堂書畫匯考》卷一二）

歸　暘

【題司馬温公墓】宋家元祐今幾年，白日已墮吴山前。當時中國相司馬，至今猶有兒童傳。蒼生苦被青苗誤，杜鵑飛向江南去。啁啾百鳥噤無聲，阿閭新栽鳳凰樹。山河不動風雨時，神孫太母俱無爲。熙寧一變如慶曆，滿眼元氣春淋漓。粉桃低昂歸涑水，老鴞卻化千年鬼。東京王氣冷如冰，五國降人作天子。（成化《山西通志》卷一六）

貝　瓊

【真率軒記】宋司馬温公與文潞公、富鄭公輩在洛時，忘其宰相之尊，而等於田夫野老。嘗爲真率之會，卮酒一肉，得盡其歡，雖若簡而禮實未嘗簡也，雖若薄而意實未嘗薄也，其相與一本於誠而已。苟推是道，無往而不真率也，欺詐之習亡矣。（《清江貝先生文集》卷三十）

李稺賓

【司馬温公塑像記】祠堂之設，蓋思其人而不得見，故立像以想其平生。歲時蒸嘗，薦其馨香，格于神明，其誠意之所感乎？羣蒿悽愴，如或見之，此皆出於人心愛慕之誠而然也，然其德有厚薄之殊，故其祠之也有遠近之異，非可强求也。陝州夏縣，今爲晉寧之屬邑，乃宋朝司馬温國文正公之故鄉。縣西三十里曰鳴條崗，即公之先塋。縣學之左，祠堂在焉。郡人祀之，香火不絶，于今三百年矣。兵燼之餘，堂故在而像貌不存。皇朝延祐六年，河東僉憲野仙不華公按臨縣，拜謁祠下，仰而歎曰：「有堂而無其像，於人何所瞻仰？其於典禮，蓋有闕焉。」縣尹李侯榮祖聞其言，退而謀於縣之耆舊，皆曰：「此固邑人日夜所不忘而不敢請者也。侯既有命，敢不竭力以從事？」於是施財命工，選日興役，不閲月而塑像焕然一新。慶成之日，人大和會，遠近聞者相率而來，觀之莫不咨嗟歎息，如公復生，以手加額，至於流涕，不減前日自洛赴汴之時也。噫，盛德之入人心也如此哉！李侯又欲紀其事於石，因憲幕李君鶚以記文爲請，余謝不敏，不敢承命，既不得辭，乃爲之言：

嗚呼！盛德之士，不出于世久矣。是以功業若此其卑也，其故何哉？譬之規矩準繩，必先自治而後治人，故民之從之也，莫不中心悦而誠服。身不治而欲治人，難矣。自唐、虞、三代以來，皋、夔、稷、契之爲臣，載於書傳者可考也，殷之伊尹、傅説，周之畢公、召公，其人莫不以德稱於天下。降及兩漢，蕭、曹之徒，起於刀筆之間，考其平生，雖僅能取稱一時，然皆一切以就功名而已，非可以德化言也。寥寥至於三國，唯有諸葛忠武侯一人而止爾。唐有陸宣公，而不盡其用。至宋而司馬公出焉，其人可不難哉？公之爲人也，篤學力行，清修苦節，左規右矩，罔不如禮，故言而君信之，行而民悦之，不用則獨善其身，用之則功利被於天下，兒童走卒無不知其姓名，敵國遠方莫不畏其威德，此豈聲音笑貌之所能得哉？其德積之也厚，故其及之也遠爾。是宜天下郡邑，莫不祀之以爲師法，而况於桑梓之邦乎？然而邑宰有賢愚，故其祠明興廢，自非野仙不華公唱之，邑宰李侯和之，其功必不能成之如此之易也。今既完矣，邑之人歲時祭享，來拜堂下，仰而瞻公清苦嚴厲之容，俯而讀公所著《資治》之書，如公在世而親炙之，莫不修身慎行，不敢爲非義，風俗一變，皆爲君子之儒，此則邑宰李侯之意也。豈不美哉？請書此於石以俟。

（雍正《山西通志》卷二〇四）

脱脱等

【司馬光傳】司馬光字君實，陝州夏縣人也。父池，天章閣待制。光生七歲，凛然如成人，聞講《左氏春秋》，愛之，退爲家人講，即了其大指。自是手不釋書，至不知飢渴寒暑。羣兒戲於庭，一兒登甕，足跌没水中，衆皆棄去，光持石擊甕破之，水迸，兒得活。其後京、洛間畫以爲圖。仁宗寶元初，中進士甲科。年甫冠，性不喜華靡，聞喜宴獨不戴花，同列語之曰：「君賜不可違。」乃簪一枝。

除奉禮郎，時池在杭，求簽蘇州判官事以便親，許之。丁内外艱，執喪累年，毁瘠如禮。服除，簽書武成軍判官事，改大理評事，補國子直講。樞密副使龐籍薦爲館閣校勘，同知禮院。

中官麥允言死，給鹵簿。光言：「繁纓以朝，孔子且猶不可。允言近習之臣，非有元勳大勞，而贈以三公官，給一品鹵簿，其視繁纓，不亦大乎？」夏竦賜謚文正，光言：「此謚之至美者，竦何人，可以當之？」改文莊。加集賢校理。

從龐籍辟，通判并州。麟州屈野河西多良田，夏人蠶食其地，爲河東患。籍命光按視，光建：「築二堡以制夏人，募民耕之，耕者衆則糴賤，亦可漸紓河東貴糴遠輸之憂。」籍從其策。而麟將郭恩勇且狂，引兵夜渡河，不設備，没於敵，籍得罪去。光三上書自引咎，不報。籍没，光升堂拜其妻如母，撫其子如昆弟，時人賢之。

改直祕閣、開封府推官。交趾貢異獸，謂之麟，光言：「真僞不可知，使其真，非自至不足爲瑞，願還其獻。」又奏賦以風。修起居注，判禮部。有司奏日當食，故事食不滿分，或京師不見，皆表賀。光言：「四方見，京師不見，此人君爲陰邪所蔽，天下皆知而朝廷獨不知，其爲災當益甚，不當賀。」從之。

同知諫院。蘇轍答制策切直，考官胡宿將黜之，光言：「轍有愛君憂國之心，不宜黜。」詔寘末級。

仁宗始不豫，國嗣未立，天下寒心而莫敢言。諫官范鎮首發其議，光在并州聞而繼之，且貽書勸鎮以死爭。至是，復面言：「臣昔通判并州，所上三章，願陛下果斷力行。」帝沉思久之，曰：「得非欲選宗室爲繼嗣者乎？此忠臣之言，但人不敢及耳。」光曰：「臣言此，自謂必死，不意陛下開納。」帝曰：「此何害，古今皆有之。」光退未聞命，復上疏曰：「臣向者進説，意謂即行，今寂無所聞，此必有小人言陛下春秋鼎盛，何遽爲不祥之事。小人無遠慮，特欲倉卒之際，援立其所厚善者耳。『定策國老』、『門生天子』之禍，可勝言哉！」帝大感動曰：「送中書。」光見韓琦等曰：「諸公不及今定議，異日禁中夜半出寸紙，以某人爲嗣，則天下莫敢違。」琦等拱手曰：「敢不盡力。」未幾，詔英宗判宗正，辭不就，遂立爲皇子，又稱疾不入。光言：「皇子辭不貲之富，至于旬月，其賢於人遠矣。然父召無諾，君命召不俟駕，願以臣子大義責皇子，宜必入。」英宗遂受命。

兖國公主嫁李瑋，不相能，詔出瑋衛州，母楊歸其兄璋，主入居禁中。光言：「陛下追念章懿太后，故使瑋尚主。今乃母子離析，家事流落，獨無雨露之感乎？瑋既黜，主安得無罪？」帝悟，降主沂國，待李氏恩不衰。

進知制誥，固辭，改天章閣待制兼侍講、知諫院。時朝政頗姑息，胥史喧譁則逐中執法，輦官悖慢則退宰相，衛士凶逆而獄不窮治，軍卒詈三司使而以爲非犯階級。光言皆陵遲之漸，不可以不正。

充媛董氏薨，贈淑妃，輟朝成服，百官奉慰，定謚，行册禮，葬給鹵簿。光言：「董氏秩本微，病革方拜充媛。古者婦人無謚，近制惟皇后有之。鹵簿本以賞軍功，未嘗施於婦人。唐平陽公主有舉兵佐高祖定天下功，乃得給。至韋庶人始令妃主葬日皆給鼓吹，非令典，不足法。」時有司定後宫封贈法，后與妃俱贈三代，光論：「妃不當與后同，袁盎引卻愼夫人席，正爲此耳。天聖親郊，太妃止贈二代，而況妃乎？」

英宗立，遇疾，慈聖光獻后同聽政。光上疏曰：「昔章獻明肅有保佑先帝之功，特以親用外戚小人，負謗海内。今攝政之際，大臣忠厚如王曾，清純如張知白，剛正如魯宗道，質直如薛奎者，當信用之；猥鄙如馬季良，讒諂如羅崇勳者，當疎遠之，則天下服。」帝疾愈，光料必有追隆本生事，即奏言：「漢宣帝爲孝昭後，終不追尊衛太子、史皇孫；光武上繼元帝，亦不追尊鉅鹿、南頓君，此萬世法也。」後詔兩制集議濮王典禮，學士王珪等相視莫敢先，光獨奮筆書曰：「爲人後者爲之子，不得顧私親。王宜準封贈期親尊屬故事，稱爲皇伯，高官大國，極其尊榮。」議成，珪即命吏以其手稿爲按。既上，與大臣意殊，御史六人爭之力，皆斥去。光乞留之，不可，遂請與俱貶。

初，西夏遣使致祭，延州指使高宜押伴，傲其使者，侮其國主，使者訴於朝。光與吕誨乞加宜罪，不從。明年，夏人犯邊，殺略吏士。趙滋爲雄州，專以猛悍治邊，光論其不可。至是，契丹之民捕魚界河，伐柳白溝之南，朝廷以知雄州李中祐爲不材，將代之。光謂：「國家當戎夷附順時，好與之計較末節，及其桀驁，又從而姑息之。近者西禍生於高宜，北禍起於趙滋；時方賢此二人，故邊臣皆以生事爲能，漸不可長。宜敕邊吏，疆埸細故輒以矢刃相加者，罪之。」

仁宗遺賜直百餘萬，光率同列三上章，謂：「國有大憂，中外窘乏，不可專用乾興故事。若遺賜不可辭，宜許侍從上進金錢佐山陵。」不許。光乃以所得珠爲諫院公使錢，金以遺舅氏，義不藏於家。后還政，有司立式，凡后有所取用，當覆奏乃供。光云：「當移所屬使立供已，乃具數白后，以防矯僞。」

曹佾無功除使相，兩府皆遷官。光言：「陛下欲以慰母心，而遷除無名，則宿衛將帥、内侍小臣，必有覬望。」已而遷都知任守忠等官，光復爭之，因論：「守忠大姦，陛下爲皇子，非守忠意，沮壞大策，離間百端，賴先帝不聽；及陛下嗣位，反覆交構，國之大賊。乞斬於都市，以謝天下。」責守忠爲節度副使，蘄州安置，天下快之。詔刺陝西義勇二十萬，民情驚撓，而紀律疎略不可用。光抗言其非，持白韓琦。琦曰：「兵貴先聲，諒祚方桀驁，使驟聞益兵二十萬，豈不震慴？」光曰：「兵之貴先聲，爲無其實也，獨可欺之於一日之間耳。今吾雖益兵，實不可用，不過十日，彼將知其詳，尚何懼？」琦曰：「君但見慶曆間鄉兵刺爲保捷，憂今復然，已降敕榜與民約，永不充軍戍邊矣。」光曰：「朝廷嘗失信，民未敢以爲然，雖光亦不能不疑也。」琦曰：「吾在此，君無憂。」光曰：「公長在此地，可也；異日他人當位，因公見兵，用之運糧戍邊，反掌間事耳。」琦嘿然，而訖不爲止。不十年，皆如光慮。

王廣淵除直集賢院，光論其姦邪不可近：「昔漢景帝重衛綰，周世宗薄張美。廣淵當仁宗之世，私自結於陛下，豈忠臣哉？宜黜之以厲天下。」進龍圖閣直學士。

神宗即位，擢爲翰林學士，光力辭。帝曰：「古之君子，或學而不文，或文而不學，惟董仲舒、揚雄兼之。卿有文學，何辭爲？」對曰：「臣不能爲四六。」帝曰：「如兩漢制詔可也；且卿能進士取高第，而云不能四六，何邪？」竟不獲辭。

御史中丞王陶以論宰相不押班罷，光代之，光言：「陶由論宰相罷，則中丞不可復爲。臣願俟既押班，然後就職。」許之。遂上疏論修心之要三：曰仁，曰明，曰武；治國之要三：曰官人，曰信賞，曰必罰。其說甚備。且曰：「臣獲事三朝，皆以此六言獻，平生力學所得，盡在是矣。」御藥院内臣，國朝常用供奉官以下，至内殿崇班則出；近歲暗理官資，非祖宗本意。因論高居簡姦邪，乞加遠竄。章五上，帝爲出居簡，盡罷寄資者。既而復留二人，光又力爭之。張方平參知政事，光論其不叶物望，帝不從。還光翰林兼侍讀學士。

光常患歷代史繁，人主不能遍覽，遂爲《通志》八卷以獻。英宗悦之，命置局祕閣，續其書。至是，神宗名之曰《資治通鑑》，自製序授之，俾日進讀。

詔録潁邸直省官四人爲閤門祇候，光曰："國初草創，天步尚艱，故御極之初，必以左右舊人爲腹心耳目，謂之隨龍，非平日法也。閤門祇候在文臣爲館職，豈可使厮役爲之。"

西戎部將嵬名山欲以横山之衆，取諒祚以降，詔邊臣招納其衆。光上疏極論，以爲："名山之衆，未必能制諒祚。幸而勝之，滅一諒祚，生一諒祚，何利之有？若其不勝，必引衆歸我，不知何以待之？臣恐朝廷不獨失信諒祚，又將失信於名山矣。若名山餘衆尚多，還北不可，入南不受，窮無所歸，必將突據邊城以救其命。陛下不見侯景之事乎？"上不聽，遣將种諤發兵迎之，取綏州，費六十萬。西方用兵，蓋自此始矣。

百官上尊號，光當答詔，言："先帝親郊，不受尊號。末年有獻議者，謂國家與契丹往來通信，彼有尊號我獨無，於是復以非時奉册。昔匈奴冒頓自稱『天地所生日月所置匈奴大單于』，不聞漢文帝復爲大名以加之也。願追述先帝本意，不受此名。"帝大悦，手詔獎光，使善爲答辭，以示中外。

執政以河朔旱傷，國用不足，乞南郊勿賜金帛。詔學士議，光與王珪、王安石同見，光曰：「救災節用，宜自貴近始，可聽也。」安石曰：「常衮辭堂饌，時以爲衮自知不能，當辭位不當辭禄。且國用不足，非當世急務，所以不足者，以未得善理財者故也。」光曰：「善理財者，不過頭會箕斂爾。」安石曰：「不然，善理財者，不加賦而國用足。」光曰：「天下安有此理？天地所生財貨百物，不在民，則在官，彼設法奪民，其害乃甚於加賦。此蓋桑羊欺武帝之言，太史公書之以見其不明耳。」爭議不已。帝曰：「朕意與光同，然姑以不允答之。」會安石草詔，引常衮事責兩府，兩府不敢復辭。

安石得政，行新法，光逆疏其利害。邇英進讀，至曹參代蕭何事，帝曰：「漢常守蕭何之法不變，可乎？」對曰：「寧獨漢也，使三代之君常守禹、湯、文、武之法，雖至今存可也。漢武取高帝約束紛更，盜賊半天下；元帝改孝宣之政，漢業遂衰。由此言之，祖宗之法不可變也。」

呂惠卿言：「先王之法，有一年一變者，『正月始和，布法象魏』是也；有五年一變者，巡守考制度是也；有三十年一變者，『刑罰世輕世重』是也。光言非是，其意以風朝廷耳。」帝問光，光曰：「布法象魏，布舊法也。諸侯變禮易樂者，王巡守則誅之，不自變也。刑新國用輕典，亂國用重典，是爲世輕世重，非變也。且治天下譬如居室，敝則修之，非大壞不更造也。公卿侍從皆在此，願陛下問之。三司使掌天下財，不才而黜可也，不可使執政侵其事。今爲制置三司條例司，何也？宰相以道佐人主，安用例？苟用例，則胥吏矣。今爲看詳中書條例司，何也？」惠卿不能對，則以他語詆光。帝曰：「相與論是非耳，何至是。」光曰：「平民舉錢出息，尚能蠶食下户，况縣官督責之威乎！」惠卿曰：「青苗法，願取則與之，不願不强也。」光曰：「愚民知取債之利，不知還債之害，非獨縣官不强，富民亦不强也。昔太宗平河東，立糴法，時米斗十錢，民樂與官爲市。其後物貴而和糴不解，遂爲河東世世患。臣恐異日之青苗，亦猶是也。」帝曰：「坐倉糴米何如？」坐者皆起，光曰：「不便。」惠卿曰：「糴米百萬斛，則省東南之漕，以其錢供京師。」光曰：「東南錢荒而粒米狼戾，今不糴米而漕錢，棄其有餘，取其所無，農末皆病矣！」侍講吴申起曰：「光言，至論也。」

它日留對，帝曰：「今天下洶洶者，孫叔敖所謂『國之有是，衆之所惡』也。」光曰：「然。陛下當論其是非。今條例司所爲，獨安石、韓絳、惠卿以爲是耳，陛下豈能獨與此三人共爲天下邪？」帝欲用光，訪之安石。安石曰：「光外託劘上之名，内懷附下之實。所言盡害政之事，所與盡害政之人，而欲寘之左右，使與國論，此消長之大機也。光才豈能害政，但在高位，則異論之人倚以爲重。韓信立漢赤幟，趙卒氣奪，今用光，是與異論者立赤幟也。」

安石以韓琦上疏，卧家求退。帝乃拜光樞密副使，光辭之曰：「陛下所以用臣，蓋察其狂直，庶有補於國家。若徒以禄位榮之，而不取其言，是以天官私非其人也。臣徒以禄位自榮，而不能救生民之患，是盜竊名器以私其身也。陛下誠能罷制置條例司，追還提舉官，不行青苗、助役等法，雖不用臣，臣受賜多矣。今言青苗之害者，不過謂使者騷動州縣，爲今日之患耳。而臣之所憂，乃在十年之外，非今日也。夫民之貧富，由勤惰不同，惰者常乏，故必資於人。今出錢貸民而斂其息，富者不願取，使者以多散爲功，一切抑配。恐其逋負，必令貧富相保，貧者無可償，則散而之四方；富者不能去，必責使代償數家之負。春算秋計，展轉日滋，貧者既盡，富者亦貧。十年之外，百姓無復存者矣。又盡散常平錢穀，專行青苗，它日若思復之，將何所取？富室既盡，常平已廢，加之以師旅，因之以饑饉，民之羸者必委死溝壑，壯者必聚而爲盜賊，此事之必至者也。」抗章至七八，帝使謂曰：「樞密，兵事也，官各有職，不當以他事爲辭。」對曰：「臣未受命，則猶侍從也，於事無不可言者。」安石起視事，光乃得請，遂求去。

以端明殿學士知永興軍。宣撫使下令分義勇戍邊，選諸軍驍勇士，募市井惡少年爲奇兵；調民造乾糒，悉修城池樓櫓，關輔騷然。光極言：「公私困敝，不可舉事，而京兆一路皆內郡，繕治非急。宣撫之令，皆未敢從，若乏軍興，臣當任其責。」於是一路獨得免。徙知許州，趣入覲，不赴；請判西京御史臺歸洛，自是絶口不論事。而求言詔下，光讀之感泣，欲嘿不忍，乃復陳六事，又移書責宰相吳充，事見充傳。

蔡天申爲察訪，妄作威福，河南尹、轉運使敬事之如上官。嘗朝謁應天院神御殿，府獨爲設一班，示不敢與抗。光顧謂臺吏曰：「引蔡寺丞歸本班。」吏即引天申立監竹木務官富贊善之下。天申窘沮，即日行。

元豐五年，忽得語澀疾，疑且死，豫作遺表置卧内，即有緩急，當以畀所善者上之。官制行，帝指御史大夫曰：「非司馬光不可。」又將以爲東宫師傅。蔡確曰：「國是方定，願少遲之。」《資治通鑑》未就，帝尤重之，以爲賢於荀悦《漢紀》，數促使終篇，賜以潁邸舊書二千四百卷。及書成，加資政殿學士。凡居洛陽十五年，天下以爲真宰相，田夫野老皆號爲司馬相公，婦人孺子亦知其爲君實也。

帝崩，赴闕臨，衛士望見，皆以手加額曰：「此司馬相公也。」所至，民遮道聚觀，馬至不得行，曰：「公無歸洛，留相天子，活百姓。」哲宗幼沖，太皇太后臨政，遣使問所當先，光謂：「開言路。」詔榜朝堂。而大臣有不悦者，設六語云：「若陰有所懷，犯非其分，或扇摇機事之重，或迎合已行之令，上以徼倖希進，下以眩惑流俗。若此者，罰無赦。」后復命示光，光曰：「此非求諫，乃拒諫也。人臣惟不言，言則入六事矣。」乃具論其情，改詔行之，於是上封者以千數。

起光知陳州，過闕，留爲門下侍郎。蘇軾自登州召還，緣道人相聚號呼曰：「寄謝司馬相公，毋去朝廷，厚自愛以活我。」是時天下之民，引領拭目以觀新政，而議者猶謂「三年無改於父之道」，但毛舉細事，稍塞人言。光曰：「先帝之法，其善者雖百世不可變也。若安石、惠卿所建，爲天下害者，改之當如救焚拯溺。況太皇太后以母改子，非子改父。」衆議甫定。遂罷保甲團教，不復置保馬；廢市易法，所儲物皆鬻之，不取息，除民所欠錢；京東鐵錢及茶鹽之法，皆復其舊。或謂光曰：「熙、豐舊臣，多憸巧小人，他日有以父子義間上，則禍作矣。」光正色曰：「天若祚宗社，必無此事。」於是天下釋然，曰：「此先帝本意也。」元祐元年復得疾，詔朝會再拜，勿舞蹈。時青苗、免役、將官之法猶在，而西戎之議未決。光歎曰：「四患未除，吾死不瞑目矣。」折簡與呂公著云：「光以身付醫，以家事付愚子，惟國事未有所託，今以屬公。」乃論免役五害，乞直降敕罷之。諸將兵皆隸州縣，軍政委守令通決。廢提舉常平司，以其事歸之轉運、提點刑獄。邊計以和戎爲便。謂監司多新進少年，務爲刻急，令近臣於郡守中選舉，而於通判中舉轉運判官。又立十科薦士法。皆從之。

拜尚書左僕射兼門下侍郎，免朝覲，許乘肩輿，三日一入省。光不敢當，曰：「不見君，不可以視事。」詔令子康扶入對，且曰：「毋拜。」遂罷青苗錢，復常平糶糴法。兩宫虚己以聽。遼、夏使至，必問光起居，敕其邊吏曰：「中國相司馬矣，毋輕生事，開邊隙。」光自見言行計從，欲以身徇社稷，躬親庶務，不舍晝夜。賓客見其體羸，舉諸葛亮食少事煩以爲戒，光曰：「死生，命也。」爲之益力。病革，不復自覺，諄諄如夢中語，然皆朝廷天下事也。

是年九月薨，年六十八。太皇太后聞之慟，與帝即臨其喪，明堂禮成不賀，贈太師、温國公，襚以一品禮服，賻銀絹七千。詔户部侍郎趙瞻、内侍省押班馮宗道護其喪，歸葬陜州。謚曰文正，賜碑曰「忠清粹德」。京師人罷市往弔，鬻衣以致奠，巷哭以過車。及葬，哭者如哭其私親。嶺南封州父老，亦相率具祭，都中及四方皆畫像以祀，飲食必祝。

光孝友忠信，恭儉正直，居處有法，動作有禮。在洛時，每往夏縣展墓，必過其兄旦，旦年將八十，奉之如嚴父，保之如嬰兒。自少至老，語未嘗妄，自言：「吾無過人者，但平生所爲，未嘗有不可對人言者耳。」誠心自然，天下敬信，陜、洛間皆化其德，有不善，曰：「君實得無知之乎？」

光於物澹然無所好，於學無所不通，惟不喜釋、老，曰：「其微言不能出吾書，其誕吾不信也。」洛中有田三頃，喪妻，賣田以葬，惡衣菲食以終其身。

紹聖初，御史周秩首論光誣謗先帝，盡廢其法。章惇、蔡卞請發冢斲棺，帝不許，乃令奪贈謚，仆所立碑。而惇言不已，追貶清遠軍節度副使，又貶崖州司户參軍。徽宗立，復太子太保。蔡京擅政，復降正議大夫，京撰姦黨碑，令郡國皆刻石。長安石工安民當鐫字，辭曰：「民愚人，固不知立碑之意。但如司馬相公者，海内稱其正直，今謂之姦邪，民不忍刻也。」府官怒，欲加罪，泣曰：「被役不敢辭，乞免鐫安民二字於石末，恐得罪於後世。」聞者愧之。

靖康元年，還贈謚。建炎中，配饗哲宗廟庭。（《宋史》卷三三六）

宇文公諒

【跋司馬温公通鑑草】張南軒跋荆公書，謂「丞相平生何得有許忙事」，此言深中其病。今觀温公此稿，筆削顛倒，訖無一字作草，其謹重詳審乃如此，誠篤忠厚氣象，凛然見於心畫之表。彼浮躁急迫者，安能如是耶？後學宇文公諒書。（《式古堂書畫匯考》卷一二）

朱瀾

【跋司馬温公通鑑草】司馬公《通鑑》編年，一變班馬舊史之習，而國家興衰，生民休戚，善可爲法，惡可爲戒者，備此書矣。故以事繫月，以月繫年，而不以日或以年不以月者，蓋週歲之中，記事之要，總爲一編，而君臣父子是非得失之互見，使人得便觀覽，有《春秋》之義例焉。此稿標題晉永昌元年事，是年王敦還鎮，元帝崩，乃江左立國之一變，故公不得不手書之范忠宣與？公繼居相位，今獲手筆於一紙，豈勝幸哉。至正三年十月朔旦，後學朱瀾書。（《珊瑚網》卷三）

王緯

【涑水書院碑記】光自漢以降魏，爲弋陽郡，至唐歷宋，爲光州。國朝因之，今隷汝寧府，領縣二，曰固始、曰光山。俗尚淳質，名教士風然也。至治壬戌，縣侯從仕郎帖木兒不花來涖光山。越明年，政成訟息，縣以無事，迺詢同寮及邑之耆德曰：「方今文治浹洽，黨庠家塾，比郡相望。近代則有書院精舍之設，所以育人材、廣教養者，亦吾縣所宜有。況先賢司馬温國文正公實生是邑。」衆翕然樂從，乃買縣治西偏故第，廣袤若干畝，楮以緡計者萬七千奇，仍其舊而增飾，華不至侈，儉不至陋，悉中繩度，名曰涑水書院，蓋取公之雅號焉。堂爲七楹，中設温公像，名曰粹德堂，取公銘碑之義焉。堂之左以屬賓客，右以延師席。闢齋五，聚邑士之俊造與幼而學者，分教之、游息之，所講肄之室，庖廩井厩，靡不備具。貧無資學及四方宦而游者，至則如歸，置田若干畝爲收歲入以贍，且以供祀事。士子衿佩，彬彬然相與揖遜於其中，日講周公、孔子之道，《詩》、《書》、六藝之習，明人倫，厚風化，於是乎在。歲時以祀温公，率諸執事肅然就位，盥洗周旋，登降拜伏，籩豆淨嘉，禮容有恪，知公不鄙邑人，神之來享也無疑矣。古者德冠一鄉，風化行一邑，民猶廟祀而尸祝之不忘，況公生之邑哉。嗚呼！公，陝之夏縣人，德業出處，備載之史，其居于洛則憂國，出爲相則憂民，及其更新法，天下望以爲治，而公薨。蟬冕不知爲貴，布衾不知爲儉。至誠感人心，盛德服後世。兒童走卒皆知公名。其所論著，上自戰國，下訖五季，垂鑑將來，厥功大矣。宜其列諸大儒，從祀先聖，千載而下，欽仰之無窮也。邑之人拜公遺像，思公平生，正有觀感興起，相繼而出者矣。縣尹從仕郎郄也先不花、尉胡昌，皆廉勤守職，好善樂善，與縣侯志協，來踵于成。又東皐盛族劉君烜，官而家是邑，首捐貲以助昌明，以華君唐卿所繪圖、羅君升所撰狀來請文，以紀諸石。臨民之政，固有緩急之不同，是舉也，官無妄費，民不知劳，尊前賢，勵後學，關乎綱常之重者，是宜書，有以見縣侯及諸君子之賢，知爲政之先務矣。係之詩，以諗來者，俾勿壞，辭曰：猗歟縣矣，賢於爲政。闢此學宫，不勸從令。面勢爽塏，宏敞静深。峩峩儒居，青青子衿。來遊來萃，賓師有位。弦誦洋洋，被服仁義。中堂具崇，以祀温公。維時温公，儒者所宗。公像在堂，賢仰公德。神之來歆，馨我黍稷。維淮之滸，化爲齊魯。維淮之所，盡爲詩書。有田以穡，有廩以給。惠我學者，繫侯之力。侯曰嘻哉，同寮允諧。勉哉諸生，業精惟勤。罔遊於逸，而墜前聞。作詩刻石，是爲學則。嗟後之人，罔敢不飭。（嘉靖《光山縣志》卷三）

陶宗儀

司馬温公家一僕，二十年止稱君實「秀才」。蘇子瞻學士來謁，聞而教之，明日改稱「大參公」、「相公」，驚問，以實告。公曰：「好一僕，被蘇東坡教壞了。」（《南村輟耕録》卷七）

明

宋濂

【宋九賢遺像記】温國公司馬子色黄貌癯，目峻準直，鬚疎而微長，半白，在耳下者亦半垂，耳輪闊微向面。幅巾，深衣大帶，加組，方履，黑質白絇，繶純綦，前微下而張拱，指露袪外，有「至誠一德，不以富貴動其心」之意。（《宋濂全集》卷一四）

【題司馬温公手帖後】右司馬温公與范忠宣書一通，藏楚郡龍雲從家，雲從間請題其後。濂聞哲宗初立，崇慶太后同聽政，起公知陳州。過闕，留爲門下侍郎，忠宣亦從慶州召還爲右諫議大夫，俄遷給事中。此書正此時所遺，其殆元豐乙丑之冬，或元祐丙寅之春乎？夫公自熙寧辛亥居洛，再任留司御史臺，四任提舉崇福宫，至是始司政柄，故書中有「閒居十五年」之言，公年蓋已六十有七。新法方盛行，小人附和者衆，公度不可止，遂絶口不言事。故又有「更求一任散官，守候七十，即如禮致事」之言。當是時，章惇、蔡確、黄履、邢恕等蛇蟠蚓結，牢不可解，公新自外至，孑然獨立，故又有「如一黄葉在洌風中，幾何而不危墜」之言。公之志爲可悲矣。然公與忠宣素相知，其居洛日，忠宣方丐罷齊州之政，判東京留臺，乃同爲真率會，則其志同道合，固非一日之故。熙寧之法，又皆共怒其爲害。而其設施或不同者，忠宣則欲去其泰甚，公則欲鋤去而絶其本根。雖書有「隨時示諭，勿復形迹」之請，二賢之見猝有未易合者，豈天未欲平治天下，故使之然與？

公遺此書後，僅及數月，且觀化冥冥之中。忠宣繼公爲左僕射，務以博大開上心，忠篤革士風。四海方翹首望治，曾未幾何，潁昌之命亦遽下矣，不亦重可悲夫。閲此帖者，當知治亂之機所繫，初不可以尋常簡牘視之也。（《宋濂全集》卷四十）

鄭　真

【跋蘇長公書撰司馬温公神道碑】蘇長公文高當代，書法亦自成家。以司馬丞相之重德碩望，公之文既足以發之，又躬爲書上石，是足爲斯文不朽之傳矣。而後來用事之臣，至爲僵仆而磨滅之，噫！獨何心也哉。（《滎陽外史集》卷三六）

方孝孺

【尚友五贊・司馬文正公】儒者之澤，大行于民。伊周以來，惟公一人。始未可爲，萬鍾不受。

逢時多艱，爲世父母。凡民之心，惟久乃安。欲其即從，聖人猶難。亦獨何修，政化甚速。誠於爲善，四海悦服。用術相欺，惟恐不深。公神在天，汝果何心。（《遜志齋集》卷一九）

【宋五公詠・司馬温公】傾否難永圖，拯溺有遺巧。肫肫反正力，誠節動穹昊。羣邪競回遹，善政恣紛擾。廢興豈人謀，千秋仰元老。（《遜志齋集》卷二三）

王　直

【司馬温公家訓後】《家訓》一通，温國文正公司馬先生作。公之道德功業，百世之望也，其言之存，皆足以示法天下，豈特此訓可遺子孫哉。然誦其言，則必深究其義，乃能有得於心而可以善後。不然，亦徒然而已。積金以遺子孫，將使之足於用，而不肖者恃此以自豪，廢禮冒法，卒以危其身而敗其家，則金之害也。書以載聖人之道，修己治人之本在焉。苟積書而不讀，則亦豈能有益哉。故積書雖賢於積金，而子孫之致力於書，則不可必，惟有德者斯能獲乎天而昌大其子孫。此公之所務也。德原於天而莫大於仁義，仁義充於身而以及人，雖不求人知，而亦不責其報，然天則知而佑之矣。孔子曰：「積善之家，必有餘慶。」天之可必蓋如此，由是而知公之言信乎其可法也。然竊思之，積德雖可獲乎天而昌其子孫，亦貴乎子孫之善繼。恃前人之德而不務德以繼之，而欲取必於天，亦難矣。欒武子之德，晉人思之，如《甘棠》之思召公，其子黶以汰虐承之。及武子之施没，而黶之惡彰，故盈受其禍以覆其宗。前人之德不可恃，而不可不繼，必欲繼之，讀書明善其本也。苟積之不倦，而繼之無已，則獲乎天有窮哉。清江陳君秉剛，與予同年取進士，今爲令晉江，人有染絲織公此訓以傳世，君得而寶之，蓋亦欲積德以裕後也。持來京師，求予題，予故題其説，以勉其爲子孫者。（《抑庵文集》後集卷三六）

于　謙

【過夏縣挽司馬文正公】破甕機鋒豈偶然，活人手段自髫年。閭閻稚子知司馬，海宇羣黎仰涑川。出處遂關時治亂，死生難免世推遷。蒼松勁柏環祠墓，凛凛清風在目前。（《忠肅集》卷一一）

徐伯齡

【温公詞】司馬温公製《錦堂春》詞，極纖麗。予得《梁溪漫志》而讀之，殊不似公作者。豈公精華發見，不得而揜，詞筆夐出韞藉之外？然含蓄感慨，一唱三歎，所謂樂而不淫，哀而不傷者歟。（《蟫精雋》卷六）

【詞誣良善】楊元素學士跋温公《西江月》，詞曰：「……」元素跋云：「温公剛風勁節，聲動朝野，宜其金心鐵意，不善吐軟媚語。近得其席上所製小詞，雅亦風情不薄。由今觀之，決非温公

作，此宣和間恥温公獨爲君子，作此託爲其詞以誣良善，不待識者而後能辯也。」（《蟫精雋》卷一五）

劉定之

【宋論·觀文殿學士太子少師致仕歐陽脩卒于潁詔求其所作五代史以進】神宗置司馬光於散地，而俾其修《資治通鑑》，自爲之序；棄歐陽脩於未老之年，而及其卒也，乃求其所作《五代史》。其意以脩與光但能撰述也，經國實用非其所能也，吾自有安石也。何其量人之薄哉。厥後光起而究其用於元祐之初。脩之不究其用，君子蓋惜之，然所尤惜者，脩亦有以取之也，何也？惟恐其不究於用，而有意於究，是乃用之所以不究也，濮議是也。……其後惟愈從祀孔廟，而脩以濮議爲鉅璧之纖瑕，良榦之寸朽焉。不然，其全美豈可及哉？幾微功名富貴之念一動，而用以之不究，美以之不全。是以君子無慕乎其外者，懼累乎其内，無冀乎其未得者，懼喪乎其所已能也。若乃光，則免乎此矣。所以然者，光之學以誠爲主，自不妄語入故也。（《呆齋存稿》卷六）

倪謙

【書司馬温公告身後】 右司馬文正公授龍圖閣直學士告身一通，公十二世孫給事中恂之所藏也。公之在宋朝，正聲勁氣，天下共知，今觀所降之敕，詞極褒奬，豈惟天下知之，而受知於君亦深矣。惜其垂老入相，僅八閲月，而卒不獲竟其所爲，然已變爲嘉祐、治平之治。嗚呼，世豈復有斯人乎？九原有作，吾願爲之執鞭。（《倪文僖集》卷二四）

【書重建司馬温公祠堂疏】 司馬温國文正公葬陝之夏縣晁村，而其子孫居於越者，因隨建炎南渡故也。公著《資治通鑑》一書，明治亂，正綱常，以幸萬世，其功與霄壤相蔽，故佐食孔子廟庭，天下共祀之矣。至於揭、虔、妥、靈，專廟而祀，又其子孫追遠之孝所當然也。越故有廟，久廢，公十世孫庭芳欲重修建而力未贍，將援衆力之助以成之，於是乎公之遺子孫以清白，而子孫世守其清白皆可見矣。讀公之書，仰公之烈者，孰無敬慕之心哉？刑科給事中恂如，庭芳子也。持疏詣予，故薄言往助，視予力之所及焉。（《倪文僖集》卷二四）

丘濬

臣按，宋仁宗時，司馬光上《五規》，其四曰「重微」，其中引孔子告魯君之語，謂「昧爽夙興，正其衣冠，平旦視朝，慮其危難，一物失理，亂亡之端」。以此思憂，則憂可知矣。蓋人君惟不知憂也，故不知所慮。當夫安逸之時，知有亂亡之禍，則必憂之矣。憂之則慮之，慮之於無事之時，而尋其端緒之所自起，究其流弊之所必至，如光所言之六事者，觸類而長之，隨機而應之，逆料其未然之害，遠探其將至之患，千里之外如在目前，百年之遠如在旦夕。事事而思之，惟恐一物之失理；汲汲而已之，惟恐須臾之尚在。不玩狎而因循，不苟且而姑息，惕然而常警於心，毅然而必致其決，凛然而深懼其危。如此則修之於廟堂而德冒四海，治之於今日而福流萬世。誠有如光之所以期其君者，尚何危難之有哉。（《大學衍義補》卷首）

臣按，哲宗初政，召司馬光於洛，問光所當先者，光首上此疏，且以謂治安之原、太平之基在此，臣竊以爲光之此疏，非獨當時人君所當知，實萬世人君所當知者也。（《大學衍義補》卷四）

臣按，宋以前人臣無謚文正者。文正即唐之文貞。宋人避諱，易貞爲正，蓋謚之最美者也。宋仁宗以竦東宫舊臣，特賜以此謚，光上疏以爲竦不足以當此謚，因改謚文莊。《詩》所謂「好是正直」，光蓋有之，仁宗其《書》所謂「從諫弗咈」者與？其後光薨，卒得是謚，其真無忝矣。（《大學衍義補》卷八四）

臣按，司馬光所言，皆國家大計，安危所繫，非特邊境事也。所謂進謀者，非實爲國家斬將搴旗、拓土開境，建衛、霍、甘、陳之功，但以利口長舌，虚辭大言，誑惑聖聽，欲盜陛下之官職。

他日國家有患，不預其憂。若此等之事，非但古有之，明主不可不之察也。（《大學衍義補》卷一五六）

葉盛

司馬温公嘗手書其所薦朝士爲一册，其卷端曰「舉賢才」，此紙百年前尚在人間，吏考其人，失之者十不一二。（《水東日記》卷七）

何喬新

【諸史】司馬温公復紀傳而爲編年，總歷代而爲《通鑑》，上下一千三百六十二年，爲書二百九十四卷。凡關國家之興衰，係生民之休戚者，罔不畢載，删述去取，亦莫不有深意焉。首書命三晉爲諸侯，所以明君臣之分；辨四皓爲惠帝立黨制其父，以明父子之義。魯仲連射書聊城之事，公則畧之而不書；曹操分香賣履之微，公則譏之以示貶。謂褚遂良無僭劉洎之語，謂陸贄無報竇參之意，韓休必不至德李林甫，顏真卿必不至爲賊草奏，凛凛乎人道之大經，其有關於風化也如此。曹參遵何之約束，正以箴熙寧大臣變法之失；賈山所言從諫拒諫，正以譏熙寧大臣同己之非。蘇秦縱横談説本不足取也，存其事於書者欲見當時利口之覆邦家也；嗇夫之辨給馳騁亦不足取也，公之深辨而不釋口者，欲使小人知利口之無益也。惓惓乎治道之要務，其有益於政事也又如此。信乎爲典刑之總會，册牘之淵林，秦漢以來所未有之書也。惜夫，帝曹魏而寇蜀漢，帝朱梁而寇河東；紀武后之年，黜中宗之號；屈平之不見取，揚雄之反見稱，未免後人之譏也。（《椒丘文集》卷二）

【宋論·尚書左僕射兼門下侍郎司馬光卒】古之賢相不世出，漢之蕭、曹、丙、魏；唐之房、杜、姚、宋，以至宋之韓、范、富、歐，代不過數人而已。然夷考其行，或學術之未至，或操履之未純，雖先憂後樂如范仲淹，然慶朔堂之詩，不能無聲伎之娛；通經學古如歐陽修，然尊崇濮王之議，不免於逢迎之咎。君子深惜之。若司馬光者，三代以下，一人而已。光之學一出於正，而其心又以誠爲本，至於孝友忠信，恭儉正直，居處有法，動作有禮，粹然儒者也。故其居洛也，天下仰以爲相；其入臨也，百姓遮道聚觀；其卒而葬也，送者如哭私親，是豈以聲音笑貌得之哉。彼蕭、曹以下，諸君子亦嘗有感人之深如是耶？昔太史公論晏子，備致希慕之意，且願爲執鞭。嗚呼！晏子伯者之佐耳，九原如可作也，吾願爲光執鞭。（《椒丘文集》卷五）

【書資治通鑑後】司馬温公《資治通鑑》二百九十四卷，天台胡三省注，并《釋文》、《辨誤》十二卷，凡八十本板，在南京國子監。初，公作此書，讀者病其太詳，往往不能終卷，子朱子取其事之大者爲《通鑑綱目》，蓋用《春秋》之法也。今《綱目》盛行于世，而此書幾乎廢矣。加以卷帙重大，人不易致，非好古博雅之士，鮮克留心。成化丙午秋，鬻書者攜此書款門求市，予以它書易得之。蓋正統初所印者，顧多殘脱，乃徧假諸名公家藏本，參互校補，然後可讀。雖其楮墨未精，然視它本頗爲完善。謹識於此，使予後之人知得書之艱，而保之不敢失云。（《椒丘文集》卷一八）

【題元祐黨籍碑】元祐黨籍碑一卷，蔡京元長所書也。崇寧初，京在相府，追憾元祐諸賢，乃籍司馬光以下三百九人，指爲奸黨，請徽宗書而刻之，又自書頒於天下，俾各刻石以示後世。京之意蓋欲汙衊諸賢，使其子孫亦有餘辱也。抑豈知公論之在人心者，終不可泯。至于摩挲遺刻，歷數姓名，粲然若繁星之麗天，雖其子孫亦以祖父得與涑水、伊川聯名爲榮，曾不以爲辱也。嗚呼，愛憎之私，果何以掩是非之公邪？京可謂謬用其心矣。碑之所列德業無聞者居多，然賴此碑之存而天下後世知其爲君子之黨，是則京之詆之乃所以譽之也。歐陽子有言，「彼讒人之致力，乃借譽而揄揚」，豈不信哉。霅川沈暐以其祖干名在黨籍，懼久而磨滅，特取家藏搨本重刻于石，行人司副姑蘇周君得此卷，出以示予。瞻仰之餘，肅然起敬，因識于下方。嗚呼！世之惡直醜正仿佛於京者，覽此碑，尚亦自省哉。盱江何喬新識。（《椒丘文集》卷一八）

【讀宋史】元祐初，宣仁臨朝，司馬光、吕公著在政府，蘇轍、劉安世、孔文仲在諫臺，蘇軾、程頤、范祖禹之屬居侍從，羣賢協心，取熙豐病民之法，一切更之，而主其法者悉從貶逐，蔡確、章惇、呂惠卿之徒，或竄炎荒，或黜散秩，天下拭目，想見太平。及宣仁崩，章惇相，熙豐羣邪唾掌而起，布在朝著，於是賢人君子一日充塞嶺南，而凡以正直自名者無一得脱于禍。延及宣和之末，士氣消，人心去，外患啓，而宋事不可爲矣。君子曰：元祐諸賢之禍，蓋生於激也。水之激也覆舟，矢之激也傷指。天下之事，過於激者，其禍必至於不可救。古之君子處變故之際，以忠恕之心，行寬平之政，故卒免於報復之禍。惜夫，諸賢不審於此也。熙豐之法固多病民，然其間亦有一二可行者，不問是非，一切紛更之，則過矣。熙豐用事之臣，固多狡佞，大者均逸外藩，小者斥居州縣，亦可以已矣。而任言責者滌瑕索瘢，攻擊不少恕；典制命者擿微發隱，惟恐其罪之不昭，不亦甚乎。孔子曰：「人而不仁，疾之已甚，亂也。」諸賢之於羣小，疾之亦已甚矣。彼熙豐小人，惴惴無所容，則其協以謀我，求逞其毒，以快其忿者，將無所不至矣。一旦主心既移，乘隙而動，諸賢欲自全於世，其可得邪？夫主人攻盜也，猶有怛心焉，盜之攻主人也，凡可以剸刃者，極其力而後已。故始也陳瓘、劉安世，糾劾羣奸；終也楊畏、來之邵，掊擊善類。始也蘇軾草制過於抑揚，終也林希草制極其醜詆。始也貶死瘴江者，蔡確一人耳；終也劉摯、吕大防之屬，死于嶺海，不知其幾。豈非禍生於激邪？賢人君子之受禍，固不暇計國勢，陵夷至于不可復振，不亦悲乎。嗚呼！世之君子，當其時而遇其事，尚以元祐諸賢爲監哉。（《椒丘文集》卷一九）

【懷司馬温公】瑶臺何巍巍，涑水亦瀰瀰。我公獨何之，空堂遺劍履。念昔熙寧初，事事稽《周禮》。新法紛如毛，舊基寖以圮。公時居洛師，容與花竹裏。朝披嵩阜雲，夕釣伊川水。宣仁始臨朝，翻然爲時起。惓惓撫瘡痍，汲汲除莠秕。坐令憔悴民，復見雍熙理。胡爲厭氛濁，溘然騎箕尾。忠清與粹德，令聞傳不已。嗟予生已晚，高山夙仰止。稽首遺像前，酌泉薦芳芷。（《椒丘文集》卷二一）

李東陽

【安石工】端禮門，金石刻，丞相手書姦黨籍。長安役者安石工，不識人賢愚，但識司馬公。卑踈不敢預國事，幸免刻名爲後累。匹夫憤泣天爲悲，黄門夜半來毀碑。碑可毁，亦可建，蓋棺事久乃見。不見姦黨碑，但見姦臣傳。（《懷麓堂集》卷二）

【書五賢遺像後】按察副使邵竇國賢按方正學所敘五賢者，各圖爲小像，請予識之。愚不敢議擬前賢，乃取張南軒所撰《諸葛武侯祠堂記》、蘇文忠《進陸宣公奏議表》及《司馬温公神道碑》、温公撰《韓魏公祠記》、魏公撰《范文正奏議集序》，摘其要語，各録於像之左方。然又嘗攷其所自言者，武侯則曰「鞠躬盡瘁，死而後已」，宣公則曰「上不負天子，下不負所學」，范公則曰「先天下之憂而憂，後天下之樂而樂」，司馬温公則曰「平生所爲，未有不對人言者」，而魏公所謂「盡力事君，死生以之，豈可預憂其不濟者」，則司馬《記》已載之矣。古之君子自知之明，所學之正固如此，亦豈待乎贊頌表述，然後白於世哉。學古人者必論其世而原其心，國賢好古力學，蓋有出乎圖像之外，他日殆於此自攷焉。國賢勉哉。（《懷麓堂集》文後稿卷一三）

陳霆

《錦堂春》長闋，乃司馬温公感舊之作，全篇云「……」公端勁有守，而所賦嫵媚悽惋，殆不能忘情，豈其少年所作耶？古云賢者未能免俗，正謂此耳。（《渚山堂詞話》卷三）

姜南

【神宗論温公詩】神宗一日在講筵，既講罷，賜茶甚從容，因謂講筵官曰：「數日前見司馬光《王昭君》古風詩甚佳，如『宫門銅鐶雙獸面，回首何時復來見。自嗟不若住巫山，布袖蒿簪嫁鄉縣』，讀之使人愴然。」時君實病足在告，已數日矣。吕惠卿曰：「陛下深居九重之中，何從而得此詩？」上曰：「亦偶然見之。」惠卿曰：「此詩不無深意。」上曰：「卿亦嘗見此詩耶？」惠卿曰：「未嘗見此詩，適但聞陛下舉此四句耳。」上曰：「此四句有甚深意！」吁，奸人類皆以言語文字激怒人主，以陷人於罪，既以此陷蘇子瞻，而惠卿復欲以此中傷司馬公，苟非神宗之明，幾何而不墮其萋菲之中耶？（《蓉塘詩話》卷九）

【温公春遊詩】司馬温公《賦春遊》詩云:「人物競芬華,驪駒逐鈿車。此時松與柏,不及道傍花。」此詩之作,其熙寧之時王安石創行新法,任用吕惠卿等,公爭之不得,故有是詩也。可以見公之自許亦不爲輕。(《蓉塘詩話》卷二十)

吕枏

【司馬文正公集略序】司馬先生《傳家集》,枏在史館得之於侍讀安陽崔子鍾,以簡帙重大,取其要急,屬吏抄出,曰《集略》,凡三十一卷。未及對讀,崔子遷南大司成,枏謫判解州。今年秋,潛江初公見《集略》而爱之,曰:「温公致君澤民之道盡在於是,不可以莫之傳也。且解夏乃其故里,尤宜急行。」於是命枏校刊於河東書院。然是書既經吏手,字多訛漏,遍訪蒲、解,皆無畜本,特以意見校正,付梓人氏。未復得是書於沁水李司徒及運城張學士家,欲全刻之,業已垂半,乃以類補附,亦少完矣。

昔者蘇子瞻謂公能動天人、信華夷,皆本於一誠。是固云爾。然使明有未至,則亦不能動中機合,如庖丁之於牛也。故枏謂公之道,直如汲長孺而不詰,裁如賈太中則不驟,文如陸敬輿而不冶,廣如韓穉圭而人不可欺,任如程正叔而世不能黨。使在孔門,則閔騫之孝友、季路之忠信、子貢之達、冉求之藝,未知孰爲後先也。於戲!實立於脱桃之餘,智發於擊甕之頃,行成於警枕之時，君子謂公天資學力皆不可及，不其然乎。韓退之云：「孟子純乎純，荀、楊大純而小疵。」程子亦云：「本朝純而不雜者三人。」以公爲首。則公其亦荀、孟之徒邪？奈何王安石、吕惠卿沮其道於生前，章惇、蔡卞輩又遏其道於死後，則公雖欲辟邪説、正人心，亦遇臧倉之於魯也。故柟又謂宋一用公以成元祐之治，一不用公以成赴海之禍，公可謂國之蓍蔡者乎？然則侍御公斯集之刻，豈徒然哉。

嘉靖四年十二月乙酉，賜進士及第、平陽府解州判官後學吕柟謹序。（《司馬文正公集略》卷首）

【重修温公祠堂記】 夫夏迺宋司馬温國文正公故里也，墓在城西鳴條崗高堠里。高宗南渡，子孫盡室遷浙之山陰、蜀之敘州矣。元大德間，張式始祠公於夏學之左。延祐間，李榮祖作塑像，歲時有司致祭。然規制隘陋，歲久屋敝，至使先生像貌皆被雨淋漓。巡鹽潛江初公按部至夏，憤然興懷，見所居察院深邃而松柏茂密，則曰：「是非棲神所耶？」即欲移祠先生焉。及與巡按馬公、清戎儲公會議，遂改祠於縣治東北。其基南北二十有六丈，東西十丈，正廳五楹，前東西廡各三楹，廳之後正寢一五楹，其東西廂各三楹，廳之南中爲二門三楹，左右爲角門各一楹。又南建坊以爲大門，而周垣高廣，視舊祠殆十倍焉。其費皆初公發縣贖罪金二百餘兩，他無所取，蓋恐厲民，非先生所安耳。外又考得官地水田九十畝，則以實簿正祭祀，將候他日司馬氏後至而歸之也。且落成，公謂柟宜有記，而夏縣單君文彪實受委理，又懇問焉。於戲！先生之道，感天人、存誠一者，蘇子嘗言之；其致用之德，庶幾乎仁明武者，余嘗言之。昔者神宗謂左丞蒲宗孟曰：「如光，未論别事，只辭樞密一節，朕自即位以來，惟此一人。」斯則天子慕之矣。先生自洛赴闕庭，衛士見之，皆以手加額，曰：「此司馬相公也。」民遮道呼曰：「公無歸洛，留相天子，活百姓。」所在數千人聚觀之。斯則國人慕之矣。海内傳誦，以爲真宰相，雖田夫野老，皆號司馬相公，婦人孺子亦知其爲君實，斯爲天下慕之矣。遼、夏遣使入朝，與吾使至虜中者，必問先生起居。及爲相，遼人勅其邊吏曰：「中國相司馬矣，慎毋生事，開邊隙。」斯則夷蠻戎狄慕之矣。豈非其所謂誠一仁明之著邪！而況於至其邑里者哉！夫龍鳳之爲物，人固知敬且慕，平居則或談笑而道之，及臨其淵，撫其巢，龍鳳雖往，而傾羡注歎之情，視平居尤甚也。夫夏其司馬氏之淵巢乎？至其祠有不動六陽九苞之懷者哉。且初公至晉，即委柟校刊先生之《傳家集》矣，斯舉也，又非止臨淵巢而歎龍鳳者也。里之英傑俊髦，宜知所向往而不可後矣。（雍正《山西通志》卷二〇七）

初　杲

【司馬文正公集略序】曩予聞東山劉公論近代宰相，獨重稱司馬先生焉。或問之，公曰：「其誠乎。」然杲自蚤歲誦先生之言而寤寐思服矣，欲見其全書，未能也。

今年春二月來按山西，得先生《集略》於吾友吕仲木，續又得全本於沁水李司徒、運城張學士家。味其言皆出於其心，稽其文實切於其事，而其憂國勤民、進賢嫉姦之念，雖天日可對、鬼神可覓也。於戲，東山公其知先生哉。夫世方馳鶩辭章，而《文選》、《文苑》、詩賦諸集板騰海内，此而不傳，不亦左乎？先生之道首厄於安石、惠卿，繼沉於章惇、蔡卞，當其時，徒切走卒兒童之歎，而終不能回廊廟者之心，忠臣志士固嘗展卷思憤矣，此而不廣，不亦後乎？且斯地乃先生生長之邦、魂魄之所，天下人於其書皆當家傳户誦，以求先生之志而學其道也，而况於河東乎？於是遂託仲木釐定卷帙、校正訛謬，命運司刊布焉，觀者慮不止以文字視也。

嘉靖乙酉冬十二月戊子，賜進士出身、文林郎、欽差巡按山西等處、監察御史後學灊江初杲序。（《司馬文正公集略》卷首）

劉　節

【重刻司馬文正公集略序】嘉靖戊戌冬十二月，備戎監司，文峰俞公蒞江臬，晋謁巡撫中丞浦南胡公，公出《司馬文正公集略》示曰：「此有宋元氣也。梓於河東，傳之未廣，兹欲重授梓氏，督學徐子序之，子任其事，庶幾成哉。」文峰曰：「諾。」明年春三月，公被俞擢大廷尉，乃以前集授文峰終其事。遂受之，至虔請於提督中丞玉泉王公，公曰：「温公，名相也，梓之可哉。」爰檄贛郡康守河季、貳守水鳩工徒事，不數月告成矣。吁，盛哉，諸公之用心也。

夫司馬公誠信孝友，恭儉正直，出於天性。以文章名世，以忠義結人主，朝廷知之，四方之人知之，士大夫知之，農商走卒知之，中國知之，九夷八蠻知之。信之敬之，慕之畏之，有宋名臣賢相，莫或先焉，不待贅矣。惟公始以進士甲科事仁宗，爲天章閣待制、知諫院。事英宗爲諫議大夫、龍圖閣直學士。事神宗爲翰林學士、御史中丞。薦歷三朝，建大議，定大計，中外倚以爲重。退居於洛，若將終身焉。一旦起而爲政，毅然以天下自任，開言路，進賢才，海内之民如解倒懸，一變爲嘉祐、治平之治，君子稱其有旋乾轉坤之功，觀於斯集，可考見矣。浦南公謂爲有宋元氣，信哉。公平生精力極於《資治通鑑》、《稽古録》，古今興替，如指諸掌。朱子輯爲《綱目》，以昭治道，可謂史中之經矣。其《傳家集》八十卷，蘇文忠謂如金玉穀帛藥石，有適於是，又天下萬世所同仰也，獨兹集已哉。比巡撫中丞克齋王公，提督中丞認庵吴公以代至，而巡察侍御蒲津景公以按歷至，咸樂觀斯集之成，届治道禎也。文峰乃以重刻之故，命紀歲月。節不佞，謹述其概如右。乃若《傳家》之集，尚翼全刻，以詔來禩，而公之道德勳業大書特書者，請俟於少湖先生云。

嘉靖十八年己亥秋八月望，賜進士、通議大夫、刑部右侍郎致仕、前總督漕運、都察院右副

御史大庾劉節序。（《司馬文正公集略》卷首）

楊　慎

【誰昔】《詩》云：「知而不已，誰昔然矣。」《爾雅》釋之曰：「誰昔，昔也。猶言疇昔也。疇亦誰也。」然則誰昔也、疇昔也、伊昔也，一也。「誰昔」字文人罕用，惟司馬温公《長公主制詞》云：「帝妹中行，《周易》贊其元吉；王姬下嫁，《召南》美其肅雍。命服亞正后之尊，主禮用上公之貴。寵光之盛，誰昔而然。」此制詞之工緻，前妣二宋，後揜三洪矣。豈不善爲四六者耶？（《升庵集》卷五二）

歸有光

【河南策問對】宋嘉祐間，司馬光上言：人君之大德有三，仁、明、武。以興教化，修政治，養百姓，利萬物，爲人君之仁；知道誼，識安危，别賢愚，辨是非，爲人君之明；唯道所在，斷之不疑，姦不能惑，佞不能移，爲人君之武。其論御臣之道有三，曰任官、信賞、必罰。謂國家采名不采實，誅文不誅意，故天下飾名以求功，巧文以逃罪。欲博選在位之臣，各當其任，有功則增秩而勿徙其官，無功則降黜而更求能者，有罪則流竄刑誅而勿加寬貸。又以祖宗開業之艱難，國家致治之光美，難得而易失，作《保業》；隆平之基，因而安之者易爲功，從而救之者難爲力，作《惜時》；無遠慮必有近憂，作《遠謀》；燎原之火，生於熒熒，作《謹微》；華而不實，無益於治，作《務實》。合而言之，謂之《五規》。光自謂獲事三朝，皆以此六言獻，平生所學盡在是矣。又謂《五規》皆守邦之要道，當世之切務也。宋之仁宗可謂漢唐以來之令主矣，當此時，韓琦爲宰相，君臣皆賢，迄不能如光所言，豈以其分量有所止，雖四十年深仁厚澤，無以進于三代之隆爲可惜也。蓋嘗讀其《保業》之規，言天下得之至艱，守之尤至艱。自周以來，離而合，合而復離，五代生民之類不盡者幾希。太祖始建太平之基，上下一千七百餘年，天下一統五百餘年而已。承祖宗艱難之業，奄有四海，傳祚萬世，可不重哉。人主撫全盛之運，知易離難合之天下，土崩瓦解之勢，常伏于至全至安之中，誠不可一日而不兢兢業業者也。唐自失河北，以天下之力終不能取燕雲十六州，没于契丹，宋南北遂至抗衡，迄不能自支，折而入于北。若奄有唐宋所不能有之土，其不爲尤重也哉。所謂「尺地莫非其有，一民莫非其人」也。其所以愛吾人、保吾土，誠不可一念自放者矣。夫陸贄、司馬光，其言固皆可以爲萬世之所取法，而《申鑒》之言亦不能易也。文有博有約，固不得以優劣論矣。執事欲取數子之書，爲可垂警誡而備世務者，愚于前所陳，蓋亦得其略矣。昔者嘗誦而論之。雖其言散見于史傳，而天人性命之理出焉，《詩》《書》《禮》《樂》之道存焉，治性正身之則著焉，端本善俗之幾昭焉。朝廷之所以順治，百官之所以得職，王化之所以隆，國是之所以定，天命去留，人心向背，皆繫于此也。夫謂意義深遠，可爲法誡，則劉向山陵之奏，與陸贄、司馬光天命保業，此其尤諄切者也。（《震川集》别集卷二下）

張　萱

【司馬光辭知制誥】宋朝凡知制誥者，皆先試官，久而後用。故司馬温公以修起居注試知制誥矣，及實授知制誥，凡九上辭免，乃改天章閣待制。後治平四年，復除翰林學士，亦三劄辭免。夫温公豈不嫺於詞命者耶？其《辭知制誥第三劄》曰：「自知文字惡陋，又不敏速，若除拜稍多，詔令填委，必閣筆拱手，不能供給。縱復牽合，鄙拙尤甚，暴之四遠，爲人指笑。」及《辭翰林學士第三劄》亦曰：「稟性愚鈍，拙於文詞。若使解經述史，或粗有所長，於代言視草，最其所短。」此固公謙損之語，然以余閱公生平文字，其於詞命之體，果不盡合，是人各有能不能耳。今代知制誥者，皆循資而用，不問能否，何怪乎四遠指笑乎？（《疑耀》卷三）

陳汝錡

【甘露園長書四論·司馬光一】靖康之禍，論者謂始於介甫，吾以爲始於君實。非君實能禍靖康，而激靖康之禍者，君實也。夫新法非漫然而姑嘗試之者，每一法立，其君其相，往復商訂，如家人朋友相辨析，積歲彌月，乃始布爲令甲。而神宗又非生長深宫，懵於閭里休戚之故者。推利而計害，原始而究終，法未布於方内，而情僞已瞭徹胸中如列眉。故雖以太后之尊，岐王之戚，上自執政，下迨監門，競苦口焉而不爲中止。雖其間奉行過當，容有利與害隣而實與名戾者，要在因其舊以圖其新，救其疵以成其美，使下不厲民，而上不失先帝遺意，斯宵小無所乘其間，而報復之禍無從起矣。安在悻悻自用，盡反前轍？前以太后諸人爭之而不能得之於神宗者，今以范、蘇諸人爭之而亦不能得之於君實。一有逢己之蔡京，則喜爲奉法。蓋先帝肉未冷，而諸法破壞盡矣。是欲以臣而勝君，而謀之數十年者，可廢之一朝也；是謂己之識慮爲能賢於先帝，而昔以爲良法，今以爲秕政也。不大横乎？

孔子何以稱孟莊子之不改父臣與父政乎？今其言曰：「先帝之法，其善者百世不可變，若王安石所建爲天下害者，改之當如救焚拯溺。」夫以神宗之爲君，豈政由甯氏聽穿鼻於其臣者，而云安石所建立乎？安石免相居金陵者八年，新法之行如故也。安石建之，能使神宗終身守之，而之與手實、鬻祠俱報罷乎？且元祐之剗除更張無孑遺，而所云百世不可變者安在乎？吾恐先帝有靈，目不能一日瞑地下也。

又云：「太皇太后以母改子，非以子改父。」夫一切因革，所爲告之宗廟，頒而播之天下臣民者，吾君之子，不曰吾君之母也。君母而可廢閣先帝行事，是吕后之所以滅劉，而武后之所以篡唐爲周也。人臣而可挾母后之權，弁髦其主，是徐紘、鄭儼、李神軌之共相表裏而勢傾中外也。尚可訓乎？况元祐之初，嗣君已十餘齡矣，非遺腹襁褓而君者，朝廷進止，但取決於宣仁，而嗣君無與焉。雖嗣君有問，而大臣無對，此何禮也？蘇子容危其事，每謂「諸老無太紛紜，君長誰在其咎？」而哲宗亦謂惟蘇頌知君臣之體，蓋哲宗之藏怒蓄憤，已不在紹聖親政之日，而小人之逢君報怨，亦不待惇、京用事之時矣。何者？人臣而務勝其君以爲忠，豈人子而不務繼述父以爲孝。上見其意，下將表異，一表之於章惇，而羈管竄逐無虛日，再表之於蔡京，而爲妖爲孽，外假紹述之名而以濟其私，而宋事不可爲矣。君實不當少分其咎哉？

孔子曰：「言必慮其所終，行必稽其所敝。」不慮終，不稽敝，乃舉而委之於天，曰「天若祚宋，必無此事」。天可倖乎？天而以死先君祚宋乎？則太甲之顛覆典刑爲天實祚商，而漢惠帝之與曹參輩守畫一而淨清焉，爲天不祚漢矣。（《王荆公年譜考略》雜録卷之一）

【甘露園長書四論·司馬光二】然則史何以是君實而非介甫，豈是與非皆兒戲，不足爲明徵考信之地歟？曰：史何可廢也。惟是熙、豐、元祐之史，則不幸而近於兒戲。夫史，公評也，定論也。評不公爲曲筆，論不定則毁譽以愛憎，而讀者靡所適從。陳壽被撻而謂將畧非武侯所長，魏收德楊休之助己，作佳傳以報，而既貪且虐之父，以惠政稱之，口語迄於今而未已。

《神宗實録》始之以范祖禹，而終之以范冲。祖禹，君實之門人也。君實與介甫爲水火，而史作於其門人之手，有不舉之使升天、按之使入泥者乎？於是乎有蔡卞之芟改，有陸佃之重修，不旋踵而范冲之朱墨史行矣。而冲又祖禹之子也。祖禹坐詆介甫獲罪死，而史復竄易於其子之手，重以天語之叮嚀，有不修父之怨，詆益深而益巧者乎？一介甫一君實耳，前是之而後非之，甲非之而乙是之，以此定論，論定乎？評且公且私乎？

曾公亮謂「上與介甫如一人」，神宗亦謂「自古君臣如朕與安石相知絶少」。而范氏父子皆儘書安石之過，以明神宗之聖。夫既君臣相知如一人矣，則有唱必和，既都且俞，神宗雖聖，安石得取分焉，而過安石亦所以過神宗矣。又何必揚上休美，而聚諸不美之談，斂之此一人之身也。徽、哲二宗，非神宗子乎？哲宗謂祖禹録神宗事非實，而刊定之以金陵《日録》。徽宗當失國播遷之餘，聞有攜《日録》來者，亟輟衣鬻而視之。是二君終不以安石爲過也，知變法實先帝本意，而過不在安石也。先帝不以爲過，先帝之二子不以爲過，而秉筆者務索其瘢而求其疵不少貸，何意哉？況蔡史之專是介甫，與范史之專是君實等耳。是介甫者有所私，不得稱信史；是君實者，獨無所私，一一皆實録乎？使范氏史可信，則蔡氏史亦可信，又何所據而此之信彼之疑也？陸農師嘗謂新法擾民，謂介甫拒諫，其於介甫非苟同者，而亦指范史爲謗書，蓋譏稱之難憑，而斧衮之失實，有不可勝記者矣。後之人，乃日攘臂於其中，據一家私議論而詛之、祝之曰：某也是，某也非。嗚呼愚哉。

然范史遂行於世，而《日録》湮不傳，何也？曰：蔡京假紹述爲身利，身之不保而國亦隨之。建炎、紹興之政，羞稱焉，故尊元祐而黜熙豐，熙豐黜而《日録》黜矣。若之何其行之也。（《王荆公年譜考略》雜録卷之一）

張自烈

【與司馬君實論責善書】某啓：古者父未嘗不教子，子未嘗不諍父，載在經傳，更僕莫既。要之，教與諍，必至誠將之，微寓感悟，去責善不啻霄壤耳。孟子論易子而教，謂父子責善則離，辯章子不孝，謂責善賊恩。其意以爲責善非所施於父子之間，苟徒責善，則苛訐激怒，弊不至相夷相賊不止，與古教諫之道相背，非概謂父不教、子不諍也。故孟子言賢父兄養子弟不可棄，言《凱風》過小不可磯。棄則失於養，而專責善于其子；磯則抗於諍，而專責善於其親。皆孟子所不取。今執事牽引經傳以駁孟，謂「《孝經》云，當不義，子不得不諍。《傳》云：『教子以義方。』不責善，是不諍不教也，而可乎？」蓋誤以不責善即不諫不教，豈知孟氏説自無弊哉？抑引經止言諍，不詳所以諍之之道，説猶有未盡。某意朋友責善，雖忠告不廢善道，子諍父，必務幾諫，宜如舜之烝乂底豫，非一諍可以喻親於道。子之不徒諍父，與父之不徒教子，皆可例推，況教子弟必進求諸養，汎言教則專執義方繩之，無賢父兄涵育成就意，後世惑于其説，未有不父子相夷者

也。生平去取類如此，雖與執事小異，理不可苟同耳。（《芑山詩文集》卷一）

【與司馬君實論從命書】僕鄉者駁正責善之論，執事宜無督過，比讀大集，見執事云：「父曰前，子不敢不前；父曰止，子不敢不止。臣於君亦然。違君言不順，逆父命不孝，人得而刑之。」僕謂此説尤非。君父之命一也，而治亂異，治命可從，亂命不可從，審於禮義而已。左儒之違君順友，魏顆、陳尊己之違父全妾，皆非惟命是從，皆足爲後世法。孔子對孟孫問孝曰：「無違。」復申之以禮，非概以不逆父命爲孝也。答子路問事君曰：「勿欺也，而犯之。」非概以不違君言爲順也。必以違君言爲不順，則犯顔諫君，皆不順也。必以逆父命爲不孝，則從禮違父，皆不孝也。信如執事之説，責臣子以曲謹，陷君父於大惡，謂補闕貽令名何？左史倚相對司馬子期曰：「子夕嗜芰，子木有羊饋無芰薦。君子曰：違而道。芋尹申亥從靈王之欲，以隕於乾谿。君子曰：從而逆。」荀子曰：「可從而不從，是不子也。未可從而從，是不衷也。明於從不從之義，致恭敬忠信而行之，可謂大孝。」繇此以推，子不幸有時逆父之命，非敢於逆父，雖逆不害其爲孝；臣不幸有時違君之言，非敢於違君，雖違不失其爲順。順與孝，必準諸禮義而後無弊，無弊而後可以處變，可以訓萬世。今執事微獨不合孔子，亦異於荀子、倚相矣，豈非惑哉？

抑僕又聞或問「何謂違天命」，執事曰：「天使汝窮，汝强通之，天使汝愚，汝强智之，若是者，必得天刑。」僕則以窮、通，命也；不智而狃於愚，人也，非天也。窮不可强求通，愚不可不强求智。人苟强自智，去暴棄霄壤，未可與窮强求通例論。天獨何心，而酷加之刑也？使求智果罹天刑，則是下愚皆天之順子，先覺皆天之戮民，凡後儒好學近智，與古聖覺世矜愚，皆得罪於天。世皆曰：「天使我愚耳，我不强求智，避天刑耳。」沮學者讀書窮理之志，拂上天勉人爲善之心，相率而淪於蚩鄙，近於禽獸，自執事斯言始也。視嚮者臣子從命之説，尤舛謬不足信。僕故併及之。《語》云：「惟善人能受盡言，毋規爲瑱。」幸甚。（《苣山詩文集》卷一）

安世鳳

【司馬神道碑】宋之政事推司馬，文章首長公，長公而述司馬，宜有巨伐。然按其議立没事，乃在判州之日，令彼秉國登朝者寘何地？濮邸之議，逆天無親，乃曰天下義之，何也？名山之納，效賊牛死舌，爲萬世罪人，亦以爲昌言邪？況青苗、助役，在他人則列之爲首罪，已當事則戀其利，没世而不肯罷，此自其言所及已謬戾如此。勿論其開隙兩宫、禍善類、亡天下矣。此豈長公之無識，司馬元非純臣也。字亦摹擬，不似正，可與此文相雄長，大抵宋人之技倆蓋是耳。（《墨林快事》卷八）

潘晟

【萬曆閩刻司馬文正公集序】宋司馬温國文正公十六世孫祉守邵武，政暇，出其世藏《傳家集》若干卷，命姪子曍、晰偕第子員王埴、蔡逢春、張希賢、謝汝謨、危廷佐、吴起龍、李汝植、李應宿、龔正倫、朱文興、蔡南傑校刻於郡齋，以郡人黄巖、杜尹、鍾秀暨埴等徵序於予。顧予末學，何能爲公序哉。嘗聞韓忠獻謂大忠大義充塞天地，横絶古今；蘇文忠謂公動天人，信華夷，皆本於一誠。則公爲一代人物，稱殊絶矣。若其平生學力著於勳猷，多難悉舉，而尤關於國運盛衰者，在於格新法。蓋藝祖以仁厚垂憲，四宗世守，海宇輯寧。已而作聰明，禍天下，則始於王安石。安石新法行，正人以言被斥者衆矣，獨司馬公自爲學士、中丞即受人主之知，然以天下爲己任，每舉先王成憲反覆開陳，力辭副樞，以感悟上意。及終不用，乃退居洛中十五年。然猶奉詔以六事陳言，贈申國，札吴相，惓惓以國事爲念。會再起過闕，始拜命留相哲宗，熙寧新法剗格殆盡。或有勸公避禍者，公曰：「天若祚宋，必無此事。」鞠躬盡瘁，爲之益力，舊章頓復，竟成元祐治平之功。使天尚假公年，則有宋三百年元氣，雖永保無虞可也。奈何公没未幾，章惇、蔡卞之徒起而大更之，紹聖又轉爲熙寧，天下訩然驛騷矣。方中國相司馬公，虜人恐恐以毋開邊隙爲戒。若公言猶用，則胡馬何敢南窺，致有靖康之禍哉？然則公固狂瀾砥柱也。昔孟子以空言距楊墨，猶謂功不在禹下。推公砥柱之功，雖以追孟配禹，無讓也，豈直一代文章德業已哉。公夏里後裔，已澌滅無存。其孫伋以吏部侍郎扈蹕南渡，家會稽三百餘年，世以詩禮顯。殆僉臬菲泉公相，勁節清操，有聲朝野，即郡守君父也。君初以西籍登第，歷今官，廉能著於八閩。兹鐫家集，固君世德之求，實天之克開厥後，以洩公英華於十數世之餘，爭輝日月於不磨也，豈偶然哉。晟昔從館閣覩刻本，亦多蠹蝕，喜君新梓，故不辭淺陋，謬序於簡端，以致景行之私云。

萬曆十五年歲次丁亥季春吉旦，賜進士及第、前光禄大夫、太子太保、禮部尚書、武英殿大學士、經筵日講、國史會典玉牒總裁官後學越郡潘晟撰。(《司馬温公文集》卷首)

葉廷秀

【武侯入寇誰家】紫陽楊焕然先生，讀《通鑑》至論漢魏正閏，大不平，作詩云：「風烟慘淡駐三巴，漢燼將燃蜀婦髽。欲起温公問書法，武侯入寇寇誰家？」按：温公當日，想隨年月編紀，統之正閏，未一經心思定也。至文公《綱目》，始以昭烈爲正統，他逆不得竊借，所以立萬世之綱紀，至矣。(《詩譚》卷六)

吴時亮

【天啓重刻司馬温公文集序】域中三不朽，曰德、曰功、曰言。然言者朽，必假不朽之言以留之；至於言者朽而留之者亦安所託以寄其不朽？則庶幾藉不朽功德爲不朽言，而後言不朽者始重。古來枯髯，嘔血嵩嵩，頰有異香，毫多别艷，而飛章寓韻、寸心千古者幾何人？蓋其生平無卓然特立之氣，僅拾飣澌唾，强毛附鞹，以博價重黄絹烏絲，而絶不知有撑持乾坤最上一路，故氣薄而文卑，有齒腐舌敝爾。

司馬温公爲宋理學名臣，歷事四朝，陳五規六事，而曰平生力學所得盡在是。其請建儲、疏災異、定濮王禮，侃侃持論不阿。居洛時，天下已頌其爲真宰相。受知哲廟，力罷熙、豐諸條，遂成元祐之治。夫安石變法，只欲取民財力爲破遼計耳，然歲幣日增，疆事日峧，卒割河東地七百里以啖虜，安在其爲破遼乎？公盡剗其法，與天下更始，獨謂養兵之術務精不務多，故遼人致問公起居，且敕邊吏曰：「中國相司馬矣，愼毋生事開邊隙。」則公之忠信直諒，聞於華夷者素也。且遠韻故其爲文若札奏，若詞賦，無非爲宗社生靈計，然皆能獨守其所見，以振其氣而咼其言。攬結，流彩侵薄，上窮碧落，下索黄泉，一語之間而神馬思車已周萬里，故能鞭心入木，吹響鏘金。道德性命、功業文章相須以出，三不朽惟所用之，壹尋常雕龍刻鵠、役事鉛槧者所可擬哉！

今國家疆事孔棘，夷氛未殄，徵兵調餉，當局者自有勝籌，委無取傀傀墨瀋間，僅作《平胡賦》幾篇者。乃余督學晉中，公固晉之夏縣人，過其里，想見其人，因蒐得其《傳家集》八十卷，雖舊有刻本，而亥豕多訛，乃命博士弟子員分較而詮次之，以付殺青，因以其誥敕碑銘弁之首。若曰其人往矣，而其言至今在玄對者，於頌讀間得其真氣骨、真文章，胸吞眸轉，思噴筆涌，悉根公之誠一不欺，而出將立朝，事業後先輝映，於以佐廟算而靖三韓，史所謂旋乾轉坤之功，且有與公同不朽者，則余是刻也，未必非蒿目時艱者之一助矣。

時天啓丁卯季夏望日，奉敕提督山西等處學政、提刑、按察司副使浙水後學吴時亮題於署中之嘉樹軒。（《司馬温公文集》卷首）

劉餘祐

【司馬温公文集序】 語云：天地不可得而興毁，日月不可得而棄取，風雨雲雷不可得而意減意增。一代偉人墨瀋筆花，與天地、日月、雲雷風雨相蒸映，則亦有不得而興毁之、棄取之、減增之者。武檄晉問，蛺粉燕香，千古聲氣，不死於文章，死於人品矣。品之至者，嶽峙淵澄，弘碩深靜，奚問髓骨血墨也，又奚問麬腐剸枯、燔蔓刖肥也。意不在文，文不期傳，然而性命不能閟，旋乾轉坤之經濟激蕩其靈智，而文章之精靈生焉。劉子所謂「天地助其氣，日月助其光，風雨雲雷助其變」者，殆是哉。雖千百世後猶將鏤器而朔之，朔之匪第以其文也，人也。

予始籍濱人也，束髮尚論先民，即慨想司馬文正之爲人。文正初判吾齊鄆州，介能通敏，政蹟表卓一時，鄆乘至今爲光。頃拜命平水，距文正公梓里不二百里而遥，時一戒輪蹄，走條麓，輒迂轡馳謁，同免壟禽花於其子孫，低徊手澤，宛其人存。曩第於齊，仰公宦蹟，今且身近宫墻，益動生不同時之恨焉。

會浙越元亮先生督學山右，丹黄高下之餘，進予而與之揚扢今古，意向往文正，無以異予當年。因以所彙遺文示予，將託剞劂以永之，而且具道文正之先天章待制公知杭州恥修小恡，人謂温文、平恕，宜開文正四朝相業。語次，而予居平慕説，意復勃勃。念越、齊遺絶，司馬父子先後皆表茂異，予與元亮先生不相謀，已寤寐名賢於胸臆間。今復同宦於晉，且共事一時也，兹剞劂之役，庶有奇緣矣。跡温公生平忠佞同朝，升沉屢涉，而弘碩深静，玄度未易涯際。如王安石、吕惠卿輩數挫抑公不得，即范鎮、韓琦、文彦博諸名賢愛而助公亦不得。天子拜公樞密，終不肯從。天官私非其人，出知永興，趣公入覲，不可得。迨没後，而熙、豐之餘業，極力讒陷，天子亦且以黨人目公而碑之，乃鐫石之安民，不啻以一涕重公九鼎。夫天子不能榮公，亦不能辱公，所謂不可得而興毁之、棄取之、減增之者，公真今古一人耶。

公常自言曰：「吾生平無過人者，但所爲未有不可對人言者耳。」誠心，自然天下敬信。竊怪程明道以一代名儒，顧謂宋事之壞，公與安石當兩分其過。夫自陜、洛以迄窮荒絶徼，耳以語耳，所至無不遮道聚觀。遼、夏使至，必問公起居，且相敕其邊吏曰：「中國相司馬，勿輕生事。」以視青苗、榷徵之令，下仳离而愁歎者，安石不當愧死乎？而猶謂兩分其過，明道之論似誤矣。即今元亮先生摭其遺編，亦何足爲公重輕。下上四朝，何處無公經濟，何處非公文章。《通鑑》進而御爲製敘，公文章在朝廷也。邵堯夫以君實爲脚踏實地人，公文章在友朋也；遼夏皆知司馬相公，公文章在四夷也。乃若居洛十五年，天下以爲真宰相，公文章在田夫野老；桑麻有口，皆稱君實，公文章在婦人女子也。公既有文章遍滿朝野華夷間，則今日所編，大而疏札奏封，小而詩賦碑贊，形諸筆墨者，又公剩技矣。然而元亮先生奚爲梓是編也？餘祐曰：同聲相應，同氣相求。存則人，往則書。婆娑往籍，而獨有味乎文正之爲言，吾因以窺先生之尚論不苟爾。

崇禎登極歲小春之吉，賜進士第、中憲大夫、河東守濱宛劉餘祐書於平水之燕香齋。（《司馬温公文集》卷首）

清

傅占衡

【書司馬温公詩後】此司馬温公詩十五卷，余得之人家廢紙中，歸而整緝之。余雅嗜公與韓忠獻王文，嘗意論前輩推數大家，宋六人雖固當，其於此兩公如嵩岱然。何以故？文人之指，元臣之度，固不得而同也。讀六先生書久之，使才者喜爲文，讀兩公文，則不敢復搆一語。而温公高識博學，正詞真氣，介甫動曰「君實，兩漢之文」，有以也。公詩即不佳，見猶寶之，況詩乃佳若此。蓋公最愛得梅聖俞詩，其謝梅詩曰：「名字託文編，他年知不朽。」又曰：「留爲子孫寶，勝有千金珠。」其重之如此。然余間取詠《昌陽》、《括蒼石屏》二詩觀之，輒歎公之所以籠罩朝野，固自有以，而聖俞窮吟，有意乎工者，瞠乎其不相及矣。公詩末云：「慎勿示要人，坐致求者繁。將使括蒼民，吁嗟道路間。」嗟乎，此則司馬公之詩也，而聖俞何有？故余恒論宋詩文大家之指每如此，而兩公皆非强爲力就者。至如「銅駝陌上桃花紅，洛陽無處不春風」。即何遜宛陵諸公哉！喪亂來，失公全集，將購未果，而今得是詩，喜，因記册末，使後之子弟毋得廢書觀云。（《湘

王夫之

【讀通鑑論·敘論四】旨深哉，司馬氏之名是編也。曰「資治」者，非知治知亂而已也，所以爲力行求治之資也。覽往代之治而快然，覽往代之亂而愀然，知其有以致治而治，則稱説其美；知其有以召亂而亂，則詬厲其惡；言已終，卷已掩，好惡之情已竭，頹然若忘，臨事而仍用其故心，聞見雖多，辨證雖詳，亦程子所謂「玩物喪志」也。

夫治之所資，法之所著也。善於彼者，未必其善於此也。君以柔嘉爲則，而漢元帝失制以釀亂；臣以戇直爲忠，而劉栖楚碎首以藏姦。攘夷復中原，大義也，而梁武以敗；含怒殺將帥，危道也，而周主以興。無不可爲治之資者，無不可爲亂之媒。然則治之所資者，一心而已矣。以心馭政，則凡政皆可以宜民，莫匪治之資；而善取資者，變通以成乎可久。設身於古之時勢，爲己之所躬逢；研慮於古之謀爲，爲己之所身任。取古人宗社之安危，代爲之憂患，而己之去危以即安者在矣；取古昔民情之利病，代爲之斟酌，而今之興利以除害者在矣。得可資，失亦可資也；同可資，異亦可資也。故治之所資，惟在一心，而史特其鑑也。

「鑑」者，能别人之妍媸，而整衣冠、尊瞻視者，可就正焉。顧衣冠之整，瞻視之尊，鑑豈能爲功於我哉！故論鑑者，於其得也，而必推其所以得；於其失也，而必推其所以失。其得也，必思易其迹而何以亦得；其失也，必思就其偏而何以救失。乃可爲治之資，而不僅如鑑之徒縣於室，無與炤之者也。

其曰「通」者，何也？君道在焉，國是在焉，民情在焉，邊防在焉，臣誼在焉，臣節在焉，士之行己以無辱者在焉，學之守正而不陂者在焉。雖扼窮獨處，而可以自淑，可以誨人，可以知道而樂，故曰「通」也。

引而伸之，是以有論；浚而求之，是以有論；博而證之，是以有論；協而一之，是以有論；心得而可以資人之通，是以有論。道無方，以位物於有方；道無體，以成事之有體。鑑之者明，通之也廣，資之也深，人自取之，而治身治世，肆應而不窮。抑豈曰此所論者立一成之例，而終古不易也哉！（《讀通鑑論》卷末）

【温公明道之善王安石】王安石之未試其虐也，司馬君實於其新參大政，而曰「衆喜得人」，明道亦與之交好而不絶，迨其後悔前之不悟而已晚矣。知人其難，洵哉其難已。子曰：「不知言，無以知人也。」夫知言者，豈知其人之言哉。言飾於外，志藏於中；言發於先，行成於後。知其中，乃以驗其外；攷其成，乃以印其先。外易辨而中不可測，後易覈而先不能期。然則知言者，非知其人之所言可知已。商鞅初見孝公而言三王，則固三王之言矣。王莽進漢宮而言周公，則固周公之言矣。而天下或爲其所欺者，知鞅、莽之言，而不知三王與周公之言也。知言者，因古人之言，見古人之心，尚論古人之世，分析古人精意之歸，詳説羣言之異同，而會其統宗。深造微言之委曲，而審其旨趣，然後知言與古合者，不必其不離矣，言與古離者，不必其不合矣。非大明終始以立本而趣時，不足以與于斯矣。

立聖人之言于此以求似，無不可似也。爲老氏之言者曰「虚靜」，虚靜亦聖人之德也。爲釋氏之言者曰「慈閔」，慈閔亦聖人之仁也。爲申、韓、管、商之言者曰「足兵食、正刑賞」，二者亦聖人之用也。匿其所師之邪慝，而附以君子之治教，奚辨哉？揣時君之所志，希當世之所求，以獵取彝訓，而跡亦可以相冒。當其崇異端，尚權術也，則弁髦聖人以恣其云爲；及乎君子在廷，法言羣進，則抑捃拾堯、舜、周公之影似，招摇以自詭於正。夫帝王經世之典，與貪功謀利之邪説，相辨者在幾微。則苟色莊以出之，而不易測其懷來之所挾，言無大異於聖人之言，而君子亦爲之動。無或乎温公、明道之樂進安石而與之言也。……

若温公則愈失之矣。其於道也正，其於德也疏矣。聖人之言，言德也，非言道也，而公所篤信者道。其言道也，尤非言法也，而公所確持者法。且其憂世也甚，而求治也急，則凡持之有故，引之有徵，善談當世之利病者，皆嘉予之，而以爲不謬于聖人之言。於明道肅然敬之矣，於安石竦然慕之矣，乃至于蕩閑敗度之蘇氏，亦翕然推之矣。侈口安危，則信其愛國；極陳利病，則許以憂民；博徵之史，則喜其言之有餘；雜引于經，則羨其學之有本。道廣而不精，存誠而不知閑邪，於以求知人之明，不爲邪慝之所欺，必不可得之數矣。凡彼之言，皆聖人之所嘗言者，不可一槩折也。惟于聖人之言，洗心藏密，以察其精義，則天之時，物之變，極乎深而研以其幾，然後知堯、舜、周、孔之治教，初無一成之軌則，使人揭之以號於天下。此之謂知言，而人乃可得而知，固非温公之所能及也。窮理，而後詭於理者遠；盡性，而後淫於性者詘。至於命，而後與時偕行之化，不以一曲而蔽道之大全。知言者，「窮理盡性以至於命」之謂也。明道早失之而終得之，温公則一失已彰，而又再失焉，悔之於安石敗露之餘，而又與蘇氏爲緣。無他，惟在知其人之言，而不知古今先哲之言也。（《宋論》卷六《神宗》）

【畢仲游議使天子知有餘財】畢仲游之告温公曰：「大舉天下之計，深明出入之數，以諸路所積錢粟，一歸地官，使天子知天下之餘於財，而虐民之政可得而蠲。」大哉言乎，通於古今之治體矣。温公爲之聳動，而不能從，不能從者，爲政之通病也。温公不免焉。其病有三：一曰惜民而廢實，二曰防蔽而啓愚，三曰術疏而不逮。

天子不言有無，大臣不問錢穀，名之甚美者也。大臣自惜其清名，而又爲天子惜，於是諱言會計，而一委之有司。是未察其立説之義，而蒙之以爲名也。不言有無者，非禁使勿知之謂也。不於有而言無以求其溢，不於無而計有以妄爲經營。知其所入，度其所出，富有海内，不當言無也。不問錢穀者，非聽上之縻之，任下之隱之，而徒以自標高致也。出入有恒，舉其大要，業已喻於心，而不屑屑然問其銖累也。若乃賓賓然若將浼己而去之，此浮薄子弟之所尚，而可以爲天子、可以爲大臣乎？自矜高潔之名，而忘立國之本，此之謂惜名而廢實。習以爲尚，而賢者誤以爲道之所存，其惑久矣。

爲弼成君德之説者曰：天子不可使知國之富也，知之則侈心生，於是而幸邊功、營土木、耽玩好、濫賜予之情，不可抑止。李林甫、丁謂之導君以驕奢，唯使知富而已。禁使勿知，而常懷不足之心，則不期儉而自儉之説也，尤其大謬不然者。天子而欲宣欲以尚侈乎，豈憂財之不足而爲之衰止哉？高緯、孟昶、劉鋹僅有一隅，物力凡幾，而窮奢以逞。漢文惜露臺之費，非憂漢之貧也。奄有九州之貢税，即不詳知其數，計可以恣一人之揮斥者，雖至愚暗，不慮其無餘。唐玄、宋真既有汰心，侵令日告虚枵，抑且横征别出。夫嚬眉坐歎而相戒以貧，鄙野小人施之狂子弟而徒貽其笑。欲止天子之奢，而勿使知富，則將使其君如土木偶人，唯人提掇而後可乎？爲新法者，本以北失燕雲、西防銀夏爲憂，則亦立國之本圖，固不當以守財坐歎，導其君以抱璧立枯也。此防蔽者之迂疏，爲謀已下也。

乃若術疏而不逮，則雖博練如温公，吾不能信其不然矣。天子之不能周知出入之數、畜積之實者有故：方在青宫之日，既無以此爲其所宜聞而詳告者矣；迨其嗣立，耽宴樂而念不及之者勿論已；即在屬精之主，總其要不能察其詳，抑以此爲有代我以來告者，而弗容亟問也。若大臣則亦昔之經生，學以應人主之求者耳。乃其童之所習，長之所游，政暇公餘之所涉獵，即不以宴遊聲色蕩其心，而所聞所知者，概可見矣。下者，詞章也；進而上焉，議論也；又進而上焉，天人性命之旨也。既及於天下之務，亦上推往古數千年興廢得失之數，而當世出納之經制，積聚之盈歉，未有過而問者。故億其有，而不知其未必有也；億其無，而不知其未嘗無也。知其出而不知其出之何所支也，知其入而不知其入之何所藏也，知其散而不知合其散者之幾何也，知其合而不知合之散者幾何也。雖以温公經濟之實學，上溯威烈，下迄柴氏，井井條條，一若目擊而身與之，然至於此，則有茫然若羣川之赴海，徒見其東流而不知歸墟者何天之池矣。則雖欲臚列租税之所登，度支之所餘，內府之所藏，州郡之所積，計其多寡而度以應人主有爲之需，固有莫捫朕舌而終以吃呐者。則學之不適於用，而一聽小人之妄爲意計也，其能免乎？（《宋論》卷七《哲宗》）

錢　曾

【司馬温公切韵指掌圖一卷】温公以三十六字母約三百八十四聲，别爲二十圖，縱横上下，旁通曲暢，律度精密，最爲捷徑。嗟乎，韵學之廢久矣，士人溺于章句，如温公所云「覽古篇奇字，往

往有含糊囁嚅之狀」，良可憫也。（《讀書敏求記》卷一）

【資治通鑑二百九十四卷】温公修《通鑑》成，自言惟王勝之一讀，他人讀未終卷，已欠伸思睡矣。當公世而云然，無怪乎後之謏聞小生，拾一芝蔴紙，便侈談今古也。此爲吾鄉顧塵客先生所披閲。先生諱大章，字伯欽，與楊、左諸公同受閹禍，名在斗杓。當其入詔獄時，有芝生一莖六瓣，兆六君子之祥，雖天公亦爲之告異。今觀先生點定此書，自始至終，詳整無一懈筆，心細如髮，晏居不苟如此，允爲王勝之後之一人矣。吾家《通鑑》有大字宋本，復有宋人手披者半部。刻鏤精工，烏絲外標題週遭殆遍，尚是宋人裝潢，未經今人攙釘者。然總不若此本之矜重。吾輩當盥頮莊拜而後讀，如臧榮緒之于五經可耳。（《讀書敏求記》卷二）

【司馬氏書儀十卷】第一卷詳列表奏公文，私書家書之式；餘九卷備述冠昏喪祭之儀，《前序》云：「是書爲經世之防範，禮法之大端，士大夫家採摭行之，于名教豈曰小補哉。」温公尚有《家範》十卷，與此並藏諸書塾可耳。（《讀書敏求記》卷二）

【司馬温公潛虚一卷張敦實潛虚發微論一卷】萬物祖于虚，生于氣，故有《氣圖》。氣以成體，體以受性，故有《體圖》、《性圖》。性以辨名，名以立行，故有《名圖》、《行圖》。行以俟命，故以《命圖》終焉。張敦實曰：「子雲作《太玄》以明《易》，温公作《潛虚》以明《玄》。《易》之所謂人道者，不過乎仁義；《玄》之所謂大訓者，不過乎忠孝；《虚》之所謂人之務者，不過乎五十五行。

其立辭命意，左右前後，横斜曲直，皆有義理，因即其圖，各爲總論，庶幾學者易覽耳。淳熙中，陳應行苦此書建陽書肆本脱畧不可讀，邵武本繇詞多闕，從文正公曾孫得家藏稿本，附以張氏《發微論》校刊之，洵稱完善矣。（《讀書敏求記》卷三）

【投壺譜一卷】自温公易新格，而古之「投壺譜」式皆不存。此自「有初」以至「倒耳」，著明賞罰之算，蓋取《禮記》「投壺之禮」爲證焉。（《讀書敏求記》卷三）

【温公七國象戲局一卷】七國者，秦、韓、趙、魏、楚、齊、燕也。周居中而不與，尊周室也。（《讀書敏求記》卷三）

林芃

【康熙重補司馬文正公文集序】余髪未燥，每從先樞部鄴架中竊窺古今名臣録，即知涑水有司馬温公云。然其所紀載不過請建儲、罷新法、定濮王禮，及中國相司馬無開邊隙數大事，固以㦤乎固而僾乎見矣。及長，而閲滄桑，遭變故，嶔崎歷落，輒歎安得有救時之相落落如公輩參錯相繼而宰天下，則熙寧之後，不久安長治如元祐間也哉。所恨生不同其時，不同其地，無由盡闡其行事，以爲終身之鑒觀。

迨康熙丁巳歲，奉命判平陽。戊午夏，攝夏篆，始得拜公遺像，讀公全集。其忠誠與國運相始終，其性命與民生相繫屬，故札奏詞賦積八十卷，無非煌煌乎黄鐘大吕之音，清廟明堂之響，直與千古之日月爭輝、山川並峙也已。嗚呼，使後之爲人臣者而學公之學，言公之言，行公之行，則可以止矣。使後之爲人君者而能悉公之學，聽公之言，率公之行，則亦可以無憾矣。至公之精神在性理，勳業在朝廷，議論在典禮，德澤在生靈，聲名在華夏、蠻貊、婦孺、卒伍，與夫天下萬世，余小子烏能知之，亦烏能道之哉。但集中頗多殘缺失次，其後裔諸生仰之諱侖者謁余於夏署，求爲修輯。余不揣鍥補以行，聊存瘖瘵羹墻之私，并識其歲月於此。

閩三山後學林芃百拜識。（《司馬温公文集》卷首）

蔣起龍

【補葺司馬文正公文集敘】有宋一代，理學名臣輩出，而司馬文正則史所謂「有旋乾轉坤之功」者也。公篤學力行，清修苦節，歷事四朝，毅然以天下自任。觀其明三德，進五規，陳六事，無非本生平所學，爲致君要術。至於請建儲，疏災異，辨刺義勇，定濮王典禮，其正氣直言，深識定見，尤非當時諸賢所能及。奈安石執政，羣邪附助，公則退而居洛者十五年，而天下以爲真宰相，雖田夫野叟，婦人女子，亦皆知其爲君實相公也。及入臨帝喪，所至民遮道聚觀，馬至不得行，曰公無歸洛，留相天子、活百姓。則公之繫屬人心，爲何如哉？迨受知哲廟，居政府，遼人聞之，敕其邊吏曰：「中國相司馬，毋輕生事開邊隙。」公舉安石、惠卿所建新法爲民害者，剗革殆盡，而海内之民歡欣鼓舞，甚於更生，一變而爲元祐之治，而乾坤真爲之旋轉矣。使天假以年，宋祚寧可量耶？乃秉政八月而薨，二聖臨喪哀慟，京師罷市，四方來會葬而畫像以祀者，天下皆是也。嗚呼！公之至誠一德，信於人主，信於友朋，信於中國，信於四夷，信於天下萬世如此。朱子稱公知仁勇兼備，方正學謂伊、周以後惟公一人，豈虚語哉。

余幼導先文定公《家訓》，景仰公之嘉言懿行者已久。歲在甲申，幸承簡命，來尹公之梓里。涖任之初，即拜公遺像，瞻其清古嚴厲之容，如公生而親炙之。城西二十五里，涑水南原鳴條岡，公之陵墓在焉。每過其地，喬木森森，碑碣交錯，公之忠清粹德，宛然在目，輒徘徊不忍去。公後裔諸生衍家藏公文集板，疏札奏對、詞賦記贊，凡八十卷。取而閲之，其弘碩堅凝，直與星日爭輝，山嶽共峙，非尋常摛詞掞藻者可同日語。但其文多殘缺，且有亥豕之訛，披覽之下，不無遺憾。戊子冬，適纂刻邑乘告竣，邑紳暗功李君永輝、步天高君峻，以補修公文集語余，余曰：「此固余今日之責，亦即余夙昔之志也。」爰博訪紳士家，有藏舊本者出，而與二君詳加校正，捐俸鏤板，遂成完書。噫嘻！公之《資治通鑑》，久傳宇内，而文集多未之見。然則是集也，寧徒公之文章哉，公之性命道德，事業經濟，俱於是乎寓之。吾願公諸海宇，使讀公之文者想見公之爲人，而是則是效，則當年旋乾轉坤之功，安在不可復起於今日與？

時康熙四十七年歲次戊子冬至後一日，文林郎、知夏縣事、粤西清湘蔣起龍渡九氏撰。（《司馬温公文集》卷首）

吴喬

賦義極易而極難，如君實之「清茶淡飯難逢友，濁酒狂歌易得朋」則極易，如子美之「側身天地更懷古，回首風塵且息機」則極難。宋詩多賦，于難易何居？（《圍爐詩話》卷五）

彭孫遹

詞以豔麗爲本色，要是體製使然。……司馬温公亦有「寶髻鬆鬆」一闋，姜明叔力辨其非，此豈足以誣温公，真贋要可不論也。（《金粟詞話》）

王士禛

《老學菴筆記》：「司馬文正公五字詩云『煙曲香尋篆，杯深酒過花』，可謂工麗。」此與文忠烈、趙清獻詩擬西崑相似也。（《帶經堂詩話》卷九）

賀　裳

荆公詩人猶稱之，温公絶無言及者。余喜其清醇，亦一時雅音。如《哭張子厚》：「人生會歸盡，但問愚與賢。借令陽虎壽，詎足驕顔淵。」雖至論，猶屬端士之常。其最妙者，在五言律。如《哀李牧》曰：「椎牛饗將士，拔距養奇才。虜帳方驚避，秦金已暗來。旌旗移幕府，荆棘蔓叢臺。部曲依稀在，猶能話郭開。」《馬伏波》曰：「漢令班南海，蠻兵避鬱林。天涯柱分界，徼外貢輸金。坐失奸臣意，誰明報國心。一棺忠勇骨，飄泊瘴煙深。」《讀漢武本紀》曰：「方士陳丹術，飄飄意不疑。雲浮仲山鼎，風降壽宮祠。上藥行當就，殊庭庶可期。蓬萊何日返？五利不吾欺。」又：「苜蓿花猶短，葡萄葉未齊。更衣過柏谷，走馬宿棠梨。逆旅聯懷璽，田間共鬥雞。猶思飲雲露，高舉出虹霓。」如此四詩，有感慨，有諷諭，尤妙在寫漢武癡情如見。至若「長掩柴荆避寒暑，只將花卉記冬春」，「行徑乍迂初見筍，浮舟正好未生蓮」，「俗不好奢田器貴，獄無留繫吏家貧」，俱琅然可貴。（《載酒園詩話》）

李　麟

【書司馬温公資治通鑑後一】齊桓雖假仁義，而能尊崇周室耄老，一級之賜，猶凛天威，咫尺不敢越焉，皆管仲輔之之力，宜孔子以仁許之。若曹操者，蔑主弑后，漢之賊也。光謂荀彧佐之，十分天下而有其八，其功不在仲後，吾不知有其八者，爲漢所有乎？抑爲賊操所有乎？杜牧之謂彧勸操取兖州，則比之高光；官渡不令還許，則比之楚漢。乃欲邀名於漢代，譬之教盜穴墻發匱，而不與同挈，得不爲盜乎？誠確論也。彧直漢之賊臣耳。光乃以仁許之，且謂比操於高光、楚漢，皆史氏之文，何曲庇彧一至此。使果皆史氏之言，則史不足信也，豈其然乎？彧沮九錫之意，猶操上還三縣之意也。彼王祥固不拜炎而長揖之矣，卒受晉太保之爵。彧猶夫祥也，操不悦則飲藥而卒，炎不疑則安受其職？謂彧不願爲曹氏功臣，吾不信也。光於彧則曲庇之，而於昭烈則苛待之，明明中山靖王之後，顧黜之而使不得紹漢之統，果何以説此？朱子《綱目》之作，誠足上繼《春秋》也。其不進南唐以紹唐者，夫亦以宋所承者周，而不得不曲爲本朝，殆以俟後人正之也。（《虬峰文集》卷一九）

【書司馬温公資治通鑑後二】 光謂秦、漢、晉、隋、唐，皆嘗混一九州，傳祚於後，子孫雖微弱播遷，猶承祖宗之業，有紹復之望。四方與之爭衡者，皆其故臣也，故全用天子之制以臨之。其餘地醜德齊，莫能相一，名號不異，本非君臣者，皆以列國之制處之。信如其言，則曹氏亦割據偏安耳，未嘗統一天下，何全以天子之門予之？即使昭烈非漢之裔，而亦未嘗臣於魏，何於諸□姜維之師，皆以入寇書耶？吾甚不能爲光解也。（《虬峰文集》卷一九）

沈德潛

【重刻司馬文正公集序】涑水司馬文正公有家藏集八十卷，前明萬曆丁亥重梓，至國朝聖祖仁皇帝戊子，經五鐫刻矣，今版仍漸次蠹蝕。光禄劉君繩遠，公之鄉人也，後謀重梓，因校勘其字之舛訛者而付諸梓人。將訖工，問序於德潛。潛謂史書所載，理學與名臣若相爲對待者然。然講求理學，而所措施者不能實建諸功業，則有體無用，而不得目之爲理學；儕列名臣，而所從來者未皆充裕乎道德，則徒用無體，而不得目之爲名臣。惟元本道德，發爲功業，真足以旋乾轉坤矣，即未嘗欲以文辭自見，而文足以輝光日月，照耀古今者，則惟司馬文正公一人。

公嘗自言：「我生平無他過人，惟無不可對人言者。」是公之生平本於不欺者也。蓋不欺則誠，誠至則物無不動。故當日感格君父，孚信友朋，下而至於兒童走卒，婦人女子，遠而及乎遼人西夏，更遞而推之千秋萬世以後，無不知司馬公之爲天民、爲大人者，洵乎理學與名臣兼備乎一身，而文章特其餘事已也。

嘗讀《宋史·韓忠獻公傳》中云：厚重少文如周勃，政事明敏如姚崇。夫勃與崇固皆有濟世功，然比之忠獻公，未必適如其量。而潛於司馬文正公，則以諸葛忠武較之，有似不同，而實相當者。公於退居洛邑以前，爭夏竦謚，請建儲，疏災異，定濮王典禮。至遭王安石變制，屢諍不回，決然勇退，與忠武之隱居隆中者異也。然留洛十五年，蕭然無與，而天下以真宰相目之，此與忠武之躬耕南陽，隱然負王佐之望者同。及乎受知元祐朝，肩荷重任，不委險艱，悉剗新法。有勸公避禍者，公曰：「天若祚宋，必無此事。」此與忠武之受遺詔，輔新主，屢伐魏而不悔者同。既而以身殉國，躬親庶榜，不舍晝夜。病革，諄諄如夢中語，皆朝廷天下事。此與忠武之夙興夜寐，食少事煩，鞠躬盡瘁，死而後已者同。而文章之抒寫道術，視忠武之文可匹《伊訓》、《說命》者，又適相同也。斯誠不朽之盛事也已！

昔蘇子瞻稱公之文如金玉穀帛藥石，謂其必有適於用。故自奏封劄疏，以及辭賦記贊，其微者根乎天人性命，顯者關乎宗社生靈，皆發乎道德功業之餘，非有意於文，而不能不文者也。世之讀公文者，因辭以求其用心之不欺，即大《易》所謂「修辭立其誠」者，而因自治其心，亦如公之修辭立誠，將在下不憂，在上不驕，而道德可成，功業可顯矣。安在天民、大人之品，公以後竟無其人哉！此學者所當自矢，而光禄君鐫書之意，蓋亦在於此也。

外此，公所著書不下數十種，而《資治通鑑》共三百五十四卷，其功不在《左氏》下。刊刻行世，流布天下，比於江河日星，不贅述云。

乾隆十年歲次乙丑正月上日，賜進士出身、中憲大夫、日講官、起居注、詹事府少詹事兼翰林院侍講學士長洲後學沈德潛撰。（《司馬文正公集》卷首）

蔡世遠

【進資治通鑑表】自敘編校苦心，要歸總欲神宗留意監古。讀至末段，忠君愛國之心，情見乎詞，與著書立説誇耀後世者不可同年而語矣。其文氣懇切古茂，直逼兩京，宋人少有也。温公作《通鑑》，其功不在《左氏》下；朱子因之爲《綱目》，其功不在《春秋》下。千百世治亂興衰得失，具見於此，切己讀之，所以長益經濟，啓發忠義者不少。名爲讀書人，而二書有不及見者，可不謂大哀乎。（《古文雅正》卷一二）

【與程子書】簡而茂，樸而有華，東京以返，無此風標。温公奏疏、史論甚多，忠謇明暢，有關治要，獨選此最古淡一篇。此等文筆，在宋朝推爲絶調，且足見程、張、司馬、邵、吕、文、富諸君子之相聚，不偶然也。嗚呼，令人神往矣。（《古文雅正》卷一二）

焦袁熹

【注書】司馬温公《注揚子法言序》云：「光少好此書，研精竭慮，歷年已多，今老矣，計智識所及，無以復進，竊不自揆，爲之集注。」温公以爲子雲潛心聖道，白首著書，其所得爲最深，故篤好之如此。夫著作非命世賢豪，莫勝斯任，雖至華皓，猶當韜筆。至於箋注，則述者之事爾。然觀涑水此言，其慎重不輕之意爲何如哉。若率爾下意，旋悔旋改，亦已不可勝悔矣。又云「凡觀書，當先正其文，辨其音，然後可以求其義」，此言尤爲不易。今之讀經傳諸書者，於先儒所定音切，多忽而不詳，文義之誤，往往由此，豈細故與。（《此木軒雜著》卷一）

江　永

【論范馬未檢通典】 朱子甚取《通典》之説，謂他書所不及，又謂范蜀公、司馬温公不知檢《通典》，以今觀之，二公之論樂，其大者未必得元聲，次則十一律之損益未必得本律之正耳。至若《通典》之説，尚有可疑，用與不用，恐與樂皆無加損也。（《律吕新論》卷下）

史貽直

【重刻司馬文正集序】 歲在閼逢困敦之陽月，臨汾劉子繩遠重鐫《司馬文正公集》於京師。涂月告竣，請序於余。予思司馬文正公，宋理學之名臣也，文章與《説命》、《召誥》相表裏，劉子可謂知所務矣。夫所謂朝廷清明而天下常享太平者，何也？在制治於未亂、保邦於未危也。是惟聖主知之，亦惟賢臣能贊之，而制治、保邦之謨猷，總不外誠、敬二言。其在有殷高宗，中興聖主也，傅説進於王曰：「惟天聰明，惟聖時憲，惟臣欽若，惟民從乂。」亦越有周成王，守成聖主也，太保入錫周公，曰：「王其德之用，祈天永命。」夫高宗、成王之天下，赫聲濯靈，宅中圖治，乃傅、召二臣兢兢業業，以憲天敬德，納誨陳戒，豈非謂制治、保邦之道在是歟？固由祗若、篤棐之深念切於中也。

三代以降，魏文貞之相唐太宗，十思十漸，亦有憂盛危明至意，然時以機智術數濟之，揆諸傅、召祗若、篤棐之深念，不相符合。若司馬文正公者，誠傅、召後之一人矣。蓋文正公之相在元祐，而制治、保邦之謨猷，先陳於嘉祐。《易》離下震上曰豐，彖辭曰：「豐，亨，王假之勿憂，宜日中。」豐，盛大之名，物極盛大者，憂必將至。日過中則昃，豐過盛則衰。當極盛之時，聖人所深憂。文正公之在嘉祐，實存是心焉。仁宗，宋之高宗、成王也。嘉祐建元，海内乂安，兵革休息，於卦象爲豐。五年之五月，王安石上《萬言書》於朝，是姤之一陰始生，則熙寧之變法蘖牙於此。文正於次年六月知諫院，論君德三，曰仁、曰明、曰武；治道三，曰任官、曰信賞、曰必罰；進規五，曰保業、曰惜時、曰遠謀、曰謹微、曰務寬。舉敬天法祖、勤政愛民、親賢遠奸、安内輯外之大要，罔不具備。仁宗嘉納之，以故更張新異之言，悉屏勿用。則安石之不用於嘉祐，未必非文正公之謨猷有以堅之也。當是時，安石之剛愎自用，猶未見諸行事，而後此所謂「天變不足畏，祖宗不足法，人言不足恤」者，文正公三劄中已若豫爲之防而杜其漸。蓋安石之變法，宋之危亂所由致，而文正公之論君德、治道、進規，乃制治於未亂，保邦於未危之道也。雖傅、召之祗若、篤棐，曷以加兹？夫治亂者，天運之循環，而轉亂爲治，視乎宰天下者調元贊化之用。

英宗膺仁宗之統緒，咨詢舊章，克配前人。神宗思追唐虞三代絶遠之迹，修復先王之法度，乃安石招徠新進者，以求一切之功利，雖以文正公之素受知於上，累表力爭而不見聽，不可謂非天也。逮宣仁臨政，文正公請開言路，收召名賢，青苗、免役、保甲、手實諸法，釐革殆盡。遼人戒邊吏曰「南朝盡行仁宗之政」，夫所謂仁宗之政者何也？嘉祐之治，而文正公所陳之謨猷是也。是則轉亂爲治，全恃文正公調元贊化之力。惜乎天不假之以年，而章、蔡諸小人間之，紹興、崇寧相繼，馴致於政、宣之危亂耳。雖然，元祐之更化，豈文正公之初心哉？蓋欲制治於未亂，深不願已亂而後制也；保邦於未危，深不願已危而後保之也。昔傅説嘗有言矣，曰：「疇敢不祗若王之休命。」周公又有言矣，曰：「我篤棐時二人。」夫祗若、篤棐，誠、敬之謂也。文正公自謂生平無一不可對人言，於免朝參，令子康扶掖入對，蓋人臣事君，莫大於誠、敬；惟其誠、敬，同符於傅、召。余謂文章與《説命》、《召誥》相表裏，固信而有徵矣。

曩於葛端調唐宋文選本，見《文正公集》，近桂林陳中丞刻於江右。今劉子所鐫，視二本最爲完備。理學名臣之文章傳於不朽者，其在是乎。爰爲序以應其請云。

乾隆乙丑仲春吉旦，賜進士出身、光禄大夫、經筵講官、文淵閣大學士兼吏部尚書、教習吉士加三級、又軍功加二級溧陽後學史貽直題。（《司馬文正公集》卷首）

陳世倌

【重刻司馬文正公集序】自古定天下之大業曰功名，傳聖賢之統緒曰道德。功名僅震耀於當時，道德常昭垂於宇宙，其重輕有較然者。是以謀臣策士，或運籌帷幄以輔理天下，或綏靖邊疆以計安社稷，雖其功烈卓卓可紀，而求諸名教之地，猶不無幾微之憾。則千百世之公論，有不可得而掩者焉。余觀漢唐名臣，如蕭規曹隨，房謀杜斷，其鎮國家，定變亂，曷嘗不垂青竹帛，配食廟庭，然易世而後，享祀湮絶，終不能與伊、傅、周、召并垂千古。余於以歎功名之不足恃，而必原本道德，始足以垂不朽而興起百世也。

若宋范潁公、司馬温公，其殆道德、功名兼而有之者歟。顧潁公參政慶曆，時許公有補過之心，杜、韓、富、歐同心協贊，其勢猶易。温公當元祐初承荆公變法之餘，收召故老名賢，欲復祖宗之舊，而蔡確、章惇輩從而詆排之，其勢有難於潁公者，乃不動聲色而措天下於泰山之安。遼人聞中國相司馬，而戒勿生邊釁，其與軍中有范，而夏人奉表臣服，若合符節。二公之功烈，固已當世誦之，史册傳之，而其所以禋祀至今、百世不祧者，實由潁公之《易義》於《易》有發明之功，温公之《資治通鑑》有合於聖賢治國平天下之道，是以聖祖仁皇帝御批《通鑑綱目》云：「司馬光立朝行己，正大和平，無幾微之可議，不祇冠於宋諸臣，求之歷代，亦不可多得。」大哉王言，誠論人之極則歟。夫有宋諸儒，多崇尚德行，講求經術，而試之政事，或不免迂疏寡效之譏。惟二公相業，邁越漢唐。昔人謂潁公先憂後樂，皆聖賢事業；余以爲温公旋乾轉坤，總一至誠感神，道德功名，合而爲一，伊、傅、周、召後僅再見之。

乃潁公文集裔孫刻於姑蘇，已傳布海内。温公文集，惟山右藏本，殘缺訛脱，日漸漫漶。臨汾劉子繩遠生公之里，慕公之德業，取公全集，重爲之梓，殆所謂百世之下聞風興起者乎。余知是集出，海内公卿大夫讀公之書，想公之爲人，咸淬厲奮發，砥礪道德，建立功名，垂休光於鐘鼎，享俎豆於千秋，劉子之爲功大矣。余是以嘉其志而爲之序。

時乾隆甲子嘉平吉旦，賜進士出身、誥授資政大夫、文淵閣大學士兼工部尚書海寧後學陳世倌題於燕山邸舍。（《司馬文正公集》卷首）

錢陳羣

【宋百家詩存題詞・司馬光傳家集】元祐碑中第一人，多情蔡相認偏真。石工不肯鐫名字，爭説安民是亂民。（《香樹齋詩文集》詩續集卷二）

陳弘謀

【培遠堂重刻司馬文正公傳家集序】弘謀少時讀史傳及《名臣言行録》諸書，竊歎有宋多君子，道德、事功極一時之盛，而心乎君國，純乎不雜，德之盛而誠之著者，尤慕司馬文正公之爲人。急欲求公全書讀之，而未能也。雍正乙酉之秋，奉使三晉，始得購公全集。集中奏議居其半，蓋公於朝廷事，知無不言，言無不盡，其詞剴切而曲當其意，百折而不回，纏綿懇摯，千載而下，猶見其忠愛之忱焉。其他文字，無一不關世教，如布帛菽粟，必有適於用，非特文詞而已。邵子以公爲腳踏實地人，朱子以爲篤學力行，有德有言，豈虛語哉？竊嘗以爲古今人才力難以强同，中心之誠可以自勉。公平生事業，皆從「誠」字流出，故無不可對人者。劉元城問盡心行己之要，既告之以誠；問行之何先？則曰：「不妄語始。」於此見公所以立誠工夫，而喫緊爲人處，亦即此而在。有志於聖賢之學者，舍此何從也？

弘謀學識弇淺，遭逢聖明，洊歷要職，夙夜惴惴，無以仰報知遇萬一。惟守公立誠之教，實心實力，刻自期勉。十餘年來，歷官南北，朝夕手公之書，不啻如師保之在前也。按《傳家集》爲公手自編次，子康歿後，晁以道得而藏之。中更禁錮，渡江而後，幸不失墜，乃刊板上之朝廷。近世流傳公集，惟晉、閩二本，亦復稀少。閩刻則猶仍《傳家集》之舊，而亥豕多訛，每以公集無善本爲憾。兼恐日復一日，即今所流傳，且漸不可得也。客秋司臬來吴門，購得舊本《傳家集》八十卷，差勝晉、閩二刻，欣喜過望，公餘悉心考訂，並輯公年譜，付之梓人，以廣其傳，而區區數十年向往之私，亦少自慰矣。嗟呼，公之事業在天壤，豈待集而傳；力學篤行之實，致主庇民之詳，必因集而著。庶幾後之人讀公之書，論公之世，知公之所不可及者，徹内外，貫始終，皆本一「誠」也。刊既竣，謹志緣起，且益以自勵云。

乾隆六年辛酉六月既望，桂林後學陳弘謀謹題於吴門臬署。（《司馬文正公傳家集》卷首）

劉組曾

【重鐫司馬文正公集跋】組曾童幼時喜論三晉人物，先大夫命侍膝前諭之曰：「孺子亦聞夏縣之司馬温公乎？居家則孝於親、友於兄，在官則忠於君，是乃理學名臣也，汝謹識之。」組曾跪而受教，不敢忘。稍長，就學塾師，授之《蘇文忠公集》，見《忠清粹德之碑》，憮然曰：「是吾父所庭訓我者也。」觀玩不忍釋手。弱冠游京師，時八旗志書館需人，考試取充館生，總裁臨川李穆堂先生每談歷代名臣，必以司馬公稱首，而以未得全集爲憾。事竣，組曾歸里，因購得温公裔孫所藏《傳家集》。甲子夏，攜至京師，呈於海寧夫子。夫子以是集頗多殘缺失次，有亥豕之訛，命組曾修輯鍥補。組曾受命重鐫，起冬十月至十二月，凡三閱月而功成。卷帙俱仍原本，增列《宋史》本傳，附録遺事，以備觀覽。

竊思温公勳業垂宇宙，文章深醇，得西漢風味。組曾質愚識陋，何能仰窺萬一，特是遵父師之命，不揣冒昧而重鐫之。嘗聞温公親爲隸書以抵范蜀公曰：「迂叟之事親無以逾人，能不欺而已矣。」組曾老親在堂，讀是句未嘗不慄慄危懼，若將隕於深淵也。

乾隆十年歲次乙丑仲春上澣之吉，臨汾後學劉組曾謹跋并書。（《司馬文正公集》卷末）

全祖望

【司馬温公光州祠堂碑跋】温公光州祠堂，宋紹定中州守何元壽所建，節推葉祐之爲之記。祐之，乃慈湖先生門人也。元壽向但知其爲吴産，而不知其淵原。及讀祐之碑文有云：「蘇公君蒿悽愴之論，固也。《詩》曰：『鳧鷖在涇，公尸來燕來寧。』祐之因是詩，悟《中庸》之旨曰：『微之顯，誠之不可揜也。』慈湖夫子歎以爲千古不傳之妙。夫子殁，絶口不敢道者五年于兹。何侯亦夫子之門人也。因公之祠，敢復誦之。」乃知元壽亦出慈湖之門。臨川李侍郎丈穆堂方博考楊、袁師友，因以是碑寄之。（《鮚埼亭集》卷三八）

【元刻司馬温公投壺圖跋】《唐志》中有上官儀諸人《投壺圖》，見雜藝術家。迨温公圖出，則以爲可以治心，可以爲國，可以觀人，于是尚奇雋者絀，而古人之禮意見矣。元至正中，山東廉訪

龐兀亦思刺瓦性言爲刊于嶽祠，明嘉靖中，又重刊之。予得至正舊本于里中青山葉氏，爲跋其尾。（《鮚埼亭集》卷三八）

【涑水學案序】小程子謂：「閱人多矣，不雜者，司馬、邵、張三人耳。」故朱子有「六先生」之目，然于涑水，微嫌其格物之未精；于百源，微嫌其持敬之有歉。《伊洛淵源録》中遂祧之。草廬因是敢謂涑水尚在不著不察之列，有是哉，其妄也。述《涑水學案》。（《宋元學案》卷七）

紀昀等

【温公易説六卷】宋司馬光撰。考蘇軾撰光《行狀》載所作《易説》三卷，注《繫辭》二卷。《宋史·藝文志》作《易説》一卷，又三卷，又《繫辭説》二卷，晁公武《讀書志》云：「《易説》雜解《易》義，無詮次，未成書。」《朱子語類》又云，嘗得《温公易説》於洛人范仲彪，盡隨卦六二，其後闕焉。後數年，好事者於北方互市得版本，喜其復全。是其書在宋時所傳本已往往多寡互異，其後乃并失其傳。故朱彝尊《經義考》亦注爲已佚。今獨《永樂大典》中有之，而所列實不止於隨卦，似即朱子所稱後得之本。具釋每卦，或三四爻，或一二爻，且有全無説者，惟《繫辭》差完備，而《説卦》以下僅得二條，亦與晁公武之言相合。又以陳友文《集傳精義》、馮椅《易學》、胡一桂《會通》諸書所引光説核之，一一具在，知爲宋代原本無疑。其解義多闕者，蓋光本撰次未成，亦如所著《潛虚》，轉以不完者爲真本，並非有所殘佚也。光《傳家集》中有《答韓秉國書》，謂王輔嗣以《老》《莊》解《易》，非《易》之本旨，不足爲據。蓋其意在深闢虚無元渺之説，故於古今事物之情狀，無不貫徹疏通，推闡深至。如解同人之《彖》曰：「君子樂與人同，小人樂與人異。君子同其遠，小人同其近。」坎之《大象》曰：「水之流也，習而不止，以成大川。人之學也，習而不止，以成大賢。」咸之九四曰：「心苟傾焉，則物以其類應之。故喜則不見其所可怒，怒則不見其所可喜，愛則不見其所可惡，惡則不見其所可愛。」大都不襲先儒舊説，而有德之言，要如布帛菽粟之切於日用。惜其沈湮既久，説《易》家竟不獲覩其書。今幸際聖朝，表章典籍，復得搜羅故簡，裒次成編。亦可知名賢著述，其精義所在，有不終泯没於來世者矣。謹校勘釐訂，略仿《宋史》原目，定爲六卷，著於録。（《四庫全書總目》卷二）

【書儀十卷】宋司馬光撰。考《隋書·經籍志》，謝元有《内外書儀》四卷，蔡超有《書儀》二卷。以至王宏、王儉、唐瑾皆有此著。又有《婦人書儀》八卷、《僧家書儀》五卷。蓋「書儀」者，古私家儀注之通名。《崇文總目》載唐裴茝、鄭餘慶、宋杜有晉、劉岳尚皆用斯目。光是書亦從舊稱也。凡《表奏公文私書家書式》一卷、《冠儀》一卷、《婚儀》二卷、《喪儀》六卷。朱子《語録》載胡叔器問四先生禮，朱子謂：「二程與横渠多是古禮，温公則大概本《儀禮》而參以今之所可行者。要之温公較穩，其中與古不甚遠，是七分好。」又《與蔡元定書》曰「《祭儀》只是於温公《書儀》内少增損之」云云，則朱子固甚重此書。後朱子所修《祭儀》爲人竊去，其稿不傳，則此書爲禮家之典型矣。馬端臨《文獻通考》載其父廷鸞之言，謂《書儀》載婦入門之日即拜先靈，廢三月廟見爲非禮，引朱子《語録》，以爲惑於陳鍼子先配後祖一語。又謂《檀弓》明言殷練而祔，周卒哭而祔，孔子善殷而云周已戚。《書儀》載祔廟在卒哭後，於禮爲太遽。案杜預《左傳注》謂「禮，逆婦必先告廟而後行」，故楚公子圍稱告莊共之廟。鄭忽先逆婦而後告廟，故謂先配而後祖。其事與廟見無關，光未必緣此起義。又古者三月廟見，乃成爲婦，故有反馬之禮；有未及三月而死，則仍歸葬母家之禮。後世於親迎之日即事，事成其爲婦，三月之内設有乖忤，斷不能離婚而逐之；設有夭折，斷不能舉柩而返之也，何獨廟見之期堅執古義乎？至於殷練而祔，孔子善之，其説雖見《檀弓》，考《宋史・禮志》所載祔廟之儀，實從《周禮》。國制如是，士大夫安得變之？亦未可以是咎光也。他如深衣之制，朱子《家禮》所圖，不内外掩襲，則領不相交。此書釋「曲袷如矩以應方」句，謂「孔疏及《後漢書・馬融傳》注所説，似於頸下别施一衿，映所交領，使之正方，如今時服上領衣。不知領之交會處自方，疑無他物」云云，闡發鄭注交領之義最明。與《方言》「衿謂之交」郭璞注爲「衣交領」者，亦相符合。較《家禮》所説，特爲詳確。斯亦光考禮最精之一證矣。《禮記大全・檀弓》「忌日不樂」條下，載劉璋之説，引司馬氏《書儀》「忌日則去華飾之服，薦酒食」云云，此本無之。然此本首尾完具，尚從宋本翻雕，不似有所闕佚者。

或劉瑋偶誤記歟？（《四庫全書總目》卷二二一）

【切韻指掌圖二卷附檢例一卷】宋司馬光撰。其《檢例》一卷，則邵光祖所補正。光有《温公易説》，已著録。光祖字宏道，自稱洛邑人。其始末未詳。考《江南通志·儒林傳》，載元邵光祖字宏道，吴人。研精經傳，講習垂三十年，通三經。所著有《尚書集義》。當即其人。洛邑或其祖籍歟？據王行《後序》作於洪武二十三年，稱其殁已數年，則元之遺民，入明尚在者也。光書以三十六字母科别清濁，爲二十圖，首獨韻，次開合韻。每類之中，又以四等字多寡爲次，故高爲獨韻之首，干官爲開合韻之首。舊有《檢例》一卷，光祖以爲全背圖旨，斷非光作，因自撰爲檢圖之例，附於其後。考光《自序》，實因《集韻》而成是圖。光祖乃云《廣韻》凡二萬五千三百字，其中有切韻者三千八百九十文，正取其三千一百三十定爲二十圖，餘七百六十字應檢而不在圖者，則以在圖同母同音之字備用而求其音。則是據《廣韻》也。然光祖據光之圖以作例，則其例仍與圖合。所注七百六十字之代字及字母，亦足補原圖所未備。光例既佚，即代以光祖之例，亦無不可矣。光書反切之法，據景定癸亥董南一序云，遞用則名音和，傍求則名類隔；同歸一母則爲雙聲，同出一韻則爲疊韻；同韻而分兩切者謂之憑切，同音而分兩韻者謂之憑韻；無字則點窠以足之，謂之寄聲，韻闕則引鄰以寓之，謂之寄韻。所謂雙聲疊韻諸法，與今世所傳劉鑒《指南》諸門法並同。惟音和、類隔二門則大相懸絶。《檢例》云：「取同音、同母、同韻、同等，四者皆同，謂之音和。取脣重脣輕、舌頭舌上、齒頭正齒三音中清濁同者，謂之類隔。」是音和統三十六母，類隔統脣、舌、齒等二十六母也。劉鑑法則音和專以見、溪、羣、疑爲説，而又别立爲一四音和、四一音和兩門。類隔專以端、知八母爲説，又别出輕重、重輕、交互照精、精照互用四門。似乎推而益密。然以兩法互校，實不如原法之簡該也。其「《廣韻》類隔，今更音和」一條，皆直以本母字出切，同等字取韻。取字於音和之理，至爲明瞭。獨其辨來、日二母云「日字與泥、娘二字母下字相通」，辨匣、喻二字母云「匣闕三四喻中覓，喻虧一二匣中窮」，即透切之法，一名野馬跳澗者。其法殊爲牽强。又其法兼疑、泥、娘、明等十母，此獨舉日、泥、娘、匣、喻五母，亦爲不備。是則原法之疏，不可以立制者矣。等韻之説，自後漢與佛經俱來。然《隋書》僅有十四音之説，而不明其例。《華嚴》四十二字母，亦自爲梵音，不隸以中國之字。《玉篇》後載神珙二圖，《廣韻》後列一圖不著名氏，均粗舉大綱，不及縷舉節目。其有成書傳世者，惟光此書爲最古。孫奕《示兒編》辨不字作逋骨切，惟據光説，知宋人用爲定韻之祖矣。第光《傳家集》中，下至《投壺新格》之類，無不具載，惟不載此書，故傳本久絶。今惟《永樂大典》尚有完本，謹詳爲校正，俾復見於世。以著等韻之舊譜，其例不過如此。且以見立法之初，實因《集韻》而有是書，非因是書而有《集韻》。凡後來紛紜轇轕，均好異者之所爲焉。（《四庫全書總目》卷四二）

【資治通鑑二百九十四卷】宋司馬光撰，元胡三省音注。光以治平二年受詔撰《通鑑》，以元豐七年十二月戊辰書成奏上，凡越十九年而後畢。光《進表》稱精力盡於此書。其採用之書，正史之外，雜史至三百二十二種。其殘稿在洛陽者，尚盈兩屋。既非掇拾殘剩者可比。又助其事者，《史記》、前後《漢書》屬劉攽；三國、南北朝屬劉恕；唐、五代屬范祖禹。又皆通儒碩學，非空談性命之流。故其書網羅宏富，體大思精，爲前古之所未有。而名物訓詁，浩博奥衍，亦非淺學所能通。光門人劉安世嘗撰《音義》十卷，世已無傳。南渡後注者紛紛，而乖謬彌甚。至三省乃匯合羣書，訂訛補漏，以成此注。元袁桷《清容集》載《先友淵源録》，稱三省天台人，寶祐進士，賈相館之。釋《通鑑》三十年，兵難，稿三失。乙酉歲留袁氏家塾日手抄《定注》。己丑寇作，以書藏窖中得免。案，三省《自序》稱乙酉徹編，與桷所記正合。惟桷稱《定注》，而今本題作《音注》，疑出三省所自改。三省又稱，初依《經典釋文》例，爲《廣注》九十七卷。後失其書，復爲之注。始以《考異》及所注者散入《通鑑》各文之下。曆法、天文則隨《目録》所書而附注焉。此本惟《考異》散入各文下，而《目録》所有之曆法、天文，書中並未附注一條，當爲後人所删削，或三省有此意而未及爲歟。《通鑑》文繁義博，貫穿最難。三省所釋，於象緯推測，地形建置，制度沿革諸大端，極爲賅備。故《唐紀》開元十二年内注云：「温公作《通鑑》，不特紀治亂之跡而已。至於禮樂、歷數、天文、地理尤致其詳。讀者如飲河之鼠，各充其量。」蓋本其命意所在，而於此特發其凡，可謂能見其大矣。至《通鑑》中或小有牴牾，亦必明著其故。如《周顯王紀》「秦大良造伐魏」條注云「大良造下當有『衛鞅』二字」。《唐代宗紀》「董晉使回紇」條注云「此韓愈狀晉之辭，容有溢美」。又「嚴武三鎮劍南」條注云「武只再鎮劍南，蓋因杜甫詩語致誤」。《唐穆宗紀》「册回鶻嗣君」條注云「《通鑑》例，回鶻新可汗未嘗稱嗣君」。《文宗紀》「鄭注代杜悰鎮鳳翔」條注云「如上卷所書杜悰鎮忠武，不在鳳翔」。凡若此類，並能參證明確，而不附會以求其合，深得注書之體。較尹起莘《綱目發明》附和回護，如諧臣媚子所爲者，心術之公私，學術之真僞，尤相去九牛毛也。雖徵摭既廣，不免檢點偶疏。如景延廣之名，《出師表》敗軍之事，庾亮「此手何可著賊」之語，沈懷珍之軍洋水，阿那瓌之趨下口，烏丸軌、宇文孝伯之誤句，周太祖詔令兄之作「令兄」，顧炎武《日知録》並糾其失。近時陳景雲亦摘地理訛舛者作《舉正》數十條。然以二三百卷之書，而蹉失者僅止於此，則其大體之精密，益可概見。黄溥《簡籍遺聞》稱是書元末刊於臨海，洪武初取其版藏南京國學。其見重於後來，固非偶矣。（《四庫全書總目》卷四七）

【資治通鑑考異三十卷】宋司馬光撰。此書於元豐七年隨《通鑑》同奏上。高似孫《緯略》載：「光編集《通鑑》，有一事用三四出處纂成者。」《文獻通考》載：「司馬康所述有司馬彪、荀悦、袁宏、崔鴻、蕭方等、李延壽及《太清記》、《唐曆》之類。」洪邁《容齋隨筆》所摘，有《河洛記》、《魏鄭公諫録》、《李司空論事》、《張中丞傳》、《涼公平蔡録》、《鄴侯家傳》、《兩朝獻替記》、《後史補》、《金鑾密記》、《彭門紀亂》、《平剡録》、《廣陵妖亂志》之類。不過偶舉其數端，不止是也。

其間傳聞異詞，稗官既喜造虚言，正史亦不皆實録，光既擇可信者從之，復參考同異，别爲此書，辨證謬誤，以袪將來之惑。昔陳壽作《三國志》，裴松之注之，詳引諸書錯互之文，折衷以歸一是，其例最善。而修史之家，未有自撰一書，明所以去取之故者，有之，實自光始。其後李燾《續通鑑長編》、李心傳《建炎以來繫年要録》，皆沿其義。雖散附各條之下，爲例小殊，而考訂得失則一也。至陳桱、王宗沐、薛應旂等欲追續光書，而不能網羅舊籍，僅據本史編排，參以他書，往往互相牴牾，不能遽定其是非。則考異之法不講，致留遺議於本書，滋疑竇於後來者矣。其中如唐關播平章事拜罷，專引《舊唐書》，而不及引《新唐書》紀傳年表以證其誤者，小小滲漏，亦所不免。然卷帙既繁，所謂牴牾不敢保者，光固已自言之，要不足爲全體累也。其書原與《通鑑》别行。胡三省作《音注》，始散入各文之下。然亦頗有漏略。此乃明初所刊單本，猶光原書卷第，故録之以存其舊焉。（《四庫全書總目》卷四七）

【資治通鑑目録三十卷】宋司馬光撰。此書亦與《通鑑》同奏上，即《進書表》所謂略舉事目以備檢閲者也。其法年經國緯，著其歲陽歲名於上，而各標《通鑑》卷數於下。又以劉羲叟《長曆》氣朔閏月及列史所載七政之變著於上方，復撮書中精要之語散於其間。次第釐然，具有條理。蓋《通鑑》一書，包括宏富，而篇帙浩繁。光恐讀者倦於披尋，故於編纂之時，提綱挈要，並成斯編，使相輔而行，端緒易於循覽。其體全仿《年表》，用《史記》、《漢書》舊例。其標明卷數，使知某事在某年，某年在某卷，兼用《目録》之體，則光之創例。《通鑑》爲紀志傳之總會，此書又《通鑑》之總會矣。至五星淩犯之類，見於各史《天文志》者，《通鑑》例不備書，皆具列上方，亦足補本書所未及。《書録解題》稱：光患本書浩大難領略，而《目録》無首尾，晚著《通鑑舉要曆》八十卷，其稿在晁説之以道家。紹興初，謝克家任伯得而上之。今其本不傳。《讀書志》又别載《通鑑節文》六十卷，亦稱光所自鈔，今亦不傳。惟此書以附《通鑑》得存，尚足爲全書之綱領云。

（《四庫全書總目》卷四七）

【通鑑釋例一卷】宋司馬光撰。皆其修《通鑑》時所定凡例。後附《與范祖禹論修書帖》二通。有光曾孫尚書吏部員外郎伋跋語，稱遺稿散亂，所藏僅存，脱略已甚，伋輒掇取分類爲三十六例。末題丙戌仲秋，乃孝宗乾道二年。胡三省《通鑑釋文辨誤序》謂光没後，《通鑑》之學其家無傳。後因金使問司馬光子孫，朝廷始訪其後之在江南者，得從曾孫伋，使奉公祀。凡言書出於司馬公者，必鋟梓行之。蓋伋之始末如此。其編此書時，嘗有浙東提舉常平茶鹽司版本。惟伋《跋》稱三十六例，而今本止分十二類，蓋并各類中細目計之也。伋又稱，文全字闕者伋亦從而闕之，而今本並無所闕，則已非原刻之舊。胡三省又云：「温公《與范夢得修書二帖》，得於三衢學宫。《與劉道原十一帖》則得於高文虎氏。伋取以編於前例之後。」今本止有與夢得二帖，而道原十一帖無之。殆後人以《通鑑問疑》别有專本，而削去不載歟。其書雜出於南渡後，恐不無

以意損益，未必盡光本旨。而相傳已久，今故與《問疑》並著於録，以備參考焉。（《四庫全書總目》卷四七）

【稽古録二十卷】宋司馬光撰。光既撰《資治通鑑》及《目録》、《考異》，又有《舉要曆》，有《歷年圖》，有《百官表》。《歷年圖》仍依《通鑑》，起於三晉，終於顯德。《百官表》止著宋代。是書則上溯伏羲，下訖英宗治平之末，而爲書不過二十卷。蓋以各書卷帙繁重，又《歷年圖》刻於他人，或有所增損，亂其卷帙。故芟除繁亂，約爲此編，而諸論則仍《歷年圖》之舊。元祐初表上於朝。陳振孫《書録解題》曰：越本彙聚諸論於一卷，潭本則分繫於各代之後。此刻次第，蓋依潭本，較越本易於循覽。《朱子語録》曰：《稽古録》一書，可備講筵宫僚進讀，小兒讀六經了，令讀之，亦好。末後一表，其言如蓍龜，一一皆驗。今觀其諸論，於歷代興衰治亂之故，反覆開陳，靡不洞中得失。洵有國有家之炯鑒，有裨於治道者甚深。故雖非洛學之派，朱子亦不能不重之，足見其不可磨滅矣。南渡以後，龔頤正嘗續其書，今《永樂大典》尚有全本。然是非頗乖於公議，陳振孫深不取之。蓋其心術學問皆非光比，故持論之正亦終不及光也。（《四庫全書總目》卷四七）

【家範十卷】宋司馬光撰。光有《易説》，已著録。是書見於《宋史·藝文志》、《文獻通考》者卷目俱與此相合，蓋猶原本。首載《周易·家人》卦辭，及節録《大學》、《孝經》、《堯典》、《詩·思齊》篇語，以爲全書之序。其後自治家至乳母凡十九篇，皆雜采史事可爲法則者。亦間有光所論説，與朱子《小學》義例差異，而用意略同。其節目備具，簡而有要，似較《小學》更切於日用。且大旨歸於義理，亦不似《顔氏家訓》徒揣摩於人情世故之間。朱子嘗論《周禮·師氏》云：「至德以爲道本，明道先生以之；敏德以爲行本，司馬温公以之。」觀於是編，猶可見一代偉人修己型家之梗概也。（《四庫全書總目》卷九一）

【**潛虚一卷**】宋司馬光撰。光有《温公易説》，已著録。是編乃擬《太玄》而作。晁公武《讀書志》曰：「此書以五行爲本，五行相乘爲二十五，兩之爲五十。首有氣、體、性、名、行、變、解七圖，然其辭有闕者，蓋未成也。其手寫草稿一通，今在子建侄房。」朱子跋張氏《潛虚圖》亦曰：「范仲彪炳文家多藏司馬文正公遺墨，嘗示予《潛虚》别本，則其所闕之文甚多。問之，云温公晚著此書，未竟而薨，故所傳止此。近見泉州所刻，乃無一字之闕，始復驚疑。讀至數行，乃釋然曰，此贋本也。」其説與公武合。此本首尾完具，當即朱子所謂泉州本，非光之舊。又公武言有《氣》、《體》、《性》、《名》、《行》、《變》、《解》七圖，熊朋來則言《潛虚》有《氣圖》，其次《體圖》，其次《性圖》，其次《名圖》，其次《行圖》，其次《命圖》，其目凡六。而張氏或言八圖者，《行圖》中有《變圖》、《解圖》也。是《命圖》爲後人所補。公武言五行相乘爲二十五，兩之爲五十，而今本實五十五行，是其中五行亦後人所補，不止增其文句已也。吴師道《禮部集》有此書後序，稱初得《潛虚》全本，又得孫氏闕本，續又得許氏闕本，歸以參校，用朱子法，非其舊者，悉以朱圈别之，然其本今亦不傳。林希逸嘗作《潛虚精語》一卷，今尚載《鬳齋十一稿》中，凡所存者，皆闕本之語，而續者不載，尚可略見大概。然於闕本中亦不全取，究無以知某條爲贋本。蓋世無原書久矣，姑以源出於光而存之耳。陳淳譏其所謂虚者，不免於老氏之歸。要其吉臧平否凶之占，以氣之過不及爲斷，亦不失乎聖賢之旨也。（《四庫全書總目》卷一〇八）

【徽言一卷】宋司馬光編。光手抄諸子史集精語，置諸座右以自警。自題其首云「迂叟年六十八」，蓋元祐初爲相時也。後有陳振孫跋，載光自題其末云，余此書類舉人抄書，然舉子所抄獵其辭，余所抄核其意，舉人志科名，余志道德。今是編已失其題末，未知陳氏所載爲全文否。又陳氏稱自《國語》以下六書，今惟《國語》、《家語》、《韓詩外傳》、《孟子》、《荀子》五書，疑有佚闕。又每條下間有題識數字者，卷末又列所欲取書名二十二種，蓋未完之稿，後人以光手書重之耳。（《四庫全書總目》卷一三二）

【傳家集八十卷】宋司馬光撰。光有《温公易説》，已著録。是集凡賦一卷，詩十四卷，雜文五十六卷，題跋、《疑孟》、《史剡》共一卷，《迂書》一卷，《壺格》、策問、樂詞共一卷，志三卷，碑、行狀、墓表、哀辭共一卷，祭文一卷。光大儒名臣，固不以詞章爲重。然即以文論，其氣象亦包括諸家，淩跨一代。邵伯温《聞見録》記王安石推其文類西漢，語殆不誣。伯温又稱「光除知制誥，自云不善爲四六，神宗許其用古文體」。今案集中諸詔，亦有用儷體者，但語自質實，不以駢麗爲工耳。邵博《聞見後録》稱光《辭樞密副使疏》，《傳家集》不載，博獨記之。熙寧中光常論西夏事，其疏亦不傳，惟略見於《元城語録》中。又《論張載私謚》一書，載《張子全書》之首，稱真跡在楊時家，本集不載。則亦頗有散佚矣。光所作《疑孟》，今載集中。元白珽《湛淵靜語》謂爲王安石而發。考《孟子》之表章爲經，實自王安石始。或意見相激，務與相反，亦事理所有。疑珽必有所受之，亦可存以備一説也。（《四庫全書總目》卷一五二）

【續詩話一卷】宋司馬光撰。光有《易説》，已著録。是編題曰《續詩話》者，據卷首光自作小引，蓋續歐陽修《六一詩話》而作也。光《傳家集》中具載雜著，乃不録此書。惟左圭《百川學海》收之。然《傳家集》中亦不録《切韻指掌圖》，或二書成於編集之後耶？光德行功業，冠絶一代，非斤斤於詞章之末者。而品第諸詩，乃極精密。如林逋之「疏影横斜水清淺，暗香浮動月黄昏」；魏野之「數聲離岸櫓，幾點别州山」；韓琦之「花去曉叢蝴蝶亂，雨餘春圃桔槔閑」；耿仙芝之「草色引開盤馬地，簫聲吹暖賣餳天」。寇準之《江南春詩》，陳堯佐之《吴江詩》，暢當、王之涣之《鸛雀樓詩》，及其父《行色詩》，相沿傳誦，皆自光始表出之。其論魏野詩誤改藥字，及説杜甫「國破山河在」一首，尤妙中理解，非他詩話所及。惟「梅堯臣病死」一條，與詩無涉，乃載之此書，則不可解。考光别有《涑水記聞》一書，載當時雜事。豈二書並修，偶以欲筆於彼册者，誤筆於此册歟？（《四庫全書總目》卷一九五）

謝啓昆

【書融縣司馬温公書家人卦拓本後】温公治家如治國，百世而下仰清德。《潛虚》著論擬《太玄》，風火利貞取義畫。想當退食居洛陽，濟美公休侍前席。史局治書饒清暇，椽燭高燒洒剩墨。不工駢體工隸體，健筆淋漓徑半尺。鯉庭訓在曾孫承，摹泐老君之洞壁。何年更刻南屏山，照徹西泠水天碧。擊殘不共黨人碑，保護應珍玉融石。西湖志誤和中書，杭人未蠟柳州屐。嗚呼家正天下定，生平所學有得力。以身付醫家付子，煌煌正言凛易簀。留鎮蠻邦宣風教，虹光燭天浩氣塞。（《樹經堂詩續集》卷六）

黄丕烈

【宋刊本温國文正司馬公文集跋】嘉慶丁巳夏，有杭州書友以宋刻《温國文正司馬公文集》介郡城學餘堂書肆示余，余取與案頭所貯抄本相對，其標題《司馬太師温國文正公傳家集》，已與此不合，而序文節去首尾，并誤劉嶠爲劉隨，不知其何本也。至于年號、官銜，概從闕略，俾考古者茫無依據，是可慨已。是刻序文一一完善，次列《進司馬温公文集表》一篇，分卷序次，離合先後，多有不同，偶取校勘，雖文義未甚齟齬，而一字一句，總覺舊刻之妙，愛不忍釋矣。問其直，索白金一百六十兩，余以價昂，一時又無其資，還之。既而思此書爲明初人收藏本，卷首表文第一葉末餘紙有硃書一行云「洪武丁巳秋八月收」八字，有小方印一，其文云「徐達左印」，有大方印一，其文云「松雲道人徐良夫藏書」。卷第八十後空葉有墨書三行云：「國初吴儒徐松雲先生收藏《温公集》八十卷，缺九卷，雍謹鈔補以爲完書云。弘治乙丑秋九月望日，石湖盧雍謹記。」則此書本爲吴中藏書，不知何時轉入武林，而今又重歸合浦，此一奇也。且松雲收藏在洪武丁巳，而此書之來，又在嘉慶丁巳，其間甲子屢更，顯晦亦復幾易，此奇之又奇也。今雖不能即得，或者遲之又久，必俟諸秋八月收，以符前賢之轍邪。閱月有五，學餘主人來云：「此書出君家，徧示郡中藏書者，雖皆識爲宋刻，然所還之價，有不及，無過者，曷於前四十之數而益其半乎？」余重是書之刻，在宋爲最初本，兼重以徐、盧二公之手澤，使大弓寶玉，有歸魯之日，未始非前賢實呵護之，故不惜重資購得。得之日，適在秋八月，何巧乃爾。爰誌顛末，以示後之讀是書者，見奇書之出，造物若有以使之然，而聚散既有其地，顯晦又有其時，豈不異哉？讀未見書齋主人黄丕烈識。（《温國文正司馬公文集》卷末）

【又跋宋刊本温國文正司馬公文集】 嘉慶己未冬十一月既望，裝此書成，夫然而快然大慊于心也。蓋余自丁巳八月至今，即付裝潢，幾閱二載餘，費且倍於得價，然其書若有待於余之裝潢而始完善者，是書之幸，實余之幸也。初書裝十四册，破爛特甚，買得後驅蠹魚至數百計，且缺葉及無字處每册俱有。乃命工補綴，其缺葉皆誤重於他葉之腹，其無字者皆漿黏於前後葉之背，始悟當時俗工所爲，以致不可卒讀。苟非精加裝潢，則全者缺之，有者無之，不幾使此書多遺憾耶。用著原委以見古書難得，即裝潢亦當煞費苦心也。至此本爲宋最初之刻，錢竹汀謂余曰：「宋王深寧撰《困學紀聞》，載《温公集》字句多與此刻合，知深寧所見即是本也。」世行本以《傳家集》爲最古，今見此紹興初刻，題曰《温國文正司馬公文集》，則「傳家」之名，非其最初，及觀周香嚴所藏舊抄本，亦爲卷八十，而標題則曰《司馬太師温國文正公傳家集》，卷末有「泉州公使庫印書局淳熙拾年正月内印造到」云云，又有嘉定甲申金華應謙之并有門生文林郎、差充武岡軍軍學教授陳冠兩跋，皆云公裔孫出泉本重刊，是《傳家》又重刊本矣。（《温國文正司馬公文集》卷末）

李調元

温公詩絶少佳句，蓋史才非詩才也。（《雨村詩話》卷下）

馮金伯

温公《西江月》云：「……」人非太上，未免有情，當不以此纇其白璧也。（《詞苑萃編》卷四）

周中孚

【司馬氏書儀十卷】硯香書屋仿宋刊本。宋司馬光撰。光字君實，陜州夏縣人。寶元初中進士甲科，官至尚書左僕射、兼門下侍郎。卒贈太師、温國公。謚文正。《四庫全書》著録，無「司馬氏」三字，《宋志》史部儀注類作八卷，亦無此三字。《書録解題》史部禮注類、《通考》儀注，俱作《温公書儀》一卷，「一」當爲「十」之誤，故陳氏云：「前一卷爲表書啓式，餘則冠昏喪祭之禮詳焉。」今按是書卷二爲冠儀，卷三、卷四爲婚儀，卷四之末爲居家雜儀，卷五至卷十爲喪儀，卷十所載，即祭儀也。陳、馬兩家及《宋志》又載《居家雜儀》一卷，《宋志》又有《涑水祭儀》一卷，當即此書卷二、卷四之文，因《宋志》誤減爲八卷也。考隋、唐、宋，《崇文總目》載諸家書儀最多，今俱不傳，獨是書存。其書考諸《儀禮》，通以後世可行者。舊所傳朱子《家禮》，于冠禮多取之，婚與喪祭，參用不一，故《家禮》所以宗《書儀》而《書儀》所以啓《家禮》，大旨衷于古不戾于今，惟恐驅一世于冥行也。但《家禮》非真出朱子，而此書尚屬温公手著，《朱子語録》亦稱其最爲適古今之宜云。是書前有淳熙庚子刊序，不著名氏。世鮮傳本，雍正元年，吾邑汪亮采始得影宋鈔本而摹雕，并爲之序，目録後復有其子郊跋，末又有其子鄒、祁二跋。《學津討原》亦收入之。（《鄭堂讀書記》卷六）

【切韻指掌圖二卷附檢例一卷】墨海金壺本。宋司馬光撰。其《檢例》即元邵光祖所補正也。光仕履見禮類。光祖字宏道，吴人，自稱洛邑人，或其視籍歟？元之遺民，入明尚在者也。《四庫全書》著録，《宋志》作一卷，爲《傳家集》所不載，故傳本久絶。今館臣從《永樂大典》録出，釐爲二卷，附以邵氏書一卷。焦氏《經籍志》祇載司馬氏書一卷，而不及邵氏書，倪氏、錢氏《補元志》俱載邵光祖《韻書》四卷，而不及《檢例》，豈即《韻書》四卷之一歟？謝氏《小學考》總作《切韻指掌圖》三卷，而於《檢例》不爲分載，蓋其疏也。君實奉詔繼見纂《集韻》，書成上之，因復科別清濁爲二十圖，以三十六字母列其上，推四聲相生之法，縱横上下，旁通曲暢，律度精密，最爲捷徑。名之曰《切韻指掌圖》，言其明且易也。大旨辨開闔以分輕重，審清濁以訂虚實，極五音六律之變，分四聲八轉之異，從此按圖以索二百六韻之字，雖有音無字者，猶且聲隨口出，而况有音有字者乎？蓋等韻之傳於今者，以此書爲最古矣。舊有《檢例》，宏道以爲全背圖旨，斷爲非司馬公之所作，因益求韻中字之有切而不在圖者，凡七百六十，表而出之，而詳著檢尋之例於後，使見者即知向方而字無不得矣。前有君實原序及嘉定癸亥董南一序，其檢例後宏道有跋，又有洪武庚午王行後序。張若雲從文瀾閣本寫以付梓，冠以《提要》一篇并跋其後。（《鄭堂讀書記》卷一四）

【資治通鑑二百九十四卷】明長洲陳氏刊本。宋司馬光撰。元胡三省音注。光仕履見禮類。三省，字身之，號梅磵，天台人。寶祐四年進士。《四庫全書》著録。《讀書志》、《書録解題》、《通考》、

《宋志》俱載之，《宋志》作三百五十四卷，當合《目録》三十卷、《考異》三十卷而數之，然尚無胡注也。錢氏《補元志》則專載胡三省音注本，仍作二百九十四卷，蓋身之音注雖盡取《考異》分附于注内，而仍不改其卷第也。按十七史至宋已備，而編年之史僅有前、後《漢紀》，三國以下俱已散佚。英宗治平三年，因命君實編次《資治通鑑》，神宗元豐七年書成。上起戰國，下終五代，凡一千三百六十二年。君實名德篤學，所引以自助者，若劉貢父攽、劉道原恕、范淳父祖禹，又極天下之選，故能成此巨編。專取關國家盛衰，繫生民休戚，善可爲法，惡可爲戒者，洵不愧資治之稱，此天地間必不可無之書，亦學者必不可不讀之書也。身之謂注《通鑑》數家皆謬妄，故更爲之注，本仿古者經注别行之例，自爲一書，不載本文，但摘取其中數字或數句釋之，直至亂後，書亡重作，始以《考異》及所注者散入各文之下。其學長于地理，閻百詩極推之，今盛行于世，誠《通鑑》之功臣，史學之淵藪矣。前載君實進表，并神宗獎諭詔書及事略，又載身之音注序并總目目録，其序末祇繫古干支而無年號，以史考之，當在至元二十二年，蓋距宋亡已七載矣。此本爲長洲陳明卿仁錫所評閲，故有明卿序及評鑑凡例，又有南海李孫宸序。（《鄭堂讀書記》卷一六）

【資治通鑑目録三十卷】 明長洲陳氏刊本。宋司馬光撰。《四庫全書》著録。《讀書志》、《書録解題》俱載之。是書略舉事目，以備檢尋，本與《通鑑》及《考異》同奏上者。自序謂：「氣朔并閏及七政之變，置于上方。衆國之事，參差不齊，年經國緯，列于下方。又敘事之體，太簡則首尾不可得而詳，太煩則義理汩没而難知，今撮精要之語，散于其閒，以爲目録云。」蓋《通鑑》全書之綱領也。《考異》已散入胡注，而《目録》仍單行，今世所訂《通鑑》，莫善于胡氏刻，惜無《目録》，而陳氏刻有之。前有陳明卿序。（《鄭堂讀書記》卷一六）

【資治通鑑考異三十卷】明刊本。宋司馬光撰。《四庫全書》著録。《讀書志》、《書録解題》俱載之。此書亦與《通鑑》及《目録》同奏上，即《進書表》所謂參考羣書，評其同異，俾歸一塗者也。按編集《通鑑》采用之書，正史而外雜史至三百二十二種，其殘稿在洛陽者，尚盈兩屋，絶非掇拾殘賸者可比。雖助其事者有人，而考訂同異，歸于一是，俱可以己意斟酌之，因摘正文爲綱，而夾注考取之意于其下。此實創例，後李仁父燾、李微之心傳諸家，皆倣而行之，足以供讀史之一助。故胡身之注《通鑑》，即以是書散入各文之下，以省學者兩讀，此其用意固善，所以仁父、微之諸公修史，即自以考異散附各條之下，身之亦循是例也。然君實原書不得見矣。此猶是明初所刊單本，殊可寶貴焉。（《鄭堂讀書記》卷一六）

【通鑑釋例一卷】明長洲陳氏刊本。宋司馬光撰。《四庫全書》著録。《書録解題》、《宋志》俱作《通鑑前例》一卷。陳明卿又别出《修書帖》一卷，三十六條，四圖，共一卷，總云《司馬光記集修書凡例諸帖》，則與書局官屬劉恕、范祖禹往來書簡也。其曾孫侍郎伋季思裒爲一編，又以前例分爲三十六條，而考其離合，稽其授受，推其甲子，括其卷帙，列爲四圖。今觀是書，前祇載修書釋例十一條，而無三十六條，蓋明卿併各條中細目計之也。中附季思跋，亦稱分類爲三十六例，與明卿同。後止附《與范淳父論修書帖》二通，而《與劉道原帖》十三通别刊入《通鑑問疑》中，則已非原刻之舊，故與明卿所見之本異也。至劉北輿《通鑑問疑》一卷，遵《提要》例記于史評類。（《鄭堂讀書記》卷一六）

【稽古録二十卷】明長洲陳氏刊本。宋司馬光撰。《四庫全書》著録。《讀書志》、《書録解題》、《通考》、《宋志》俱載之。君實既撰《資治通鑑》，以卷帙太繁，鑒觀之主，力不暇遑，乃用芟夷，略存體要，由三晉開國之初，迄後周顯德之末，俱屬《通鑑》之崖略，而于每代之末，各爲之論，即英宗時所進《歷年圖》也。并前稱補伏羲神農，下至周威烈王二十二年，以接《通鑑》之首；後補宋太祖建隆元年下至英宗治平四年，以續《通鑑》之末宋代之事。即神宗時所進《百官公卿表大事記》也。大都陳前代興衰之跡，著古今得失之林，朱文公所謂可備講筵官僚進讀者也。按末卷書仁宗建儲事于英宗廟諱皆稱諱，而卷中陳曙一人凡三見，恐出後人擅易，非本文矣。前有進表，稱太皇太后陛下，當在哲宗幼沖之初，又有朱文公二則，爲陳氏刊本所加。張海若取以載入《學津討原》，能依《通鑑》校正闕文誤字，較善于此本云。（《鄭堂讀書記》卷一六）

【太玄經集注十卷】吴門五柳居坊刻本。前六卷宋司馬光撰，後四卷則光録許翰注也。光仕履見孝經類。翰字崧老，襄陵人。官右丞，蓋與光同時。《讀書志》儒家類總作《集注》十卷，俱爲温公所撰，失之。《書録解題》儒家類始以《集注》六卷爲温公所撰，又以《玄解》四卷，《玄曆》一卷爲崧老所撰云。《太玄曆》者，亦翰所傳，温公手録，不著何人作。此即今本第十卷末所附是也。《通考》儒家類雖兩載之，而不别出陳氏之六卷，此亦馬氏通病，不足爲異。《宋志》儒家類則止載温公《集注》六卷，而無崧老《玄解》四卷。朱氏《經義考》于《集注》下云《通考》十卷，注曰存；于《玄解》下云《通考》四卷，注曰佚；于《玄曆》下云《通考》一卷，注曰佚。恐未深考其書而漫注以佚字爾。此本末有弘治丁巳徐昌穀禎卿識，云舊藏唐子畏家，後以贈錢同愛，更無副本，惟賴此傳誦耳。所以《四庫全書總目》亦不載之。嘉慶戊午，吴門坊人得影寫宋鈔本，即昌穀所識者，因即付梓，行款悉照原書，復屬顧澗蘋千里重校一過，遇有疑似之處，仍存其舊，蓋慎之至也。温公以揚子爲文既多訓詁，指趣幽邃，而《太玄》又其難知者也，每疑先儒之解未能盡契揚子之志，因就漢宋衷《解詁》、吴陸績《釋文》、晉范望《解贊》、唐王涯《注經》及《首測》、宋維幹《通注》、陳漸《演玄》、吴祕《音義》七家，集取其説，斷以己意，謂之《集注》。又取崧老所解《首》、《測》、《衝》、《錯》、《攡》、《瑩》、《數》、《文》、《掜》、《圖》、《告》十一篇，附以釋文，通集注爲十卷，倣韓康伯注《繫辭》，合王弼爲全書之例也。所注明暢詳盡，與其《法言集注》同一用意之作，若謂其有過于范注，竊未敢以爲信也。前有元豐壬戌温公原序及《讀玄》一篇，又有《説玄》一篇，俱見原序。自爲之注，然與《通考》所載温公《説玄》不同，蓋各爲一篇也。《經義考》

於《太玄經章句》後兩載之。今陳榕門重訂《傳家集》載後一篇而前一篇不載，或仍原集之舊云。（《鄭堂讀書記》卷一六）

【潛虚一卷附潛虚發微論一卷】 知不足齋叢書本。宋司馬光撰，其《發微論》則張敦實撰也。《四庫全書》著録。《讀書志》、《書録解題》、《通考》、《宋志》俱載之。晁氏及《宋志》俱不載《發微論》。温公自題云：「萬物皆祖于虚，生於氣，氣以成體，體以受性，性以辨名，名以立行，行以俟命。」陳北谿淳申之曰：「《潛虚》本爲擬《玄》而作，《玄》之數九，而《虚》之數十。九者取三才相乘之數，而十者取五行生成之數也。故其書有氣、體、性、名、行、命之别，凡五十五名，秩然有序。又爲之行以文之，凡五十五行，行下有辭，以述行之意。自初至上凡七變，變下有解，以釋變之義。又爲蓍法以占之，以五行相乘，五其五爲二十五，又以三才乘之，三其二十五爲七十五。策虚其五，而用七十。揲之以十，而觀其餘，以斷吉凶元齊。餘三行無變，皆不占。其他五十二行，初上亦不占，而惟占其中之五變，然後以俟命焉。氣、體、性、名、行、命備，而實以全。雖若别爲一家，大概與《玄》相準，要之俱不足以有補于《易》，是以工於其數，而道則未也。」其推闡是書至矣。而晁氏稱：「其辭有闕者，蓋未成也。其手寫草稿一通，今在子建姪房，朱子稱泉州所刻乃無一字之闕，此贋本也。然則北谿所見之本，當即朱子所謂泉州本也。夫温公原本既有闕佚，後人尋其意義爲之補全，非全屬作僞之本。今以北谿之言核之是書，其條理賅貫，首尾完具，竟無從别其孰爲原本，孰爲補本。蓋雖非温公之舊，亦温公意中之所欲出也。不過所謂虚者，未免乎老氏之歸，於聖賢之心傳大義要旨，亦將何所發明哉？宋人書目皆列入儒家，過矣。張敦實論凡《潛虚總論》、《玄以準易虚以擬玄論》、《氣論》、《體論》、《性論》、《名論》、《變論》、《行論》、《命論》、《著論》十篇，皆闡明《潛虚》之義，準之小王注《易》，其猶《略例》乎？舊附于末，今亦仍之。後有淳熙壬寅陳應行總跋。《説郛》、《唐宋叢書》所收，皆無《發微論》云。

（《鄭堂讀書記》卷四六）

【涑水記聞十六卷】《學津討原》本。宋司馬光撰。光仕履見禮類。《四庫全書》著録。《讀書志》雜史類、《書録解題》雜史類、《通考》傳記俱作十卷，《宋志》故事類作三十二卷，蓋據所見本各異也。是書乃其記賓客所談祖宗朝及當時雜事而作，起太祖，訖神宗，一一注明某人云云于各條之下，故曰《記聞》。其不及注明者，或傳寫者佚脱也。蓋温公欲輯録宋事撰《資治通鑑後紀》，故多記國家大政，以儲作史料也。雖後來未及屬草，而即留爲修《神宗實録》之取材焉。紹聖初，蔡京等重修《神宗實録》，乃悉爲刊削，即此書亦幾遭毁版，益知此編皆無曲筆狥人之處，足以傳信于後世矣。是書傳本不一，文雖無甚同異，而卷數不齊，或多複見之條，惟武英殿聚珍版所定十六卷本考校盡善，非他本之可比。張若雲即據以付刊，并跋其後，冠以《提要》一篇，《説郛》僅節録一卷而已。（《鄭堂讀書記》卷六四）

張金吾

【切韻指掌圖一卷】 抄本。宋司馬温公撰。《四庫全書》著録本係從《永樂大典》録出者，此則原本也。首曰《切韻指掌圖要括》，邵氏《檢例》大半襲《要括》原文。或温公之檢例歟？·（《愛日精廬藏書志》卷七）

【資治通鑑二百九十四卷】 元刊本。葉石君藏書。宋朝散大夫、右諫議大夫、權御史中丞、充理檢使、上護軍、賜紫金魚袋臣司馬光奉勅編集。元後學天台胡三省音注。卷一後有葉氏石君題識、胡三省《新注資治通鑑序》、司馬温公進表、元祐元年紹興二年兩次刊板銜名。（《愛日精廬藏書志》卷九）

【通鑑釋例一卷】 抄本。宋司馬温公撰，曾孫伋重編。分三十六例，行間多注闕字，皆與伋跋語合，蓋猶是温公原本，未經後人竄改者。（《愛日精廬藏書志》卷九）

【太玄集注十卷】 抄本。宋司馬温公注。前有《讀玄》一篇，後四卷則襄陵許翰所注也。仿韓康伯注《繫辭》例，合温公書爲十卷，末附明徐禎卿等識語。（《愛日精廬藏書志》卷二三）

錢泰吉

【跋司馬文正公集】嘉慶乙丑，先府君養疴邸舍，案頭常寘者，《司馬文正公集》及鈔本陳氏《九朝編年備要》也。及府君疾亟，陳氏書不知何人取藏，衎石兄每與泰吉言之，同深歎惜。《文正集》幸存，乾隆五十五年涂水喬人傑、平陽徐昆、濩澤張德脩補劉氏繩遠所刻之版。咸豐二年夏日重裝，去府君下世已四十八年，欲取《傳家集》舊刻校讀，未能也。（《甘泉鄉人稿》卷六）

瞿鏞

【切韻指掌圖一卷】影鈔宋本。宋司馬光撰并序。又董南一後序，末有温公四世從孫跋云「刻於紹定庚寅」，其名則闕。此本蓋出吴門顧裒盅《小讀書目》，即《竹汀日記鈔》所謂影南宋槧本也。按《切韻》之書，以温公《指掌圖》爲最古，而温公之圖又以此本爲最古。雖亦不無淆亂，如十六圖庚、耕當在二等，登當在一等而竟互倒，十八圖之、支兩韻四等字並列一等，皆誤之甚者。至十九圖幫母下不字，蓋在宋時已竄入。故孫季昭《示兒編》論不字當讀逋骨切，以此書碑、彼、貝、不爲據，然十圖入聲亦用此韻，獨無不字，是原書本無不字，其迹猶未盡泯也。考《集韻》、《類篇》皆温公所修，《集韻》收不字於勿韻弗紐中，没韻則不收，與《廣韻》同，《類篇》「不，方久切」,又重音四「風無切」、「方鳩切」、「方副切」、「分物切」皆無所謂「逋骨切」之音,是十九圖之不字明係竄入。季昭考之未詳,誤據爲説,幸留此未經竄入處,得以考見温公之舊,則此本誠足貴也。宋諱惟匡、貞、朗等,尚減筆,餘不盡然,蓋轉寫失之。(《鐵琴銅劍樓藏書目録》卷六)

【切韻指掌圖一卷】影鈔元本。此本無刊刻年月,審其行款,當從元刊鈔出。卷首有温公像,上有分書贊曰:「上無所傳,下無所授,天資粹美,暗合道妙。」不知何人所作。序後載有《檢例》,與宋本同,而又增多數條,即邵氏所斥爲斷非温公作者。吾邑張氏傳刻《永樂大典》本,乃并題爲明邵光祖撰,則由未見宋元本也。宋本凡遇舌頭、齒頭之二三等,舌上正齒之一四等,脣輕半齒之一二四等,皆不作圈,此本亦然,而《大典》本悉作圈,是不知此數等非直無字,并無其聲也。此本竄改既多,脱譌尤甚,然亦有可資補正宋本、《大典》本者。如一圖定母平聲一等,宋本、《大典》本皆作「淘」。考《廣韻》豪韻不收「淘」,則此本作「陶」是也。二圖精母去聲一等,宋本、《大典》本皆作「粽」,考《廣韻》「粽」爲俗字,則此作「糉」是也。十四圖精母入聲一等,宋本、《大典》本皆作圈,此本作「喿」,「喿」蓋「噪」之譌,考《廣韻》鐸韻,「喿,祖郭切」,《五音集韻》同。《四聲等子》、《切韻指南》「宕」攝合口呼,圖内皆有之。又「穿」、「狀」、「審」三母去聲二等,宋本、《大典》本皆作圈,此本作「稯」、「漎」、「淙」,亦與《廣韻》、《五音集韻》、《等子》、《指

南》諸書合，其類此者正不少也。（《鐵琴銅劍樓藏書目録》卷六）

【資治通鑑二百九十四卷】 宋刊本，此書原闕廿五卷又十九葉，鈔補全。卷一至卷八題「朝散大夫、右諫議大夫、權御史中丞、充理檢使、上護軍、賜紫金魚袋臣司馬光奉敕編集」，其卷九以下題銜較多，曰「翰林學士、朝散大夫、右諫議大夫、知制誥兼侍講、同提舉萬壽觀公事兼判集賢院、上護軍、河内郡開國侯、食邑一千三百户、賜紫金魚袋臣司馬光奉敕編集」。第四行，低三格題「某朝紀」，小字注曰「起某某」、「盡某某」、「凡幾年」，用太歲名。第五行，低五格題「某王帝」，第六行，本文。目録繫卷後，目後有元豐七年十一月温公《進書表》，結銜與前題名異，曰「端明殿學士兼翰林侍讀學士、太中大夫、提舉西京嵩山崇福宫、上柱國、河内郡開國公、食邑二千六百户、食實封一千户」，蓋前所題者，英宗時結銜也。同修者劉攽、劉恕、范祖禹，檢閲文字者司馬康，俱署銜。表後有獎諭詔書。又「元豐八年十月四日奉聖旨下杭州鏤板」，校對者爲張耒、晁補之、宋匪躬、盛次仲，校定者爲張舜民、孔武仲、黄庭堅、劉安世、司馬康、范祖禹，主校者爲吕大防、李清臣、吕公著，俱署銜，以左爲上。又「紹興二年七月初一日兩浙東路提舉茶鹽司公使庫下紹興府餘姚縣刊板」，「紹興三年十二月二十日畢工印造進入」。列主管本司文字兼造帳官及提舉茶鹽司邊知白、常任佚、强公徹、石公憲、韓協、王然六人銜。校勘監視者，列嵊縣進士婁謂、茹贊廷、唐奕、婁時升、婁時敏、石衮、茹幵、王忿、張綱等，興國縣主簿唐自餘、姚縣進士葉汝士、杜邦彦、錢移哲、陸宬、顧大治、吕克勤、張彦衡、朱國輔、杜紱、孫林等，又餘姚主簿王絪、嵊縣尉薛鎡、嵊縣丞桂祐之、紹興府學教授晏肅、餘姚縣丞馮榮叔、晏敦臨、知嵊縣范仲將、知餘姚縣徐端禮、鎮東節度判官張九成諸人。此本似即紹興時所刻，然書中慎、敦、郭字皆闕筆，疑出寧宗時修板印行也。每半葉十一行，行廿一字，板刻清朗，楮墨如新，允爲宋刻至佳本。舊藏郡中汪氏，卷中有敬德堂圖書印、桂堂王氏季積圖籍、趙子印氏諸朱記。（《鐵琴銅劍樓藏書目録》卷九）

【資治通鑑三卷】宋刊殘本。存《魏紀》六、七兩卷，《唐紀》二十六一卷。每卷首無題銜字，紀年下注干支二小字，間附音義於本文。每半葉十一行，行十九字。案胡景參《釋文辨誤》附載海陵本、費本各條，核此本音義，知即爲蜀廣都費氏進修堂板刻，世所謂龍爪本是也。《音義》與史本微有不同。《魏紀》中「闞」字，史作苦濫切，此作「苦浪」，「頎」字史作渠希切，此作「渠斤」，史爲不誤。「曹爽挾彈到後園中」注「彈，徒案切」，「挾弓以行園」，史本「園」作「也」字，則似此本爲優。（《鐵琴銅劍樓藏書目録》卷九）

【資治通鑑七十七卷】宋刊殘本。存卷四至二十四、卷六十七至八十七、卷一百五十九至一百八十五、卷二百三十五至二百五十七。卷每半葉十一行，行二十一字。貞、桓字減筆。舊藏邑中錢氏。有「籛後人」、「文石」、「朱象元氏」朱記。（《鐵琴銅劍樓藏書目録》卷九）

【資治通鑑二百九十四卷】元刊本。題「朝散大夫、右諫議大夫、權御史中丞、充理檢使、上護軍、賜紫金魚袋臣司馬光奉敕編集，後學天台胡三省音注」。此元時興文署刻本。案，至元二十七年正月，立興文署，召集良工刊刻諸經子史板本，以《通鑑》爲起端，是官刻善本也。後有温公《進書表》、《元豐七年獎論詔書》、元祐元年奉旨下杭州鏤板校定諸人銜名、紹興二年兩浙東路提舉茶鹽司公使庫下紹興府餘姚縣刊板、校勘、監視諸人銜名。前有胡三省《音注》自序。舊藏郡中文氏、邑中嚴氏皆有題識。文氏曰：「丁亥年九月，玉磬山房閱。」又曰：「萬曆丁酉歲十二月廿又三日看畢，老人心力衰減，涉獵而已，彊記則不能也。清涼居士記。」又曰：「家中書籍散亡，此書幸存，老年無事，時一觀覽，遂至再四，然心神耗減，不能記憶，障目而已。萬曆辛丑四月朔日，湘南老人記，時年七十有三。」又曰：「此書向在亨弟所，天啓丙寅閏六月，偶念祖父手澤，思欲一觀，因以師古齋所刻一部易之，藏於石經堂。三世藏書家不多，有遺書能讀，乃足貴耳。二十五日乙丑，震孟謹記。」又嚴氏曰：「此本爲文氏藏書，自衡山先生至文肅公俱有題識，病中無聊，命筆點一過，賦性魯鈍，掩卷即忘，殊可恨也。丙辰十月十六日嚴虞惇記。」又曰：「此爲文氏藏書，先大人得之以授小子者也。先世藏書，一無所存，惟此猶爲故物。故自里門攜至京師，時一展玩。但應酬牽率，不能專力，大概涉獵而已。虞惇記。時戊寅八月二十日。」又曰：「虞惇年十三，先君子白雲先生即命讀《資治通鑑》，因用徐氏坊本點閱一過。後復校此書，歷年動筆圈點，作輟不恒，去歲謫官，索居無事，遂得終閱。嚴虞惇再記。時辛巳二月十八日。」又曰：「先君子於此書，凡經六七閱，歲久，紙畫零落，不堪展讀。雍正庚戌，命工重裝，補綴成帙，庶可傳之家塾。此書自文氏衡山先生歷文肅公凡□世，先王父中憲公爲文肅外孫，故幼時即受而卒業。繼以授先君子，逮予小子亦經三世，歷年二百有餘，前賢之遺蹟未渝，先人之手澤宛在，子孫其永保之哉。鎏謹志。」卷末有「玉蘭堂圖書記」、「石經堂印」、「世綸堂印」、「嚴虞惇讀書記」諸朱記。（《鐵琴銅劍樓藏書目録》卷九）

【資治通鑑考異三十卷】明刊本。題「端明殿學士兼翰林侍讀學士、太中大夫、提舉西京嵩山崇福宫、上柱國、河内郡開國公、食邑二千六百户、食實封一千户臣司馬光奉敕編集」。前有提督浙江學校按察副使河汾孔天允題記，謂嘉靖甲辰六月開局校刻《資治通鑑》，明歲春三月完其書。另《考異》三十卷，俱從唐太史家宋板文字。卷首有「嘉禾施衮」朱記。（《鐵琴銅劍樓藏書目録》卷九）

【太玄集注六卷太玄解四卷附太玄曆一卷】宋鈔本。《集注》題「涑水司馬光」，《解》題「襄陵許翰注」，《曆》附《解》後，不著撰人姓名。《集注》首冠温公《讀玄》一篇，《解》末有跋云：「右十一篇《解》，附以《釋文》，出許翰。《音考》曰：王即唐王涯，陳即近世陳漸，著《演玄》，吴即吴祕，作《音義》，郭即郭元亨，作《疏》，丁即丁謂，許即許昂，章即章詧，黄即黄伯思，林即林瑀本云。」《曆》末有跋云：「右許翰傳《太玄曆》，出温公手録。經後不著誰作。本疑準賁、沈準觀，翰更定爲觀、爲歸妹云。」案：此書世不經見，是本相傳爲南宋人所寫，書法勁正，前明名人珍藏，印記纍纍。每半葉八行，行十七字，注每行廿四字。宋諱貞、敬字皆闕筆。卷末有題識云：「弘治乙卯臘月，葑溪邢參觀於臯橋唐伯虎家。」又有題云：「此本舊藏唐子畏家，後以贈錢君同愛，更無副本，惟賴此傳誦耳。錢君幸珍藏之。丁巳冬，徐禎卿識。」又有題云：「吴爟、錢澈、周芝補遺。」「長洲陸延芝、陸灼校訂。」「崇禎丙子張丑敬觀。」近爲郡人黄復翁所得，潢治成册，有錢宫詹題跋云：「温公集注《太玄》六卷，見於《宋藝文志》，而世罕傳本。至許崧老之《玄解》，則《宋志》無之，惟《直齋》所録，與此本正同。崧老本續温公而作，而卷第相承，蓋用韓康伯注《易》之例。《太玄曆》不著撰人，許氏云出温公手録，則温公以前已有之。其以六十卦配節氣，不及坎、離、震、兑者，京氏六日七分法，四正爲方伯，不在直日之例也。此本字畫古朴，又多避宋諱缺筆，相傳爲南宋人所鈔。明中葉，唐子畏及吾家孔周先後藏弆，一時名士多有題識。好事者誇爲枕中之祕。去冬雲濤舍人始購得之，招余審定，歎其絶佳。越明春，借讀畢，因題。時癸丑二月廿七日錢大昕。」又唐陶山觀察題云：「右《太玄注》并《解》，宋鈔，凡十册，因籍一大紳家得之，以觸廟諱字特多，不進内府。考明時藏吾家六如家，余當弆之。然仕於州縣，不解藏書，而蕘圃主政精考訂，且曾見此書，時時念之，因舉以相贈，亦以其舊藏吴中，今仍置之臯橋、吴趨間，抑亦吾家六如所心許也。買櫝還珠，吾無悔焉。主政其善寶之。嘉慶六年九月既望，陶山唐仲冕識。」卷首尾有「吴氏家藏」、「吴寬原博」、「匏翁」、「徵仲」、「啓南」、「石田」、「張丑之印」、「王騰程印」、「王元齊印」諸朱記。（《鐵琴銅劍樓藏書目録》卷一五）

【潛虚一卷潛虚發微論一卷】影鈔宋本。題「宋太師温國公司馬光撰」。其《發微論》題「左朝奉郎御史張敦實撰」。昔人見温公所作《潛虚》遺墨，俱有闕文，疑爲未成之書，此本完善無闕，即朱子所見泉州本，目爲贋本也。然當時建陽、邵武俱有刻本。邵武惟缺繇辭，此迺泉州教授陳應行乞諸公曾孫温陵守某得家藏全本，合張氏《發微論》以刊者云。繇辭悉備，豈温公後人所增入者歟？抑張氏作《發微論》時爲之補全耶？古人作一書，經後人拾遺訂墜者恒多，何獨於《潛虚》而議之也。後有應行跋。舊爲錢遵王藏書，繼歸泰興季氏。卷首有「虞山錢曾遵王藏書」、「安樂堂藏書」、「季振宜印滄葦」諸朱記。（《鐵琴銅劍樓藏書目録》卷一五）

【温國文正司馬公文集八十卷】宋刊本。宋司馬光撰。題「温國文正司馬公文集」，與世行本稱《傳家集》者不合。其編次亦異。凡賦一卷、詩十四卷、章奏謚議四十卷、制詔一卷、表一卷、書啓六卷、序二卷、記傳二卷、銘箴頌原説述一卷、贈諭訓樂詞一卷、論二卷、議辨策問一卷、史贊評議疑孟一卷、史剡迂書一卷、碑誌五卷、祭文一卷。每半葉十二行，行二十字。書中「桓」字注「淵聖御名」、「構」字注「御名」，是紹興初年刻本也。前有紹興二年劉嶠刊板序，及《進書表》，今世行《傳家集》誤劉嶠爲劉隨，并節去序文首尾及年號官銜，《表》亦不載，今竝附録，以表宋刻之真。序曰……表曰……表後有朱筆題「洪武丁巳秋八月收」八字，爲徐良夫手筆，卷末有弘治乙丑盧雍題記云：「國初吴儒徐松雲先生收藏《温公集》八十卷，缺九卷，雍謹鈔補以爲完書云。」又黄丕烈跋云：「此本爲宋最初之刻，錢竹汀謂余曰，宋王深寧撰《困學紀聞》，載温公集字句，多與此刻合，知深寧所見即是本也。世行本以《傳家集》爲最古，今見此紹興初刻，題曰《温國文正司馬公文集》，則《傳家》之名，非其最初。及觀周香巖所藏舊鈔本，亦爲卷八十，題曰《司馬太師温國文正公傳家集》，卷末有「泉州公使庫印書局淳熙十年正月内印造到」，又有嘉定甲申金華應謙之及陳冠兩跋，皆云公裔孫出泉本重刊，是《傳家》又重刊本矣。卷首有「徐達左印」、「松雲道人徐良夫藏書」二朱記。（《鐵琴銅劍樓藏書目録》卷二〇）

【司馬太師温國文正公傳家集八十卷】明刊本。此本爲嘉靖間潛江初啓昭所刻，高陵吕公枏校定。前有劉隨序。隨乃嶠之誤，序文亦不全。（《鐵琴銅劍樓藏書目録》卷二〇）

戴儒珍

【重葺司馬温國公文集序】司馬温國文正公爲有宋第一流人，學問、經濟、道德、功名冠冕當時，衣被後世，文章特餘緒也。其《資治通鑑》一書，上繼孔氏《春秋》，下開紫陽《綱目》，褒誅萬世，榮辱千秋，爲文章中華衮斧鉞，乃立言之大者。而其他著作，不盡傳於世，故明歸安茅子鹿門斧藻文品，取北宋歐、蘇、曾、王與唐之韓、柳並列爲大家，而不及司馬氏，非有所低昂而棄取之也。蓋眉山、南豐皆不及大用，廬陵雖通顯，未盡其才志，故得專精於文，而以文傳。臨川以新法亂天下，德行政事鄙謬無足道，獨其文有不可没者，亦不以人廢言之意。乃若文正公身繫天下之重，處則爲中國所想望，出則爲外夷所懾服。歷事四朝，相天子，活百姓，剗除新政，力反熙豐爲元祐，孜孜匪懈，誠有不暇吮墨濡毫爲掞藻摛華之事者。且公之重於天下，不以文也，故文不必傳。然夙聞其明三德，進五規，陳六事，以及請建儲、疏灾異、定濮王典禮，其讜議名論，大文彌耀於天壤者久已，心傾其不朽。

及同治甲子秋，珍自定襄量移治夏。夏固公梓里也，下車後即肅謁公祠，因取公家藏文集讀之，疏劄奏對詞賦記贊，凡八十二卷，皆其忠誠悃款，以有德爲有言，無意爲文而文自至，不求聞世而世可寳者也。特以殺青既久，棗梨殘缺，雖前人既經鍥補，而年代又延，復不免魯魚亥豕之誤，況僅藏諸家，未經廣布。懼其剥蝕而遂湮也，乃自捐廉俸，並請邑之僚友士紳共襄厥事。於是考訂校正，重付剞劂，俾成完本。非徒徵考文獻已也，將使讀公之文章，因進究公之學問、經濟、道德、功名，以寄羹墻琴夢之私，而爲步趨則效之準云爾。

誥授朝議大夫運同銜、知夏縣事白門戴儒珍幼安氏謹撰，同治四年歲次乙丑冬月穀旦。

（《司馬温公文集》卷首）

盧志詳

【重葺司馬温公文集序】夏縣爲宋司馬温公故里，七百年來，士大夫鮮有不悉公之名氏者。顧其文集八十有二卷，或未能家藏而户誦之也。咸豐甲寅歲，詳爲學官於此，日取公文讀之，後因病去。閲八載，復履是任。將以公之文遍貽知交，及繙閲舊版，遺失頗多，每思補葺完好，而力有未逮。甲子冬，戴幼安明府適蒞兹土，於邑之廢者修之，墜者舉之，遂因詳一言，選匠授工，詳及諸生共校讎其間，三閲月而工竣，計爲數一千五百五十四頁，新刊者凡八百三十四頁。

緬惟理學源流，莫盛於南宋，而不知實肇自伊川及司馬温公。惟公以事業顯，傳者遂不及其文，全書具在，可按而知也。夫古今惟至文不壞，而物之全毁有時，至於毁而復全，此固後之賢宰及司訓者之責，而亦公之遺澤有以致之，豈非其所憑依，乃其所自爲也哉。爰綴數言，附於公集之後，以示後之繼余而爲學官於斯者，共謹其藏，因以廣其傳云。

時同治四年歲次乙丑冬月，夏縣訓導上黨盧志詳頓首敬識。（《司馬温公文集》卷首）

毛德如

【重補司馬温國文正公文集跋】古所謂三不朽者，立德必先於立言，然自堯、舜、文、武以迄孔、孟，其功德所昭，未嘗不以言見也。司馬温公世居夏，爲有宋一代偉人，其古蹟在夏者，《忠清德粹碑》歷年已久，杳生龜趺之側，猶屹然於墓道旁。《洛陽耆英圖》、《布衾銘》勒石在祠堂者，猶昭然於墻壁同。至其文集，流傳於世，已遍海内，而書版所存，殘闕過半，邑中人惻然者久之。

甲子秋季，邑侯戴公綰邑篆，見其版頁之失，慨然欲爲補刊。學博盧公相與贊成之。因思《通鑑》一書，網羅數千百年，以爲萬世鑑者，固與日月同光，而其文集則公之懷抱，因言而見者具於此也。夫元祐時，三黨鼎立，程、蘇、劉摯等皆爲名儒，而公獨不立黨，其純粹倜乎遠矣。今取此書而讀之，其在洛閉户著書，與文、韓諸公詩酒相酬，聲身而律度者，可因言以見也。其在朝奏章諫草，與范、吕諸公出入諷議，功施爛然，兒童走卒咸與歌頌者，可按籍而知也。則公之德與功，昭垂來兹者，深賴是書；而補刊此版以綿於奕禩者，其有功於書，亦豈浅鮮哉。

誥授朝議大夫、兵部武庫司兼職方司主事加四級毛德如謹跋。（《司馬温公文集》卷末）

徐爾謩

【同治遞修温國文正公文集跋】按蘇文忠撰公行狀，稱公有集八十卷。《宋史・藝文志》亦列公集八十卷。兹集共八十二卷，似非其舊。然首尾完備，體類燦然，又所上章奏皆注年月與日，則必出公手稿無疑。觀集中每遇「構」字避，寫「太上御名」，則初刻當在孝宗初年。蓋公集原本既經黨禁毁裂，而曾孫吏部侍郎伋扈蹕南遷，尚能珍弆手澤，裒輯而鋟傳之，所謂《傳家集》者，此也。明萬曆間，公十六世孫祉始還居夏，以西籍成進士，官邵武守，出其世藏本復刻於閩中，而版未攜歸。此則天啓丁卯吴提學時亮發刻，卷首猶列閩刻潘序，當必一仍閩版之舊，而吴序猶稱八十卷者，則尚沿行狀、《宋志》所稱，未暇考正耳。

版舊藏公祠堂，入國朝未毁。康熙間，邑令蔣起龍、林芃迭加修補。嗣是當局者不以措意，奉公祠者又典守不謹。癸亥夏，謩應夏人之聘，來主講舍，展謁公祠，詢所藏文集，則版在旁舍，散置地上。意其歲久，缺失必多，而恐其終歸朽壞也，諮之同年賈君小樵瑚，乃得其殘缺之實，亟謀所以補之，而以工鉅未果。廣文盧君静軒志詳，先取祠中所存置諸學舍，稽其數則亡過半矣。戴君幼安儒珍來主是邑，欣然以修葺爲己任，監索謩所購善本去，召工模刻，請盧君静軒董其事，而屬謩襄校字之役，且爲之序。

廖惟校勘之難也，舊版以學使發刻，分命學官校之，每卷書其校者職名，可謂精且嚴矣，而烏焉之訛，所在多有。且如卷一《不受尊號批答》，前後復見。卷五十一《喜張聖民得登州》五律一首，又誤爲卷四十九《曉思》之次首。則是當時宋刻尚有訛舛，今也以修葺爲事，則但當校其新版之盩於舊者，與夫功令之當缺筆者，於舊版則漫漶者鍥補之，餘無他本可證，皆從闕疑之例。占畢固陋，其所及見者既無能爲役，其不及見者又以重誤後人，能無愧耶？且推崇先賢以興民行，守土之任也；蒐輯遺文以勸士學，廣文之責也。廖不敏，不克與同舍諸子勉於實事，以振公之教澤，又何敢贊一辭於公之文？然以生平慕公之殷，得數千里游公之鄉，宅公之祠旁，慰其羹墻之私者三年，今將去供京職，又邂逅公集之復新，以附名校讎之末，抑又何幸耶。辭不獲已，敢書其愧且幸者如此。若公勳名德化之盛，道誼文章之美，及茲刻集貲、庀工、字數、時日之詳，則具見前序及戴、盧兩君序中，非廖之所知也。

時同治四年歲次乙丑冬十二月既望，賜同進士出身、翰林院檢討、後學仁和徐爾廖謹跋。

（《司馬温公文集》卷末）

伍九疇

【重補司馬温國文正公文集序】宋司馬温公學問人品，俱見於《資治通鑑》一書，文集其餘事也。

公一生道德功名焜耀於史册者，諸先輩已詳序之，予何人斯，又何敢多贅一辭乎？顧嘗讀《綱鑑》，有石工安民者，不忍刻公爲奸黨，及加罪，泣曰：「乞免鐫『安民』二字於石末。」嗚呼，彼愚工何知，而乃心悦誠服至斯，此其故何哉？予知之，予信之，予不能言之。

公夏縣人。同治戊辰春，予秉鐸斯土，稽閲交代舊籍外，有公文集刻版若干，仔細檢點，壹版僅缺，即欲補之，而未便也。己巳冬，同寅等刷印公集，予急捐廉復補，以遂初志。計數共壹千伍佰伍拾伍頁。謹記數語，聊以序其緣起如此。若云序公之文，予雖謬甚，斷不至斯。且望後之廣文斯地者，有缺即補，俾常完好，是尤予之厚望也夫。

同治玖年歲次庚午夏月，夏縣教諭古陶武九疇頓首敬識。（《司馬温公文集》卷首）

丁　丙

【切韻指掌圖二卷】　精鈔本。宋司馬光撰。前有光自序云：「科别清濁，爲二十圖，以三十六字母列其上，推四聲相生之法，縱横上下，旁通曲暢，律度精密，最爲捷徑。名之曰『切韻指掌圖』。」嘉定癸亥番陽董南一爲序，後有明邵光祖《檢例》一卷，洪武二十三年楮園王行題識，更有甌東陳虬校正手跋。（《善本書室讀書志》卷五）

【資治通鑑二百九十四卷】　明嘉靖杭州依宋刊本。朝散大夫、右諫議大夫、權御史中丞、充理檢使、上護軍、賜紫金魚袋臣司馬光奉敕編集。涑水撰此書，上起戰國，下終五代，凡一千三百六十二年，閱十九載始成。草稿至盈兩屋，淹通貫串，爲史家絶作。前有《治平資治通鑑事畧》、又光進書表，明嘉靖甲辰提督浙江學校按察副使河汾孔天允題云：「從唐太史家宋版文字雕繕，用布學宫。杭郡太守陳一貫總其紘要，仁和令程良、錢塘令龔雲從、縣丞周璉、歸安學諭浦南金、錢塘學諭張鳴鶴、仁和學諭梁木、桐鄉學諭謝明德、武康學訓鄔縉、錢塘學訓林公惠、秀才王文祥、邵文珮、李東瀛、錢昕、鈕經、李敬孫等分爲校理。」按：是書元祐元年十月奉聖旨下杭州鏤版，紹興二年七月餘姚縣刊版，自宋時已兩刊於浙中也。（《善本書室讀書志》卷七）

【資治通鑑二百九十四卷】元刊明修本。朝散大夫、右諫議大夫、權御史中丞、充理檢使、上護軍、賜紫金魚袋臣司馬光奉敕編集。後學天台胡三省音注。至元二十七年正月，立興文署，召集良工刊刻諸經子史，以《通鑑》爲起端，即是本也。前有温公進書表、元豐七年獎諭詔書、元祐元年奉旨下杭州鏤版校定諸人銜名、紹興二年兩浙東路提舉鹽茶司公使庫下紹興府餘姚縣刊版校勘監視諸人銜名，及胡三省《音注》自序。三省字身之，寶祐進士，賈相館之。釋《通鑑》三十年，兵難，稿失。乙酉留袁氏家塾日手鈔審定。己丑，寇作，以書藏窖中，得免。明正嘉以來，是版歸入南廱，遞有修補。嘉慶間，鄱陽胡氏仿刻固稱善本，然未能畢似也。（《善本書室讀書志》卷七）

【資治通鑑考異三十卷】明嘉靖依宋刊本。端明殿學士、兼翰林侍讀學士、太中大夫、提舉西京嵩山崇福宫、上柱國、河内郡開國公、食邑二千六百户、實食封一千户臣司馬光奉敕編集。温公作《通鑑》，所採自正史外，雜史至三百數十種，紀録既繁，異同互出，因參校以明去取。元豐七年，隨《通鑑》同奏上此。明嘉靖中，孔天允序稱以唐荊川家宋本付雕，每半葉十行，行二十字，字畫秀挺，不減宋刻也。（《善本書室讀書志》卷七）

【家範十卷】明刊本，金元功藏書。宋司馬光著。《家範》古刻罕見，此本每半葉九行，行十八字，每葉下紀字數，頗有宋槧遺模。前後無序跋，不知何時何人所梓。有「金元功藏書記」一印。元功，太倉州人，南樓書籍，儲藏最富，今則散於雲煙矣。（《善本書室讀書志》卷一五）

【宋司馬温國文正公家範十卷】明萬曆刊本。與《宋史·藝文志》、《文獻通考》著録均合。首載《易》家人卦辭，及節録《大學》、《孝經》、《堯典》、《詩·思齊》篇語以爲綱領，其後自《治家》至《乳母》分十九篇，皆雜採史事可爲法則者，間參己論，與朱子《小學》體例小異，而節目簡要，似較《小學》更切於日用。明萬曆間，陳侍御世寶巡視東南河道，復爲鋟梓，知東昌府莫與齊、馬巒、馬化龍並爲序跋。温公十六世孫祉、十七世晰皆序述祖志而頌侍御之德意。吾杭南山慧日峰有温公磨崖隸書家人卦，與此猶見公修己型家之梗概也。天啓丙寅司馬氏刊本在此後。（《善本書室讀書志》卷一五）

【司馬太師温國文正公傳家集八十卷】明初刊本，龔蘅圃、周雪客藏書。宋司馬光撰。光字君實，陝州夏縣人。以蔭入官，年二十舉寶元元年進士。神宗即位，擢翰林學士、御史中丞，後除樞密副使，力辭去。元祐初，拜門下侍郎，繼遷尚書左僕射，卒年六十八，謚文正。建炎中，配享哲宗廟庭。文集乃公手自編次，公薨，子康相繼殁，晁以道得而藏之，中遭黨禁，南渡後，始授之謝克家，而劉嶠爲之序，題曰「温國公文正司馬公文集」。有《進司馬温公文集表》一篇。此書黄丕烈百宋一廛珍藏者，當是紹興初刻，《士禮居藏書題跋》云：「周香巖所藏舊鈔本亦爲卷八十，而標題則曰『司馬太師温國文正公傳家集』，末有『泉州公使庫印書局淳熙十年正月内印造到』云云。」又有嘉定甲申金華應謙之并有門生文林郎差充武岡軍軍學教授陳冠兩跋，皆云「公裔孫出泉本重刊」，與此本標題泉州本合。前有劉隨序，當因嶠而誤也。然相傳已久。每葉二十行，行二十字，較之乾隆時刊本爲勝多矣。末有「康熙壬辰三月十又三日，仁和後學龔翔麟盥誦終卷」，鈐有「翔麟」小印，首有「龔蘅圃祕笈」之印，又有周雪客家藏書一印。（《善本書室讀書志》卷二六）

陸心源

【影宋鈔切韻指掌圖跋】温公《切韻指掌圖》，原本久佚，四庫著録者圖存温公之舊，《檢例》則元人邵光祖所重定也。是本從宋紹定時越中讀書堂刊本影寫，前温公序，後有嘉泰癸亥董南一重刊序，及紹定庚寅公四世某跋，末有「程景思刊」一行，及温公小像。《檢例》固不如邵氏之詳，其謂德洪切東字，先調德字，求協聲韻於圖中，尋德字屬端字母，係入聲内第一等眼内字；又調洪字，求協聲韻於圖中，尋洪字，即自洪字横截過端字母下平聲第一等眼内，即是東字。此乃音和切，萬不失一。其間有字不在本等眼内者，必屬類隔，當以翻四聲調之，必有一得，其言殊多未了。邵氏謂非温公作，良有以也。第二十圖缺下一葉，當據元刊補之。（《儀顧堂集》卷一六）

【宋槧通鑑考異跋】《資治通鑑考異》三十卷，每卷題曰「端明殿學士、兼翰林侍讀學士、大中大夫、提舉西京嵩山崇福宫、上柱國、河内郡開國公、食邑二千六百户、食實封一千户臣司馬光奉勅編集」。光字空一格，敕字空一格。每頁二十二行，每行大字十九，小字二十三，版心有字數及刻工姓名。楚王殷之殷、蹇朗之朗、王匡之匡、敬暉之敬、李守貞之貞、蕭炅之炅、楊思勗之勗、楊慎矜之慎、構異謀之構，有缺有不缺，字體與三山蔡氏所刻陸狀元《通鑑》相近，且多破體，當爲孝宗時閩中坊本。余插架又有明嘉靖、萬曆兩刻，嘉靖本每頁二十行，每行大小皆二十字，版心無字數及刻工姓名。萬曆本即翻嘉靖本，版心有萬曆十四年及字數、刻工姓名。此本頗多墨釘，明本無之，或所據本又在此本之前耳。（《儀顧堂題跋》卷三）

【北宋蜀費氏進修堂大字本通鑑跋】《資治通鑑》二百九十四卷，每頁二十二行，每行十九字。

小字雙行版心有字數及刊板銜名。宋諱朗、匡、胤、殷、貞、敬、曙、徵、恒、佶，皆缺避，桓字不避，蓋徽宗時刊本也。間附《音義》于本文之下，如胡身之《釋文辨誤》所引卷十七「三年，鄠杜令欲執之」，費本注曰：「鄠杜，古杜伯國，京兆邑。」卷一百廿六「三十年，武陵王軍于溧州」，費本注曰：「溧，水名，出丹陽溧水縣。」卷一百六十五「三年，嚴超達自秦郡進圍涇州」，費本注曰：「涇州，蓋以涇水爲名。」卷二百八「二年，改贈后父韋玄貞爲酆王」，費本注：「酆，郡名。」與此本皆合。則爲蜀廣都費氏進修堂本無疑，宋人所謂龍爪本者是也。自胡梅磵注行，而史炤《釋文》遂微，然世尚有傳抄者。龍本則卷帙繁重，無人重刊，流傳益罕，誠希世之祕笈也。每卷有「靜江學係籍官書」朱文長印，卷六前有朱文木記曰：「關借官書，常加愛護，亦士大夫百行之一也。仍令司書明白登簿，一月一點，毋致久假。或損壞去失，依理追償收匿者，聞公議罰。」案：靜江府宋屬廣南西路，靜江路元屬湖廣省，即今廣西桂林府。不曰路學而曰靜江學，蓋宋時靜江學藏書也。（《儀顧堂題跋》卷三）

【元版資治通鑑跋】《資治通鑑》二百九十四卷。題曰「朝散大夫、右諫議大夫、權御史中丞、充理檢使、上護軍、賜紫金魚袋臣司馬光奉敕編集，後學天台胡三省音注」。前有興文署刊版、翰林學士王磐序、仁宗御製序、胡三省《音注》序，後有温公進書表，同修劉攽、劉恕、范祖禹、檢閱文字司馬康等銜名，及元豐七年獎諭詔書、元祐元年奉旨下杭州鏤板，校定范祖禹等銜名，紹興二年兩浙東路提舉茶鹽司公使庫王然等紹興府餘姚縣刊板銜名，校勘監視張九成等銜名。元刊本每頁二十行，行二十字，小字雙行，版心有刊工姓名及字數。案：元至元二十七年正月，立興文署，召集良工刊刻諸經子史板本，以《通鑑》爲起端，爲胡梅磵注之祖本，亦元時官刊最善之本也。閩中李鹿山舊藏有「曾在李鹿山處」朱文長印，後歸汪士鐘，有「汪士鐘曾讀」朱文長印，「長洲汪文琛鑑藏書畫印」白文長印。（《儀顧堂題跋》卷三）

【傳家集跋】《司馬太師温國文正公傳家集》八十卷，明刊本，前有劉隨序，每葉二十行，行二十字。案：集爲温公所自編，原本一百卷，公薨，子康又没，晁以道得而藏之。中更禁錮，迨至渡江，幸不失墜。後以授謝克家，劉嶠刊而上之。宋季，光州有版，見《郡齋讀書志》、《直齋書録解題》，是公集生前無刊本，至南宋而劉嶠始爲版行。此本八十卷，較光州本已少二十卷，故《提要》所舉《辭樞副疏》、《論西夏疏》、《張載私謚議》及《宋文鑑》所收《文中子傳》皆不載，以乾隆中陳文恭刊本互校，卷十六《撫納西人詔意》，明本在卷五十二《請撫納西人劄子》後，明刊卷五十三《乞進呈文字劄子》後有中使徐湜封還傳宣一道，陳本缺。卷六十三《嘉祐八年四月十九日申堂狀》，明本在二十九卷末，《熙寧三年十二月一日申宣撫使權住製造乾糧狀》，明本在四十五卷《奔神宗喪狀》後，《大辟貸配法草》明本在四十卷末。卷四十五《奏乞兵官與趙瑜同訓練泊駐兵士狀》「所貴公共」下，陳本脱三十字。《文中子傳》則文恭據《宋文鑑》補入。黄蕘圃百宋

一廛宋刊本前有劉嶠序及《進書表》，當即晁氏所謂劉嶠刊版者，然亦衹八十卷，何也？（《儀顧堂題跋》卷一〇）

繆荃孫

【司馬太師温國公文正公傳家集八十卷】 明繙刻宋本，每半葉十行，每行二十字，黑口，蓋出於泉州本。（《藝風藏書記》卷六）

【涑水記聞二卷】 舊抄本，謙牧堂藏書。提行避諱原出於宋，而重複雜亂，絶非手定之本。温公是編，雜録宋代舊事，起於太祖，終於神宗，每條皆注其述説之人，故曰「記聞」，或如張詠請斬丁謂之類，偶忘名姓者，則注曰「不記所傳」，明其他皆有證驗也。間有數條不注者，或總注於最後一條以括上文，或後來傳寫，不免有所佚脱。案，《通考》「温公日記」條下引李燾之言曰：「文正公初與劉道原共議取《實録》、《國史》，旁采異聞，作《資治通鑑後紀》，今所傳《記聞》及《日記》、《朔記》，皆《後紀》之具也。」今以聚珍十六卷對勘，經館臣排比，稍爲可讀，然亦未盡原本。紀事畢，即舉其人之事跡作一小傳，或從實録寫出，事多重複，前人以爲考異張本。館臣重編時，或編年，或編事，不宜仍前雜亂。又夏國、西番，人名、地名，凡字之難認者，截去另編，殊失謹慎。蓋未知夏國、西番字原與中國不同，當存其真也。鈔本「嘉祐違豫契丹」有標題，「狄青平邕州還除官事」在《朔記》，亦似標題。卷四「夏虜寇永平寨」兩條與聚珍本不合，「宮美」一條、「諒祚始數歲」一條、「康定元年磨甋」一條、「慶曆四年湇井」一條，皆聚珍本所佚，惜不得十卷、十六卷本互證之。（《藝風藏書再續記》校本第五）

丁紹儀

司馬温公《西江月》云：「……」或謂决非公作，此如歐陽文忠《堂上簸錢》詞，當時忌者託名以相浼耳。抑知靖節《閑情》，何傷盛德，同時范文正、韓忠獻均有麗詞，安知不別有寄託？若謂綺語不宜犯，以訓子弟則可，不應以律前賢。（《聽秋聲館詞話》卷一九）

李希聖

【論詩絶句・温公】明妃曲未遜歐王，司馬才如蜀郡揚。更喜酒醒人散後，月明深院對新妝。

（《近代詩鈔》卷三）

劉聲木

【影刊宋本司馬光書儀】影刊宋本司馬温公《書儀》前有宋人一序，不著名氏。序末年月，爲「時歲子菊月圓日序於傳桂」十一字。所記年月日，爲他書所罕見。後有印文二，一外圓内方，白文四字，曰「傳桂書堂」。一方印，朱文四字，曰「稚川世家」。據印文考之，作序之人葛姓，故以葛稚川爲祖。「序於傳桂」，乃傳桂書堂，當時省二字，不知何意。（《萇楚齋續筆》卷二）

引用書目

文潞公集 〔宋〕文彦博 山西人民出版社二〇〇八年版
歐陽修全集 〔宋〕歐陽修 中華書局二〇〇一年版
名臣碑傳琬琰集 〔宋〕杜大珪 鐵琴銅劍樓本
宋諸臣奏議 〔宋〕趙汝愚 上海古籍出版社一九九九年版
皇宋通鑑長編紀事本末 〔宋〕楊仲良 宛委别藏本
司馬文正公傳家集 〔宋〕司馬光 乾隆六年陳氏培遠堂刻本
國朝二百家名賢文粹 〔宋〕佚名 宋慶元三年書隱齋刻本
東齋記事 〔宋〕范鎮 中華書局一九八〇年版
紫微詩話 〔宋〕吕本中 歷代詩話本 中華書局一九八一年版
邵氏聞見後録 〔宋〕邵博 中華書局一九八三年版
古靈先生文集 〔宋〕陳襄 南宋刻本
東都事略 〔宋〕王稱 文淵閣四庫全書本

臨川先生文集　［宋］王安石　宋集珍本叢刊影印宋紹興刻、元明遞修本
鄖溪集　［宋］鄭獬　文淵閣四庫全書本
西溪集　［宋］沈遘　四部叢刊三編影印明翻宋刻本
范忠宣公文集　［宋］范純仁　元刻明修本
宋文鑑　［宋］呂祖謙　呂祖謙全集本　浙江古籍出版社二〇〇八年版
澠水燕談録　［宋］王闢之　中華書局一九八一年版
二程集　［宋］程顥、程頤　中華書局二〇〇四年版
呂氏雜記　［宋］呂希哲　全宋筆記第一編　大象出版社二〇〇三年版
涑水記聞　［宋］司馬光　中華書局一九八九年版
蘇軾文集　［宋］蘇軾　中華書局二〇〇四年版
蘇軾詩集　［宋］蘇軾　中華書局一九八二年版
孫公談圃　［宋］孫升　中華書局二〇一二年版
續資治通鑑長編　［宋］李燾　中華書局二〇〇四年版
欒城集　［宋］蘇轍　中華書局一九八七年版
龍川略志　龍川別志　［宋］蘇轍　中華書局一九八二年版

畫墁録　［宋］張舜民　全宋筆記第二編　大象出版社二〇〇六年版
太史范公文集　［宋］范祖禹　宋集珍本叢刊影印清抄本
清江三孔集　［宋］孔文仲　孔武仲　孔平仲　齊魯書社二〇〇二年版
山右石刻叢編　［清］胡聘之　山西人民出版社一九八八年版
雍正山西通志　［清］覺羅石麟　中國地方志集成影印雍正十三年刻本　鳳凰出版社二〇一一年版
光緒山西通志　［清］王軒等　中華書局一九九〇年版
桯史　［宋］岳珂　中華書局一九八一年版
太平治跡統類　［宋］彭百川　適園叢書本
黄庭堅全集　［宋］黄庭堅　四川大學出版社二〇〇一年版
苕溪漁隱叢話　［宋］胡仔　人民文學出版社一九六二年版
西臺集　［宋］畢仲游　武英殿聚珍版叢書本
歷代名臣奏議　［明］黄淮　上海古籍出版社一九八九年版
後山談叢　萍州可談　［宋］陳師道　朱彧　中華書局二〇〇七年版
元城語録　［宋］馬永卿　清雍正抄本

宋大詔令集　中華書局一九六二年版
彦周詩話　［宋］許顗　歷代詩話本
雞肋集　［宋］晁補之　四部叢刊影印明刻本
後山詩注補箋　［宋］陳師道　冒廣生補箋　中華書局二〇〇五年版
後山詩話　［宋］陳師道　歷代詩話本
龜山集　［宋］楊時　文淵閣四庫全書本
張耒集　［宋］張耒　中華書局一九九〇年版
明道雜誌　［宋］張耒　全宋筆記第二編　大象出版社二〇〇六年版
邵氏聞見録　［宋］邵伯温　中華書局一九八三年版
晁氏客語　［宋］晁説之　全宋筆記第一編　大象出版社二〇〇三年版
嬾真子　［宋］馬永卿　全宋筆記第三編　大象出版社二〇〇八年版
建炎以來繫年要録　［宋］李心傳　中華書局二〇一三年版
侯鯖録　［宋］趙令畤　中華書局二〇〇二年版
冷齋夜話　［宋］釋惠洪　中華書局一九八八年版
襄陵集　［宋］許翰　文淵閣四庫全書本

和靖尹先生文集　［宋］尹焞　宋集珍本叢刊影印明嘉靖九年刻本
道山清話　［宋］王暐　全宋筆記第二編　大象出版社二〇〇六年版
月河所聞集　［宋］莫君陳　四庫存目叢書影印明抄本
鐵圍山叢談　［宋］蔡絛　中華書局一九八三年版
春渚紀聞　［宋］何薳　中華書局一九八三年版
宋宰輔編年録校補　［宋］徐自明　王瑞來校補　中華書局一九八六年版
避暑録話　［宋］葉夢得　全宋筆記第二編　大象出版社二〇〇六年版
石林燕語　［宋］葉夢得　中華書局一九八四年版
石林詩話　［宋］葉夢得　歷代詩話本
東觀餘論　［宋］黄伯思　宋嘉定刻本
太倉稊米集　［宋］周紫芝　宋集珍本叢刊影印清抄本
四六話　［宋］王銍　歷代文話本　復旦大學出版社二〇〇七年版
靖康要録箋注　［宋］汪藻　王智勇箋注　四川大學出版社二〇〇八年版
梁溪先生文集　［宋］李綱　宋集珍本叢刊影印清道光刻本
永樂大典　［明］解縉等　中華書局一九八六年版

毘陵集　［宋］張守　文淵閣四庫全書本
成都文類　［宋］袁説友　中華書局二〇一一年版
曲洧舊聞　［宋］朱弁　中華書局二〇〇二年版
東萊詩集　［宋］吕本中　四部叢刊續編影印宋刻本
吕氏童蒙訓　［宋］吕本中　明刻本
吕紫微師友雜誌　［宋］吕本中　全宋筆記第三編　大象出版社二〇〇八年版
砦溪詩話　［宋］黄徹　歷代詩話續編本　中華書局一九八三年版
張九成集　［宋］張九成　浙江古籍出版社二〇一三年版
可書　［宋］張知甫　中華書局二〇〇二年版
潛虚發微論　［宋］張敦實　知不足齋叢書本
温國文正司馬公文集　［宋］司馬光　四部叢刊初編影印宋紹興刻本
屏山集　［宋］劉子翬　宋集珍本叢刊影印明刻本
郡齋讀書志校證　［宋］晁公武　孫猛校證　上海古籍出版社二〇一一年版
步里客談　［宋］陳長方　全宋筆記第四編　大象出版社二〇〇八年版
拙齋文集　［宋］林之奇　清影宋抄本

王十朋全集　［宋］王十朋　上海古籍出版社二〇一二年版
文獻通考　［元］馬端臨　中華書局二〇一一年版
愛日齋叢鈔　［宋］葉寘　中華書局二〇一〇年版
南澗甲乙稿　［宋］韓元吉　武英殿聚珍版叢書本
文定集　［宋］汪應辰　文淵閣四庫全書本
潛虛　［宋］陳應行　知不足齋叢書本
容齋隨筆　［宋］洪邁　中華書局二〇〇五年版
演繁露　演繁露續集　［宋］程大昌　中華書局一九九〇年版
陸游全集校注　［宋］陸游　錢仲聯、馬亞中校注　浙江教育出版社二〇一一年版
老學庵筆記　［宋］陸游　中華書局一九七九年版
山堂肆考　［宋］彭大翼　明萬曆刻本
清波雜志校注　［宋］周煇　劉永翔校注　中華書局一九九五年版
清波別志　［宋］周煇　全宋筆記第五編　大象出版社二〇一二年版
文忠集　［宋］周必大　文淵閣四庫全書本
朱子全書　［宋］朱熹　上海古籍出版社二〇一〇年版

揮麈後録　［宋］王明清　全宋筆記第六編　大象出版社二〇一三年版
張栻集　［宋］張栻　岳麓書社二〇一〇年版
攻媿集　［宋］樓鑰　文淵閣四庫全書本
陳傅良文集　［宋］陳傅良　浙江大學出版社一九九九年版
東塘集　［宋］袁説友　文淵閣四庫全書本
葉適集　［宋］葉適　中華書局一九六二年版
能改齋漫録　［宋］吴曾　上海古籍出版社一九七九年版
新安文獻志　［明］程敏政　黄山書社二〇〇四年版
五總志　［宋］吴坰　全宋筆記第五編
北窗炙輠録　［宋］施德操　全宋筆記第三編
鶴山先生大全集　［宋］魏了翁　四部叢刊初編影印宋本
西山真文忠公文集　［宋］真德秀　四部叢刊初編影印明正德本
崇古文訣　［宋］樓昉　歷代文話本
寶真齋法書贊　［宋］岳珂　武英殿聚珍版叢書本
桯史　［宋］岳珂　中華書局一九八一年版

珊瑚網　［明］汪砢玉　文淵閣四庫全書本
後村先生大全集　［宋］劉克莊　四部叢刊初編影印舊抄本
四朝聞見録　［宋］葉紹翁　中華書局一九八九年版
直齋書録解題　［宋］陳振孫　上海古籍出版社一九八七年版
梁溪漫志　［宋］費衮　上海古籍出版社一九八五年版
鬳齋續集　［宋］林希逸　文淵閣四庫全書本
東都事略　［宋］王稱　文淵閣四庫全書本
雍正河南通志　［清］田文鏡　王士俊　清刻本
雲谷雜記　［宋］張淏　中華書局一九五八年版
黄震全集　［宋］黄震　浙江大學出版社二〇一三年版
癸辛雜識　［宋］周密　中華書局一九九一年版
齊東野語　［宋］周密　中華書局一九八三年版
浩然齋雅談　［宋］周密　文淵閣四庫全書本
困學紀聞　［宋］王應麟　上海古籍出版社二〇〇八年版
大事記講義　［宋］吕中　文淵閣四庫全書本

邇言　［宋］劉炎　文淵閣四庫全書本
書齋夜話　［清］俞琰　文淵閣四庫全書本
詩林廣記　［宋］蔡正孫　中華書局一九八二年版
增廣司馬温公全集　［宋］司馬光　宋集珍本叢刊影印南宋刻本
滹南遺老集校注　［金］王若虛　胡傳志校注　遼海出版社二〇〇六年版
還山遺稿　［金］楊奂　適園叢書本
遺山先生文集　［金］元好問　四部叢刊初編影印明刻本
歸潛志　［金］劉祁　中華書局一九八三年版
紫山大全集　［元］胡祗遹　文淵閣四庫全書本
王惲全集匯校　［元］王惲　楊亮等匯校　中華書局二〇一三年版
吴文正集　［元］吴澄　文淵閣四庫全書本
湛淵靜語　［元］白珽　知不足齋叢書本
柳貫詩文集　［元］柳貫　浙江古籍出版社二〇〇四年版
禮部集　［元］吴師道　文淵閣四庫全書本
研北雜志　［元］陸友仁　民國景明寶顔堂秘笈本

滋溪文稿　［元］蘇天爵　適園叢書本
式古堂書畫匯考　［清］卞永譽　文淵閣四庫全書本
成化山西通志　［明］胡謐　民國影抄明本
貝瓊集　［元］貝瓊　吉林文史出版社二〇一〇年版
宋史　［元］脱脱等　中華書局一九七七年版
南村輟耕録　［元］陶宗儀　中華書局一九五九年版
宋濂全集　［明］宋濂　人民文學出版社二〇一四年版
滎陽外史集　［明］鄭真　文淵閣四庫全書本
遜志齋集　［明］方孝孺　明成化刻本
抑庵文後集　［明］王直　文淵閣四庫全書本
于謙集　［明］于謙　浙江古籍出版社二〇一四年版
蟫精雋　［明］徐伯齡　文淵閣四庫全書本
呆齋存稿　［明］劉定之　四庫存目叢書影印明萬曆刻本
倪文僖集　［明］倪謙　明弘治刻本
大學衍義補　［明］丘濬　文淵閣四庫全書本

水東日記　［明］葉盛　中華書局一九八〇年版
椒丘文集　［明］何喬新　明嘉靖刻本
李東陽集　［明］李東陽　岳麓書社二〇〇八年版
渚山堂詞話　［明］陳霆　人民文學出版社一九七九年版
蓉塘詩話　［明］姜南　明嘉靖刻本
司馬文正公集略　［宋］司馬光　嘉靖四年刻本
升庵集　［明］楊慎　明萬曆刻本
震川集　［明］歸有光　四部叢刊影印康熙刻本
疑耀　［明］張萱　明萬曆刻本
王安石年譜三種　［宋］詹大和等　中華書局一九九四年版
芑山詩文集　［明］張自烈　清初刻本
墨林快事　［明］安世鳳　清抄本
司馬温公文集　［宋］司馬光　明天啓七年刊、清康熙重修本
詩譚　［明］葉廷秀　明崇禎十竹齋刻本
湘帆堂集　［清］傅占衡　清康熙活字本

宋論　［清］王夫之　船山全書本　岳麓書社一九八八年版
讀通鑑論　［清］王夫之　船山全書本
讀書敏求記　［清］錢曾　書目文獻出版社一九八三年版
圍爐詩話　［清］吴喬　清詩話續編本　上海古籍出版社一九八三年版
金粟詞話　［清］彭孫遹　清別下齋叢書本
載酒園詩話　［清］賀裳　清詩話續編本
虬峰文集　［清］李驎　清康熙刻本
司馬文正公集　［宋］司馬光　清乾隆劉祖曾刻本
古文雅正　［清］蔡世遠　文淵閣四庫全書本
此木軒雜著　［清］袁焦熹　清嘉慶刻本
律吕新論　［清］江永　守山閣叢書本
香樹齋詩文集　［清］錢陳羣　清乾隆刻本
全祖望集匯校集注　［清］全祖望　上海古籍出版社二〇〇〇年版
宋元學案　［清］黄宗羲等　中華書局一九八六年版
四庫全書總目　［清］紀昀等　中華書局一九六五年版

樹經堂詩續集　〔清〕謝啓昆　清嘉慶刻本
雨村詩話校正　〔清〕李調元　詹杭倫校正　巴蜀書社二〇〇六年版
詞苑萃編　〔清〕馮金伯　清嘉慶刻本
鄭堂讀書記　〔清〕周中孚　上海書店二〇〇九年版
愛日精廬藏書志　〔清〕張金吾　中華書局二〇一二年版
甘泉鄉人稿　〔清〕錢泰吉　清同治刻、光緒增修本
鐵琴銅劍樓藏書目録　〔清〕瞿鏞　上海古籍出版社二〇〇〇年版
司馬温公文集　〔清〕司馬光　清同治補刻本
善本書室讀書志　〔清〕丁丙　宋元明清書目題跋叢刊本　中華書局二〇〇六年版
儀顧堂集　〔清〕陸心源　浙江古籍出版社二〇一五年版
儀顧堂書目題跋彙編　〔清〕陸心源　中華書局二〇〇九年版
藝風藏書記　〔清〕繆荃孫　上海古籍出版社二〇〇七年版
聽秋聲館詞話　〔清〕丁紹儀　清同治刻本
近代詩鈔　錢仲聯編　江蘇古籍出版社二〇〇一年版
萇楚齋隨筆　續筆　三筆　四筆　五筆　〔清〕劉聲木　中華書局一九九八年版

圖書在版編目(CIP)數據

宋司馬文正公年譜/(清)陳弘謀撰;侯體健點校.
司馬光資料彙編/戎默編. —上海:上海人民出版社,
2022
(司馬光全集/王水照主編)
ISBN 978-7-208-17985-1

Ⅰ.①宋… ②司… Ⅱ.①陈… ②戎… ③侯… Ⅲ.
①司馬光(1019-1086)—年譜 ②司馬光(1019-1086)—
生平事跡 Ⅳ.①K825.81

中國版本圖書館 CIP 數據核字(2022)第 188904 號

特約編審 李偉國
責任編輯 張鈺翰
封面設計 陳緑競

司馬光全集
宋司馬文正公年譜 司馬光資料彙編
(清)陳弘謀 撰 侯體健 點校
戎 默 編

出 版 上海人民出版社
(201101 上海市閔行區號景路 159 弄 C 座)
發 行 上海人民出版社發行中心
印 刷 蘇州工業園區美柯樂製版印務有限責任公司
開 本 890×1240 1/32
印 張 14.5
插 頁 5
字 數 277,000
版 次 2022 年 10 月第 1 版
印 次 2022 年 10 月第 1 次印刷
ISBN 978-7-208-17985-1/K·3246
定 價 88.00 圓